David Peppercorn

BORDEAUX

1000 Châteaux und ihre Weine

Ausgabe 1994/95

Vorwort von Hugh Johnson

Hallwag Verlag Bern und Stuttgart

DAVID PEPPERCORN ist ein Spitzenprofi mit großem Erfahrungsschatz und immensem, stets auf dem neuesten Stand gehaltenen Wissen. Sein Spezialgebiet sind die Weine Frankreichs, vor allem jene aus der Region Bordeaux. Er ist Weinhändler und gefragter Berater, preisgekrönter Buchautor und Verfasser zahlreicher fachkundiger Artikel. Der Engländer ist verheiratet mit Serena Sutcliffe, der Autorin des Hallwag-Taschenführers «Burgund».

Übersetzung aus dem Englischen: Wolfgang Kissel
Karten: Eugène Fleury
Umschlaggestaltung: Robert Buchmüller

4., vollständig überarbeitete und erweiterte Auflage, 1994
Satz: Utesch Satztechnik GmbH, Hamburg
Produced by Mandarin Offset
Printed and bound in China

Die englische Originalausgabe ist bei Mitchell Beazley International Limited, London, unter dem Titel POCKET GUIDE TO THE WINES OF BORDEAUX erschienen.

ISBN 3-444-70170-5

Hallwag

INHALT

VORWORT

Einblick in die Notizen eines Spitzen-Profis zu erhalten ist sicher das Höchste, was sich ein ernsthafter Weinliebhaber erträumen kann. Die neue Generation von Weinbüchern, die von David Peppercorns Taschenführer durch die Weine von Bordeaux und Serena Sutcliffs Buch über die Weine von Burgund würdig vertreten wird, kommt nahezu einem solchen privilegierten Blick über die Schulter gleich.

Lageberichte und kritische Beurteilungen, die den Kaufentscheidungen der Profis zugrunde liegen, sind meist vertraulicher Art, doch hat sich die Weinliteratur erstaunlich schnell aus dem Stadium enthusiastischer Schilderungen heraus und hin zur exakten Kommentierung der einzelnen Weine entwickelt. In diesen beiden Büchern fällt zumindest der sechste, wenn nicht gar der siebente Schleier. Wir dürfen jetzt an den Kenntnissen und Erkenntnissen der erfahrensten Profis teilhaben.

David Peppercorn gehört zu den aufgeschlossensten und geachtetsten Vertretern jener alten Aristokratie angelsächsischer Weinhändler, die sich auf die Weine von Bordeaux spezialisiert haben. Umfassendes Wissen und leidenschaftliches Bemühen um diesen Gegenstand hat er unmittelbar von seinem Vater, einem der großen «Claret Men» der vorigen Generation, und mittelbar wohl von einer langen Reihe Ahnen als Erbe übernommen, die geradeswegs bis auf den *Negotiator brittanicus* zurückreicht, der vor 18 Jahrhunderten im damals römischen Burdigala seinen Sitz hatte.

Die Erfahrung der Jahrhunderte bildet das wichtigste Kapital eines Weinhändlers. Sie läßt ihn das Tagesgeschäft mit dem Sinn für historische Perspektiven betrachten und begreifen. Will man aber mit der vielschichtigen Szenerie von Bordeaux in stetiger Fühlung bleiben, dann muß man sich auch ständig mit dem Wein selbst und mit dem Markt beschäftigen. Tausende von Weingütern erleben von Jahr zu Jahr mehr oder weniger Erfolg, und ihre älteren Jahrgänge entwickeln sich unaufhörlich weiter – wenn auch nicht immer auf berechenbare Weise.

David Peppercorn vereint diese beiden wesentlichen Elemente – einen großen Erfahrungsschatz und umfassendes, stets auf dem neuesten Stand gehaltenes Wissen – in so hohem Maß, wie es nur je einem Weinhändler, der sich auch als Autor betätigt, gegeben war. Es ist schon ein großes Privileg, über seine Schulter einen Blick auf die lebendige Szenerie von Bordeaux werfen zu dürfen.

Hugh Johnson

ZUM GEBRAUCH DIESES BUCHS

Das Buch besteht aus drei verschiedenen Teilen: Der erste ist eine Einführung in die Weinregion Bordeaux, der zweite ein alphabetisches Verzeichnis der Châteaux, im dritten Teil werden Kurzbeschreibungen verschiedener Châteaux in Zuordnung zu den Appellations und Informationen allgemeiner Art gegeben. Von den über 4000 Châteaux der Region wurden mit großer Sorgfalt etwa 1100 Weingüter ausgewählt – von den allerberühmtesten bis hin zu weniger bekannten, die aber doch Aufmerksamkeit verdienen. Neben Châteaux gehören dazu auch einige Domänen und Winzergenossenschaften.

Wenn Sie einen Namen nachschlagen wollen, dann suchen Sie ihn zunächst im alphabetischen Verzeichnis auf. Erscheint der betreffende Name nur im A–Z-Verzeichnis, dann stehen bei ihm einige kurze Informationen, z. B. Appellation, Eigentümer, Rebfläche und Ertrag. Verdient das gesuchte Château eine ausführlichere Beschreibung, dann steht im alphabetischen Verzeichnis nach ihm nur die Appellation und die Seitenzahl, auf der Sie die Beschreibung finden. Handelt es sich um ein Zweitetikett, dann erhalten Sie Auskunft darüber, zu welchem Château es gehört. Ein Stern neben einem Namen im alphabetischen Verzeichnis bedeutet, daß zwar keine ausführlichere Beschreibung gegeben wird, der Wein aber über dem Durchschnitt seiner Klasse liegt.

Zur Platzersparnis wird eine Reihe von Abkürzungen verwendet. Die Rebfläche wird in Hektar (ha) und der Ertrag in Hektoliter pro Hektar (hl/ha) angegeben.

Ist eine Firma Eigentümerin eines Weinguts, dann stehen vor dem Namen meistens einige Buchstaben als Abkürzung der Firmenart:

Ets	Etablissements
GAEC	Groupement Agricole d'Exploitation en Commun
GFA	Groupement Foncier Agricole
SA	Société Anonyme
SARL	Société à Responsabilité Limitée
SC	Société Civile
SCA	Société Civile Agricole
SCI	Société Civile Immobilière

Für die Rebsorten gelten folgende Abkürzungen:

CF	Cabernet Franc
Col	Colombard
CS	Cabernet Sauvignon
Mal	Malbec
Mer	Merlot
Musc	Muscadelle
PV	Petit Verdot
Sauv	Sauvignon Blanc
Sém	Sémillon

WAS EINEN GROSSEN BORDEAUX AUSMACHT

Hier folgt eine Aufstellung der wichtigsten Faktoren, auf denen die Qualitäten eines großen Bordeaux-Weins beruhen.

Rotwein

Die Lage

Relativ nährstoffarmer, gut entwässerter Boden mit hohem Anteil an Kies (Médoc und Graves), Kalkstein (St-Emilion-Côtes) und Sand (St-Emilion-Graves) bzw. Kies und Lehm (Pomerol).

Die Rebsorten

Cabernet Sauvignon, Cabernet Franc und Merlot.

Reife, gesunde Trauben

Richtige Ausgewogenheit zwischen Süße und Säure, keine Fäulnis.

Sorgfältige Bereitung

Keine Auspressung von Säuren aus den Stielen. Gärung bei 28 bis 30 °C.

Sorgfältige Zusammenstellung

Ausscheidung minderwertiger Weine (von jungen Reben, Trauben aus weniger guten Lagen, von Regen oder Fäulnis beeinträchtigte Partien).

Beimengung von Vin de presse

Verstärkung des Farb- und Extraktstoffgehalts, dadurch Hinzufügung wichtiger Elemente für bessere Haltbarkeit.

Verwendung von neuen Fässern

Der Anteil neuer Fässer muß auf den Wein abgestimmt sein; er liegt zwischen 100 und 30 %.

Abfüllung zum rechten Zeitpunkt

Nach 18 bis 24 Monaten, je nach Tanningehalt und Stärke des Weins.

Süßer Weißwein

Lage

Gut entwässerter, nährstoffarmer Boden; als typisch gilt Lehm, vermischt mit Kies und Kalkstein.

Rebsorten

Sémillon und Sauvignon.

Überreife, von der Edelfäule befallene Trauben

Strenge Auslese ist notwendig. Bei zu wenig Edelfäule leidet der Charakter, bei zu viel Edelfäule wird der Wein unelegant.

Auslese am Weinstock

Die Leser müssen drei- bis sechsmal durchlesen und überreife, edelfaule Trauben heraussuchen.

Langsame Gärung im Faß

Die ideale Temperatur liegt bei 20 °C. Sie sorgt im Verein mit dem hohen Zuckergehalt für eine Gärdauer von zwei bis fünf Wochen.

Faßalterung

Die besten *Crus* lagern noch heute zwei bis drei Jahre im Faß. Ein Teil der Fässer ist neu.

Zusammenstellung bei der Abfüllung

Auswahl und Mischung der Weine aus den verschiedenen Pressungen (die dritte ist meistens die beste) und aus verschiedenen Fässern.

DIE REGION UND IHR WEIN

Bordeaux nimmt unter den Weinbaugebieten der Welt einen besonderen Platz ein. Seine einzigartige geographische Lage ermöglicht es ihm, mehr feinen Wein regelmäßiger hervorzubringen als jede andere Gegend Frankreichs oder der Welt überhaupt.

Nirgendwo sonst entstehen großartige Weine in solcher Fülle (nur die Châteaux Ausone und Pétrus haben es schwer, die Nachfrage zu befriedigen). Zwar hat weltweiter Ruhm die Preise der allererstklassigsten Gewächse so weit hochgetrieben, daß die meisten von uns sie nicht mehr bezahlen können, doch gibt es eine Vielzahl ausgezeichneter Weine zu weitaus erschwinglicheren Preisen, und sie geben – vor allem in der Jugend – den erstklassigen Gewächsen kaum etwas nach. Wenn auch Bordeaux auf neun Premiers Crus (acht für Rotwein, eines für Weißwein) stolz sein kann, so hat es doch auch noch unzählige bemerkenswerte, ja außergewöhnliche Weine vorzuweisen. Zählt man nur die besten Crus Classés des Médoc (und auch die besten außerhalb des Classements) zusammen und rechnet noch die Spitzenweine von Graves und St-Emilion hinzu – ganz abgesehen von den feinsten Pomerols –, dann kommt man auf ein rundes Hundert Weingüter, die große Weine hervorbringen können und es auch tun. Die Liste ist eindrucksvoll. Und damit hat man freilich nur die Rotweine erfaßt, aber es gibt ja auch noch so viele gute süße und trokkene Weißweine.

Obendrein bildet diese Elite nur die Spitze des berühmten Eisbergs. In der «Bordeaux-Bibel» – *Bordeaux et ses vins* von Féret – finden sich in der Ausgabe 1991 über 4500 Weingüter, während sich die Zahl der Weinerzeuger (einschließlich *Vin de table*) im Département Gironde im Jahr 1992 auf über 16 000 belief. Die Rebfläche, die das Recht auf die *Appellation contrôlée* in Anspruch nehmen darf, betrug rund 106 500 Hektar. Bordeaux-Weine sind heute wirklich für alle erschwinglich, und selbst die bescheidensten unter ihnen sind besser denn je.

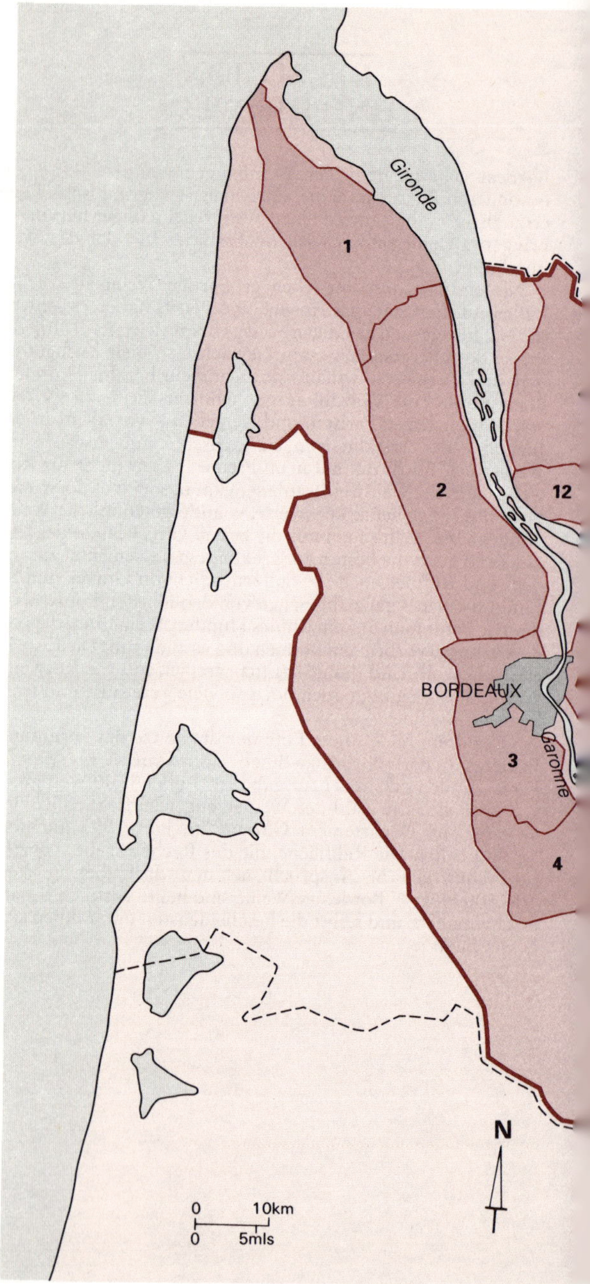
Gironde
1
2
12
BORDEAUX
3
Garonne
4
N
0 10km
0 5mls

DIE REGION BORDEAUX UND IHRE WEINBAUBEREICHE

1 Médoc
2 Haut-Médoc
3 Pessac-Léognan
4 Graves
5 Cérons
6 Sauternes und Barsac
7 Premières Côtes de Bordeaux
8 Loupiac
9 Ste-Croix-du-Mont
10 Côtes de Bordeaux-St-Macaire
11 Blayais
12 Bourgeais
13 Graves de Vayres
14 Entre-deux-Mers
15 Fronsac und Côtes de Canon-Fronsac
16 Pomerol
17 Lalande-de-Pomerol und Néac
18 St-Emilion
19 Montagne-, Lussac-, Parsac-, Puisseguin- und St-Georges-St-Emilion
20 Côtes de Castillon
21 Côtes de Francs
22 Ste-Foy-Bordeaux

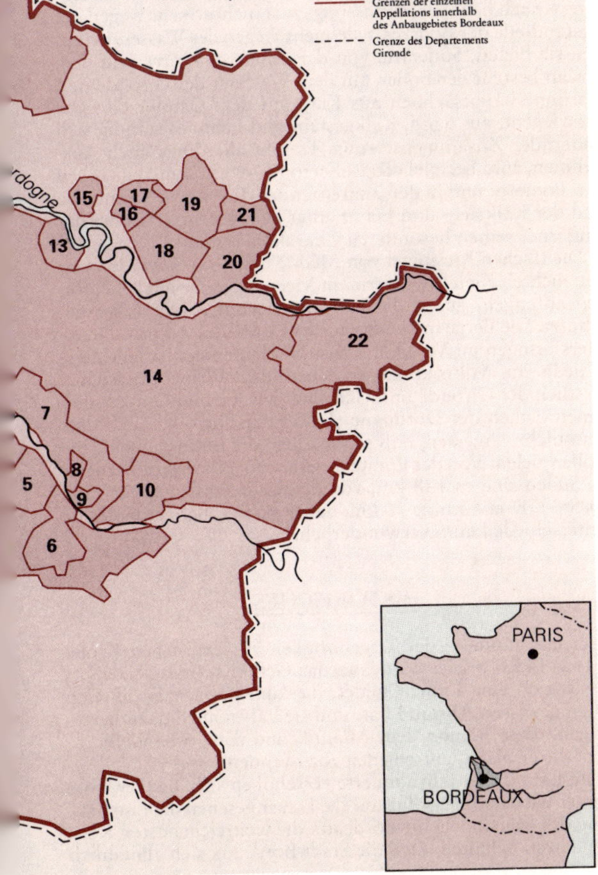

GEOGRAPHISCHES

Bordeaux liegt im Südwesten Frankreichs auf der Höhe des 45. Breitengrads. Seine Weinberge erstrecken sich entlang den Ufern der Flüsse Gironde, Garonne und Dordogne – und der Atlantik, oder genauer gesagt die oft so stürmische Bucht von Biscaya, beginnt nur ein paar Kilometer weiter westlich. Hier macht sich der Einfluß des wärmenden Golfstroms entscheidend bemerkbar – man braucht ja nur daran zu denken, daß auf der anderen Seite des Atlantiks auf demselben Breitengrad Nova Scotia und Maine liegen. Der Golfstrom und der Atlantik schenken Bordeaux warme Sommer, lange, freundliche Herbste oft bis Ende Oktober, recht milde und feuchte Winter und milde Frühjahre. Wie gleichmäßig die Witterung hier ist, erweist sich daran, wie sehr Jahre mit strenger Kälte (1709, 1740, 1820, 1956, 1985) oder mit viel Regen (1930–32, 1965, 1968 und 1992) als außergewöhnlich auffallen.

Auch die Bodenverhältnisse der Region sind von Bedeutung – nach heutiger Auffassung zwar nicht so sehr wegen der Bestandteile der Böden als vielmehr wegen des Wasserabzugs, den sie bieten. Südwärts von der Pointe de Grave und dem Ozean besteht der Boden auf dem Westufer der Gironde und Garonne hauptsächlich aus Kies, auf dem Ostufer dagegen vorwiegend aus Sand, Kalkgestein und Lehm in ständig sich ändernder Zusammensetzung. Es gibt allerdings auch Ausnahmen, zum Beispiel die größeren Kiesvorkommen in Teilen von Pomerol und in den angrenzenden Teilen von St-Emilion und der Kalkstein und Lehm unter dem Kiesboden, dem der Sauternes seinen besonderen Charakter verdankt.

Die flachen Kieshügel von Médoc und Graves werden von den dichten Kiefernwäldern am Meeresufer, die auch viel Regen abfangen, gegen die Sturmböen vom Atlantik her geschützt. Die Berge in den Premières Côtes und in Entre-Deux-Mers bringen im Verein mit den Flußläufen deutliche Unterschiede im Mikroklima zwischen den Weinbaubereichen westlich der Gironde und Garonne (Médoc und Graves) und denen östlich der Dordogne (Libournais) hervor. Auch darf man nicht vergessen, daß schon allein die Entfernungen eine Rolle spielen. Von der Pointe de Grave im Norden bis Langon im Süden sind es 148 km, von der Stadt Bordeaux ostwärts bis Ste-Foy-la-Grande 70 km; daher sind größere klimatische Unterschiede kaum verwunderlich.

HISTORISCHES

Drei Jahrhunderte der Zugehörigkeit zur englischen Krone (1152–1453) haben Bordeaux das Gefühl vermittelt, daß es als Region eine Einheit bildet, die zum übrigen Frankreich einen gewissen Abstand hat, und sie haben auch dazu beigetragen, diese Region dem Atlantik und den Seehandelsstraßen, die er bietet, entschieden zuzuwenden.

Im Lauf dieser Jahrhunderte verschoben sich die Gewichte immer wieder, doch sollte auf die Dauer gesehen die Entwicklung des Seehandels für Bordeaux die weitreichendsten Konsequenzen behalten. Daß die Stadt Bordeaux sich allmählich als Handelszentrum der Region und als ihr wichtigster Hafen herausbildete, war in Anbetracht ihrer Lage nur natürlich. Dagegen war die Entwicklung von Libourne zum Haupthafen der Dordogne eine absichtlich politische Tat der Engländer, die 1270 durch Schaffung einer neuen Hafenstadt den Handel auszuweiten suchten.

Nach dem unvermeidlichen Rückschlag, den der Handel durch die Auflösung der Bande zwischen Bordeaux und England erlitt, dauerte es einige Zeit, bis die Region sich erholte, aber gerade in dieser Zeit stellte sich der große Wert der Seewege und der auf ihnen errichteten Handelsverbindungen klar heraus. Nicht nur der Handel mit England und bald auch mit Schottland und Irland lebte in bescheidenem Umfang wieder auf, sondern auch mit anderen Seemächten wie Holland und den Hansestädten wurden Verbindungen angeknüpft. Für den Handel mit der Bretagne, der Normandie und Dünkirchen waren die Seewege ebenfalls von Bedeutung. Auch war es nur logisch, daß der lukrative Handel mit Westindien über den Hafen Bordeaux aufgebaut und abgewickelt wurde. Das alles brachte der Stadt im 18. Jahrhundert beträchtlichen Wohlstand.

Im 18. Jahrhundert ergaben sich auch bedeutende Entwicklungen in den Grundbesitzverhältnissen. Der Aufbau größerer Besitzungen im Médoc hatte bereits im Jahrhundert zuvor begonnen, nahm jetzt aber deutliche Formen an. Die Konsolidierung des Eigentums an Grund und Boden in den Händen der sogenannten *Noblesse de robe* (der politischen und juristischen Aristokratie von Bordeaux) hatte wesentlichen Einfluß auf die Entstehung des Château-Systems, dem das Weinbaugebiet Bordeaux seinen einzigartigen Charakter verdankt. Um dieselbe Zeit etablierte sich eine neue, wohlhabende Händlerschicht zunächst als Courtiers (Makler) und Négociants, sodann auch als Château-Besitzer.

Damit erhielt die Region Bordeaux eine Struktur, die zugleich widerstandsfähig und nachgiebig genug war, um die ungeheuren sozialen und politischen Umwälzungen in der Zeit der Französischen Revolution (1789–96) zu überdauern. Freilich gab es viele und bedeutende Änderungen in den Besitzverhältnissen. Nach dem endgültigen Sturz Napoleons (1815) erwarb gar ein englischer General ein Château und gab ihm seinen Namen (Palmer). Viele Châteaux aber wechselten nur nominell den Besitzer, weil sie von Verwandten im Exil lebender Adliger aufgekauft worden waren, deren vormaliger Besitz der Beschlagnahme anheimgefallen war, so daß bei ihrer Rückkehr aus dem Exil nur der Status quo wiederhergestellt wurde.

In der Zeit nach Napoleon wuchs die Bedeutung der oft im Handel mit Westindien vermögend gewordenen neuen Kaufmannsklasse beträchtlich. Familien wie die Bartons, Guestiers und Johnstons wurden Château-Besitzer und Négociants zugleich. Der zunehmende Erfolg des Médoc fand seine Krönung auf der Pariser Weltausstellung 1855, aus deren Anlaß die berühmte Klassifizierung ausgearbeitet wurde, die nur die Rotweine aus dem Médoc und außerdem lediglich Château Haut-Brion sowie die großen süßen Weine von Sauternes und Barsac betraf.

1853 wurde die Eisenbahnlinie Paris–Bordeaux eröffnet, und das hatte weitgehende Wirkungen für die Erschließung großer Teile des französischen Markts für den Bordeaux-Wein in einer Zeit wachsenden Wohlstands. Besondere Bedeutung hatte es für die Entwicklung von St-Emilion, das bis dahin noch hinter dem Médoc zurückgeblieben war. Napoleon III. schuf 1851 das Zweite Kaiserreich, und in dieser Zeit neuen Auftriebs kam Frankreich zunehmend in den Genuß der Vorteile, die sich aus der von England ausgehenden industriellen Revolution ergaben.

Bankiers aus Paris, etwa die Rothschilds (Lafite und Mouton) und die Pereires (Palmer), investierten in Besitzungen im Médoc. Auf lange Sicht noch bedeutender war es, daß nun das Libournais (St-Emilion, Pomerol und Fronsac) aus dem Dunkel hervorzutreten und sein eigenes Gepräge zu finden begann. Gerade damals aber, als die gesamte Region in einer Periode größter Expansion und höchsten Wohlstands begriffen schien, kam das Verhängnis. Die oft als Grande Belle Epoque bezeichnete Zeit fand 1878 durch den vernichtenden Einfall der Reblaus ein plötzliches Ende. Erst 1893 sollte es wieder einen Jahrgang von wirklicher Qualität geben.

Er kam zustande dank der Aufbauleistung der voraufgegangenen Jahre und dank der Tatkraft und Entschlossenheit der großen Grundbesitzer, die im Kampf gegen den Schädling die Führung übernommen hatten und Bordeaux zum Wiederaufstieg verhalfen. Nachdem die Entdeckung gemacht worden war, daß das einzige Mittel gegen den Reblausbefall darin bestand, die alten französischen Reben auf reblausfeste amerikanische Rebstöcke aufzupfropfen, konnte der Wiederaufbau beginnen. Ein Unterfangen dieser Größenordnung konnte allerdings nicht über Nacht durchgeführt werden und erforderte großen Kostenaufwand und zahlreiche Experimente.

Was sich im Lauf dieser Jahre tat, ergibt ein vielschichtiges Bild. Die Nachfrage nach brauchbaren Weinen wurde bald dadurch gedeckt, daß man Anpflanzungen auf weniger gutem Land anlegte, das zuvor nicht für den Weinbau genutzt worden war, sowie auch auf dem Palus (dem Uferstreifen), wo die Ausbreitung des Schädlings durch absichtliche Überflutung und durch den Sandboden gehemmt wurde. Zugleich kämpften die Besitzer der guten Lagen mit beträchtlichem Erfolg um die Erhaltung ihrer ungepfropften Reben, denn sie wußten, daß feine Weine nur von ausgereiften Rebstöcken hervorgebracht werden. Deshalb entstanden in vielen großen Lagen des Médoc sowie in St-Emilion und Pomerol, zum Beispiel Cheval Blanc, Figeac und La Conseillante, auch in den Übergangsjahren außergewöhnliche Weine.

Aber eine neue Belle Epoque war bei weitem noch nicht in Sicht. Nach zwei großen Jahrgängen – 1899 und 1900 – dauerte es lange, bis 1920 nämlich, bis wieder ein hervorragendes Jahr kam. In wirtschaftlicher Hinsicht litten die Jahre vor dem Zweiten Weltkrieg (1914–18) in ganz Europa unter einer allgemeinen Depression, und auch der Weinhandel von Bordeaux konnte sich nicht wieder zu der Blüte aufschwingen, die er zwischen 1850 und 1880 erlebt hatte. Zwar brachten die 20er Jahre unseres Jahrhunderts einige sehr gute Jahrgänge, doch die wirtschaftlichen Verhältnisse verschlimmerten sich stetig. Die Preise für den Jahrgang 1926 brachen zusammen, und die Weltwirtschaftskrise ließ nicht mehr lange auf sich warten. Schlechte Weinjahrgänge und ein katastrophales wirtschaftliches Klima brachten vielen Winzern und Händlern in den 30er Jahren den endgültigen Ruin.

BORDEAUX SEIT 1945

Vor diesem Hintergrund feierte Bordeaux das Ende des Krieges mit einer ganzen Reihe hervorragender Weinjahrgänge. Doch die Region brauchte ziemlich lange Zeit, um die durch jahrelange Vernachlässigung entstandenen Schäden auszubessern und mit dem Wiederaufbau des einstigen Wohlstands zu beginnen. Erst gegen Ende der 50er Jahre war mit wirklicher Zuversicht festzustellen, daß eine neue Zeit heraufdämmerte, und die Preise – und mit ihnen die Investitionen in Weinberganlagen und Bauten – fingen wieder zu steigen an. Die Zeit der Blüte in den 60er Jahren gipfelte schließlich in den durch Spekulation in den Jahren 1971–73 in die Höhe schnellenden Preisen und fand dann, noch beschleunigt durch die Ölkrise von 1974, ein jähes Ende, das durch die ungesunde Marktlage in Bordeaux selbst in seinen Auswirkungen noch verschlimmert wurde. Doch der Markt von Bordeaux fand nach nur zwei Jahren der Unruhe sein Gleichgewicht wieder. Anschließend war er von Fortschritt, wachsendem Wohlstand und guten Weinjahrgängen geprägt, bis dann die weltweite Rezession im Verein mit großen Vorräten nach den außergewöhnlich reichlichen Erträgen der 80er Jahre und den schwierigen Jahrgängen 91 und 92 zu einem scharfen Preisrückgang führte.

TECHNISCHER FORTSCHRITT UND NEUE ENTWICKLUNGEN

In den 60er und 70er Jahren hat sich ein enormer technischer Fortschritt abgespielt. In den Weinbergen hat der erfolgreiche Einsatz von Spritzmitteln gegen Fäulnis dazu geführt, daß seit 1968 in Bordeaux keine ungesunde Ernte mehr eingebracht worden ist. Auch in der Verarbeitung der nun gesunden Trauben sind beträchtliche Fortschritte erzielt worden. Die Gärtemperatur kann heute sehr viel genauer geregelt werden als früher, und das bedeutet, daß selbst in sehr warmen Jahren, beispielsweise 1982, 83, 85, 89 und 90, nur sehr wenige Weine «umschlagen», während diese Erscheinung 1947 noch sehr verbreitet war. Die Qualität trockener Weißweine hat sich durch die Anwendung von Gärtemperaturen um 18 °C und die anschließende Alterung in Stahltanks anstatt in Holzfässern so sehr verbessert, daß sie mit früheren kaum mehr vergleichbar sind.

Bei den Spitzengewächsen sind vor allem im Médoc, wo die Weingüter über ausreichend große Rebflächen verfügen, Verbesserungen dadurch erzielt worden, daß eine sorgfältigere Auslese vor der *Assemblage* der *Grands vins* stattfindet. Diese Anhebung der Qualität ist weitgehend Professor Emile

Peynaud zu verdanken, der ja überhaupt soviel dazu beigetragen hat, daß in den letzten 25 Jahren ganz allgemein eine Wende zum Besseren eingetreten ist.

Dagegen steht Bordeaux einer anderen Modernisierungsmaßnahme, die nicht einhellig als Verbesserung begrüßt wird, zwiespältig gegenüber: der Einführung der Vollerntemaschine. Nirgendwo sonst in Frankreich hat sich ihr Einsatz schneller durchgesetzt, und heute arbeiten im Département Gironde schon mehr solcher Maschinen als in irgendeinem anderen französischen Weinbaugebiet – 1983 waren es bereits 1050, und 1986 ernteten 1500 Maschinen über die Hälfte der Rebfläche ab. Die großen Weingüter im Médoc und in Entre-Deux-Mers eignen sich gut für die maschinelle Ernte, das Land ist flach, und die *Cuviers*, wo die Trauben verarbeitet werden, liegen meist nahe bei den Weingärten. Der Hauptvorteil der maschinellen Ernte liegt in der Schnelligkeit, so daß die Entscheidung über den Zeitpunkt des Lesebeginns viel exakter getroffen werden kann und die Trauben in einwandfreiem Reifezustand geerntet werden können. Daher ist das Risiko, daß ein Teil des Leseguts überreif wird oder ein Wetterumschlag dazwischenkommt, viel geringer.

Dennoch lehnen viele Cru-Classé-Güter den Einsatz von Erntemaschinen mit der Begründung ab, sie seien der Qualität abträglich. Allerdings hat man den Verdacht, daß sie auch befürchten, die Maschine könne ihren hochwertigen und teuren Erzeugnissen das Image verderben. Gegenwärtig laufen alle Anzeichen darauf hinaus, daß bei den großen Fortschritten in der Anpassung dieser Maschinen an die Verhältnisse in französischen Weinbergen ausgezeichnete Ergebnisse dann erzielt werden können, wenn die Trauben sowieso vor der Verarbeitung von ihren Stielen getrennt werden sollen. Beim Weißwein sind die heute üblichen zylindrischen Pressen – Horizontalschneckenpressen und in letzter Zeit vor allem auch pneumatische Pressen – durchaus imstande, die von ihren Stielen befreiten Trauben einwandfrei zu keltern, obwohl natürlich das *Marc* (die nach dem Pressen verbleibende Masse) besser entsaftet werden kann, wenn die Stiele mit dabei sind. Die Erntemaschine läßt auch unreife Trauben am Stock und nimmt so eine bessere «Auslese» schon im Weinberg vor als die meisten menschlichen Leser.

DIE APPELLATIONS

Die in Frankreich unmittelbar nach dem Ersten Weltkrieg entwickelte Konzeption der Appellationen sowie die Gesetze, die dem System in seiner heutigen Form zugrunde liegen, traten 1935 in Kraft. Durch sie erhielten alle Weine von mehr als nur lokalem Rang die Bezeichnung *Appellation d'Origine Contrôlée* (AOC), meistens kurz *Appellation Contrôlée* (AC). Der ursprüngliche Zweck war, die berühmten französischen Weinnamen in Zeiten der Überschußproduktion und des Preisverfalls gegen billige Imitationen zu schützen. Es wurde damit aber auch eine Kampagne zur Ausmerzung der sogenannten Hybridreben im französischen Weinbau eingeleitet. Das sind die Kreuzungen zwischen europäischen Reben und reblausfesten amerikanischen Rebsorten, im Unterschied zu gepfropften Reben oder Kreuzungen zwischen europäischen Rebsorten (zum Beispiel Müller-Thurgau). Die Hybriden, die oft etwas von dem eigenartig «fuchsigen» Geschmack der amerikanischen Rebsorten haben, wurden in Frankreich nach dem Einfall der Reblaus viel als Alternative zur Pfropfveredelung angepflanzt.

Die Hauptpunkte der AOC-Bestimmungen beziehen sich auf:

1. die Festlegung bestimmter Gebiete mit Anspruch auf einen bestimmten Namen (zum Beispiel Médoc);
2. die Festlegung der zugelassenen Rebsorten;
3. die Festsetzung der Anpflanzungsdichte, d. h. der Zahl von Weinstöcken pro Hektar Anbaufläche, und der Art des Rebschnitts;
4. die Festsetzung eines Mindestalkoholgehalts (bei Weißwein manchmal auch des Höchstgehalts) und die Regelung der Zuckerung des Mosts zur Erhöhung des Alkoholgehalts in Jahren mit unzureichender Reife;
5. die Festsetzung von Höchsterträgen je Hektar Anbaufläche;
6. seit 1974 Vorschriften über Analyse und Geschmacksprüfung vor Erteilung der AC-Anerkennung;
7. die Abgabe von Erklärungen durch die Erzeuger über die Produktionsmenge eines jeden Jahrgangs und über die noch vorhandenen Bestände jeweils zum 31. August.

Zur Verwaltung des Systems und als Verbindungspunkt zu den Winzerverbänden in den einzelnen Appellationsgebieten wurde das Institut National des Appellations d'Origine (INAO) gebildet, das noch heute die Schlüsselrolle in der Überwachung und Reformierung des Systems innehat.

In der Region Bordeaux ging die Festlegung der einzelnen Bereiche, die wiederum eigene Appellationen führen dürfen, mit weniger Problemen vor sich als in anderen Teilen Frankreichs. Nur im Libournais gab es heftige Kontroversen darüber, wem das Recht zur Führung des Namens St-Emilion zustehen solle. Im 19. Jahrhundert war der Gebrauch dieses Namens sehr weit gefaßt, wie aus Unterlagen von Cocks und Féret hervorgeht. Zu St-Emilion gehörten nicht nur Pomerol und die Weinorte im Norden, sondern auch der Bereich weiter im Osten, der heute als Côtes de Castillon bezeichnet wird. 1921 entschied das Tribunal de Libourne endgültig, daß der Name St-Emilion nur die Gemarkungen bezeichnen solle, die seit alters unter die Rechtsprechung der Jurade de St-Emilion fielen. 1936 erhielten jedoch die Gemeinden, denen das Recht, ihren Wein als St-Emilion verkaufen zu dürfen, aberkannt worden war, die Erlaubnis, diesen ihrem eigenen Namen anzufügen, also Montagne-St-Emilion usw.

Im Médoc erhielt der Bereich nördlich von St-Estèphe – das sogenannte Bas-Médoc – die einfache AC Médoc, während die besseren Lagen weiter südwärts bis Blanquefort die Bezeichnung Haut-Médoc bekamen. Aber auch im Haut-Médoc strebten die Erzeuger in den berühmtesten Orten eine eigene Appellation an und erhielten sie schließlich auch zugesprochen. Eine ähnliche Situation ist neuerdings in Graves entstanden, wo die Erzeuger in den Spitzenbereichen im Norden um das Recht auf Führung der Namen Pessac und Léognan anstelle von Graves nachgesucht hatten. 1984 kam es zunächst zu einem Kompromiß, demzufolge die betroffenen Châteaux jeweils einen der beiden Namen der Bezeichnung Graves anfügen durften. Nach einer langen Kampagne wurde dann schließlich 1987 die neue Appellation Pessac-Léognan anerkannt. Eine etwas eigenartige Abweichung gibt es in Sauternes: Hier verfügt die Gemeinde Barsac – eine von fünf in der Appellation – über eine eigene AC, und die Erzeuger dürfen ihren Wein entweder als Barsac oder als Sauternes bezeichnen.

Die Kontrolle darüber, welche Rebsorten angepflanzt werden dürfen, gewährleistet, daß der traditionelle Charakter der einzelnen Weine erhalten bleibt und nicht etwa minderwertige, aber ertragreichere Sorten angebaut werden. Zugleich freilich steht sie Experimenten im Wege, für die allerdings in Bordeaux auch nur wenig Neigung herrscht.

Die Bedeutung der Anpflanzungsdichte ist nicht von vornherein ersichtlich. Es gibt jedoch Beweise dafür, daß die Weinstöcke, wenn sie weiter auseinander gepflanzt werden, als es in Bordeaux der Brauch ist, höhere Erträge erbringen und sich dadurch der Charakter des Weins verändert. In einem Erlaß aus dem Jahr 1974 sind für die AC Bordeaux 2000 Weinstöcke pro Hektar festgesetzt; im Vergleich dazu gilt die Zahl von 5000 bis 10 000 für die Appellationen im Médoc. Traditionell werden im Médoc 8000 bis 9000 Weinstöcke pro Hektar gesetzt gegenüber 6000 in St-Emilion.

Der Mindestalkoholgehalt soll eine gewisse Gewähr für Qualität darstellen, und die Zugabe von Zucker ist gestattet, wenn dieser Mindestgehalt nicht erreicht wird. Nun ist es interessant, darauf hinzuweisen, daß die großen Bordeaux-Weine früherer Zeiten nicht sehr alkoholstark waren. Sie lagen oft bei 9 und 10 Volumen-%, und dennoch haben sich viele wunderbar gehalten. Noch in den 40er Jahren kamen einige große Weine kaum auf 11 %. Ein Médoc muß ja nicht über 12 % und ein St-Emilion über 12,5 % Alkohol in sich haben, wenn das nur durch Zuckerung zu erreichen ist. In außergewöhnlichen Jahren kommt es freilich vor, daß in St-Emilion Weine entstehen, die von Natur aus über 13 % Alkohol haben.

Das Verhältnis zwischen Quantität und Qualität gibt seit jeher Rätsel auf. Zwar ist es klar, daß sehr hohe Erträge zu minderer Qualität führen, aber es ist nicht immer leicht zu entscheiden, wo die Grenze liegt. Auf einige Punkte muß hingewiesen werden. Die wirksamere Bekämpfung von Krankheiten, die stärkere Verwendung von Düngemitteln und die Klonierung der bewährtesten Reben haben insgesamt zu Ertragssteigerungen geführt. 1953 belief sich der Durchschnittsertrag auf 40,8 hl/ha und 1955 auf 41,1 gegenüber 24 im Jahr 1949 und 25,7 im Jahr 1961. 1970 dagegen lag er bei 52,6 und 1973 bei 55,3, und das ist am historischen Maßstab gemessen doch bemerkenswert. 1979 wiederum wurden 62,9 erreicht und in dem großartigen Jahr 1982, aber auch 1989, 60 hl/ha. 1984 brachte nach der Blütekatastrophe nur 36,9. Hier müßte aber als Vergleich die Zahl für 1956, nämlich 17, nach den schweren Frostschäden herangezogen werden, während durch Spätfrost 1991 ein Ertrag von nur 24 hl/ha zustande kam.

Es steht fest, daß die in Bordeaux angebauten Rotweintrauben feine Weine auch bei relativ hohen Erträgen – viel höheren jedenfalls, als man es noch vor kurzem für möglich gehalten hätte – erbringen können. In Burgund dagegen fällt die Qualität des Pinot Noir beträchtich ab, wenn der Ertrag aus Hanglagen 50 hl/ha überschreitet. Hierfür hat es 1982 viele Beispiele gegeben. In demselben Jahr brachten in Bordeaux sowohl der Merlot als auch der Cabernet Sauvignon herrliche Weine von größter Geschmackskonzentration auch bei solchen und noch höheren Erträgen. Die Weißweinsorten sind nicht so anfällig für Qualitätseinbußen bei hohen Erträgen, und so werden in Bordeaux in Spitzenlagen für trockene Weißweine der ertragreiche Sémillion und der ertragsschwache Sauvignon nebeneinander angebaut.

Bordeaux hat als erste größere Weinregion Frankreichs Geschmacksprüfungen als Vorbedingungen für die Zuerkennung einer Appellation eingeführt. In St-Emilion ist sie seit 1955 Bestandteil des Klassifizierungssystems, das als erstes direkt mit der AC verknüpft wurde. Im Médoc wurden zunächst freiwillige Geschmacksprüfungen eingeführt. Nach der großen Überarbeitung des AC-Systems im Jahr 1974 wurden in ganz Frankreich Geschmacksprüfungen zwingend für die Zuerkennung des AC-Rangs vorgeschrieben. Allerdings ist der Wert dieser Geschmacksprüfungen wohl relativ, denn es wird – wie es heißt – nur selten einmal ein Wein abgelehnt. Die Jury besteht aus Erzeugern, Courtiers (Maklern) und Négociants (Händlern). Die Faßproben müssen repräsentativ für die Gesamtheit des Weins eines Guts (einschließlich *Vin de presse* und Zweitetikett) sein, für den die Appellation beantragt wird. So reicht die Qualität der Probe meist, und vor allem bei den großen Gütern, nicht an die Qualität des Weins heran, der unter dem Etikett des Châteaus hinausgeht. Oft müssen auch Proben neu eingebracht werden, weil die Weine in dem frühen Stadium, in dem sie geprüft werden, kleine Fehler aufweisen, die später verschwinden. Nach meiner eigenen Erfahrung werden diese Geschmacksprüfungen mit Ernst vorgenommen.

Die ebenfalls zu den AC-Bestimmungen gehörende Erklärungspflicht über die Bestände versteht sich so ziemlich von selbst. Sie gibt den Behörden und dem Handel genauen Aufschluß darüber, wie der Absatz des voraufgegangenen Jahrs verlaufen war und was im kommenden Jahr noch für den Markt zur Verfügung steht. Addiert man die Bestände zum 31. August zu dem, was an Erträgen des neuen Jahrgangs angegeben wird, dann weiß man, welche Mengen für die bevorstehende Verkaufskampagne vorhanden sind. Der Vergleich der Bestandsmengen von einem Jahr zum anderen bildet auch einen wertvollen Maßstab für den Zustand des Markts und hat einen Einfluß auf die Höhe der Preise.

Die Überarbeitung des AC-Systems im Jahr 1974 hat viel dazu beigetragen, die Starrheit des alten Systems und seine mangelnde Anpassungsfähigkeit an Jahrgangsschwankungen zu überwinden. Im wesentlichen bringt das neue System drei neue Konzeptionen:

1. *Rendement de base* (zulässiger Grundertrag). Er entspricht dem alten, 1935 eingeführten und seither wenig veränderten Höchstertrag. Für Bordeaux wurde er 1984 (mit rückwirkender Geltung für 1983) neu festgesetzt, wobei den meisten Appellationen höhere Toleranzen bis zu 5 hl/ha eingeräumt wurden. Wie aber noch zu sehen sein wird, stellt dieses *Rendement de base* im neuen System lediglich eine Norm dar und hat weniger Bedeutung als früher.
2. *Rendement annuel* (Jahresertrag). Nunmehr bringen die Erzeuger der einzelnen Appellationen über ihre Verbände beim INAO Vorschläge darüber ein, wie hoch die normale Produktionsmenge unter Berücksichtigung der jeweils in einem Jahr herrschenden Verhältnisse angesetzt werden soll. Diese Ziffer kann höher oder auch niedriger liegen als das *Rendement de base.*
3. *Plafond limite de classement* (PLC). Hierbei handelt es sich um einen in den Verordnungen für die verschiedenen Appellationen enthaltenen festen Prozentsatz (meist 20 %), der bei Anrechnung auf das *Rendement annuel* den zulässigen Höchstertrag für das betreffende Jahr ergibt. Ermöglicht daher das *Rendement annuel* die Anpassung an die besonderen Verhältnisse eines Jahrs, so ermöglicht der PLC die Anpassung zwischen verschiedenen Lagen und Erzeugern. Wird diese zusätzliche Toleranz in Anspruch genommen, dann müssen alle Weine des betreffenden Guts der Geschmacksprüfung unterzogen werden. Alles, was über diesen Ertragsgrenzwert hinausgeht, muß der Destillierung zugeführt werden.

DIE REBSORTEN

Heute beherrschen fünf Rebsorten, drei rote und zwei weiße, die Weinberge von Bordeaux – doch das war nicht immer so. Am Ende des 18. Jahrhunderts waren neun rote und vier weiße Sorten im Médoc anzutreffen, aber das ist noch gar nichts im Vergleich mit den 34 roten und 29 weißen Sorten, von denen aus dem Libournais berichtet wird. Der Vorgang der Selektion machte im 19. Jahrhundert rasche Fortschritte und wurde schließlich durch die Reblauskrise vollendet, die im Lauf einiger Jahre zur Neuanpflanzung aller Weinberge führte. Heute sind die wichtigsten Sorten:

Rot

Cabernet Sauvignon

Dies ist im Médoc und Graves die bedeutendste Rebsorte, insbesondere bei den Grands Crus. Sie bringt Wein von tiefer Farbe und mit markantem Bukett hervor, oft mit Anklängen an schwarze Johannisbeeren und mit einem in der Jugend ausgeprägten tanninherben Geschmack, der sich jedoch zu großer Finesse und Komplexität wandelt. Die Sorte ist sehr widerstandsfähig und insbesondere resistent gegen *Coulure*, das Durchrieseln der Blüte, und gegen Schimmelpilzbefall vor der Lese. Die Beeren sind dickschalig und spät reifend. Die Rebe gedeiht auf kieshaltigem Boden am besten und bringt relativ niedrige Erträge.

Cabernet Franc

Diese Sorte spielt in St-Emilion und im Médoc eine wichtige sekundäre Rolle. In St-Emilion heißt sie allgemein Bouchet. Sie bringt sehr duftige Weine mit nicht so starkem Farb- und Gerbstoffgehalt wie der Cabernet Sauvignon hervor, ist ihm im übrigen aber sehr ähnlich.

Merlot

Der Merlot spielt in St-Emilion und Pomerol die erste Rolle, hat aber auch im Médoc und in Graves große Bedeutung, weil er mit dem Cabernet Sauvignon sehr gut harmoniert. Er bringt tiefdunkle, nicht so tanninherbe, dafür aber alkoholstärkere Weine hervor als der Cabernet Sauvignon, mit großer Geschmeidigkeit und Geschmacksfülle. Er gedeiht gut auf Lehm, also dort, wo der Cabernet Sauvignon sich nicht so bewährt. Er reift und bringt reichliche Erträge, ist aber sehr anfällig für *Coulure* in der Blütezeit und für Fäulnis bei feuchter Witterung. Allerdings ist es mit der Hilfe moderner Spritzmittel gelungen, über diesen letzteren Mangel Herr zu werden.

Malbec

Diese Sorte heißt im Libournais auch Pressac, und in Cahors ist der Name Côt gebräuchlich. Sie hatte früher besondere Bedeutung in Fronsac, Pomerol und den Côtes de Bourg und war auch in den meisten Weinbergen des Médoc in geringerem Maß vertreten. Heute ist sie wegen ihrer Blüteprobleme stark zurückgegangen und spielt nur noch in Bourg und Blaye eine bedeutende Rolle, aber auch viele Châteaux im Médoc, in St-Emilion und Pomerol haben noch einige alte Malbec-Weinstöcke im Bestand. Die Sorte ist ertragreich, reift früh und bringt weiche, delikate Weine mit guter Farbe hervor, die sich besonders für Mischungen mit gerbstoffreicheren Sorten wie Cabernet Sauvignon gut eignen.

Petit Verdot

Diese Sorte wird im Médoc, vor allem auf leichteren Böden in Margaux, noch angebaut, aber ihre Bedeutung geht zurück. Sie reift spät und bringt starkfarbige, alkohol- und tanninreiche Weine hervor, die als Zusatz in für lange Lagerung bestimmten Weinen zur Komplexität beitragen.

Weiß

Sémillon

Dies ist die typischste unter den weißen Rebsorten von Bordeaux. Sie ging zwar infolge der Popularität des Sauvignon zurück, feiert heute aber so etwas wie ein Comeback. Sie bringt den wichtigsten Bestandteil in alle großen süßen Weine ein und sorgt im trockenen Graves für Komplexität und Haltbarkeit. Ihr ausgeprägtes, reiches Bukett erfordert bei trockenen Weinen lange Flaschenlagerung zu seiner Entfaltung und wird dann mit der Zeit noch voller und honigsüßer. Der Wein ist zunächst streng und fest, wird mit zunehmendem Alter jedoch komplexer und voller. Mischungen mit Sauvignon fallen sehr gut aus. Die Anfälligkeit für *Pourriture noble* (Edelfäule) ist die Grundlage für den Erfolg dieser Sorte bei der Bereitung großer Dessertweine.

Sauvignon Blanc

Diese Sorte wird in den Süßweingebieten traditionsgemäß als Juniorpartner des Sémillon angebaut und geht in trockene Weine gleichberechtigt ein. In neuerer Zeit wird der Sauvignon zunehmend rein gekeltert, insbesondere in Entre-Deux-Mers, und erbringt Weine, die als Bordeaux Blanc Sauvignon auf den Markt kommen. Die auch in anderen Teilen Frankreichs viel angebaute Sorte hat unverschnitten oft so starke Eigenart, daß sie vor allem bei nicht vollständiger Reife jeden Regionalcharakter übertönt. In Bordeaux kann sie jedoch Weine mit sehr hohem natürlichen Zucker- und daher Alkoholgehalt mit sehr viel Finesse und Stil hervorbringen, vor allem bei Lagerung im Eichenholzfaß. Der Pavillon Blanc von Château Margaux ist hierfür ein hervorragendes Beispiel. Der Sauvignon bringt kleinere und unregelmäßigere Erträge als der Sémillon, und deshalb enthält die Mischung bei zu gleichen Teilen mit Sauvignon und Sémillon besetzter Anbaufläche stets mehr Sémillon als Sauvignon.

Muscadelle

Sie ist eine äußerst bukettreiche, würzige Sorte, die sich bei vorsichtiger Dosierung gut bewährt, und ist vor allem in den Premières Côtes für liebliche, bald trinkreife Weine und als Beigabe zu Sémillon und Sauvignon beliebt.

Das Besondere am Weinbau in Bordeaux besteht darin, daß in jedem Weinberg die verschiedenen Rebsorten je nach Eignung des Bodens im richtigen Mischungsverhältnis so angebaut werden, daß die Art von Wein gewonnen werden kann, die dem Besitzer des Weinguts vorschwebt. Es sind die kleinen, aber wesentlichen Unterschiede von einem Château zum anderen, die im Verein mit Verschiedenheiten in Boden und Mikroklima den Weinen von Bordeaux ihren bemerkenswerten Abwechslungsreichtum und ihre Individualität verleihen. Im Médoc beispielsweise, wo der Cabernet Sauvignon vorherrscht, wird manchmal der Merlot als Zweitsorte und dazu ein wenig Cabernet Franc mitverwendet, manchmal aber ist auch der Merlot-Anteil geringer und der Zusatz von Cabernet Franc stärker. In St-Emilion und Pomerol spielt der Merlot die erste Rolle; manche Güter haben ihre Rebfläche zu 80 % mit Merlot besetzt, während andere Merlot und Cabernet Franc zu gleichen Teilen anbauen und wieder andere jeweils ein Drittel Cabernet Franc, Cabernet Sauvignon und Merlot verwenden – jede nur denkbare Variante im Mischungsverhältnis ist möglich.

DIE CHÂTEAUX

Das Château-System hat für die Entwicklung des Prestiges der großen Bordeaux-Weine eine entscheidende Rolle gespielt. Im Médoc hat im 18. Jahrhundert die Zusammenlegung vieler kleiner Weingüter die Bildung großer Besitzungen ermöglicht, die ausreichende Mengen Wein hervorbringen und dadurch auf vielen Märkten eine weitverbreitete Reputation erringen konnten. Die Spitzengewächse bereiteten zu Anfang des 18. Jahrhunderts in England den Weg; die anderen folgten nach und schufen insgesamt dem Wein von Bordeaux ein einzigartiges Image.

Im Médoc sind die Namen der Châteaux sozusagen zu Markenzeichen geworden, und die Weingüter können sich nach freiem Ermessen ausdehnen, solange sie nur in derselben Appellation bleiben. Niemand macht hier Vorschriften darüber, wie groß die Fläche der einzelnen Lagen sein darf. Was zählt, ist lediglich der gute Ruf eines Weins und seine gleichbleibende Qualität. In St-Emilion dagegen, wo das Klassifizierungssystem von 1954 unter der Kontrolle des INAO steht, dürfen die Lagen der in die Klassifizierung einbezogenen Weine nicht frei verändert werden. Als deshalb Beau-Séjour-Bécot zwei andere Weingüter übernahm und deren Erzeugung in seine Premier-Grand-Cru-Classé-Weine einbezog, verlor das Château bei der Revision der Klassifizierung im Jahr 1985 seinen Status.

Der Erfolg des Château-Systems hat allerdings auch Probleme mit sich gebracht. Für den Verbraucher ist es schwierig, die Namen auch nur einer Handvoll Châteaux im Gedächtnis zu behalten, ganz zu schweigen von den Tausenden, die es in der Region gibt. Weil der Verbraucher aber weiß, daß guter Bordeaux aus Châteaux stammt, ist es schwer, mit Erfolg Markenweine zu schaffen, in deren Namen das Wort «Château» nicht vorkommt. Es ist kein Zufall, daß der bei weitem erfolgreichste Bordeaux-Markenwein Mouton-Cadet heißt, weil nämlich die meisten Weinkäufer – allerdings zu Unrecht – glauben, er habe unmittelbar mit dem berühmten Château Mouton-Rothschild zu tun. So kommt es, daß auch die Winzergenossenschaften viele ihrer Weine unter Château-Namen auf den Markt bringen.

DIE WINZERGENOSSENSCHAFTEN

Die Coopératives haben in Bordeaux große Bedeutung, und ihre Rolle ist im Wandel begriffen. 1992 entfielen im Département Gironde 38 % der Weinbaubetriebe auf Genossenschaftsmitglieder, und diese produzierten 24 % aller AC-Weine auf 23 % der Anbaufläche. Ursprünglich ging ihr Wein zum großen Teil an die Négociants für deren eigene Verschnitte und Marken. Mehr und mehr verarbeiten die Winzergenossenschaften inzwischen jedoch die Weine ihrer besten Mitglieder getrennt und vertreiben sie unter den Etiketten ihrer Châteaux, wobei ihnen auch das Recht zusteht, den Vermerk *«mis en bouteille à la propriété»* aufzudrucken. Darüber hinaus verfügen die Genossenschaften über eigene Markenweine, die sie ebenso wie zum Teil auch die Château-Weine direkt an Großhändler in Frankreich und Importeure im Ausland und nicht allein an den traditionellen Bordeaux-Weinhandel verkaufen, obwohl dieser auch bei ihnen bedeutenden Anteil am Gesamtabsatz hat. Die größte Winzergenossenschaft im Médoc befindet sich in Bégadan; sie hat 170 Mitglieder und erzeugt rund 25 000 hl AC Médoc. Die Union de Producteurs in St-Emilion hat 360 Mitglieder und produziert rund 45 000 hl, darunter über 16 000 hl St-Emilion Grand Cru. Ihre Spitzenweine lagern in Holzfässern – die Genossenschaft kauft jährlich 600 neue Fässer. Im Haut-Médoc befindet sich die größte Coopérative in St-Estèphe. Mit ihren 200 Mitgliedern erzeugt sie rund 18 000 hl AC-Wein, also fast ein Drittel der Gesamtproduktion in dieser Appellation.

DIE NÉGOCIANTS

Der Bordeaux-Weinhandel stützt sich von alters her auf die Négociants. In Bordeaux selbst hat er sein Zentrum am Quai des Chartrons, in zweckmäßiger Nähe der Verladeplätze. Die Négociants vertrieben nicht nur den Wein von Bordeaux in Frankreich und im Ausland, sondern sie übernahmen auch die Rolle von Bankiers für die Weingutbesitzer. Sie kauften den Wein auf, wenn er erst ein paar Monate alt war, und lagerten und pflegten ihn in eigenen Kellern, oder sie beließen ihn bis zur Abfüllung im Château. Sie unterhielten auch umfangreiche Flaschenweinlager und waren stets in der Lage, trinkreife Weine oder alte Jahrgänge für besondere Gelegenheiten zu liefern.

Doch die Inflation und die hohen Zinsen haben die Négociants vor Aufgaben gestellt, die sie nicht bewältigen konnten. Keiner von ihnen war imstande, genug finanzielle Masse zu bilden, um mit den heutigen Problemen fertig werden zu können und dabei der traditionellen Rolle gerecht zu werden, die denn auch entsprechend geschrumpft ist. Es wird heute viel mehr Wein in den Châteaux selbst auf Flaschen gefüllt, und die Weingüter halten und finanzieren weit größere Lagerbestände als früher. Viele Handelsfirmen arbeiten heute mit minimalen Beständen oder auch rein als Makler, d. h. sie kaufen Wein erst, wenn sie ihn schon verkauft haben, doch damit sind sie dem berüchtigt unsteten Bordeaux-Wein-Markt auf Gnade und Ungnade ausgeliefert. Die Courtiers dagegen spielen noch immer eine wichtige Rolle als Mittelsmänner zwischen den Erzeugern und den Négociants; schon allein deshalb, weil es so viele Erzeuger gibt, wären vor allem die größeren Handelshäuser überhaupt nicht in der Lage, die geeignete Auswahl selbst zu treffen.

Es folgt eine Liste der heute führenden Handelshäuser:

B. d'Arfeuille. Kleine, hochgeachtete Familienfirma in Libourne mit eigenem Weingutsbesitz (Châteaux La Pointe, Pomerol und La Serre, Grand Cru Classé, St-Emilion). Sie ist vor allem auf Weine aus dem Libournais spezialisiert, hat aber auch eine große Auswahl aus allen anderen Bordeaux-Bereichen anzubieten.

Baron Philippe de Rothschild SA (vormals La Bergerie, dann La Baronnie). Nach dem Tod des legendären Barons im Jahr 1987 wurde beschlossen, seinen Namen in diesem von ihm ins Leben gerufenen kommerziellen Zweig des Unternehmens zu verewigen. Neben den Weinen aus eigenen Weingütern (d'Armailhac und Clerc-Milton) entfällt das Hauptgeschäft auf Mouton-Cadet und dazugehörige Markenweine. (Mouton-Rothschild wird über den Bordeaux-Markt und nicht ausschließlich durch die Baron Philippe de Rothschild SA vertrieben.) Die Firma ist auf den Exportmärkten sehr stark vertreten.

Barton & Guestier. Das berühmte alte Unternehmen gehört heute zu Seagrams und ist nur noch ein blasser Schatten seines früheren Selbst; es befaßt sich vor allem mit dem Vertrieb von Markenweinen auf dem US-Markt.

Borie-Manoux. Eine dynamische Familienfirma mit bedeutendem Weingutsbesitz als Basis des Geschäfts in hochwertigen Weinen (Châteaux Batailley, Trottevieille, Beausite usw.). In Frankreich und auf den Exportmärkten gut vertreten.

Calvet. Einst einer der großen Namen von Bordeaux, heute ohne größere Bedeutung. Anfang der 80er Jahre wurde die Firma an die britische Brauerei Whitbreads verkauft, die ihrerseits von European Cellars (France) – einem Tochterunternehmen der Allied-Gruppe – übernommen wurde. Sie vertreibt zumeist Gattungsmarkenweine.

Castel Frères. Eine große Firma, spezialisiert auf billige Weine, insbesondere *Vin de table* Marke Castelvin. Sie hat die ausgedehnten Gebäude der Coopérative in Arcins gekauft und restauriert und verarbeitet dort die Erzeugung einer Reihe kleinerer Güter aus den Appellationen Margaux, Haut-Médoc, Médoc und Bordeaux Supérieur. Die Firma konzentriert ihre Haupttätigkeit auf Frankreich. Neuerdings wurde die berühmte Firma Nicolas mit ihren Weinfachgeschäften in Paris übernommen.

Cheval Quancard (vormals Les Fils de Marcel Quancard). Das Familienunternehmen mit Sitz in La Grave-d'Ambarès, Entre-Deux-Mers, hat in den letzten 25 Jahren großes Wachstum erfahren. Ihm gehören mehrere Güter, darunter Châteaux Terrefort, und es bietet eine reiche Auswahl von Petits Châteaux und Markenweinen an.

Cordier. Eine der führenden Firmen in Bordeaux mit größerem Weingutsbesitz (Châteaux Gruaud Larose, Meyney, Lafaurie-Peyraguey, Clos des Jacobins – Leitung von Cantemerle). Die Familie Cordier hat die Mehrheit am Unternehmen an eine Finanzgruppe verkauft, die u. a. auch an den Domaines de Salins du Midi beteiligt ist. Die Weine der Cordier-Güter vertreibt sie exklusiv und nicht über den Markt. Sie ist daher auf eine sehr kleine Auswahl eigener Spezialitäten und Markenweine spezialisiert. Über die Hälfte des Geschäfts entfällt auf den Export.

Edmond Coste. Die bekannte Familienfirma in Langon hat inzwischen mit dem gleichgesinnten Haus Peter A. Sichel fusioniert. Der französische Markt wird weiterhin von Langon aus beliefert, das Exportgeschäft liegt dagegen ganz bei Sichel. Pierre Costes markante Sortimente von Gattungsweinen und Gutsweinen aus Graves werden sowohl in Langon als auch bei Sichel weiter geführt.

Cruse. Auch ein alter Name, der seine frühere Stellung eingebüßt hat. Die Familie hat in der Krise von 1974 an die Société de Vins de France ausverkauft. Die erste Rolle kommt Markenweinen zu, aber auch Château-Weine sind im Angebot.

CVBG (Consortium Vinicole de Bordeaux et de Gironde). Zu dieser Gruppe gehören Dourthe und Kressmann, und sie vertreibt ihre Weine unter den Namen dieser alten Firmen. 1983 hatten die Familien an ein holländisches Unternehmen verkauft. Die Firmen verfügen über einen guten Ruf und vertreiben Weine in großer Auswahl, viele davon exklusiv. Die Familie Dourthe ist Besitzerin von Château Maucaillou und leitet Château Belgrave, 5e Cru Classé. Der Familie Kressmann gehört das Cru-Classé-Gut Château La Tour-Martillac in Graves.

Dulong Frères & Fils. Ein Familienunternehmen mit Sitz in Floirac gegenüber Bordeaux. Ihre nach England und den USA exportierten Petits Châteaux und Crus Bourgeois genießen einen guten Ruf.

Louis Eschenauer. Eine der ersten der alten Chartronnais-Firmen, die verkauft wurden, und zwar ursprünglich 1959 an John Holt in Liverpool (heute Teil von Lonrho), in dessen Eigentum sich auch die Châteaux Rausan-Ségla und Smith-Haut-Lafitte befanden. 1992 fusionierte die Firma mit der Union des Producteurs de St-Emilion, wodurch eine einzigartige Partnerschaft zwischen einem Handelshaus und einer Genossenschaft entstand.

Gilbey de Loudenne. Das Unternehmen gehört zu IDV, der Wein- und Spirituosen-Firma der internationalen Hotel- und Freizeit-Gruppe Grand Metropolitan. Es vertreibt Château de Pez weltweit sowie eine kleinere Auswahl von Markenweinen, an ihrer Spitze La Cour Pavillon. Ein exportorientiertes Unternehmen.

G.V.G. (Grands Vins de Gironde). Neue Holding-Gesellschaft für die Rémy-Beteiligungen in Bordeaux, zu denen auch de Luze und de Rivoyre & Diprovin gehören. Die alten Handelsnamen wurden beibehalten, und die Firma befindet sich nun in St-Loubès in Entre-deux-Mers unter einem Dach.

Nathaniel Johnston. 1734 gegründet und noch immer unter der Leitung derselben Familie. Zwar ist sie nicht mehr Eigentümerin großer Châteaux wie Ducru-Beaucaillou, ist aber noch immer im Vertrieb einer Reihe führender Bordeaux-Gewächse, vor allem im Export, spezialisiert.

J. Lebègue & Cie. Das Schwergewicht dieser Firma liegt auf Massenwein (AC und *Vin de table*), zum großen Teil für den Export.

Alexis Lichine & Cie. Heute besteht kein Zusammenhang mehr zwischen der Familie Lichine und der Firma dieses Namens, die inzwischen aus dem Besitz der englischen Brauerei Bass Charrington an Pernod-Ricard übergegangen ist. Sie ist ein bedeutendes Handelshaus mit einem reichhaltigen Angebot auch auf dem Exportmarkt.

A. de Luze & Fils. Siehe G.V.G.

Mähler-Besse. Eine noch immer in ihren holländischen Ursprüngen festverwurzelte Familienfirma. Miteigentümerin von Château Palmer.

Yvon Mau & Fils. Auf Markenweine und Petits Châteaux spezialisierte Firma mit Sitz bei La Réole in Entre-Deux-Mers.

Mestrezat SA. Das Haus befaßt sich mit einem großen Weinprogramm, meist Château-Abfüllungen. Es hat Anteil am Besitz bzw. der Leitung von Grand-Puy-Ducasse und Rayne-Vigneau sowie mehrerer kleinerer Güter.

A. Moueix. Armand Moueix' Handelshaus mit Sitz in Château Taillefer in Pomerol ist vielleicht nicht mit soviel Glanz umgeben wie die Firma seines Cousins in Libourne, nichtsdestoweniger legt es doch Wert auf seriöse Qualität. Es stützt sich ebenfalls auf mehrere Weingüter, an ihrer Spitze die beiden Grands-Crus-Classé-Güter Châteaux La-Tour-du-Pin-Figeac und Fonplégade in St-Emilion. Das Haus ist vor allem auf Libournais-Weine spezialisiert, hat aber durch die Verbindung mit Schröder & Schÿler ein umfangreiches Exportprogramm anzubieten.

J.-P. Moueix. Jean-Pierre Moueix ist bereits zu Lebzeiten eine legendäre Gestalt. Niemand hat mehr als er dazu beigetragen, den Ruhm der Weine aus dem Libournais in Amerika und England zu verbreiten und ihr weltweites Prestige zu heben. Heute setzen sein Sohn Christian und sein Neffe Jean-Jacques sein Lebenswerk fort, und inzwischen ist das alte Bordeaux-Handelshaus Duclot zur Firma Moueix-Export umgewandelt worden, die mit einem klassischen Programm an Médoc-, Graves- und Sauternes-Weinen die St-Emilions und Pomerols ergänzt. Das Unternehmen hat bedeutende Besitzungen und Alleinvertriebsrechte (Pétrus, Trotanoy, La Fleur Pétrus und Magdelaine u. a.).

De Rivoyre & Diprovin. Siehe G.V.G.

Schröder & Schÿler. Das berühmte alte Haus wurde 1739 gegründet, und noch heute sind Mitglieder der Familie Schÿler in ihm tätig. Die Hauptabsatzmärkte sind noch heute die traditionellen: Skandinavien und Holland. Die Firma gehört Château Kirwan.

Maison Sichel. Die hochgeachtete Familienfirma hat Besitzanteil an Château Palmer; ihr «Prinzipal» Peter A. Sichel wohnt auf seinem Besitz Château D'Angludet. Seit der Trennung von der Firma H. Sichel in Mainz und London sind ihr alle Sichel-Marken in Deutschland, England, Irland und den USA (wo Shieffelin die Rechte besitzt) aus der Hand genommen. Auf diesen Märkten vertreibt die Firma unter dem Namen Gaillaire, nur in England tritt Peter A. Sichel auch unter dem eigenen Namen auf. 1992 kaufte er das Handelshaus Edmond Coste in Langon. In Frankreich werden die Coste-Weine von Langon aus vertrieben, während das gesamte Exportgeschäft auch mit diesen Weinen in der Hand von Peter A. Sichel liegt. Die Firma H. Sichel unterhält in Bordeaux ein eigenes Haus, das die Weine für die Sichel-Marken in Deutschland, England, Irland und den USA liefert.

Das Bordeaux-Etikett (siehe S. 27)

1. So gut wie alle Bordeaux-Weine werden als «Grand Vin» bezeichnet, gleich ob es sich um ein Cru Classé oder einen schlichten Bordeaux Rouge handelt.

2. Es ist Vorschrift, daß die Appellation angegeben sein muß. Der Bereichsname muß zwischen den Worten «Appellation» und «Contrôlée» stehen.

3. Die meisten Bordeaux-Weine tragen den Namen eines Châteaus. Auch dürfen viele Weine, die zwar von einer Winzergenossenschaft verarbeitet, dabei aber getrennt gehalten werden, den Namen des betreffenden Weinguts führen.

4. Klassifizierung. Die Weine von Sauternes und Barsac wurden 1855 zusammen mit den Weinen aus dem Médoc in eine Klassifizierung eingereiht. Neuerdings sind auch Klassifizierungen für St-Emilion und Graves aufgestellt worden.

5. Jahrgang.

6. Bezeichnung der EG-Standardflaschengröße.

7. «Im Château abgefüllt». Bis noch vor wenigen Jahren wurde Bordeaux-Wein zumeist in den Kellereien der Négociants in Bordeaux oder aber im Ausland, beispielsweise in London oder Brüssel, auf Flaschen gezogen. Die Château-Abfüllung ist seit Anfang der 70er Jahre für alle Crus Classés vorgeschrieben. Der Vermerk «mis en bouteille à la propriété» besagt, daß ein Wein von einer Winzergenossenschaft bereitet und abgefüllt wurde.

8. Name und Anschrift des Erzeugers.

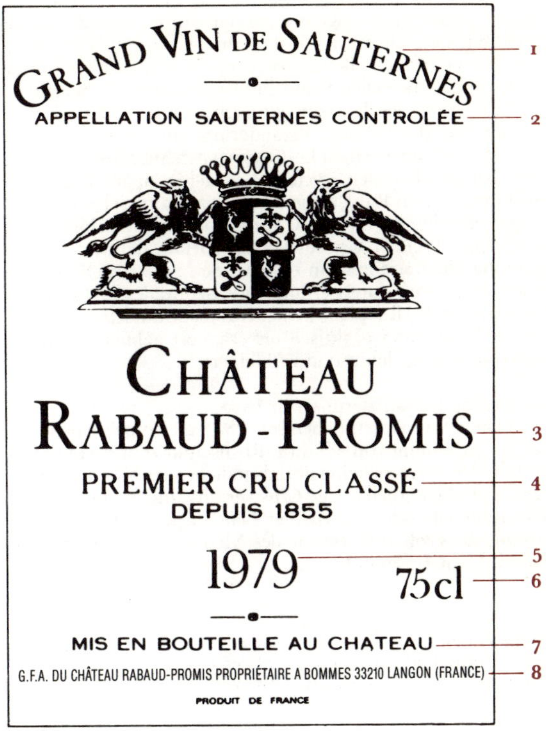

DIE KLASSIFIZIERUNGEN

Bereits im 18. Jahrhundert hatten sich die absoluten Spitzengewächse des Médoc herausgeschält, und zu Beginn des 19. Jahrhunderts wurden Klassifizierungen erstellt, in denen eine ganze Reihe von Weinen aus dem Médoc und einige aus Graves erfaßt waren. Diese Listen beruhten im wesentlichen auf den Marktpreisen und wurden von den Courtiers und Négociants als Leitfaden für ihre Kunden zusammengestellt.

Als das neu entstandene Zweite Kaiserreich seine Antwort auf die große Weltausstellung von 1851 in London vorbereitete, wurde beschlossen, auch eine Reihe von Bordeaux-Weinen zu zeigen, und es erhob sich die Frage, welche Châteaux die Region vertreten sollten. Mit der Lösung dieser Aufgabe wurde eine Kommission von Courtiers beauftragt, und so entstand die Klassifizierung von 1855, in der die Rotweine aus dem Médox einschließlich Château Haut-Brion sowie die großen süßen Weine von Sauternes enthalten waren. Es war eher ein historischer Zufall, daß gerade diese Liste mit ihrer Rangfolge zum unantastbaren, unvergänglichen Heiligtum wurde – was ihren Verfassern nie in den Sinn gekommen wäre. Als 1867 auf einer späteren Ausstellung in Paris eine

Reihe von St-Emilion-Weinen gezeigt wurde, kam die für sie erstellte Liste nicht zu derart dauerhaften Ehren.

Es ist mehrfach versucht worden, die Klassifizierung von 1855 auf den aktuellen Stand zu bringen, aber die begründeten Interessen, die dem entgegenstehen, scheinen stärker zu sein als die, die für eine Veränderung eintreten. Ich werde deshalb bei den einzelnen Eintragungen meiner Meinung darüber Ausdruck geben, welche Gewächse heute über oder auch unter ihrem Rang stehen. Die einzige offizielle Veränderung bestand in der Erhebung von Mouton-Rothschild in den Rang eines Premier Cru im Jahr 1973 und damit die Anerkennung einer seit langem bestehenden Spitzenstellung. Immer wieder muß daran erinnert werden, daß die Lagen der Châteaux in der Rangliste keiner Kontrolle unterliegen. Manche sind seit 1855 praktisch unverändert geblieben, andere haben sich ausgedehnt und verkleinert.

Die Médoc-Klassifizierung von 1855

Die Liste ist im wesentlichen seit 1855 gleich geblieben. Außer der Erhebung von Mouton-Rothschild zum Premier Cru im Jahr 1973 hat es keine grundsätzlichen Änderungen gegeben; es sind lediglich einige *Crus* verschwunden, andere wurden aufgeteilt oder haben den Namen geändert. Die Liste umfaßt die großen Rotweine des Médoc – hinzu kommt lediglich Haut-Brion in Graves.

Premiers Crus	
Lafite-Rothschild	Pauillac
Margaux	Margaux
Latour	Pauillac
Haut-Brion	Pessac (Graves)
Mouton-Rothschild	Pauillac
Deuxièmes Crus	
Rausan-Ségla	Margaux
Rauzan-Gassies	Margaux
Léoville-Las-Cases	St-Julien
Léoville-Poyferré	St-Julien
Léoville-Barton	St-Julien
Durfort-Vivens	Margaux
Gruaud-Larose	St-Julien
Lascombes	Margaux
Brane-Cantenac	Cantenac
Pichon-Longueville-Baron	Pauillac
Pichon-Longueville-Comtesse	Pauillac
Ducru-Beaucaillou	St-Julien
Cos d'Estournel	St-Estèphe
Montrose	St-Estèphe
Troisièmes Crus	
Kirwan	Cantenac
d'Issan	Cantenac
Lagrange	St-Julien
Langoa-Barton	St-Julien
Giscours	Labarde
Malescot-St-Exupéry	Margaux
Boyd-Cantenac	Cantenac
Cantenac-Brown	Cantenac
Palmer	Cantenac
La Lagune	Ludon
Desmirail	Margaux
Calon-Ségur	St-Estèphe
Ferrière	Margaux
Marquis-d'Alesme-Becker	Margaux
Quatrièmes Crus	
St-Pierre	St-Julien
Talbot	St-Julien
Branaire-Ducru	St-Julien
Duhart-Milon	Pauillac
Pouget	Cantenac
La Tour-Carnet	St-Laurent
Lafon-Rochet	St-Estèphe
Beychevelle	St-Julien
Prieuré-Lichine	Cantenac
Marquis-de-Terme	Margaux
Cinquièmes Crus	
Pontet-Canet	Pauillac
Batailley	Pauillac
Haut-Batailley	Pauillac
Grand-Puy-Lacoste	Pauillac

Grand-Puy-Ducasse	Pauillac	Haut-Bages-Libéral	Pauillac
Lynch-Bages	Pauillac	Pédesclaux	Pauillac
Lynch-Moussas	Pauillac	Belgrave	St-Laurent
Dauzac	Labarde	Camensac	St-Laurent
Mouton-Baronne-Philippe	Pauillac	Cos-Labory	St-Estèphe
du Tertre	Arsac	Clerc-Milon	Pauillac
		Croizet-Bages	Pauillac
		Cantemerle	Macau

Die Sauternes-Klassifizierung von 1855

Auch hier ist die ursprüngliche Liste mit Ausnahme von Aufteilungen und Namensänderungen unverändert geblieben.

Grand Premier Cru

Yquem	Sauternes

Premiers Crus

La Tour-Blanche	Bommes
Lafaurie-Peyraguey	Bommes
Clos Haut-Peyraguey	Bommes
Rayne-Vigneau	Bommes
Suduiraut	Preignac
Coutet	Barsac
Climens	Barsac
Guiraud	Sauternes
Rieussec	Fargues
Rabaud-Promis	Bommes
Sigalas-Rabaud	Bommes

Deuxièmes Crus

de Myrat	Barsac
Doisy-Daëne	Barsac
Doisy-Dubroca	Barsac
Doisy-Védrines	Barsac
d'Arche	Sauternes
Filhot	Sauternes
Broustet	Barsac
Nairac	Barsac
Caillou	Barsac
Suau	Barsac
de Malle	Preignac
Romer	Fargues
Lamothe	Sauternes

Nach dem Zweiten Weltkrieg lebte das Interesse an solchen Klassifizierungen wieder auf, und sowohl Graves als auch St-Emilion begannen diese Angelegenheit beim INAO in Gang zu bringen. Die Klassifizierung für Graves, über die sehr viel einfacher Einigkeit zu erzielen war, kam 1953 erstmals heraus und umfaßte nur Rotweine; sie wurde dann 1959 überarbeitet, und es wurden auch Weißweine einbezogen. Bei der kleinen Zahl der in die Klassifizierung aufgenommenen Weine wurde verständlicherweise nicht der Versuch unternommen, verschiedene Kategorien aufzustellen, und daher ist die Qualität der Weine von Haut-Brion mit seinem Premier-Cru-Rang bis zu anderen, die zu Preisen wie 5es Crus oder Spitzen-Crus-Bourgeois aus dem Médoc verkauft werden, höchst unterschiedlich. Auch hier werde ich bei den Einzeleintragungen mein Urteil über die diversen Weine abgeben.

Crus Classés in Graves

Rotweine

Bouscaut	Cadaujac	La Tour-Martillac	Martillac
Haut-Bailly	Léognan	Smith-Haut-Lafitte	Martillac
Carbonnieux	Léognan	Haut-Brion	Pessac
Domaine de Chevalier	Léognan	La Mission-Haut-Brion	Talence
Fieuzal	Léognan	Pape-Clément	Pessac
Olivier	Léognan	Latour-Haut-Brion	Talence
Malartic-Lagravière	Léognan		

Weißweine

Bouscaut	Cadaujac	Malartic-Lagravière	Léognan
Carbonnieux	Léognan	La Tour-Martillac	Martillac

Domaine de Chevalier	Léognan	Laville-Haut-Brion	Talence
Olivier	Léognan	Couhins	Villenave d'Ornon

In St-Emilion waren die Zustände lange Zeit chaotisch, und das machte es dem Verbraucher schwer. Viele Weingüter bezeichneten sich selbst als Premiers Crus; die Einzelbesitze sind meist nur klein, viele Namen sind einander ähnlich – und sie ändern sich auch öfter als anderswo. Heute umfaßt die Rebfläche der Appellation St-Emilion 5000 ha, aber es gibt nur 14 Weingüter mit einer Größe von über 25 ha und nur 34 Besitzungen zwischen 12 und 25 ha, also insgesamt mit einer Fläche von 589 ha. Die Klassifizierung unterteilt die Châteaux des Bereichs in zwei Kategorien – Premiers Grands Crus Classés und Grands Crus Classés. Unter den Premiers Grands Crus Classés stehen Ausone und Cheval Blanc in einer eigenen Kategorie A, alle übrigen gehören in die Kategorie B. Die erste Rangliste wurde 1955 veröffentlicht; sie enthielt 12 Premiers Grands Crus und 63 Grands Crus. Bei der ersten Neufassung von 1969 stieg die Zahl der Grands Crus auf 71; durch die zweite Neufassung von 1985 wurde die Zahl der Premiers Grands Crus auf 11 und die der Grands Crus auf 63 verringert.

Die St-Emilion-Klassifizierung von 1985

Premiers Grands Crus Classés

(A) Ausone
Cheval-Blanc
(B) Beauséjour
(Duffau-Lagarrosse)
Belair
Canon
Clos Fourtet
Figeac
La Gaffelière
Magdelaine
Pavie
Trottevieille

Grands Crus Classés

L'Angelus
L'Arrosée
Balestard la Tonnelle
Beau-Séjour-Bécot
Bellevue
Bergat
Berliquet
Cadet-Piola
Canon-la-Gaffelière
Cap de Mourlin
Chauvin
Clos des Jacobins
Clos la Madeleine
Clos de l'Oratoire
Clos Saint Martin
La Clotte
La Clusière
Corbin
Corbin-Michotte
Couvent des Jacobins
Croque-Michotte
Curé-Bon la Madeleine
Dassault
La Dominique
Faurie de Souchard
Fonplegade
Fonroque
Franc-Mayne
Grand-Berrail-
Lamarzelle-Figeac
Grand-Corbin-Despagne
Grand-Corbin
Grand-Mayne
Grand-Pontet
Guadet-Sant-Julien
Haut Corbin
Haut Sarpe
Laniote
Larcis-Ducasse
Lamarzelle
Larmande
Laroze
Matras
Mauvezin
Moulin-du-Cadet
Pavie-Decesse
Pavie-Macquin
Pavillon-Cadet
Petit-Faurie de Soutard

Le Prieuré
Ripeau
Sansonnet
Saint-Georges-Côte-Pavie
La Serre
Soutard
Tertre-Daugay
La Tour-du-Pin-Figeac (Giraud-Bélivier)
La Tour-du-Pin-Figeac (Moueix)
La Tour-Figeac
Trimoulet
Troplong-Mondot
Villemaurine
Yon-Figeac

Die Crus Bourgeois des Médoc wurden erstmals 1920 in die Klassifizierung aufgenommen, doch 1962 enthielt die Liste nur 94 Weingüter gegenüber 444 im Jahr 1932. Heute erheben über 200 Weingüter den Anspruch auf den Rang Cru Bourgeois; 150 davon sind Verbandsmitglieder. Das erste *Classement* des Verbands kam 1966 und eine Neufassung 1978 heraus. Darin wurden die Mitglieder in Grands Bourgeois Exceptionnels, Grand Bourgeois und Bourgeois unterteilt. Leider gestatten die derzeitigen EG-Bestimmungen nur den Aufdruck «Cru Bourgeois» auf einem Etikett. Dennoch sind die 1978 gemachten Unterscheidungen wegen der dabei angewendeten Kriterien durchaus nützlich.

Ein *Cru-Bourgeois*-Weingut muß über mindestens 7 ha verfügen; der Wein muß im Weingut (nicht durch eine Winzergenossenschaft) bereitet werden; und der Winzerverband muß bestätigen, daß die Qualität des Weins gut ist. Die Kategorie umfaßt 68 Weingüter.

Bei den *Crus Grands Bourgeois* müssen die obigen Vorschriften erfüllt sein, zusätzlich aber muß der Wein im Faß ausgebaut werden. Diese Kategorie umfaßt 41 Weingüter.

Ein *Cru Grand Bourgeois Exeptionnel* muß den strengsten Anforderungen genügen. Es muß nicht nur die Vorschriften für die beiden vorigen Kategorien erfüllen, sondern auch in einer Gemeinde des Haut-Médoc – also dem Crus-Classés-Gebiet – liegen, und der Wein muß im Château abgefüllt sein. In diese Kategorie gehören 18 Weingüter; sie sind mit dem Buchstaben E gekennzeichnet.

Die Crus-Bourgeois-Klassifizierung von 1978 im Médoc und Haut-Médoc
Nach dem Namen des Châteaus steht der Ortsname.

Grand Bourgeois

Agassac	Ludon *E*	Coufran	St-Seurin-de-Cadourne
Andron-Blanquet	St-Estèphe *E*		
Beaumont	Cussac	Coutelin-Merville	St-Estèphe
Beausite	St-Estèphe *E*	Le Crock	St-Estèphe *E*
Bel-Orme	St-Seurin-de-Cadourne	Duplessis (Hauchecorne)	Moulis
Brillette	Moulis	Dutruch-Grand-Poujeau	Moulis *E*
Capbern	St-Estèphe *E*	Fontesteau	St-Sauveur
La Cardonne	Blaignan	Fourcas-Dupré	Listrac *E*
Caronne-Ste-Gemme	St-Laurent *E*	Fourcas-Hosten	Listrac *E*
Chasse-Spleen	Moulis *E*	La-Fleur-Milon	Pauillac
Cissac	Cissac *E*	du Glana	St-Julien *E*
Citran	Avensan *E*	Greysac	Bégadan
Colombier-Monpelou	Pauillac	Hanteillan	Cissac
		Haut-Marbuzet	St-Estèphe *E*

Lafon	Listrac
de Lamarque	Lamarque
Lamothe	Cissac
Laujac	Bégadan
Liversan	St-Sauveur
Loudenne	St-Yzans
Mac-Carthy	St-Estèphe
Malleret	Le-Pian
Marbuzet	St-Estèphe *E*
Meyney	St-Estèphe *E*
Morin	St-Estèphe
Moulin-à-Vent	Moulis
Le Meynieu	Vertheuil
Martinens	Margaux
Les Ormes-Sorbet	Couquèques
Les Ormes-de-Pez	St-Estèphe
Patache d'Aux	Bégadan
Paveil-de-Luze	Soussans
Peyrabon	St-Sauveur
Phélan-Ségur	St-Estèphe *E*
Pontoise-Cabarrus	St-Seurin-de-Cadourne
Potensac	Potensac
Poujeaux	Moulis *E*
La Rose-Trintaudon	St-Laurent
Reysson	Vertheuil
Ségur	Parempuyre
Sigognac	St-Yzans
Sociando-Mallet	St-Seurin-de-Cadourne
du Taillan	Le Taillan
La Tour-de-By	Bégadan
La Tour-du-Haut-Moulin	Cussac
Tronquoy-Lalande	St-Estèphe
Verdignan	St-Seurin-de Cadourne

Bourgeois

Aney	Cussac
Balac	St-Laurent-de Médoc
La Bécade	Listrac
Bellerive	Pauillac
Bellerose	Valeyrac
Bonneau-Livran	St-Seurin-de-Cadourne
Le Boscq	St-Christoly
Le Breuil	Cissac
La Bridane	St-Julien
de By	Bégadan
Castéra	St-Germain-d'Esteuil
Chambert-Marbuzet	St-Estèphe
Cap-Leon-Veyrin	Listrac
Carcanieux	Queyrac
La Clare	Bégadan
La Closerie	Moulis
Duplessis-Fabre	Moulis
Fonréaud	Listrac
Fonpiqueyre	St-Sauveur
Fort Vauban	Cussac
La France	Blaignan
Gallais Bellevue	Potensac
Grand-Duroc-Milon	Pauillac
Grand-Moulin	St-Seurin-de-Cadourne
Haut-Bages-Monpelou	Pauillac
Haut-Canteloup	Couquèques
Haut-Garin	Bégadan
Haut-Padarnac	Pauillac
Houbanon	Prignac
Hourtin-Ducasse	St-Sauveur
de Labat	St-Laurent
Lamothe-de-Bergeron	Cussac
Landon	Bégadan
Crû Lassalle	Potensac
Lartigue-de-Brochon	St-Seurin-de-Cadourne
Le Landat	Cissac
Lestage	Listrac
Mac-Carthy-Moula	St-Estèphe
Monthil	Bégadan
Moulin Rouge	Cussac
Panigon	Civrac
Pibran	Pauillac
Plantey-de-la-Croix	St-Seurin-de-Cadourne
Pontet	Blaignan
Ramage-la-Bâtisse	St-Sauveur
La Roque-de-By	Bégadan
de la Rose-Maréchale	St-Seurin-de-Cadourne
St-Bonnet	St-Christoly
Saransot	Listrac
Soudars	Avensan
Tayac	Soussans
La Tour-Blanche	St-Christoly
La Tour-du-Mirail	Cissac
La Tour-Haut-Caussan	Blaignan
La Tour-St-Bonnet	St-Christoly
La Tour St-Joseph	Cissac
des Tourelles	Blaignan
Vieux Robin	Bégadan

Folgende Anbauflächen werden zur Zeit neu bestockt:

Les Bertin	Valeyrac	Lavalière	St-Christoly
Clarke	Listrac	Romefort	Cussac
Larivière	Blaignan	Vernous	Lesparre

Die folgenden Weingüter sind seit 1978 dem Cru-Bourgeois-Verband beigetreten, sind aber wegen der EG-Bestimmungen noch nicht in der Klassifizierung berücksichtigt:

Anthonic	Moulis
Beausite	St-Estèphe
Bellevue	Valeyrac
Les Bertins	Valeyrac
Blaignan	Blaignan
Bonneau	Avensan
Bourdieu	Vertheuil
Bournac	Civrac
Cailloux-de-By	Bégadan
Canuet	Margaux
Charmail	St-Saurin
La Commanderie	St-Estèphe
de Conques	Couquèques
Domaine de la Croix	Ordonnac
L'Estruelle	St-Yzans
Gourdy-la Cardonne	Ordonnac
Grivière	Blaignan
Hauterive	St-Germain-d'Esteuil
Haut Logat	Cissac
Lacombe-de-Noillac	Jau
Lagorce	Blaignan
Lagrave	St-Sauveur
Lalande	Listrac
Lestage Simon	St-Seurin
Lieujan	St-Sauveur
Liouner	Listrac
Magnol Dehez	Blanquefort
Malescasse	Lamarque
Malmaison	Listrac
Marsac-Séguineau	Soussans
Martinens	Cantenac
Maucaillou	Moulis
Maucamps	Macau
Monbrison	Arsac
Moulin-de-Castillon	St-Cristoly
Moulin-de-Laborde	Listrac
Moulin-de-la-Roque	Bégadan
Moulin Riche	St-Julien
Moulin-de-St-Vincent	Moulis
Moulis	Moulis
Pey-Martin	Ordonnac
Peyredon-Lagravette	Medrac-Listrac
Le Plantey	St-Yzans
Pomys	St-Estèphe
Preuilhac	Lesparre
Puy-Castéra	Cissac
Domaine de la Ronceray	St-Estèphe
St-Ahon	Caychac
Saint-Aubin	Jau
St-Estèphe	St-Estèphe
St-Paul	St-Seurin
St-Roch	St-Estèphe
Sestignan	Jau Dignac-Loirac
Terrey-Gros-Cailloux	St-Julien
La Tour-de-Mons	Margaux
Tour-du-Roc	Arcins
Tourteran	St-Sauveur
Troupian	St-Seurin-de-Cadourne
Les Tuileries	St-Yzans
Vieux-Robin	Bégadan

DER WEINBERG

Guter Wein hängt von guten Trauben ab und gute Trauben wiederum von der Pflege der Reben und vom Wetter. Zudem gedeihen einige Rebsorten auf bestimmten Böden besser als auf anderen.

Der Jahresablauf der Arbeiten im Weinberg sieht ungefähr wie folgt aus:

Januar. Die im Dezember begonnene Arbeit des Rebschnitts *(Taille)* wird fortgesetzt. Es werden neue Pfähle eingesetzt und festgemacht, und die geschnittenen Triebe werden aufgebunden.

Februar. Der Rebschnitt geht weiter, zugleich wird der Weinberg gesäubert, die abgeschnittenen Triebe werden aufgesammelt usw. Die erste Behandlung der Reben gegen die durch Pilzbefall am Holz verursachte Excoriose sowie gegen die Schwarzfleckenkrankheit und gegen die Gelbe und Rote Spinne (die sonst später das junge Laub angreift) findet statt.

März. Der erste Austrieb beginnt meist Ende März, zwischen dem 20. und 30. Mit dem Pflug wird die aufgeworfene Erde am Fuß der Rebstöcke entfernt, damit nach der Winterruhe Luft herankommt.

April. Der Winter ist zu Ende, das Frühjahr beginnt. Jetzt werden abgestorbene Rebstöcke ersetzt, und der Weinberg wird zum ersten Mal gehackt. Die Reben werden mit Schwefelstaub und Kupfersulfatlösung gegen Mehltau behandelt.

Mai. Die im April begonnenen Arbeiten einschließlich der Krankheitsbekämpfungsmaßnahmen werden bei günstigem Wetter weitergeführt. Die Jungtriebe werden eingekürzt, um das Wachstum der Rebe zu begrenzen und die Fruchtbildung anzuregen; die vom Fuß der Rebe ausgehenden «Wasserschosse» werden entfernt.

Juni. Der Juni ist der Blütemonat. Zwischen 1975 und 1990 lag der früheste Blütebeginn am 20. Mai (1989), der späteste am 15. Juni (1977). Meist findet er zwischen dem 2. und 10. statt. Damit ist auch der ungefähre Lesetermin schon festgelegt: er liegt meist 100 bis 110 Tage nach der Blüte. Der Weinberg wird wieder gepflügt, die neuen Triebe werden je nach Länge zwischen dem zweiten und dritten Draht verteilt, aber nicht angebunden.

Juli. Der Boden wird soweit von den Reben weggepflügt, daß zwischen den Rebzeilen ein aufgeworfener Damm entsteht, und das Unkraut wird gehackt. Die Schädlingsbekämpfung wird nach Bedarf fortgesetzt. Die *Véraison* (die farbliche Veränderung der Trauben als wichtigstes Anzeichen des Reifevorgangs zwischen Blüte und Lese) setzt Ende Juli ein – so war es wenigstens 1989, 1982, 1981, 1976 und 1975.

August. Eine ruhige Zeit, und viele Winzer machen Urlaub. Es kann aber bei feuchtem Wetter auch weitere Schädlingsbekämpfung nötig werden, insbesondere gegen frühe Fäule. Ist die *Véraison* (Veränderung der Traubenfarbe) nicht im Juli eingetreten, dann ist sie meist in der ersten Augustwoche zu beobachten. 1980 setzte sie allerdings erst am 18. ein.

September. In sieben der letzten 15 Jahre begann die Lese schon im September: 1990, 1989, 1983, 1982, 1981, 1976 und 1975. In den Wochen vor der Ernte werden die letzten Schädlingsbekämpfungsmaßnahmen durchgeführt, doch konzentriert sich der Winzer lieber schon auf die Vorbereitungen im *Cuvier*.

Oktober. Der Monat der Weinlese ist natürlich der wichtigste im Kalender des Weinbauern. Selbst wenn die Lese bereits im September begonnen hat, fällt doch ihr Hauptteil in den Oktober. In Sauternes dauert sie manchmal bis zum Ende des Monats.

November. Nach dem Ende der Lese geht wieder der Pflug durch den Weinberg und häufelt Erde für den Winter auf, und es wird gedüngt.

Dezember. Der Rebschnitt beginnt. Zunächst wird das Laub zurückgeschnitten, um den eigentlichen Rebschnitt zu erleichtern; die abgeschnittenen Triebe werden gebündelt und verbrannt. Im Lauf des Jahres beschädigte oder abgestorbene Rebstöcke werden für die Nachbepflanzung im nächsten Jahr vorgemerkt. Und dann beginnt alles von neuem.

DIE WEINBEREITUNG

Rotwein

Noch vor 30 Jahren konnte man zu Recht sagen, daß sich der große rote Bordeaux in den meisten Jahren «von selbst» bereitete. Auch heute noch ist die Bereitung nicht kompliziert, aber die Technik ist in den meisten Weingütern verfeinert worden. Im allgemeinen geht sie wie folgt vor sich:

1. Die Trauben kommen in den *Cuvier* und werden mit einer Förderschnecke in den *Fouloir-égrappoir* gebracht, wo sie gemahlen und «entrappt» werden. Das Wort «Mahlen» ist vielleicht übertrieben, denn in der Maschine werden die Traubenschalen nur aufgebrochen und nicht wirklich zermahlen, wie man deutlich sehen kann, wenn die Masse in den Gärbehälter gepumpt wird. Mit der Vollerntemaschine gelesene Trauben brauchen allerdings nicht entrappt, d. h. von den Stielen befreit zu werden. Der alte *Fouloir-égrappoir* ist in letzter Zeit stark verbessert worden, damit das Mahlen oder Quetschen der Trauben sanfter verläuft und verhindert wird, daß aus den Stielen Gerbsäure in den Most gerät.

2. Die *Cuve*, der traditionelle Gärbehälter in Bordeaux, besteht aus Holz, und oft verläuft um den oberen Rand eine Holzgalerie, die den Zugang erleichtern soll. Heute sind noch viele dieser alten *Cuves* in Gebrauch, doch werden sie immer mehr durch Tanks aus Edelstahl, aus emailliertem Stahl oder aus Beton mit einem Dichtanstrich verdrängt. Die neuen *Cuves* sind vorteilhaft, weil sie leichter zu reinigen sind, die Regelung der Gärtemperatur erleichtern und oft kleiner sind und deshalb das Auseinanderhalten der Mostpartien ermöglichen. Neuere Forschungserkenntnisse geben jedoch zu bedenken, daß die Vorteile nicht alle auf einer Seite liegen, sondern hölzerne Gärbehälter vielleicht bessere Ergebnisse ermöglichen. Der Gärprozeß dauert meistens 5 bis 10 Tage, und es wird heute darauf geachtet, daß die Gärtemperatur zwischen 28 und 30 °C bleibt und nicht wie früher bis 34 °C ansteigt.

3. Nach einigen Stunden Gärdauer steigen die festen Substanzen, d. h. vor allem die Schalen, zur Oberfläche auf und bilden darauf den sogenannten Hut. Der gärende Most wird in regelmäßigen Abständen über diesen Hut gepumpt, um ihn feucht und kühl zu halten und um Farbstoff aus ihm herauszuziehen. Eine Variante dieses klassischen Verfahrens ist der «untergetauchte Hut». Dabei wird der Hut durch ein Drahtsieb daran gehindert, zur Oberfläche aufzusteigen.

4. In Bordeaux läßt man meist die natürlichen Hefen ihre Arbeit tun. Es gibt sie auch gewöhnlich in Hülle und Fülle, und sie haben sich stets bewährt. Nur wenn die Trauben nicht gesund (von Fäulnis befallen) sind, kann es Schwierigkeiten geben, aber das kommt heutzutage selten vor.

5. Die Temperaturregelung geschieht auf unterschiedliche Weise. Die althergebrachte Art besteht in Bordeaux in einer Apparatur, die wie ein Milchkühler aussieht. Der Most läuft durch eine Rohrschlange, die von außen mit kaltem Wasser gekühlt wird. Bei den Edelstahltanks kann das kalte Wasser entweder außen über den Mantel oder aber wie bei anderen Behältern auch innen durch Kühlschlangen geleitet werden. Alles das ist freilich gegenüber der alten Methode, die noch 1961 in vielen Kellern üblich war – nämlich Blockeis in die Gärbehälter zu werfen – ein gewaltiger Fortschritt.

6. Die Zuckerung ist dagegen heute in Bordeaux, wo sie bis 1962 fast unbekannt und auch unerlaubt war, viel häufiger geworden. Die meisten Médoc-Weine werden jetzt auf 12 %, die St-Emilions und Pomerols auf 12,5 % Alkoholgehalt «aufgezuckert», außer bei den festen Jahrgängen, bei denen der natürliche Zuckergehalt weit ausreicht. Der Zucker wird zumeist vor Beginn des Gärprozesses, nach sorgfältiger Prüfung der Zusammensetzung des Mosts, beigegeben.

7. Der Verlauf der Gärung wird anhand der abnehmenden Konsistenz und Temperatur auf Kurvendiagrammen, die sich am Gärbehälter befinden, aufgezeichnet und in Abständen von einigen Stunden kontrolliert. Ist kein Zucker mehr zum Vergären übrig, dann wird der Wein (denn das ist er jetzt geworden) entweder abgezogen, oder er verbleibt noch einige Tage zum Maischen bei den Schalen. Früher führte man das oft ein paar Wochen lang durch, heute aber herrscht die Auffassung vor, daß die meiste Farbe während des Gärens durch die hohen Temperaturen extrahiert wird, während danach der Gewinn an Farbe nur noch minimal, dafür aber der Anstieg an Gerbstoffgehalt viel größer ist, und das ist nicht immer erwünscht. Auch sind Infektionen durch Bakterien möglich, und deshalb ziehen viele Kellermeister den Wein jetzt gern ab, sobald er fertig ausgegoren ist.

8. Nach dem Abziehen des neuen Weins werden die verbliebenen festen Bestandteile (zum größten Teil also der «Hut») aus dem Behälter geholt und gepreßt. So entsteht der sogenannte *Vin de presse*. Der Wein aus der ersten Pressung ist meist sehr gut in der Qualität, und er wird später bei der *Assemblage* dem fertigen Wein zugesetzt. Dagegen ist der Wein aus der zweiten Pressung meist nicht so besonders gut und wird bei der *Assemblage* auch nicht mitverwendet. Diese beiden *Vins de presse* zusammengenommen stellen etwa 15 % der insgesamt gewonnenen Menge dar. *Vin de presse* ist meist in einfachem, für baldigen Versuch bestimmten Wein kein erwünschter Bestandteil. Er ist konzentrierter als der «Vorlaufwein», außer in der alkoholischen Stärke, und bringt deshalb in feinere Weine, die für lange Lagerung und Reifezeit vorgesehen sind, ein wichtiges Element ein.

9. Das nächste Stadium wird als malolaktische Gärung bezeichnet. Im idealen Fall sollte sie unmittelbar nach der alkoholischen Gärung stattfinden. Bei diesem Vorgang verwandelt sich die strenge Apfelsäure in die sanftere Milchsäure, und dabei geht auch der Säuregehalt insgesamt zurück. Manche Weingüter lassen diesen Prozeß gern in den *Cuves* ablaufen, andere füllen den Wein vorher in Fässer. Diese sekundäre Gärung verläuft am günstigsten bei 20 bis 25 °C, deshalb bemüht man sich, sie zu Ende zu bringen, bevor das Wetter wirklich kalt wird, denn anders als die kleinen Keller in Burgund sind die großen *Cuviers* von Bordeaux nur schwer beheizbar. Sind die Gärbehälter mit einem Kühlsystem im Inneren ausgerüstet, dann kann dies freilich auch zum Erwärmen und damit zur Begünstigung der malolaktischen Gärung benützt werden. Erst wenn dieser Gärprozeß beendet ist, ist der Wein stabil und gegen Infektionen durch Bakterien unempfindlich geworden. Früher wurde oft beobachtet, daß der Wein im Frühling – um die Zeit, wenn die Knospen der Reben aufschwellen – wieder im Faß zu «schaffen» begann. Allerdings war das auf Kohlendioxid zurückzuführen, das freigesetzt wurde, weil die malolaktische Gärung wieder einsetzte, wenn bei wärmerer Witterung die Bakterien erneut ihre Tätigkeit aufnahmen. Besser ist es allerdings, diesen Vorgang im Herbst zu Ende zu bringen und den Wein nicht über Winter im unstabilen Zustand im Faß lagern zu lassen.

In den meisten, wenn auch nicht in allen Weingütern bleibt der neue Wein bis zur endgültigen Zusammenstellung oder *Assemblage* in *Cuves*. Die *Assemblage* geschieht je nach den Verhältnissen meist im Januar, manchmal auch später. Aus allen *Cuves* werden Kostproben genommen, und es wird entschieden, was in den Grand Vin (unter dem Hauptetikett des Châteaus) kommen und was weggelassen werden soll, damit der Ruf des Châteaus und die Qualität seines Weins auf dem bestmöglichen Stand gehalten wird. Manchmal wird ein Zweitetikettwein zusammengestellt, z. B. Pavillon Rouge von Château Margaux, Réserve de la Comtesse von Pichon-Lalande, Clos du Marquis von Léoville-Las-Cases, jedoch wird der nicht in den Grand Vin aufgenommene Wein zumeist unter einer einfachen Bezeichnung verkauft. Das gilt aber nur für die großen Weingüter und deshalb meist nur für das Médoc.

Eine wichtige Entscheidung, die allerdings weniger an die Öffentlichkeit gelangt, ist zu diesem Zeitpunkt auch, ob *Vin de presse* zugesetzt werden soll. Dadurch wird der Tannin- und Extraktgehalt des Weins angehoben, was bei Weinen, die für lange Lagerung bestimmt sind, ein wichtiges Element darstellt.

Alle Spitzen-Châteaux von Bordeaux bauen ihren Wein in Eichenholzfässern von 225 l aus, wobei für den feinsten jedes Jahr nur ganz neue Fässer verwendet werden. Der Wein muß aber in Festigkeit und Zusammenstellung dafür auch geeignet sein, und deshalb verwenden – abgesehen von den Premiers Crus – die meisten Crus Classés nur zu einem Drittel jedes Jahr neue Holzfässer. Zwar tragen Holzfässer sehr zur Komplexität und Finesse eines Weins bei, sie müssen aber in gutem Zustand und dürfen keinesfalls älter als 5 Jahre sein. Früher taten viele kleinere Weingüter, die sich nicht regelmäßig neue Fässer leisten konnten, ihrem Wein viel Abbruch dadurch, daß sie ihn in alten Fässern lagerten, wobei er leicht einen muffigen oder unreinen Ton annehmen kann. Dann ist es schon besser, den Wein im Tank anstatt in Fässern liegen zu lassen, und das geschieht heute in vielen kleineren Weingütern. Dem Wein tut das nur gut. Der Zeitpunkt der Abfüllung ist je nach Art und Qualität des Weins verschieden. Die Premiers Crus wurden nach altem Brauch erst abgefüllt, wenn sie drei Winter im Faß verbracht hatten, d. h. also im Frühling des dritten Jahres. Heute werden die meisten Weine bereits spätestens zwei Jahre nach der Lese abgefüllt oder auch einige Monate früher im späten Frühjahr oder im Frühsommer des zweiten Jahrs.

Trockene Weißweine

In den letzten Jahren hat sich die Bereitung dieser Weine in Bordeaux viel radikaler geändert als bei Rotwein. Edelstahltanks, Horizontal- und Druckluftpressen sowie kühle Gärung haben den Stil und die Qualität der trockenen Weißweine gänzlich revolutioniert. Früher entstanden in Bordeaux einige ganz superbe Graves, ein großer Teil der Weißweine aber war überschwefelt, schwer und flach. Heute sind sie fruchtig und bukettreich, frisch und sauber.

Grundsätzlich werden sie wie folgt bereitet:

1. Die Trauben werden so, wie sie vom Weinberg kommen, also mit den Stielen (außer wenn sie mit der Maschine geerntet wurden) in die Horizontalpresse eingefüllt. Die Pressung erfolgt sehr sanft, und die Trester (die Rückstände aus Schalen, Stielen usw.) werden ständig durch in der Presse laufende Ketten aufgelockert, während die Trauben von der Presse ausgequetscht werden.

2. Der Saft läuft aus der Presse in eine *Cuve* aus Edelstahl ab. Er wird heutzutage oft gekühlt und 12 bis 24 Stunden lang als Traubensaft aufbewahrt, damit sich die Feststoffe absetzen. Diesen Vorgang nennt man *Débourbage*. Immer mehr Weinerzeuger in Graves und sogar manche in Entre-deux-Mers geben inzwischen die Stahltanks wieder auf und kehren zur Faßgärung zurück; sie leiten den Most direkt in neue Fässer, die oft in klimatisierten *Chais* stehen. Als Schutz gegen Oxidation wird er leicht geschwefelt.

3. Nachdem der Most von den abgesetzten Feststoffen in eine andere *Cuve* oder ein anderes Faß abgezogen worden ist, beginnt der Gärprozeß. Er findet heute bei einer auf 15 bis 20 °C eingeregelten Temperatur statt.

4. Wie der Rotwein durchläuft in Bordeaux auch der Weißwein einen malolaktischen Gärvorgang.

5. Sobald der Wein fertig ist, wird er geklärt, damit er keinen unerwünschten Geruch annimmt. Das geschieht meist durch Filtrieren, in großen Kellereien auch durch Zentrifugieren.

6. Da man heutzutage bestrebt ist, Oxidation möglichst zu verhindern, ist die Ausbauzeit vor dem Abfüllen in Flaschen sehr viel kürzer geworden. Nur die feinsten Graves liegen länger als ein paar Monate im Faß; die meisten Weine werden in *Cuves* gelagert und im folgenden Frühjahr, also rund sechs Monate nach der Lese, in Flaschen gefüllt, damit ihre Frische und Fruchtigkeit erhalten bleibt.

Süße Weißweine

Wegen des Zustands der von der *Pourriture noble* (Edelfäule – der wissenschaftliche Name lautet *Botrytis cinerea*) befallenen Trauben hat sowohl die Lese als auch die Verarbeitung zu süßem Weißwein ihre Besonderheiten. Die Lese kann nicht so erfolgen wie für trockenen Wein, weil die mit dem Befall durch *Botrytis cinerea* im Zusammenhang stehende Überreife der Trauben im Weinberg, ja selbst in den einzelnen Fruchtständen nicht gleichmäßig eintritt. Deshalb müssen die Leser mehrmals (in Spitzengütern vier- bis sechsmal) den Weinberg «durchlesen», wobei sie die besten Beeren aus den Fruchtständen auswählen. Dafür kommen nur Fachkräfte aus der Gegend in Frage. Maschinelle Ernte kommt hier natürlich nicht in Frage.

Die *Botrytis cinerea* selbst ist ein Schimmelpilz, der den überreifen Trauben das Wasser entzieht und dadurch eine hohe Konzentration des Zucker- und Extraktstoffgehalts bewirkt. Die für den Herbst in Bordeaux typische milde und feuchte Witterung bildet die Voraussetzung für gutes Gedeihen dieses Pilzes. Bei zu trockenem Wetter gibt es selbst an sehr reifen Trauben keinen Befall. So geschah es 1978. Regnet es andererseits im unrichtigen Augenblick, dann kann die ganze Ernte ruiniert sein, oder es bleibt nur ein kleiner Teil davon brauchbar. Aus diesem Grund gibt es in Sauternes viel weniger erfolgreiche Jahrgänge als im benachbarten Graves.

Die Gewinnung des Weins geschieht wie folgt:

1. Die Trauben werden ihrer besonderen Beschaffenheit wegen nicht zuerst gemahlen, sondern unmittelbar in die Presse gegeben. Das Pressen geht langsam vor sich und ist schwierig, weil der Zuckergehalt der Trauben so hoch ist (20 bis 25° Baumé – 360 bis 450 g/l). In Sauternes wird gewöhnlich dreimal gepreßt.

2. Der *Débourbage*-Vorgang fällt meistens weg, weil die Gefahr einer Schwefeldioxidanreicherung besteht und weil ein Most, der so viel Zucker und Bakterien enthält, leicht oxidiert. Am günstigsten ist es, den Most zu zentrifugieren und ihn zu kühlen, bis er dem Gärungsprozeß überlassen wird, der manchmal noch im Faß, heutzutage aber der größeren Sicherheit halber meist in der *Cuve* vor sich geht.

3. Die Gärung verläuft langsam und dauert manchmal mehrere Wochen. Sie muß sehr sorgfältig beobachtet werden, damit ein gut ausgewogener Wein entstehen kann. Ein Wein mit 12,5 % Alkohol ist gut ausgewogen, wenn er 30 bis 35 Gramm Zucker pro Liter enthält, nicht aber zum Beispiel mit 50. Dieses Verhältnis trifft in typischer Weise für den Wein der Premières Côtes zu. Ein Wein mit 14 % Alkohol braucht jedoch 60 bis 70 Gramm Zucker pro Liter, um ausgewogen zu erscheinen. Zwar werden die Hefen träge und inaktiv, wenn der Alkoholgehalt etwa 14 % erreicht, trotzdem ist dann der Wein noch immer nicht dauerhaft stabil, er muß vielmehr mit Schwefeldioxid behandelt werden. Oft wird er darüber hinaus noch filtriert und gekühlt. Weine mit geringerem Zuckergehalt müssen auf jeden Fall in dieser Weise «abgestoppt» und stabilisiert werden.

4. Die *Elevage* (d. h. «Erziehung» bzw. das Ausbauen des Weins) geschieht dann so ziemlich auf die gleiche Weise wie bei trockenem Wein, allerdings scheint den feinsten Weinen der süßen Art eine Reifezeit im Faß gut zu tun, und sie bleiben deshalb länger darin – oft zwei bis zweieinhalb Jahre –, bis sie abgefüllt werden. Die Zusammenstellung aus verschiedenen *Cuves* oder Fässern ist bei einem wirklich feinen Sauternes, Loupiac oder Ste-Croix-du-Mont ein wichtiger Vorgang.

DIE JAHRGÄNGE

In Gegenden mit gemäßigtem Klima ist der Jahrgang stets von großer Bedeutung. Obwohl es heutzutage in Bordeaux weniger mindere Jahrgänge gibt als früher, ist es doch wichtig zu wissen, welche Unterschiede zwischen den einzelnen Jahrgängen bestehen, denn dadurch erhält man Anhaltspunkte dafür, welche Weine lange liegen und welche mehr oder weniger früh getrunken werden sollten. Jedes Jahr hat auch seine Eigenart, und je schöner ein Jahr war, desto stärker ist die Eigenart des Jahrgangs und um so ausgeprägter ist auch der Charakter der einzelnen *Crus*.

1992

Wetterverlauf und allgemeine Beurteilung. Die wohl schwierigsten Wetterverhältnisse seit 1974. Die Wachstumsperiode war außergewöhnlich naß, im August fiel dreimal soviel Regen wie normal, und die Temperaturen schwankten zwischen sehr warm (Mai, Juli und August) und sehr kühl (Juni und die drei ersten Septemberwochen). Zum Schluß verregnete auch noch die zweite Hälfte der Lese. Mengenmäßig gab es den bisher größten Ertrag bei AC-Weinen, über 260000 hl mehr als 1990; erstmals überschritt die AC-Rotweinproduktion 5 Millionen hl, und die AC-Weißweinproduktion war die größte seit 1973. Bei günstigen Voraussetzungen kamen durch strenge Auslese gefällige, für frühe Genußreife bestimmte Rotweine zustande – die Weißweine sind generell besser ausgefallen.
Médoc und Graves. Ziemlich dünne Cabernets mit großen Qualitätsschwankungen. Weine mit kräftigem Merlot-Anteil gelangen am besten, strenge Auslese war dabei wesentlich. Die besseren Weine sind leicht, fruchtig und charmant und früh genußreif, nur manche Erzeuger sind der Versuchung erlegen, allzu hohe Konzentration und Eichenholzbetonung anzustreben. Die Art ähnelt dem 1987er.
St-Emilion und Pomerol. Der Merlot ist zwar gut gediehen, doch der Cabernet Franc kam schlecht weg, was bei vielen Gütern zu Problemen führte. Die besseren Weine zeigen ansprechende, milde Frucht, andere haben jedoch mehr Eichenholz abbekommen, als ihr Gefüge verträgt.
Trockene Weißweine. Einige feine Graves und viele ansprechende Weine aus Entre-deux-Mers, jedoch sehr unterschiedliche Qualitäten.
Sauternes. Es sind einige gute, wenn auch leichte Weine entstanden, ehe alle Hoffnungen auf größere Mengen in guter Qualität im Regen zerrannen.

1991

Wetterverlauf und allgemeine Beurteilung. Der Frost in der Nacht vom 20. auf den 21. April war der schärfste, den Bor-

deaux seit 1945 erlebt hat. Dann beeinträchtigte kaltes Wetter die Entwicklung des zweiten Austriebs, so daß zur Lesezeit stark unterschiedliche Reifegrade zustande kamen. Schlechtes Wetter im September und Regen zur Lesezeit machten dann alle Hoffnungen auf annehmbare Qualität zunichte. Nur einige besonders geschützte Lagen, meist im Médoc, brachten Weine ausschließlich von Trauben der ersten Generation – die allein gute Qualität gewährleisten konnten – hervor.
Médoc und Graves. Ein paar Lagen nahe an der Gironde blieben vom schlimmsten Frost verschont. So produzierten z. T. die Châteaux La Tour-de-By, Montrose, Cos-d'Estournel, Latour und Léoville-Las-Cases überraschend ansprechende, vollmundige Weine mit echter Substanz. Ansonsten kamen zwar recht schöne, aber substanzarme Weine zustande.
St-Emilion und Pomerol. Hier zeigt sich ein trübes Bild. Lediglich ein Teil der Côte de Pavie entging den schlimmsten Verheerungen durch den Frost, und dann war das schlechte Wetter dem, was von der zweiten Merlot-Generation übrig war, nicht gnädig.
Trockene Weißweine. Die kleinste Ernte, die Bordeaux je zu verzeichnen hatte! Der Ertrag belief sich in Pessac-Léognan nur auf 12,9 hl/ha, doch daraus entstanden fruchtige und ansprechende Weine.
Sauternes. Katastrophale Erträge zwischen 10 und 11 hl/ha; einige gute Auslesen erbrachten nur sehr kleine Mengen an Weinen, die jedoch feiner und gehaltvoller sind als die 1992er.

1990
Wetterverlauf und allgemeine Beurteilung. Der Wetterverlauf von 1989 wiederholte sich in höchst seltenem Ausmaß. Die Blüte fand im Mai statt, und nur eine Hitze- und Trockenheitsperiode im Juli, die zu einem Wachstumsstillstand führte, verhinderte eine noch frühere Lese als 1989. So jedoch begann die Lese bei Merlot um den 10. September, während dem Cabernet Sauvignon im Médoc bis Anfang Oktober Zeit gelassen werden mußte. In den Weinen vereint sich wie bei den Jahrgängen 1982 und 1989 hervorragende Frucht mit kräftigem Körper. Bei strengerer Ertragsbeschränkung war die Erntemenge etwas größer als 1989.
Médoc und Graves. Die nördlicheren Teile des Médoc mit ihren schwereren Böden brachten besonders gute Ergebnisse. Viele Crus Bourgeois sind sehr gut ausgefallen; in St-Estèphe, Pauillac und St-Julien gibt es viele ausnehmend feine Weine, dagegen ist der Margaux unterschiedlicher. Weine aus Graves zeigen oft opulente Fülle, aber auch Eleganz und große Individualität.
St-Emilion und Pomerol. Die St-Emilions zeichnen sich durch volle, üppige Frucht im Verein mit gutem Körper aus, während beim Pomerol große Konzentration zu bemerken ist.
Trockene Weißweine. Die aromatische Qualität der Frucht ist ausgezeichnet. Die Erzeuger erreichen oft ein harmonischeres Säure-Gleichgewicht, als es beim Jahrgang 1989 zustande kam.
Süße Weißweine. Der Wunderjahrgang von Sauternes erbrachte die reichhaltigsten Weine seit 1929, die sogar die

prachtvollen 1989er in den Schatten stellen. Der Charakter dieser Weine ist bemerkenswert exotisch.

1989

Wetterverlauf und allgemeine Beurteilung. Der im Durchschnitt wärmste, sonnenreichste und trockenste Sommer seit 30 Jahren; die Blüte setzte am 20. Mai ein, und die früheste Lese seit 1893 begann am 28. August. Die Weine sind alkoholstark bei üppiger Frucht und mildem, reifem Tannin, ähnlich wie beim 82er. Bei AC-Rotweinen gab es einen neuen Ernterekord: Der Ertrag von 1986 wurde um mehr als 350 000 hl übertroffen.
Médoc und Graves. Vor allem der St-Julien ist erstaunlich gut ausgefallen, schöne Weine hat es aber auch in allen bedeutenden Weinbaugebieten gegeben. Bei den hohen Erträgen konnte die beste Frucht ausgelesen werden, daher erzielten die führenden Crus entsprechend bessere Resultate als die einfacheren Erzeuger. Es sind herrlich reichhaltige, fruchtige Weine entstanden. Die Graves-Weine fielen leichter und eleganter im Körper aus.
St-Emilion und Pomerol. Erstaunlich feste, kraftvolle Weine, in denen sich ungewöhnliche Substanz mit der opulenten Fülle eines hervorragenden Merlot-Jahrgangs vereint.
Trockene Weißweine. Sehr vollmundige, fette und fruchtige Weine, vielen aber mangelt es an Säure – eine noch frühere Lese wäre für sie von Vorteil gewesen. Frühe Genußreife.
Süße Weißweine. Nach dem klassischen 88er ein ungewöhnlich guter, mit dem 1947er vergleichbarer Jahrgang, in dem aber von allem noch mehr steckt. Die Sauternes-Jahrgänge 89 und 90 bilden sicherlich das großartigste Paar seit 1928 und 29 – und das zum Abschluß eines Jahrzehnts voll feiner Jahrgänge.

1988

Wetterverlauf und allgemeine Beurteilung. Auf einen nassen Winter und Frühling folgte ein überdurchschnittlich trockener Sommer und ein sehr warmer Oktober. Beträchtliche Unterschiede zwischen verschiedenen Rebsorten, aber auch innerhalb einer Rebsorte in verschiedenen Lagen verursachten merkliche Qualitätsunterschiede. In der Art waren die Weine anfänglich ähnlich abschreckend herb wie die 86er, entwikkelten sich jedoch zu klassischer Eleganz und Feinheit.
Médoc und Graves. Weine von klassischer Struktur, die feiner erscheinen als die 86er, aber weniger Wucht besitzen. Sie dürften sich als langlebig und sehr harmonisch erweisen.
St-Emilion und Pomerol. Die St-Emilions sind außerordentlich reichhaltig und konzentriert, meist besser als die 86er, und die Pomerols besitzen opulente Fülle bei großer Geschmackstiefe.
Trockene Weißweine. Die Weine zeigen ausgeprägte Frucht, die besten Graves zeichnen sich durch Komplexität und Eleganz aus.
Süße Weißweine. Wiederum ein klassischer Edelfäule-Jahrgang, der sich würdig an den 1986er und 83er anschließt. Die Weine zeigen Charakter, schöne Rasse und Ausgewogenheit; die Spitzengewächse weisen große Gleichmäßigkeit auf.

1987

Wetterverlauf und allgemeine Beurteilung. Nach überdurchschnittlichen Temperaturen im Juli, August und September gab es in der zweiten Hälfte der Lesezeit die stärksten Regenfälle seit 1964. Im allgemeinen sind die Weine mild, fruchtig und inzwischen auf dem Höhepunkt.
Médoc und Graves. Die Cabernet-Sorten wurden vom Regen beeinträchtigt, daher hat der Merlot für diesen Jahrgang größere Bedeutung als gewöhnlich. Die Weine besitzen viel Frucht und Charme bei allerdings leichtem Körper und kurzem Abgang; sie trinken sich angenehm und sind früh genußreif.
Trockene Weißweine. Die weißen Trauben waren bei der Lese in gutem Zustand und erbrachten ausgewogene Weine mit angenehmem, fruchtigen Charakter.
Süße Weißweine. Eine kleine Menge reifer, edelfauler Trauben wurde gelesen, ehe der Regen kam. Wo strenge Auslese getroffen wurde, entstanden gute Weine.

1986

Wetterverlauf und allgemeine Beurteilung. Auf eine reichliche Blüte folgte ein schöner Sommer, aber Ende September gab es viel Regen, insbesondere um Bordeaux. Außerordentlich schönes Wetter ohne einen Tropfen Regen zur Lesezeit machte dann vieles wieder gut. Bei Rotwein wurde der Ernterekord des Vorjahres übertroffen. Die Qualität der Spitzenweine ist ausgezeichnet; es befinden sich einige langlebige Klassiker darunter. Der gerbstoffreichste Jahrgang seit 1975 – ein scharfer Kontrast zu 1985.
Médoc und Graves. Ein ausgesprochenes Cabernet-Jahr – viele Fässer Merlot mußten ausgeschieden werden. Die Weine zeigten schöne Fülle und Tiefe und lassen sich vielversprechend an, sie verlangen aber noch Geduld.
St-Emilion und Pomerol. Hier gab es nicht so viel Regen, daher geriet der Merlot besser. Die Pomerols sind sehr kraftvoll und gerbstoffreich, die St-Emilions zeigen schönen Charme, im allgemeinen aber nicht so viel Wucht.
Trockene Weißweine. Sehr duftig und ansprechend, manche ausgewogener als die 1985er.
Süße Weißweine. Wieder ein großer Sauternes-Jahrgang. Der Befall mit Edelfäule kam gleichmäßiger und schneller als 1985; die Qualität ist einheitlicher als beim 1983er.

1985

Wetterverlauf und allgemeine Beurteilung. Trotz viel Regen während der Blütezeit fiel der Fruchtansatz tadellos aus. Der Charakter des Jahrgangs wurde dann durch den trockensten je verzeichneten September mit anhaltender Hitze und durch einen warmen und trockenen Oktober bestimmt. Bei AC-Rotweinen gab es eine noch größere Ernte als 1982. Die Qualität ist insgesamt sehr hoch. Die Weine zeigen viel Charme und Rasse und gelten als klassisch in der Art des 1983ers, aber die besonders herausragenden Gewächse sind zahlreicher.
Médoc und Graves. Ausgezeichnet in Margaux und Graves, sorgfältigere Auslese war in Pauillac, St-Julien und im Médoc nötig – das lag am sehr hohen Ertrag. Wer beim Cabernet die Lese bis in die zweite Oktoberwoche aufschob, fuhr am be-

sten. Die Weine sind reich an Frucht und Tannin, dabei sehr harmonisch.
St-Emilion und Pomerol. Der Süßegrad war hier beim Merlot höher als 1982, und das allgemeine Niveau ist bei den Spitzengewächsen gleichmäßiger als sonst. Die Erträge waren niedriger als 1982, in Anbetracht der extremen Kälte im Januar allerdings immer noch ausgezeichnet.
Trockene Weißweine. Außerordentlich duftige, fruchtige Weine, allerdings mit wenig Säure.
Süße Weißweine. Die trockene Witterung beeinträchtigte die Edelfäule, aber die wenigen Weingüter, die die Lese hinauszögerten, erzielten hervorragende Weine mit großer Eleganz, jedoch weniger Üppigkeit als beim 1983er.

1984
Wetterverlauf und allgemeine Beurteilung. Anscheinend war der kalte, nasse Mai daran schuld, daß bei Merlot die schlimmste *Coulure* (mangelhafter Fruchtansatz) seit Menschengedenken auftrat. Nach Regen und Sturm Ende September kam schönstes Oktoberwetter zur Lesezeit. Einige Weine sind gut gelungen, die meisten jedoch nur durchschnittlich.
Médoc und Graves. Bei durchschnittlichen Erträgen entstanden Weine, die den anfänglichen Erwartungen nicht gerecht wurden, einige angenehme Überraschungen ausgenommen.
St-Emilion und Pomerol. Ein sehr geringer Ertrag an Weinen durchschnittlicher Qualität, denen es an Charakter fehlt und die eher einen mittelmäßigen Eindruck hinterlassen.
Trockene Weißweine. Ausgezeichnete Qualität bei normalem Ertrag. Die Weine sind delikater und leichter als 1983.
Süße Weißweine. Die Qualitätsaussichten wurden durch nasses Wetter Ende September beeinträchtigt, es entstanden aber auch feine Weine.

1983
Wetterverlauf und allgemeine Beurteilung. Nach einem nassen Frühjahr war das Wetter zur Blütezeit im Juni ausgezeichnet, und es wurde ein reichlicher Jahrgang mit Lesebeginn um den 25. September erwartet. Anfang September gab es Befürchtungen wegen zuviel Regen, aber vom 18. September bis 16. Oktober herrschte ideales Lesewetter. Ein sehr gutes Jahr, nicht ganz so einheitlich wie 1982, aber es entstanden klassische Weine mit Tiefe und Charakter.
Médoc und Graves. Wieder ein reichlicher Jahrgang mit nicht so gleichmäßiger Qualität wie 1982, aber sehr gut bei den Crus Classés mit einigen besonders stilvollen Weinen. Viele sind bereits angenehm zu trinken.
St-Emilion und Pomerol. Hoher Ertrag und zum Teil hervorragende Weine, aber auch hier mehr Unterschiedlichkeit als 1982. Die meisten trinken sich sehr gut.
Trockene Weißweine. Weine mit mehr Säuregehalt und typischerer Art als 1982. Sehr gut.
Süße Weißweine. Ein großartiges Jahr, wahrscheinlich das beste seit 1976. Sehr üppige, aber schön ausgewogene Weine.

1982
Wetterverlauf und allgemeine Beurteilung. Ein klassisches, sehr warmes Jahr mit reichlichem Ertrag; das langanhaltende warme Wetter brachte vollkommene Reife. Sicher der hervorragendste Jahrgang seit 1961. Die Weine haben ausgeprägten Jahrgangs-Charakter.
Médoc und Graves. Es entstanden Weine mit außergewöhnlicher Konzentration und Kraft und mit reichlich Frucht, die den hohen Tanningehalt überdeckt. Ein ausnehmend guter Jahrgang, der individuellste seit 1961.
St-Emilion und Pomerol. Es entstanden Weine von außergewöhnlicher Opulenz und Kraft, sie erinnern an den Jahrgang 1947. Wie bei diesem waren einige Spitzenweine schon früh bemerkenswert gut zu trinken, entfalten sich aber auch jetzt noch weiter.
Trockene Weißweine. Diese Weine haben Charme, aber etwas zu wenig Säure. Sie sollten inzwischen größtenteils getrunken sein.
Süße Weißweine. Das trockene, warme Wetter verzögerte die Edelfäule, und der früh einsetzende Oktoberregen war schuld daran, daß mittelgewichtige, einfach nur gute Weine entstanden.

1981
Wetterverlauf und allgemeine Beurteilung. Gutes Wetter während der ganzen Wachstumsperiode, aber etwas Regen zur Lesezeit. Weine mit mehr Rasse, aber weniger Körper als 1979.
Médoc und Graves. Klassische Weine mit langem Abgang und Finesse. Nicht so kräftig wie die 79er und nicht so fest wie die 78er, aber mit der Rasse eines wirklich feinen Jahrgangs.
St-Emilion und Pomerol. Weine mit Eleganz und Stil; zugleich sind die Spitzenweine voll und üppig im Geschmack, jedoch viele auch recht leicht und früh reifend.
Trockene Weißweine. Elegante, mittelschwere Weine. Sie dürften inzwischen größtenteils ausgetrunken sein.
Süße Weißweine. Die besten sind üppig, besser als die 82er.

1980
Wetterverlauf und allgemeine Beurteilung. Der kälteste Juni seit 1946 brachte verzögerte Blütezeit und viel *Coulure*. Einem sehr kalten Juli folgte ein sehr warmer August und September. Für viele Châteaux war es die späteste Lese seit 1922 und der kleinste Ertrag seit 1969, vor allem wegen der sehr geringen Mengen bei Weißwein. Ein sehr brauchbarer Jahrgang mit stilvollen Weinen.
Médoc und Graves. Sehr ansprechende Weine, auf dem Höhepunkt oder schon allmählich im Abbau. Die von den führenden Châteaux vorgenommene strenge Auswahl hat sich bezahlt gemacht.
St-Emilion und Pomerol. Unterschiedlicher als im Médoc, da aber der Merlot besser ausreifte als der Cabernet Sauvignon, gab es hier viele milde, fruchtige Weine.
Trockene Weißweine. Leichte, angenehme Weine, die aber bereits ausgetrunken sein sollten.

Süße Weißweine. Ziemlich leichte Weine, die besten aber mit angenehmer Fruchtigkeit und Charme, jedoch ohne echte Üppigkeit.

1979

Wetterverlauf und allgemeine Beurteilung. Späte Blüte bei warmem, sonnigem Wetter brachte guten Fruchtansatz und Aussichten auf einen reichen Ertrag. Im August kam mit schlechtem, nassem Wetter ein Rückschlag, aber es besserte sich im September, und die Lese ergab bedeutende Mengen. Die Weine zeigen große Tiefe in Frucht und lebendiger Kraft, sehr viel Charme, aber etwas zu wenig Struktur und Rasse.
Médoc und Graves. Weine mit ausgeprägtem Jahrgangs-Charakter und festem, vollem Körper. Sie haben sich langsamer entwickelt als erwartet; Spitzenweine entfalten sich noch weiter, doch fehlt es ihnen an der Finesse des 1978ers.
St-Emilion und Pomerol. Der außergewöhnlich gute Reifezustand des Merlot brachte sehr viel vollere, kräftigere und opulentere Weine als 1978. In einem solchen Jahr kommt hier Bestes zustande.
Trockene Weißweine. Sehr stilvolle Weine mit Frucht und Rasse.
Süße Weißweine. Neben 1981 der beste Jahrgang zwischen 1976 und 1983. Üppige, fruchtige Weine mit schöner Art.

1978

Wetterverlauf und allgemeine Beurteilung. Ein Jahr voller Kontraste. Der nasseste März seit 1870, dann außergewöhnlich trockenes Wetter im Juli, August und September. Die Lese mit durchschnittlichem Ertrag war spät, doch wurde sie dank einem trockenen Oktober in idealem Zustand eingebracht. Klassische Weine, die wegen ihrer harmonischen Ausgeglichenheit oft den 75ern vorgezogen werden. Sie haben sich rascher entwickelt als erwartet und weisen inzwischen schönste Trinkreife auf.
Médoc und Graves. Trotz unvollkommener Reife der Trauben haben die Weine großen Charakter und Finesse. Der reichliche, gut mit Frucht und Fülle abgestimmte Tanningehalt hat eine lange Entwicklungszeit ermöglicht. Inzwischen ist der Höhepunkt zumeist erreicht.
St-Emilion und Pomerol. Diese Weine scheinen den Médocs in Kraft und Fülle zunächst nachzustehen, sie haben sich aber sehr ansprechend entwickelt. Manche sind etwas mager, die meisten aber ausgesprochen stilvoll, jedoch nicht so typisch wie die 79er.
Trockene Weißweine. Ein schöner Jahrgang; die besten Graves brauchen länger zur Entwicklung als die 79er.
Süße Weißweine. Ein ausgefallenes Jahr mit vollkommener Reife, aber fast keiner Edelfäule, daher fehlt es den Weinen am klassischen Charakter.

1977

Wetterverlauf und allgemeine Beurteilung. Frost Ende März brachte vor allem in St-Emilion und Pomerol beträchtlichen Schaden. Nach kaltem Sommer drohte eine noch größere Katastrophe als 1972. Dann kam der trockenste September mit

dem meisten Sonnenschein, aber nicht den höchsten Temperaturen, seit 100 Jahren. Es gab brauchbare Weine, aber es fehlt ihnen gelegentlich an Eigenart.
Médoc und Graves. Viele leichte, ansprechende Weine, aber meistens fehlt ihnen der echte Charakter der Appellation bzw. des *Cru.* Mit wenigen Ausnahmen sollten sie inzwischen ausgetrunken sein.
St-Emilion und Pomerol. Kleine Weine, zwar nicht ohne Charme, aber mit wenig Individualität. Sie sollten inzwischen ausgetrunken sein.
Trockene Weißweine. Einige Graves sind stilvoll und ansprechend.
Süße Weißweine. Ein Jahr, das man vergessen kann.

1976
Wetterverlauf und allgemeine Beurteilung. Ein ungewöhnliches Jahr mit sehr trockenem, warmem Wetter von April bis August. Bis dahin erinnerte es an 1921, 1947 und 1949. Die Lese begann früh (13. September), aber es gab viel Regen im September, und der verwässerte den Most. Wäre er nicht gekommen, hätten bei dicken Schalen und kleinen, hochkonzentrierten Beeren noch gerbstoffreichere und vollere Weine als 1975 entstehen können. So aber führte die Mischung aus Tannin und konzentrierter Frucht, verdünnt mit Regenwasser, zu sehr unterschiedlichen Ergebnissen. Manche Weine sind dunkel, voll und fruchtig, bei anderen scheinen sich Tannin und Frucht auseinander zu entwickeln. Auch der gesamte Entfaltungsprozeß der Weine wurde beeinträchtigt, er ist relativ schnell verlaufen.
Médoc und Graves. Die besten Weine sind gehaltvoll, kräftig und ansprechend, aber es gibt auch Enttäuschungen. Die Entwicklung ist gut verlaufen, der Höhepunkt zumeist erreicht. Sie sollten nicht mehr länger aufbewahrt, sondern lieber getrunken werden.
St-Emilion und Pomerol. Verblassende Farben und Unreife sind hier die Merkmale. Viele Weine leiden unter Säuremangel und sind rasch gealtert. Einige haben ein besseres Gefüge und sind jetzt durchaus köstlich.
Trockene Weißweine. Die Weine hatten wenig Säure und mußten früh getrunken werden. Einige Spitzen-Graves sind aber noch immer voll und fein.
Süße Weißweine. Ein großer Jahrgang mit üppigen Weinen, eleganter und stilvoller als die 75er.

1975
Wetterverlauf und allgemeine Beurteilung. Einer sehr schönen Blütezeit folgte ein trockener, warmer Sommer. Im September gab es gerade soviel Regen, wie nötig war. Das Jahr brachte bei mäßigen Erträgen, gutem Alkoholgehalt und dickschaligen Beeren sehr tanninreiche, langsam sich entwickelnde Weine. Es fehlt ihnen an der Ausgewogenheit und am Charme der 1961er, mit denen sie von Optimisten anfangs gleichgesetzt wurden.
Médoc und Graves. Bei manchen Châteaux erweist sich dieser Jahrgang als der beste des Jahrzehnts: Unter dem milder werdenden Tannin schält sich reiche Fülle, Wucht und Frucht

heraus. Bei anderen Weinen wirkt das Tannin übermäßig trocken.
St-Emilion und Pomerol. Wie es oft mit sehr gerbstoffreichen Jahrgängen geschieht, scheinen die besten Weine schöner ausgewogen zu sein als im Médoc. Hier liegt der Schwerpunkt auf Reife und Fülle, und das haben viele Weine aufzuweisen.
Trockene Weißweine. Die besten Graves sind konzentriert und voller Kraft, doch fehlt es ihnen an der Eleganz der 1976er.
Süße Weißweine. Viele Weine haben zuviel Edelfäule und Alkoholstärke abbekommen, sie sind ungefüge und dicklich und altern schnell. (Bemerkenswerte Ausnahmen bilden Yquem, Climens, Coutet und Doisy-Daëne.)

1974
Wetterverlauf und allgemeine Beurteilung. Gute Blüte führte zu reichlichem Ertrag. Ein schöner Sommer versprach auch gute Qualität, aber ein kalter, nasser September verdarb alles. Zum größten Teil entstanden magere, reizlose Weine, denen es am Charakter der Appellation oder des *Cru* fehlt.

1973
Wetterverlauf und allgemeine Beurteilung. Eine gute Blütezeit schuf die Voraussetzung für einen reichlichen Ertrag, aber im Sommer wechselte das Wetter zwischen warm und sonnig (August) und sehr naß (Juli und in der zweiten Septemberhälfte). Ein schöner Oktober erlaubte die Einbringung der Ernte in gutem Zustand. Die meisten Weine sind inzwischen über den Höhepunkt hinaus.
Médoc und Graves. Sehr ansprechende, früh reifende Weine. Das meiste dürfte inzwischen ausgetrunken sein, manche Weine aber halten sich erstaunlich gut.
St-Emilion und Pomerol. Ziemlich überzogene Weine, zwar mit viel Charme, aber bis auf einige beachtliche Ausnahmen kurzlebig.
Trockene Weißweine. Manche stilvolle Graves haben sich gut gehalten, das meiste sollte schon längst ausgetrunken sein.
Süße Weißweine. Angenehme, aber mäßige Weine, eher von der leichten Art.

1972
Wetterverlauf und allgemeine Beurteilung. Ein kaltes Frühjahr verursachte späte, lang hingezogene Blüte; dann brachte ein schlechter Sommer mit mehr Regen als gewöhnlich im August eine sehr späte Lese mit unreifen Trauben. Das Jahr bleibt mehr durch die hohen Preise in Erinnerung, die den Marktzusammenbruch auslösten, als durch seine mittelmäßigen, uninteressanten Weine, die man besser schnell vergißt.

1971
Wetterverlauf und allgemeine Beurteilung. Ein kalter, nasser Frühling brachte eine schwache Blüte und eine entsprechend geringe Ernte. Im Sommer war es dann warm und sonnig mit gerade der richtigen Menge Regen. Das führte zu scharfem Kontrast zum vorigen Jahrgang, sozusagen Sprinter gegen Langstreckenläufer.

Médoc und Graves. Sehr erfreuliche, reizvolle Weine, die sich rasch entwickelt haben und seit Ende der 70er Jahre auf dem Höhepunkt sind. Da sie wenig Säure haben, müssen sie jetzt ausgetrunken werden, denn viele sind schon wieder auf dem Weg abwärts.
St-Emilion und Pomerol. Mancher große Treffer hier, mit üppigen, gehaltvollen, manchmal auch etwas überladenen Weinen. Mit Ausnahme einiger weniger Pomerols sollten sie jetzt ausgetrunken werden.
Trockene Weißweine. Sehr elegante, duftige Graves aus der Spitzenklasse, die sich gut halten.
Süße Weißweine. Ein großer, klassischer Sauternes-Jahrgang mit Fülle und Eleganz, allgemein besser als der 1970er.

1970
Wetterverlauf und allgemeine Beurteilung. Ideale Wachstumsbedingungen schufen eine seltene Verbindung von Ertragreichtum und vollkommener Reife. Die Neuanpflanzungen aus den 60er Jahren brachten erstmals qualitätsvolle Weine; 1970 stellt den Anfang der großen Umstellung von Weiß- auf Rotwein dar und kündigt die großen Erträge der 70er und 80er Jahre an. Es war der reichlichste hochwertige Jahrgang seit 1934. Er ist fein, hat sich sehr langsam entwickelt, aber im allgemeinen hat sich das Warten gelohnt.
Médoc und Graves. Diese Weine haben für ihre Entwicklung viel länger gebraucht als erwartet, was vielleicht auf die zum Teil noch nicht voll ausgereiften Weinstöcke zurückzuführen ist. Nichtsdestoweniger sind es klassische, langlebige Weine mit gutem Gefüge und schöner Ausgeglichenheit zwischen Rasse, Frucht und Gerbstoffgehalt. Sie sind inzwischen mit Genuß zu trinken, vor allem die Margaux, St-Juliens und Graves, aber es hat auch Enttäuschungen gegeben.
St-Emilion und Pomerol. Auch langsam in der Entwicklung, doch haben diese Weine jetzt mehr Charme als manche Médocs und sind zumeist mit Vergnügen zu trinken. Ihre Kraft und Festigkeit läßt aber auch ein langes Leben erwarten.
Trockene Weißweine. Die besten Graves sind voll und solid und halten sich gut.
Süße Weißweine. Große, üppige Weine, jedoch zumeist mit weniger Stil als die 1971er. Lange haltbar.

1969
Wetterverlauf und allgemeine Beurteilung. Ein schlechter Frühling mit schwacher Blüte führte zu geringem Ertrag. Anfang September gab es Regen, dann aber schönes Wetter zur Lesezeit. Abgesehen von einigen respektablen Sauternes sind die meist schwächlichen Weine größtenteils hinüber und verdientermaßen vergessen.

1968
Wetterverlauf und allgemeine Beurteilung. Das letzte Jahr der großen Fäule in Bordeaux. Der Sommer war schlecht, und auch das schöne Wetter im Oktober rettete nichts mehr. Einige wenige Weine waren in der Jugend angenehm, wenn auch nicht besonders nachhaltig. Inzwischen aber sind sie tot und begraben – oder sollten es jedenfalls sein!

1967

Wetterverlauf und allgemeine Beurteilung. Eine gute Blüte, ein trockener und warmer Juli und August, dann drei Wochen nasses und kühles Wetter im September und schließlich die letzte Woche wieder warm. Gemischte Verhältnisse während der Lese, gutes Wetter, dazwischen ab und zu starker Regen. Es war der größte Ertrag an AC-Rotweinen im ganzen Jahrzehnt, aber die Qualität war ungleichmäßig, und manche Weine haben eine charakteristische bittere Note im Abgang.
Médoc und Graves. Noch immer gibt es angenehme Überraschungen, aber die meisten Weine werden jetzt fade und waren noch vor ein paar Jahren besser. Austrinken!
St-Emilion und Pomerol. Meist besser als die Médocs und Graves. Die Weine haben mehr Charme, wobei Pomerol die Spitze hält und in St-Emilion die *Côtes* besser sind als die *Graves.* Diese Weine lassen allerdings jetzt zumeist nach und sollten ausgetrunken werden.
Süße Weißweine. Ein großes Sauternes-Jahr, viel besser als 1966. Die Weine haben große Fruchtigkeit und schönen Stil und sind noch frisch. Klassischer, langlebiger Jahrgang.

1966

Wetterverlauf und allgemeine Beurteilung. Nach guter Blüte kam ein kühler und trockener Sommer, erst im September wurde es wirklich warm, wiederum ein Beweis dafür, daß für die Qualität eines Jahrgangs der September maßgeblich ist. Die Lesebedingungen waren ideal, es hatte keine Fäule gegeben. Nach 1961 der beste Jahrgang des Jahrzehnts und dazu noch sehr gleichmäßig.
Médoc und Graves. Höchst klassische Weine mit schönem Körper und Abgang sowie großem Stil. Nach langer Entwicklungszeit sind diese Weine jetzt groß in Form und dürften noch über viele Jahre hinweg ein Genuß bleiben.
St-Emilion und Pomerol. Es ist oft gesagt worden, daß der 1967er hier besser ausgefallen sei, ich finde aber, der 66er ist frischer geblieben, auch wenn er leichter schien. Weine mit viel Charme und Stil, manche ganz hervorragend. Auf dem Höhepunkt.
Süße Weißweine. Diese Weine haben nicht soviel Süße und Klasse wie die 1967er.

1965

Wetterverlauf und allgemeine Beurteilung. Ein schlimmer Sommer mit schweren Regenfällen und ein naßkalter September brachten teils unreifes, teils von Fäulnis befallenes Lesegut. Das schlechteste der drei schlechten 60er Jahre. Die Weine fielen dünn und charakterlos aus.

1964

Wetterverlauf und allgemeine Beurteilung. Einer sehr schönen Blütezeit folgte ein warmer, trockener Sommer, so daß bei Lesebeginn (21. September) frohe Erwartung herrschte. Leider gab es vom 8. bis 17. Oktober gewaltige Regengüsse, von denen eine Reihe führender Médoc-Châteaux betroffen wurden. Deshalb entstand ein vom Glück sehr abhängiger Jahrgang. 1962 und 1966 war die Qualität gleichmäßiger.

Médoc und Graves. Graves, St-Julien, Margaux sowie früh gelesene Pauillacs kamen am besten davon. Die Weine sind gehaltvoll und mild, vielleicht fehlt es ein wenig am Rückgrat. Die vom Regen beeinträchtigten Weine sind dünn und verwässert, man sollte sie meiden.
St-Emilion und Pomerol. Weine von schönster Konzentration, kräftig, voller Frucht und Fülle; die besten halten sich gut. Trotz großer Gewichtigkeit mangelt es vielen an der Standfestigkeit der 1966er und 61er.
Süße Weißweine. Der Regen im Oktober ruinierte die Ernte in Sauternes; es entstanden nur wenige gute Weine.

1963
Wetter und allgemeine Beurteilung. Ein naßkalter Sommer führte verbreitet zu Fäulnis und mangelhafter Reife; allerdings waren die Bedingungen zur Lesezeit gut. Ein Jahrgang, den man am besten vergißt.

1962
Wetter und allgemeine Beurteilung. Späte Blüte bei guten Bedingungen, ein mäßig warmer Sommer mit gelegentlichem Regen, schließlich ein heißer Altweibersommer im September und schönes Oktoberwetter erbrachten insgesamt einen guten Jahrgang. Er stand zwar im Schatten des 61ers, zeichnete sich aber durch einen reichen Ertrag an sauberen, ansprechenden Weinen aus.
Médoc und Graves. In der Reife haben diese Weine große Tiefe und Komplexität entfaltet. Es sind Klassiker, die sich jetzt genußvoll trinken lassen, aber doch noch eine schöne Wegstrecke vor sich haben.
St-Emilion und Pomerol. Wunderbare, reife Weine, die aber teilweise inzwischen abzubauen beginnen. Jetzt genießen.
Süße Weißweine. Ein ausgezeichneter Sauternes-Jahrgang mit eleganten, ausgewogenen Weinen, die sich jetzt auf dem Höhepunkt befinden.

1961
Wetterverlauf und allgemeine Beurteilung. Naßkaltes Wetter während der Blüte ließ schon voraussehen, daß der Ertrag gering ausfallen würde; er wurde schließlich durch Trockenheit noch weiter gemindert. So entstand eine kleine Menge an extrakt- und alkoholreichen Weinen, die sich zum hervorragendsten Jahrgang seit dem 2. Weltkrieg entfaltet haben und bis zu den 82ern nicht ihresgleichen hatten.
Médoc und Graves. Diese Weine gewinnen mit dem Alter noch immer an Komplexität. Sie besitzen reichlich Tannin mit Frucht und Fülle als Gegengewicht und sind wundervoll harmonisch. Offenbar liegt noch ein langes Leben vor ihnen.
St-Emilion und Pomerol. Manche Châteaux hatten noch immer unter den Folgen des schlimmen Frosts von 1956 zu leiden. Die besten Weine sind opulent und fast undurchsichtig. Ihre Entwicklung ist weiter fortgeschritten als beim Médoc, und sie befinden sich jetzt auf dem Gipfel.
Süße Weißweine. Manche Weine sind übermäßig von Edelfäule gezeichnet und erscheinen unharmonisch; andere sind superb ausgewogen wie die 1962er.

Ältere noch gute Jahrgänge
1959 Die Weine sind ausgesprochen durchgereift im Charakter. Manche stehen den 1961ern kaum nach, doch fehlt es den meisten an deren Harmonie.
1955 Manche Weine sind noch bemerkenswert frisch, solide und interessanter als vor ein paar Jahren.

DIE CHÂTEAUX VON A BIS Z

Das alphabetische Verzeichnis gibt Hinweise auf die anschließenden Kurzbeschreibungen der farbig gedruckten Châteaux und eine Liste von rund 400 weiteren Châteaux, die nicht näher beschrieben, zu denen dafür hier einige kurze Angaben gemacht werden. Soweit möglich, geben sie Auskunft über verschiedene Details in dieser Reihenfolge: Name des Châteaus, Appellation, evtl. Klassifizierungsrang (CB – Cru Bourgeois; CGB – Cru Grand Bourgeois; GC – Grand Cru; CBS – Cru Bourgeois Supérieur), Eigentümer (Abkürzung der Firmenbezeichnungen siehe Seite 5), Größe der Rebfläche in ha, Farbe des Weines (R – rot, W – weiß) und jährliche Produktionsmenge in Kisten. Ein Stern hinter dem Namen bedeutet, daß der betreffende Wein überdurchschnittlich gut und daher empfehlenswert ist, obwohl keine nähere Beschreibung gegeben wird. Die Abkürzung ZE bedeutet Zweit-Etikett, AE weist auf ein Alternativ-Etikett hin. Die Abkürzungen für die Appellationen lauten:

Name	Abkürzung
Barsac	Bars
Blaye	Bl
Bourg	Bg
Bordeaux	Bord
Bordeaux Supérieur	Bord.Sup
Canon-Fronsac	C-Fron
Cérons	Cér
Côtes de Castillon	Cast
Entre-Deux-Mers	E-D-M
Fronsac	Fron
Graves	Gr
Haut-Médoc	H-Méd
Lalande-de-Pomerol	L-de-Pom
Listrac	Listr
Loupiac	Loup
Lussac-St-Emilion	L-St-Em
Margaux	Marg
Médoc	Méd
Montagne-St-Emilion	M-St-Em
Moulis	Moul
Pauillac	Pau
Pomerol	Pom
Premières-Côtes de Bordeaux	PremCôtes
Puisseguin-St-Emilion	P-St-Em
Ste-Croix-du-Mont	Ste-Cr

Name	Abkürzung
St-Emilion	St-Em
St-Estèphe	St-Est
Sauternes	Saut

Das Verzeichnis stellt keine vollständige Liste aller Châteaux in Bordeaux dar, soll aber eine möglichst breite und brauchbare Auswahl geben.

d'Agassac – S. 113 f.
de l'Amiral – ZE von Labégorce-Zédé
Andron-Blanquet – S. 104
Aney – H-Méd; CB; Raimond Père & Fils; 20 ha; R. 10.000
L'Angélus – S. 171
d'Angludet – S. 70
des Anneraux – S. 215
Anthonic – S. 80
d'Archambeau – S. 149
d'Arche – S. 158
d'Arche-Lafaurie – ZE von d'Arche. Seit 1981 nicht mehr in Gebrauch
d'Arcins – S. 114
Ardennes – S. 149
d'Armailhac – S. 95
Arnaud-Jouan – Prem.Côtes; M. Darriet; R 3.000; W 18.000
Arnauld – S. 114
d'Arricaud – S. 149
L'Arrosée – S. 171 f.
d'Arsac – S. 70
Artiges-Arnaud – ZE von Grand-Puy-Ducasse
Ausone – S. 172
Balac – H-Méd; CB; L. Touchais; 15 ha; R 10.000
Balardin, Domaine du – ZE von Malescot-St-Exupéry
Balestard-La-Tonnelle – S. 172
de Barbe – S. 217
Barbe* – Bl; C. Carreau; 25 ha; R 10.000; W 2.500
La Barde – Bg; A. Darricarrère; 16 ha; R 6.600
Barde-Haut – St-Em; J.-C.-Gasparoux; R 7.500
Baret – S. 138
Barrabaque – S. 222
du Barrail – Cér; G. Uteau; W 8.000
Barreyres – S. 114
Bastor-Lamontagne – S. 158
Batailley – S. 96
Les Baziliques – S. 173
Beau Mayne* – Bord; Marke von Dourthe; R + W
Beau Mazerat – ZE von Grand-Mayne
Beaumont – S. 114
de Beaumont – Bl; L. Schweitzer; 9 ha; R 4.000
Beauregard – S. 202 f.
Beau-Rivage – Bord; Marke von Borie-Manoux; R + W
Beau-Rivage – Prem.Côtes; Languens; 34,5 ha; R + W
Beauséjour – St-Est; CB 1932; Jacques Brossard; 17 ha; R 7.000
Beau-Séjour Bécot – S. 173
Beauséjour (Duffau-Lagarrosse) – S. 173
Beau-Site – Prem.Côtes; Desmerie; 20 ha; R 18.000; W 6.000
Beau-Site – S. 105
Beau-Site-Haut-Vignoble – S. 105
La Bécade – S. 85
La Bécasse – Pau; Georges Fonteneau; 5 ha; R 2.000
Belair – Bl; P. Mourlot; 15 ha; R 4.000; W 4.000
de Bel-Air – L-de-Pom; S. 215
Bel-Air – H-Méd; S. 114
Bel-Air – Pom; F. F. Sudrat; 13 ha; P 6.000
Bel-Air – Ste-Cr; M. Méric; W
Bel-Air – St-Em; S. 199
Belair – S. 173 f.
Bel-Air-Lagrave – S. 80
Bel-Air-Marquis-d'Aligre – S. 70 f.
Bel-Air-Marquis-de-Pomereu – ZE von Bel-Air-Marquis-d'Aligre
Belair-Montaiguillon – S. 198
de Belcier – Côtes de Cast; SC; 34 ha; R 20.000; siehe S. 231
Belgrave – S. 114
Bellefont-Belcier – S. 174
Bellegarde – ZE von Siran
Bellerive – Méd; CB 1932; Guy Perrin; 12 ha; R 5.000
Belle-Rose-Pau; CB 1932; Bernard Jugla; R 35.000
Bellevue – Bl; M. de la Garcie; 18 ha; R 8.000

Connétable Talbot – ZE von Talbot
La Conseillante – S. 205
Copet-Bégaud – S. 223
Corbin – S. 179
Corbin-Michotte – S. 179
Cordat, Clos – ZE von Monbrison
Cormeil-Figeac – S. 180
Cos d'Estournel – S. 106 f.
Cos-Labory – S. 107
de la Coste – ZE von Paveil de Luze
Côte-Baleau – S. 180
Coucheroy – ZE von La Louvière
Coudert – S. 180
Coudert-Pelletan – S. 180
Coufran – S. 119
Couhins – S. 140
Couhins-Lurton – S. 140 f.
Coulac – Ste-Cr; D. Despujols; 7 ha; W 3.000
La Cour-Pavillon – Bord; Marke von Gilbey de Loudenne; R + W
de Courbon – S. 151
La Couronne – S. 96 f.
de Courteillac – E-D-M; Baron du Foussat; 30 ha; R 6.000; W 8.000
La Couspaude – S. 180
Coustolle – S. 223
Coutelin-Merville – S. 107
Coutet – Gr; S. 151
Coutet – St-Em; S. 180
Coutet – Saut; S. 159
Le Couvent – S. 180
Couvent-des-Jacobins – S. 181
Crabitey* – Gr; SC; 18 ha; R 3.000; W 400
Le Crock – S. 107
La Croix – Pom; S. 205
La Croix – ZE von Ducru-Beaucaillou
La Croix-Blanche – ZE von des Tours
La Croix-du-Casse – S. 205
La Croix-de-Gay – S. 205
La Croix-Landon – Méd; J. P. Laforgue; 9 ha; R 4.000
La Croix de Mazerat – ZE von Beauséjour (Duffau-Lagarrosse)
La Croix de Millorit – Bg; A. Jambert; 17 ha; R 7.500
La Croix de Pez* – St-Est; Guy Guyonnard; 7 ha; R 2.750
La-Croix-St-André – L-de-Pom; M. Carayon; 15 ha; R 6.000
La Croix-St-Georges – S. 205
La Croix-Toulifaut – S. 206
Croizet-Bages – S. 97
Croque-Michotte – S. 181
du Cros* – Loup; M. Boyer; 38 ha; W 35.000
Cru St-Marc – ZE von La Tour-Blanche
du Cruzeau – S. 141
de Cugat – E-D-M; B. Meyer; 25 ha; R 11.500; W 4.500
Curé-Bon-La-Madeleine – S. 181
Cure-Bourse, Dom. de – ZE von Durfort-Vivens
Dalem – S. 219
La Dame-Blanche – Weißwein von du Taillan
Dassault – S. 181
Le Dauphin-Château-Guiraud – ZE von Guiraud
Le Dauphin-de-Lalague – ZE von Guiraud
de la Dauphine – S. 219
Dauphiné-Rondilon – Loup; J. Darriet; W 10.000
Dauzac – S. 72
Desmirail – S. 72
Despagnet* – St-Em; P. Faure; 8 ha; R 4.400
Deyrem-Valentin – S. 72
Dillon – S. 119
Doisy-Daëne – S. 160
Doisy-Dubroca – S. 160
Doisy-Védrines – S. 160 f.
Domaine de Douves – ZE von Beauregard
La Dominique – S. 182
Doms* – Gr; M. Duvigneau & L. Parage; 22 ha; R 3.000; W 3.500
Dubory – ZE von Launay
Ducluzeau – S. 85 f.
Ducru-Beaucaillou – S. 89
Duhart-Milon-Rothschild – S. 97
Duplessis-Fabre – S. 82
Duplessis (Hauchecorne) – S. 82
Durfort-Vivens – S. 72
Dutellier – ZE von Ramage-la-Bâtisse
Dutruch-Grand-Poujeaux – S. 82
de l'Eglise, Dom. de – S. 206
L'Eglise-Clinet – S. 206
L'Enclos – S. 206
L'Escadre – S. 218

Gombaude-Guillot* – Pom; GFA; 7 ha; R 12.500
Gontier – Bl; M. F. Levrand; 30 ha; R 12.500
Goumin – ZE von Bonnet
La Grâce-Dieu* – Ste-Em; GC; M. Pauty; 11 ha; R 7.000
La Grâce-Dieu-Les-Menuts – S. 185
du Grand Abord – S. 152
Grand-Barrail-Lamarzelle-Figeac – S. 185
Grand-Corbin – S. 186
Grand-Corbin-Despagne – S. 186
Grand-Duroc-Milon – Pau; CB 1932; Bernard Jugla; 6 ha; R 22.500
Le Grand-Enclos – Cér. Lataste; 30 ha; W 13.000
Grand-Jour – Bg; Mme Gaignerot; 25,5 ha; R 12.500; W 1.500
Grand-Listrac – S. 87
Grand-Mayne – S. 186
Grand-Monteil – Bord.Sup; Soc. du Grand Monteil des Pontons et de Lafite; 70 ha; R 38.800; W 1.200
du Grand-Moueys – Prem. Côtes; N. Lacour & A. Icard; 42 ha; R 9.200; W 3.800
Grand-Moulin – H-Méd; CB; SC; 35 ha; R 7.000
Grand-Moulinet – Pom; J.-M. Garde; 16 ha; R 6.900
Grand-Pontet – S. 186
de Grand-Puch – E-D-M; Société Viticole; 175 ha; R 40.000; W 5.500
Grand-Puy-Ducasse – S. 98
Grand-Puy-Lacoste – S. 98 f.
Grand-Renouil – S. 223
Le Grand-Village-Capbern – ZE von Capbern-Gasqueton
Grandes Murailles – S. 186
Grandis – S. 120
Grangeneuve, Dom. de – Pom; Veuwe Gos & Fils; 6 ha; R 3.000
Grate-Cap – Pom; A. Janoueix; 10 ha; R 2.900
du Grava* – Prem.Côtes; J.-L. Duale; 100 ha; R 40.000
La Grave, Domaine – S. 150
de la Grave* – Bg; R. & P.Y. Bassereau; 40 ha; R 20.000
La Grave-Martillac – ZE von La Tour-Martillac
La Grave-Trigant-de-Boisset – S. 209
Gravelines – Prem.Côtes; Dubourg; 30 ha; R 6.000; W 8.000
Gravet – St-Em; GC; J. Faure; 8 ha; R 5.000
La Gravière – L-de-Pom; Mme Cascarret; R 3.000
Gravières-de-Marsac – ZE von Marsac-Séguineau
Graville-Lacoste* – Gr; Mme S. Doubourdieu-Bouchet & Fils; 6 ha; W 4.000
Gressier-Grand-Poujeaux – S. 82 f.
Greysac – S. 130
Grimond – Prem.Côtes; P. Young; 80 ha; R 33.000
Grivière – Méd; F. de Rozières; 20 ha; R 7.000
Grolet – Bl; J. B. Mallambic; 34,5 ha; R + W 20.000
Gros-Moulin – Bg; P.-M. Eymas; 27 ha; R 10.000
Gruaud-Larose – S. 90
Guadet-Franc-Grâce-Dieu – Siehe Franc-Grâce-Dieu
Guadet-St-Julien – S. 187
Guerry – S. 217
Gueyrot – St-Em; SC; R 4.000
Guibeau – S. 199
Guibon – E-D-M; A. Lurton; 25 ha; R 5.000; W 5.000
Guionne – S. 217
Guiraud – S. 162
Guiteronde – S. 162
La Gurgue – S. 73
Hanteillan – S. 120
Haut-Badette – S. 187
Haut-Bages-Averous – ZE von Lynch-Bages
Haut-Bages-Libéral – S. 99
Haut-Bages-Manpelou – S. 99
Haut-Bailly – S. 142
Haut-Batailley – S. 99
Haut-Bergey – S. 142
Haut-Beychevelle-Gloria – ZE von Gloria
Haut-Bommes – Saut; GB; J. Pauly; W 2.000; Nachbargut von Haut-Peyraguey, gleiche Besitzer
Haut-Breton-Larigaudière – Marg; CB 1932; G. de Mour; 7 ha; R 3.500
Haut-Brignon – Prem. Côtes; R. Fourès; 60 ha; R 25.000
Haut-Brion – S. 143
Haut-Canteloup – Méd; CB 1932; J. Sarrazy; 17 ha; R 7.500

Haut-Castenet – ZE von Launay
Haut-Chaigneau – S. 215
Haut-Corbin – S. 187
Haut-Courgeaux – ZE von Launay
Hauterive – Méd; CB; Vignobles Rocher-Cap de Rive SA; 57 ha; R 30.000
Haut-Gueyrot – S. 187
Haut-Lavallade* – St-Em; J.-P. Chagneau; R 5.500
Haut Lignan* – Méd; Jean Caste; R 4.000
Haut-Logat* – H-Méd; CB; C. & M. Quancard; 19 ha; R 6.000
Haut-Macau – Bg; B. & J. Mallet; 22 ha; R 13.000
Haut-Madrac – S. 120
Haut-Maillet – Pom. P. Delteil; 5 ha; R 1.120
Haut-Marbuzet – S. 107 f.
Haut-Mazeris – S. 223
Haut-Peyraguey – S. 162
Haut-Pontet – S. 187
Haut-Quercus – S. 197
Haut-Sarpe – S. 187 f.
Haut-Ségottes – St-Em; GC; D. André; 7 ha; R 2.650
Haut Tayac* – Marg; CB 1932; C. & V. Saux; 10 ha; R 4.000
Haut-Truquet – S. 231
Les Hauts-Conseillants – S. 215
Les Hauts-de-Pontet – ZE von Pontet-Canet
Les Hauts-Tuileries – S. 215
de Haux – S. 228
La Haye – St-Est; CBS 1932; André Vincent; 6 ha; R 2.000
Les Heaumes – Bg; M. Robin; 15 ha; R 8.500
Hortevie – S. 90
Houbanon – Méd; CB 1978; SC; 9,5 ha; R 4.000
Houissant – S. 108
Hourtin-Ducasse* – H-Méd; CB; M. Marengo; 16 ha; R 6.000
d'Issan – S. 73 f.
Jacques-Blanc – St-Em; GFA; 21 ha; R 12.500
des Jaubertes* – Gr; Marquis de Pontac; 14 ha; R 3.000; W 3.500
Jauga – ZE von Rabaud-Promis
Jaendeman – S. 220
Jean-Faure – S. 188
Jean Gervais – Gr; Counilh & Fils; 30 ha; W 10.000
Jean-Voisin – Ste-Em; GC; SC Chassagnoux; 12 ha; R 3.700
La Joncarde* – Bg; Mme M. Jaubert; 16 ha; R 8.000
Jonqueyres – S. 225
Jourdan – Prem. Côtes; A. Guillot de Suduiraut; 45 ha; R 4.000; W 8.000
du Juge – Bord.Sup. (Cadillac); P. Dupleich; 30 ha; R 6.000; W 9.000
du Juge – Bord.Sup. (Haux.); J. Mèdeville; 24 ha; R 9.000; W 5.500
Jumayne – S. 224
Le Jurat – St-Em; GC; E. Guinaudie; 8 ha; R 3.500
Justa* – Prem.Côtes; Y. Mas; 20 ha; R 8.000; W 5.000
Les Justices – S. 163
Kirwan – S. 74
de Labat* – H-Méd; Nony-Borie; R 2.500
Labégorce – S. 74
Labégorce-Zédé – S. 74
Laborde – L-de-Pom; J.-M. Trocard; 15 ha; R 4.000
Labottière – Bord; Marke von Cordier; R + W
Lachesnaye* – H-Méd; CBS; H. Bouteiller; 20 ha; R 5.000
Lacoste-Borie – ZE von Grand-Puy-Lacoste
Lafaurie – Prem.Côtes; A. Croizet-Sauvestre; 25 ha; R 5.000; W 5.000
Lafaurie-Peyraguey – S. 163
Lafayette – Bord; Marke von Nathaniel Johnston; R
Laffitte-Carcasset – S. 108
Laffitte-Laujac – ZE von Laujac
Lafite – Prem.Côtes; SCE; R 11.500
Lafite-Canteloup – H-Méd; CB 1932; GFA; 10 ha; R 5.000
Lafite-Rothschild – S. 100
Lafleur – S. 209
Lafleur-Gazin – S. 209
Lafleur-du-Roy – Pom; Y. Dubost; 3 ha; R 1.750
Lafon – S. 87
Lafon-Rochet – S. 108
Lafüe – Ste-Cr; J. Sicres; R 2.000
Lagarosse – S. 228
Lagrange – Pom; S. 209
Lagrange – St-Jul; S. 91
Lagrange-de-Lescure – S. 188

Lagrave – Ste-Cr; J.-M. Tinon; 18 ha; R 2.000; W 6.000
Lagüe* – Fron; Roux-Ouliè; 10 ha; R 4.000
La Lagune – S. 120 f.
Lalande* – Listr; CB 1932; Mmes Dubosc & Darriet; 10 ha; R 5.000
Lalande – St-Jul; Société d'Exploitation; 30 ha; R 10.000
Lalande-Borie – S. 91
Lalibarde – Bg; R. Dumas; 34,5 ha; R 20.000; W 2.000
Lamarque – Ste-Cr; R. Bernard; R 4.000; W 5.000
de Lamarque – S. 121
Lamartine – ZE von Cantenac-Brown
Lamothe – S. 163
Lamothe – Bg; P. Pessonier; 20 ha; R 7.000
Lamothe – Prem. Côtes; J. Perriquet & F. Neel; 25 ha; R 3.000; W 6.000
Lamothe-Bergeron – S. 121
Lamothe-Cissac – S. 121 f.
Lamothe-Guignard – S. 163 f.
Landat – H-Méd; CB 1978; SC du Château Lamothe; 14 ha; R 7.000
Landiras – S. 152
Lanessan – S. 122
Langoa-Barton – S. 91 f.
Laniote – S. 188
Lapelletrie – St-Em; GC; Familie Jean; 12 ha; R 6.000
Larcis-Ducasse – S. 188
Lardit – Côtes de Cast; Jacque Trepout; 11,5 ha; R; siehe S. 231
Larmande – S. 188
Laroche-Bel-Air – S. 228
Laroque – S. 189
Larose-Trintaudon – S. 122
Laroze – S. 189
Laroze-Bayard – S. 200
Larrivaux – H-Méd; CB 1932; GFA; 20 ha; R 6.000
Larrivaux-Hanteillan – ZE von Hanteillan
Larrivet-Haut-Brion – S. 143
Lartigue* – St-Est; SC; 7 ha; R 4.000
Lartigue-de-Brochon – ZE von Sociando-Mallet
Lascombes – S. 74 f.
Lassalle – ZE von Potensac
Lassèque – St-Em; GC; J. P. Freylon; 22,5 ha; R 13.000
Latour – S. 100 f.
Latour-à-Pomerol – S. 210
Laujac – S. 130
Launay – S. 225
Laurensanne – Bg; J.-F. Levraud; 30 ha; R 10.000; W 2.000
Laurétan – S. 227
des Laurets – S. 200
Laurette – Ste-Cr; F. Pons; R 1.000; W 7.000
Lavalière – Méd; CB; Familie Cailloux; 15 ha; R 7.500
Laville-Haut-Brion – S. 143 f.
Lavillotte – S. 109
Lemoine-Nexon – ZE von de Malleret
Léon & Dom. de Camélon – Prem.Côtes; M. F. Mähler-Besse; R 3.000; W 2.000
Léoville-Barton – S. 92
Léoville-Las-Cases – S. 92 f.
Léoville-Poyferré – S. 93
Lestage – S. 87
Lestage-Darquier – S. 82
Lestage-Simon – S. 122
Letourt – ZE von Hauterive
Ligondras – Marg; 1er Artisan; P. Augeau; 7 ha; R 3.000
Ligondras – Marg; Pierre Augeau; 7 ha; R 3.500
Lilian Ladoueys – S. 109
Liot – S. 164
Liouner* – Listr; CB 1932; P. Bosq; 15 ha; R 7.500
Clos des Litanies – S. 210
Liversan – S. 123
Livran – S. 130
Lognac – ZE von Ferrande
Loubens – S. 230
Loudenne – S. 130
Louloumet – ZE von Chicane
Loupiac-Gaudiet – S. 230
La Louvière – S. 144
de Loyac – ZE von Malescot-St-Exupéry
Lucas – ZE von Dillon
Ludon-Pomiés-Agassac – ZE von Lagune
Lynch-Bages – S. 101
Lynch-Moussas – S. 101 f.
du Lyonnat – S. 200
MacCarthy – S. 109
MacCarthy-Moula – St-Est; CB; siehe Haut-Marbuzet, S. 107
Macquin-St-Georges – S. 200
La Madeleine – S. 189
Magdelaine – S. 189
Magence – S. 153
Magneau – S. 153
Magnol – S. 123

Moulin de la Rose – St-Jul; CB 1932; Guy Delon; 4 ha; R 2.000
Moulin Rouge – Côtes de Cast; J.-C. Bassileaux; 23 ha; R 14.000; siehe S. 231
du Moulin Rouge* – H-Méd; CB; Familie Veyries-Pelon; 15 ha; R 6.000
Moulin-St-Georges – S. 190 f.
Moulin-de-St-Vincent – ZE von Moulin-à-Vent
Moulin de Taffard* – Méd; Pierre Peyruse; 6 ha; R 3.000
Moulin-à-Vent* – L-de-Pom; SC; 6 ha; R 2.250
Moulin-à-Vent, Moulis – S. 83
Moulis – S. 84
Moulinet – S. 210
Mourlet – ZE von Archambeau
Mouton-Baronne-Philippe – siehe d'Armailhac
Mouton-Cadet – Bord; Marke von La Baronnie; R + W
Mouton-Rothschild – S. 102
Myrat – S. 164
Nairac – S. 165
Nenin – Pom; S. 210
Nenin – Prem Côtes; S. 228
Notton – ZE von Brane-Bantenac
Olivier – S. 145 f.
L'Oratoire – S. 191
Les Ormes-de-Pez – S. 111
Les Ormes-Sorbet – S. 131
Palais-Cardinal-La-Fuie – S. 191
Palmer – S. 77
Panigon* – Méd; CB; G. Lamolière; 25 ha; R 12.500
Le Pape – S. 146
Pape-Clément – S. 146
du Parc – H-Médoc; René Gonzalvez; 10 ha; R 6.000
Pardaillan – Bl; C. Carreau; 15 ha; R 4.000; W 2.000
La Parde de Haut-Bailly – ZE von Haut-Bailly
La Paroisse – S. 124
La Patache – Pom; Mme Forton; 5 ha; R 2.250
Patache-d'Aux – S. 131
Patris – S. 191
Paveil-de-Luze – S. 77
Pavie – S. 191 f.
Pavie-Decesse – S. 192
Pavie Macquin – S. 192
du Pavillon – Ste-Cr; d'Arfeuille; 11 ha; W 5.000
Pavillon Blanc und Pavillon Rouge – ZE von Margaux
Pavillon-de-Boyrein – S. 152
Pavillon-Cadet – S. 192
du Pavillon & Grand-Renouil – C. Fron; Jean Ponty & Fils; 10 ha; R 4.000
Pêcheur, Blanc du – Bord: Marke von Borie-Manoux; W
Péconnet* – Prem.Côtes; Familie Amiel; 20 ha; R 9.000
Pédesclaux – S. 102
Perenne – Bl; M. & P. Oudinot; 48 ha; R 20.000
Pernaud* – Saut; CB; P. Pascaut; 20 ha; W 5.500
Perron – L-de-Pom; Massonié; 10 ha; R 6.000
Pessan-St-Hilaire – S. 154
Petit-Faurie-de-Soutard – S. 192
Petit-Village – S. 211
Pétrus – S. 211
Peychaud – S. 217
Peymartin – ZE von Gloria
Pey-Martin – Méd; CB; Jean Signoret; 10 ha; R 6.500
Peyrabon – S. 124
Peyrat – Prem.Côtes (Beguey); Mme David; 40 ha; R 5.000; W 20.000
du Peyrat* – Prem.Côtes (Capian); SC; 63,5 ha; R 6.000; W 15.000
Peyraud – ZE von Bonnet
Peyreau* – St-Em; CG; M. Boutet; 13 ha; R 6.200
Peyredon-Lagravette* – CB; P. Hostein; 6 ha; R 3.000
Peyredoulle – Bl; J. & B. Germain; 16 ha; R 6.200; W 1.500
de Peyrelongue – St-Em; CG; P. Cassat; 12 ha; R 6.000
de Pez – S. 111 f.
Phélan-Ségur – S. 112
Piada – Saut; CB; J. Lalande; 13 ha; R 1.300; W 2.500
Pibran – S. 102 f.
de Pic – S. 228
Pichelèbre – Siehe Canon-Moueix S. 222
Pichon – H-Méd; C. Fayat; 23 ha; R 8.000
Pichon-Longueville-Baron – S. 103
Pichon-Longueville-Comtesse-de-Lalande – S. 103
Picourneau – ZE von Le Bourdieu
Picque-Caillou – S. 146
Pierredon* – Bord.Sup. (Gornac); P. Perromat; 45 ha; R 10.000

Le Pin – S. 211
Pipeau – S. 192
Piron* – Gr; P. Boyreau; 20 ha; R 2.000; W 7.500
Pitray – Côtes de Cast; Vicomte L. de Pitray; 26 ha; R; siehe Seite 231
Plagnac – S. 131
Plain-Point – S. 220
de Plaisance – S. 229
Plantey – Pau; G. Meffre; 30 ha; R 13.000
Plantey-de-la-Croix* – ZE von Verdignan
de Plassan – S. 229
Plessis – ZE von Moulin-de-Launay
Plince – S. 212
La Pointe – S. 212
Pomeys – S. 84
Pomys – S. 112
de Poncet – Prem.Côtes; J. L. David; 40 ha; R 7.000; W 15.000
Pontac-Lynch – S. 77
Pontac-Monplaisir – S. 146
Pontet – Méd; CB 1978; Emile Courrian; 11 ha; R 7.000
Pontet-Canet – S. 104
Pontet-Chappaz – Marg; Vignobles Rocher-Cap de Rive SA; 6,5 ha; R 3.500
Pontet-Clauzure – S. 193
Pontoise-Cabarrus – S. 124
de Portets* – Gr; J.-P. Théron; 14,5 ha; R 6.000; W 2.000
Potensac – S. 131 f.
Pouget – S. 78
Poujeaux – S. 84
Les Pradines – S. 112
de Pressac – S. 193
Preuillac – S. 133
Prieur du Château Meyney – ZE von Meyney
Le Prieuré – S. 193
Prieurs de la Commanderie – S. 212
Prieuré-Lichine – S. 78
Les Productions Réunies de Puisseguin et Lussac-St-Emilion – S. 200
La Providence – Bord.Sup; Francis Cuvelier; 6 ha; R 3.000
La Providence – Pom; J. Dupuy; 3 ha; R 250
Puy Bardens – S. 229
Puy-Blanquet* – St-Em; GC; R. Jacquet; 23 ha; R 10.000
Puyblanquet-Carille – St-Em; GC; J.-F. Carille; 17 ha; R 7.400
Puycarpin – S. 231
Puy-Castéra – S. 124
Puyguilhem – S. 220
Puymiran – E-D-M; Degueil; 45 ha; R 23.000; W 13.000
Quentin – St-Em; GC; SC; 30 ha; R 1.800
Ley Queyrats* – Gr; Familie Dulac; 38,5 ha; W 10.000; ZE von St-Pierre, Gr
de Quinsac – E-D-M; SC; R 5.000
«R» – ZE von Pieussec
Rabaud-Promis – S. 165
Rahoul – S. 154
Ramage-la-Bâtisse – S. 124
La Rame – Ste-Cr; C. Armand; 36 ha; R 5.000; W 15.000
de Ramondon – Prem.Côtes; M. Sangers & Mme van Pé; 80 ha; R 7.000; W 6.000
Rausan-Ségla – S. 78
du Raux – H-Méd; SCI du Raux; 10 ha; R 5.000
Rauzan-Gassies – S. 78 f.
Raymond – E-D-M; Baron R. de Montesquieu; R 20.000; W 5.000
Raymond-Lafon – S. 165 f.
Rayne-Sec – Trockener Wein von de Rayne-Vigneau, S. 166
de Rayne-Vigneau – S. 166
Clos René – S. 212
Réserve de la Comtesse – ZE von Pichon-Longueville-Comtesse
Réserve du Marquis-d'Evry – ZE von de Lamarque
de Respide – Gr; P. Bonnet & Fils; 40 ha; R + W
Respide-Médeville – S. 154
du Retout – S. 124
Le Reverdon – Siehe Coutet, S. 151
Reynier* – E-D-M; D. Lurton; 60 ha; R 25.000; W 11.000
Reynon – S. 229
Reysson – S. 124
de Ricaud – S. 230
Richelieu – Fron; Y. Viaud; 20 ha; R 6.000
Rieussec – S. 166
Ripeau – S. 193
La Rivalerie – Bl; M. Bauchet; R 20.000
La Rivière – S. 221
La Roche – Prem.Côtes; J. Palau; 20 ha; R 4.000; W 4.000
de Rochemorin – S. 147

du Rocher – St-Em; GC; Bron S. de Monfort; 14 ha; R 6.250
Rocher-Bellevue – Côtes de Cast; Vignobles Rocher-Cap de Rive SA; 15 ha; R; siehe S. 231
La Rochette – ZE von des Laurets
Côtes Rocheuses – S. 197
de Rol – St-Em; GC; J. Sautereau; 7 ha; R 3.000
de Rolland – S. 167
Romer-du Hayot – S. 167
de la Ronceray – St-Est; CB; Jacques Pedro; 8 ha; R 1.500
La-Roque-de-By – ZE von La Tour-de-By
Roquegrave – Méd; CB 1932; Joannon & Lleu; 25 ha; R 13.000
de Roques – S. 200
Roquetaillade-Le-Bernet – ZE von de Roquetaillade-La-Grange
de Roquetaillade-La-Grange – S. 154 f.
Roquevieille – S. 231
Rosechatel – Bord; Marke von Schröder & Schÿler; R + W
de la Rose – S. 226
La-Rose-Côte-de-Rol; St-Em; GC; Y. Mirande; 8,5 ha; R 3.500
La Rose-Maréchale – ZE von Coufran
La Rose Pauillac – S. 104
La Rose-Peruchon – ZE von du Lyonnat
La Rose Pourret* – St-Em; GC; B. Warion; 7 ha; R 2.500
Roudier – S. 201
Rouet – S. 221
Rouget – S. 213
de Rouillac – S. 147
Roumieu* – Bars; P. Goyaud; 14 ha; W 3.500
Roumieu – Saut; CB; R. Bernadet; 20 ha; W 2.000
Roumieu-Goyaud – Saut; CB; Mme C. Craveia-Goyaud; 14 ha; W
Roumieu-Lacoste* – Saut; CB; Mme Dubourdier-Bouchet; 12 ha; W 2.500
Rousset – S. 217
Royal St-Emilion – S. 197
Rozier – S. 193
Ruat – ZE von Ruat-Petit-Poujeaux
Ruat-Petit-Poujeaux – S. 84
de la Sablière-Fongrave und Domaine de Fongrave* – E-D-M; P. Perromat; 45 ha; R + W
St-Agrèves – S. 155
St-Amand – S. 167
St-André-Corbin – S. 201
St-Bonnet – S. 132
St-Christoly – Méd; CB 1932; Heryé Heraud; 15 ha; R 8.000
Ste-Colombe – S. 231
St-Estèphe – S. 119
St-Georges – S. 201
St-Georges-Côtes-Pavie – S. 193 f.
Ste-Hélène – ZE von Malle
St-Jean – S. 132
St-Martin – S. 194
St-Paul – H-Méd; SC; 20 ha; R
St-Pierre – St. Jul; S. 93 f.
de St-Pierre – Gr; S. 155
de St-Pierre – St-Em; GC; L. & J. P. Musset; 18 ha; R 9.000
St-Roch – ZE von Andron-Blanquet
St-Roch, Cave Coop. – S. 132
St-Saturnin – S. 132 f.
de St-Yzans-de-Médoc – S. 133
de Sales – S. 213
La Salle-de-Poujeaux – ZE von Poujeaux
Sansonnet – S. 194
Saransot-Dupré – S. 87
Sarget du Gruaud-Larose – ZE von Gruaud-Larose
Le Sartre – S. 147
Segonnes – ZE von Lascombes
Segonzac – S. 218
Ségur – H-Méd; CGB 1932; SC; 33 ha; R 15.000
Ségur-d'Arsac – ZE von Arsac
Sémeillan Mazeau – Listr; CBS 1932; SC; 11 ha; R 5.200
Senailhac* – E-D-M; Magnat; 60 ha; R 15.000; W 8.000
Sénéjac – S. 125
Senilhac* – H-Méd. CB 1932; M. & J. L. Grassin; 12 ha; R 6.000
Sergant – L-de-Pom; GFA des Vignobles Jean Milhade; R 6.000
Le Serre – S. 194
Sestignan – S. 133
Siaurac – S. 216
Sigalas-Rabaud – S. 167
Sigognac – S. 133
Simon – Saut; CB; J. Dufour; 10 ha; W 2.000

Siran – S. 79
Smith-Haut-Lafitte – S. 147 f.
Sociando-Mallet – S. 126
Soleil – P-St-Em; J. Soleil; 15 ha; R 7.000
Soudars – S. 126
Le Souley-Ste-Croix – H-Méd; CB 1932; Jean Riffaud; 19 ha; R 10.000
de Sours – S. 226
Soutard – S. 194 f.
Suau – Prem.Côtes; M. Raoux; 45 ha; R 20.000
Suau – Saut; S. 168
Suduiraut – S. 168
Taffard* – Méd; Paul Mottes; 16,5 ha; R 7.500
du Tailhas – Pom; S. 213
du Taillan – H-Méd; S. 126
Talbot – S. 94
Taillefer – S. 213
Tanesse – S. 227
du Tasta* – Prem.Côtes; R 5.000; W 500
de Tastes – S. 230
Tayac – S. 79
Tayac – Bg; P. Saturny; 23 ha; R
des Templiers – ZE von Larmande
Templiers, Clos des – L-de-Pom; E. & J.-M. Meyer; 9,6 ha; R 3.800
Terfort – ZE von Loubens
de Terrefort-Quancard – Bord.Sup; Familie Quancard; 70 ha; R 38.000
Terrey-Gros-Caillou – S. 94 f.
du Tertre – S. 79
Le Tertre-Caussan – S. 133
Tertre-Daugay – S. 195
Tertre-de-Launay – ZE von Moulin-de-Launay
Tertre-Rôtebœuf – S. 195
Teysson* – L-de-Pom; Mme Servant; 13 ha; R 6.000
de Thau – Bg; L. Schweitzer; 45 ha; R 15.000
Thibaud-Bellevue – S. 231
Thieuley – S. 226
Timberlay* – Bord.Sup; R. Giraud; 75 ha; R 50.000; W 6.000
Toinet-Fombrauge – S. 195
La Tonnelle – S. 195
Toumalin – S. 224
Toumilon – S. 155
La Tour-d'Aspic – ZE von Haut-Batailley
La Tour-de-Bessan – S. 79
La Tour-Bicheau* – Gr; Y. Daubas & Fils; 20 ha; R 7.000; W 1.300
La Tour-Blanche – S. 168
La Tour Blanche – Méd; CB 1932; SCA: 27 ha; R 10.000
Tour-de-Bonnet – ZE von Bonnet
La Tour-de-By – S. 134 f.
La Tour-Carnet – S. 126
La Tour-Figeac – S. 195
La Tour-Haut-Brion – S. 148
La Tour-Haut-Caussan – S. 134
Tour-du-Haut-Moulin – S. 127
La Tour-Léognan* – Gr; SC; R 5.000; W 3.000. Wird gemeinsam mit Carbonnieux bewirtschaftet (S. 139)
Tour de Marbuzet* – St-Est; CB 1932; Henri Dubosq; 7 ha; R 3.000
La Tour-Martillac – S. 148
Tour-du-Mirail – S. 127
La Tour-de-Mons – S. 80
La Tour Mont d'Or – S. 201
Tour-Musset – S. 201
Tour-du-Pas-St-Georges – S. 201
La Tour-Pibran – Pau; CB 1932; J.-J. Gounel; 8 ha; R 3.500
La Tour-du-Pin-Figeac – S. 196
La Tour-du-Pin-Figeac (Giraud-Bélivier) – S. 196
La Tour-Prignac – Méd; CB 1932, SC; 120 ha; R 50.000
La Tour-Puymirand – E-D-M; E. Fazilleau; 60 ha; R 10.000; W 7.500
Tour-du-Roc – H-Méd; CB 1932; Philippe Robert; 12 ha; R 4.500
La Tour-St-Bonnet – S. 134
La Tour St-Joseph* – H-Méd; CB; M. & C. Quancard; 13 ha; R
Tour-St-Pierre – St-Em; GC; J. Goudineau; 10 ha; R 4.500
La Tour-Seran – Méd; CB 1932; Patrick Peronno; 13 ha; R 6.000
Tour-des-Termes – S. 113
Tour-de-Tourteau – S. 217
La Tour-Védrines – ZE von Doisy-Védrines
Tournefeuille – L-de-Pom; GFA Sautarel; R 6.000
des Tours – S. 202
Tourteau-Chollet – S. 156

CHÂTEAUX UND APPELLATIONS

Der folgende Abschnitt befaßt sich mit Weingütern, die besondere Beachtung verdienen. Hier sind nicht nur die großen Namen von Bordeaux zu finden, sondern auch viele kleinere Erzeuger, deren Weine es wert sind, hervorgehoben zu werden. Die Eintragungen sind nach Appellationen geordnet, und zu jeder Appellation wird eine kurze Beschreibung ihres allgemeinen Charakters gegeben, für das Médoc, das ja viele Einzelappellationen umfaßt, zudem noch eine Einführung in den Bereich insgesamt.

Nach dem Namen der Weingüter stehen, soweit erhältlich und sinnvoll, die folgenden Einzelangaben: Klassifizierungsrang, Eigentümer, Leiter, Größe der Rebfläche in Hektar, jährliche Erzeugung in Kisten, Rebsorten mit dem jeweiligen Anteil an der Erzeugung und eventuelle Zweitetiketten. Der Schlüssel zu den Abkürzungen ist auf Seite 5 angegeben.

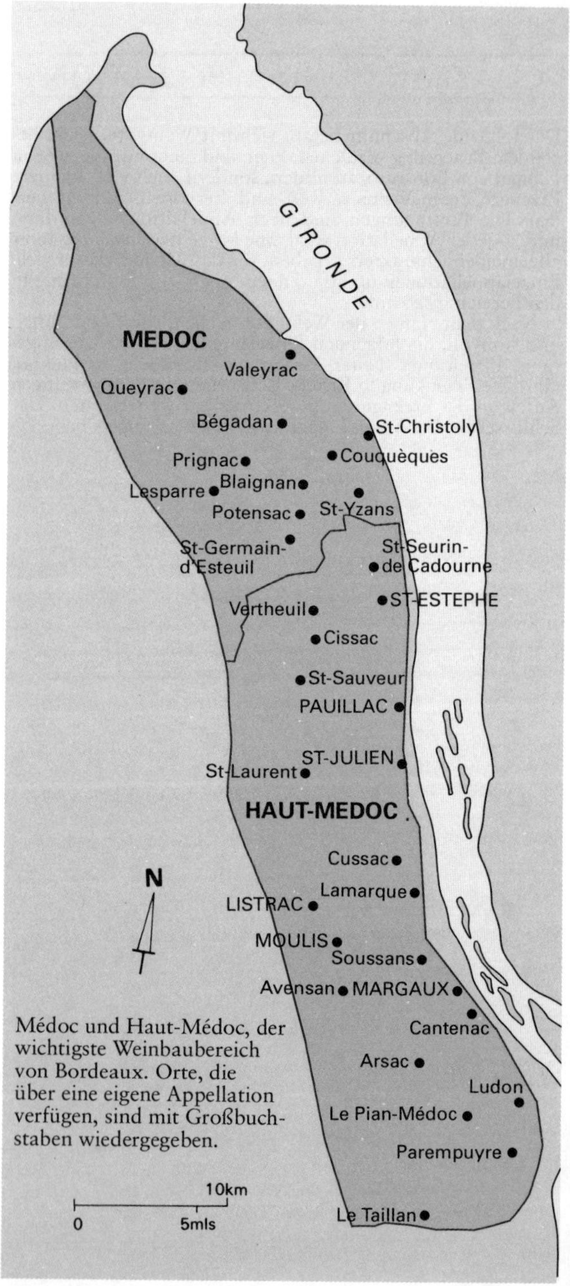

Médoc und Haut-Médoc, der wichtigste Weinbaubereich von Bordeaux. Orte, die über eine eigene Appellation verfügen, sind mit Großbuchstaben wiedergegeben.

DIE APPELLATIONS IM MÉDOC

Das Médoc ist seit eh und je der großartige Botschafter des Rotweins aus Bordeaux. Vom frühen 18. Jahrhundert, als reiche und anspruchsvolle Engländer erstmals höhere Preise für besseren Wein zahlten, bis in die zweite Hälfte des 20. Jahrhunderts beruhte der besondere Ruf von Bordeaux zuallererst auf dem Médoc, seiner Schatztruhe.

Es war die natürliche Folge seiner unmittelbaren Nähe zur Stadt Bordeaux, dem kommerziellen und politischen Zentrum des Départements Gironde, daß das Médoc früher und gründlicher erschlossen wurde als die übrigen Teile der Region. Im 17. und 18. Jahrhundert nahmen die großen Weingüter im wesentlichen die Form an, in der wir sie heute kennen. Wegen des kargen, kieshaltigen Bodens wurde die gemischte landwirtschaftliche Nutzung bald vom Weinbau verdrängt. Ein Blick auf die Landkarte zeigt, daß der Médoc ein sehr schmaler, langgezogener Streifen Land entlang des Mündungsgebietes der Gironde von unmittelbar außerhalb der heutigen nördlichen Vororte von Bordeaux bei Blanquefort und Le Taillan 70 km nordwärts bis St-Vivien ist. Nur an wenigen Stellen erstrecken sich die Weinberge mehr als 10 km vom Fluß landeinwärts, die meisten liegen östlich der Straße Bordeaux–Lesparre–Soulac. Hier sind die Kiesbänke am tiefsten und am reinsten. Weiter nördlich wird der Boden schwerer, der Kies ist stärker mit Lehm oder Sand untermischt, und weiter im Westen herrscht immer mehr Sandboden vor. Hier beginnen die Kiefernwälder von Les Landes.

Das Médoc ist in zwei Weinbaubereiche unterteilt: das Haut-Médoc im Süden und das Bas-Médoc (die Appellation heißt nur Médoc) im Norden. Im Haut-Médoc verfügen sechs Orte über eigene Appellationen. Neben ihnen stellt der Name Haut-Médoc eine siebte Appellation dar, unter die alle Weine fallen, die nicht von diesen kommunalen Appellationen erfaßt werden. Die allermeisten Spitzenlagen befinden sich auf dem Gebiet der kommunalen Appellationen. Das wird durch folgende Zahlen lebhaft veranschaulicht, die den Anteil der Crus Classées an der Gesamtrebfläche der einzelnen Appellationen wiedergeben (in den beiden übrigen befinden sich keine Crus Classées). Haut-Médoc 5,5%, Margaux 68%, St-Julien 75%, Pauillac 72,5%, St-Estèphe 19,5%.

Obwohl mehr und mehr Crus Bourgeois inzwischen zumindest einen Teil ihres Weins selbst abfüllen, halten es doch viele kleinere Weingüter für wirtschaftlich sinnvoll, sich den Winzergenossenschaften mit ihren modernen Weinbereitungsanlagen anzuschließen, anstatt die hohen Investitionskosten für die Modernisierung der eigenen *Cuviers* auf sich zu nehmen. Auf die Genossenschaftsmitglieder entfallen die folgenden Anteile an der Rebfläche der einzelnen Appellationen: Médoc 42,5%, Haut-Médoc 17,5%, Pauillac 18%, St-Estèphe 26%, Listrac 24%, Moulis 6,5%. Der Qualitätsstand der Genossenschaften hat sich in den letzten Jahren wesentlich verbessert, und sie haben heute zweifellos einen positiven Einfluß auf die Güte des Weins allgemein.

Die Vorherrschaft der Cabernet-Sauvignon-Traube in allen Weinbergen des Médoc sorgt für eine gewisse Familienähnlichkeit, für eine frische und saubere Eindeutigkeit in Geruch und Geschmack sowie auch dafür, daß die Gerbstoffherbheit im ersten und auch zweiten Jahr in der Flasche den Ton angibt. Die Entfaltung des Buketts, im Verein mit Delikatesse und Eigenart des Geschmacks, geschieht mit der Zeit während der Lagerung in der Flasche. Médoc-Weine brauchen eine solche Alterung, und selbst recht bescheidene Gewächse halten und entwickeln sich gut.

MARGAUX

Unter den 6 kommunalen Appellationen ist Margaux die einzige, die nicht auf den Ort selbst beschränkt ist. Zu ihr gehören auch der größte Teil von Arsac sowie ganz Cantenac, Labarde und Soussans. Die Rebfläche hat sich zwischen 1981 und 1988 um 16% ausgeweitet.

Die Besonderheiten dieser Appellation – Finesse und Rasse – sind auf den tiefen, nährstoffarmen Kiesboden und den hohen Anteil an Cabernet Sauvignon zurückzuführen. Jedoch sind die Unterschiede im Schwerpunkt nicht zu übersehen: Die Weine von Labarde neigen mehr zu Körper und Fülle, die Cantenacs sind dagegen eleganter und milder, ebenso die von du Tertre, dem einzigen Cru Classé von Arsac. Viele Margaux-Weine sind stärker tanninhaltig und entwickeln sich langsamer.

Château d'Angludet

Cru Bourgeois Supérieur Exceptionnel 1932. Besitzer: M. & Mme Peter A. Sichel. 33 ha. 14.000 Kisten, CS 45%, Mer 35%, CF 15%, PV 5%. Zweitetikett: Domaine Baury.

Angludet hatte das Pech, nicht in die Klassifizierung von 1855 aufgenommen zu werden. Damals war es aufgeteilt und hatte seit dem 18. Jahrhundert, als es noch unter den führenden Crus rangierte, viel an Bedeutung verloren. Dank der stetigen Bemühungen Peter Sichels werden die Weine jetzt immer besser.

Die ausgezeichnete Lage auf dem Plateau von Cantenac bringt feinduftige Weine hervor, in denen sich große Finesse mit Eleganz und Kraft verbindet. Seit dem exzellenten Jahrgang 1978 entstehen hier stets eindrucksvolle Gewächse. Besonders hervorheben möchte ich den 81er, 82er, 85er, 86er, 89er und 90er als schöne Beispiele für die jeweiligen Jahrgänge.

Château d'Arsac

Cru Bourgeois Supérieur 1932. Besitzer: Philippe Raoux. 80 ha. 26.000 Kisten. CS 60%, Mer 40%. Zweitetiketten: Château Ségur-d'Arsac, Château Le Monteil-d'Arsac.

Das Gut liegt zwar in Arsac, wurde aber bei der Einrichtung der AC Margaux nicht in diese aufgenommen, weil seine Weinberge damals nicht bestockt waren. Inzwischen hat Philippe Raoux mit Erfolg Antrag auf Aufnahme im Jahr 1993 gestellt und damit seine seit der Übernahme des Guts 1986 geleistete Aufbauarbeit gekrönt.

Seither wurde der massive *Chai* restauriert, der *Cuvier* modernisiert und die Rebfläche von nur 11,5 ha auf den jetzigen Umfang erweitert. Die neuen Weinbereitungsanlagen waren rechtzeitig für den Jahrgang 1988 betriebsbereit. Der Ausbau im Eichenfaß wurde ausgedehnt, und es wurden neue Fässer angeschafft. Bei dem hier vorhandenen ausgezeichneten Ausgangsmaterial und der Einsatzfreude und Begeisterung des Besitzers sieht die Zukunft wahrhaft erfreulich aus.

Château Bel-Air-Marquis-d'Aligre

Cru Bourgeois Supérieur Exceptionnel 1932. Besitzer: Pierre Boyer. 17 ha. 4.500 Kisten, CS 30%, CF 20%, Mer 35%, PV 15%. Zweitetikett: Château Bel-Air-Marquis-de-Pomereu.

Eines von den drei leicht miteinander zu verwechselnden Margaux-Weingütern, die stolz den Titel Marquis im Namen führen, doch als einziges von den dreien ohne Klassifizierungswürden. Es liegt am Rand von Margaux, ein Teil seiner Weinberge gehört zur Nachbargemarkung Soussans.

Pierre Boyer ist Perfektionist und bereitet seinen Wein mit großer Sorgfalt bei kleinen Erträgen. Er verwendet nur organische Dünger. Sein Wein hat echte Finesse bei einer gewissen Öligkeit, vereint mit Delikatesse und Frische.

Château Boyd-Cantenac
3e Cru Classé. Besitzer: Pierre Guillemet. 18 ha. 7.500 Kisten. CS 67%, Mer 20%, CF 7%, PV 6%.

Das Weingut hat eine bewegte Vergangenheit hinter sich. 1860 mußte es einen großen Teil seiner Weinberge an Cantenac-Brown abgeben, dann verschwand sein Name 45 Jahre lang in der Versenkung und tauchte erst 1920 wieder auf. Schließlich wurden seine Bauten von Château Margaux übernommen. Bis 1982 wurden die Weine im benachbarten Gut von Pierre Guillemet, Château Pouget, bereitet, inzwischen aber wurden eigene Anlagen dafür geschaffen.

Zwar hat es nicht mehr die Größe von 1855 und auch nicht mehr den Qualitätsstand eines 3e Cru, bringt aber gut bereiteten, vollen und geschmeidigen und eines Cru Classé gewiß wieder würdigen Wein hervor. Die Jahrgänge 79; 78, 75, 71 und 70 waren alle gut. Die Jahrgänge der 80er Jahre sind vollmundiger und stärker gerbstoffhaltig, haben allerdings an Finesse eingebüßt.

Château Brane-Cantenac
2e Cru Classé. Besitzer: Lucien Lurton. 85 ha. 29.000 Kisten. CS 70%, Mer 15%, CF 13%, PV 2%. Zweitetikett: Château Notton, Domaine de Fontarney.

Brane-Cantenac verdankt seinen Ruf und seinen Rang von 1855 dem als Weinbaufachmann berühmten Baron de Brane, der auch den Aufstieg von Mouton zuwege gebracht hat. Heute gehört es wieder einem berühmten Weinbaufachmann, Lucien Lurton, dem größten Weingutsbesitzer im Médoc.

Aus Weinbergen in bester Lage auf dem Plateau von Cantenac erzeugt das Gut Weine von bemerkenswerter Finesse, Delikatesse und Rasse – alles wesentliche Margaux-Qualitäten; bei dem hohen Cabernet-Sauvignon-Anteil ein sicheres Anzeichen für den Einfluß des Bodens. Wie viele Margaux-Weine trinkt er sich schon jung mit Genuß, hält sich aber auch gut, wie der herrliche 1966er beweist. Unter den neueren Jahrgängen vereinen der 89er und 88er Konzentration mit großer Finesse, während der 86er extrem gerbstoffhaltig ist und der 85er die für diesen Jahrgang typische Rasse zeigt; der 83er ist ziemlich leicht und der 82er hervorragend; sehr gute Weine entstanden auch 1981, 79 und 78.

Château Cantenac-Brown
3e Cru Classé. Besitzer: AXA Millésimes. Leiter: Jean-Michel Cazes. 32 ha. 12.500 Kisten. CS 65%, Mer 25%, CF 10%. Zweitetiketten: Château Canuet (Margaux), Château Lamartine (Bordeaux Supérieur).

Der Name Brown stammt von John Lewis Brown, einem Bordeaux-Weinhändler englischer Abstammung, der als Maler von Tierbildern berühmt war. Er baute auch das ungewöhnliche Château im sogenannten «Renaissance anglaise»-Stil. Heute ist es im Besitz der Versicherungsgesellschaft AXA, der auch Pichon-Baron gehört und die sich auf die großen Talente des in Lynch-Bages berühmt gewordenen Jean-Michel Cazes stützen kann.

Derzeit genießt Cantenac-Brown nicht mehr den früheren Ruf (und erzielt auch nicht mehr so hohe Preise). Der Wein ist tanninhaltiger als die Spitzen-Cantenacs und hat auch nicht so viel Finesse, sondern ist eher etwas rauh. Die neuen Besitzer bemühen sich um Besserung.

Château Dauzac

5e Cru Classé. Besitzer: Société Fermière d'Exploitation. 45 ha. 29.000 Kisten. CS 57%, Mer 36%, CF 4%, PV 3%. Zweitetiketten: Château Labarde und Château La Bastide.

Bis vor kurzem war das Weingut in Labarde vernachlässigt und in Vergessenheit geraten. Die Restaurierung begann, nachdem W. A. M. Miailhe vom Nachbargut Siran es 1964 kaufte. 1978 übernahm die Familie Chatellier aus der Champagne den Besitz und investierte kräftig in Weinberge und Anlagen, verkaufte aber 1989 an die Versicherungsgruppe MAIF. 1993 wurde die Verwaltung des Guts als Société Fermière d'Exploitation neu organisiert und eine größere Beteiligung an die SCEA Les Vignoles André Lurton übertragen, die für die künftige Leitung verantwortlich zeichnet.

Das Lurton-Team befaßt sich nunmehr mit den Rebbeständen, die zum großen Teil auf ungeeigneten Unterlagen stehen; damit dürfte dann der lange Rehabilitationsprozeß für dieses Cru zum Abschluß gelangen.

Château Desmirail

3e Cru Classé. Besitzer: Lucien Lurton. 18 ha. 4.000 Kisten. CS 80%, Mer 10%, CF 9%, PV 1%.

Das berühmte alte Cru ist von Lucien Lurton, dem großen Weingutbesitzer von Margaux (siehe Brane-Cantenac, Durfort-Vivens), wiederbelebt worden und macht sich rasch einen guten Namen. Die Weine sind trotz des hohen Anteils an Cabernet Sauvignon nicht nur bukettreich, sondern auch mild und elegant. Besonders gute Jahrgänge waren 1983, 85, 86, 88, 89 und 90.

Château Deyrem-Valentin

Cru Bourgeois 1932. Besitzer: Jean Sorge. 10 ha. 5.000 Kisten. CS 45%, Mer 45%, CF 5%, PV 5%.

Das kleine Gut liegt im besten Teil von Soussans und hat Nachbarn wie Lascombes, Malescot und die beiden Labégorces. Der derzeitigen Besitzerfamilie gehört es seit 1928; Jean Sorge arbeitet und lebt hier.

Die Weine weisen das Bukett und die Finesse auf, die man von der Appellation erwarten kann, sind aber etwas leicht im Körper.

Château Durfort-Vivens

2e Cru Classé. Besitzer: Lucien Lurton. 25 ha. 5.500 Kisten. CS 82%, CF 10%, Mer 8%. Zweitetikett: Domaine de Cure-Bourse.

Der Name leitet sich von den Comtes Durfort de Duras her, denen das Gut seit dem 15. Jahrhundert bis zur Revolution 1789 gehörte, und 1824 wurde Vivens noch angehängt, doch waren die Vivens mit den Durforts verwandt. Von 1937 bis 61 war es im gleichen Besitz wie Château Margaux und wurde dann an den heutigen Eigentümer verkauft. Im Château selbst wohnt noch immer Bernard Ginestet, der Sohn des ehemaligen Besitzers von Château Margaux.

Der Kontrast zwischen Durfort und Brane-Cantenac ist stets interessant. Durfort ist immer fester und tanninreicher, hat aber meist nicht so viel Finesse und Charme. In den letzten Jahren weisen die Weine aber mehr Fülle und Frucht als Ausgleich für die Tanninherbheit auf. Besonders gute Jahre waren 1990, 89, 88, 86, 85, 83, 82, 81, 78 und 75.

Château Ferrière
3e Cru Classé. Besitzer: Mme André Durand-Feuillerat (héritiers). 5 ha. 4.500 Kisten. CS 47%, Mer 33%, PV 12%, CF 8%.
Das kleine *Cru* wird seit 1960 von Château Lascombes aus bewirtschaftet, deshalb kommt Jahr für Jahr eine gewisse Menge Wein unter diesem Namen heraus, eigentlich aber hat der Wein seine Identität eingebüßt. Er ist angenehm leicht und mild, verdient aber kaum noch 3e-Cru-Rang. Das meiste davon wird in Frankreich verkauft.

Château Giscours
3e Cru Classé. Besitzer: GFA du Château Giscours. Leiter: Pierre Tari. 81 ha. 29.500 Kisten. CS 75%, Mer 20%, CF 3%, PV 2%. Zweitetikett: Cantelaude.
Seit der Erwerbung durch die Familie Tari 1952 ist viel Zeit und Geld darauf verwendet worden, dem Gut seinen früheren Glanz wiederzugeben. Heute gehört es zu den größten und bedeutendsten Gütern in der Appellation Margaux und ist auch eines der gleichmäßigsten in der Qualität.

Die Weine von Giscours zeichnen sich durch tiefe Farbe und ausgeprägtes Bukett, Fülle, Frucht und Kraft aus. Sie haben vielleicht nicht ganz soviel Stil wie die Weine von Cantenac und Margaux, bestimmt aber große Rasse. Ihrer Wucht wegen brauchen die besseren Jahrgänge 8 bis 10 Jahre Lagerzeit, bis sie annähernd auf dem Höhepunkt sind. Der überaus feine 1980er war jedoch schon nach 4 Jahren ausgezeichnet. Später in den 80er Jahren waren dann die Weine eher durch eine gewissermaßen grob gemaserte Wucht als durch die frühere Finesse geprägt.

Château La Gurgue
Cru Bourgeois Supérieur 1932. Besitzer: Société Civile du Château la Gurgue. Leiter: Alain Sutre.
12 ha. 5.000 Kisten. CS 70%, Mer 25%, PV 5%.
Eine sehr gute Lage, zusammen mit Desmirail nächster Nachbar zu Château Margaux an der Westgrenze. Nach dem Besitzerwechsel 1978 brachten kräftige Investitionen im Verein mit dem unbestreitbaren Flair von Bernadette Villars (siehe Chasse-Spleen und Haut-Bages-Libéral) eine deutliche Verbesserung der Weine. Die Jahrgänge 86, 85, 83, 82 und 81 waren sämtlich große Erfolge.

Der Wein ist in der duftigen, delikaten Art von Margaux mit Klasse und Rasse, schöner Frucht, nicht allzuviel Körper, aber großer Geschmacksfülle und Finesse. Gewiß ein Wein, den man im Auge behalten sollte.

Château d'Issan
3e Cru Classé. Besitzerin: Mme Emmanuel Cruse. 32 ha. 14.000 Kisten. CS 75%, Mer 25%. Zweitetikett: Château Candale.
Regum mensis arisque deorum («für die Tafel der Könige und den Hochaltar der Götter») besagt die Inschrift über dem Tor von d'Issan. Es ist eines der ältesten und schönsten Güter im Médoc; sein prachtvolles Château aus dem frühen 17. Jahrhundert steht innerhalb der Wälle des mittelalterlichen Vorläufers.

Nach langer Vernachlässigung wurde d'Issan 1945 von der Familie Cruse übernommen, und inzwischen wurden das Château und die Weinberge mit viel Geduld wieder zum einstigen Glanz geführt. Der Wein wurde früher exklusiv von der Handelsfirma Cruse vertrieben, wird heute aber frei auf dem Markt verkauft; in letzter Zeit hat er deutliche Verbesserungen erfahren. Er besitzt große Individualität und vereint eine in Cantenac seltene Wucht und Fülle mit schöner Würze und feinem Bukett. Besonders gute Jahrgänge sind 90, 89, 88, 86, 85, 83, 82, 81, 79 und 70 entstanden. Der gute 1987er ist jetzt trinkreif, und 1991 entstand eine Auslese aus Trauben der ersten Generation, die einen der gelungeneren Weine dieses frostgeschädigten Jahrgangs ergeben dürfte. Das Château ist gewiss im Aufstieg, und es ist zurzeit ausgesprochen preiswert.

Château Kirwan

3e Cru Classé. Besitzer: Schröder und Schÿler. 34 ha.
16.600 Kisten. CS 40%, Mer 30%, CF 20%, PV 10%.

Château Kirwan hat seinen Namen von einem Iren, der in der Französischen Revolution den Kopf verlor. Heute gehört es der Handelsfirma Schröder und Schÿler, die bis 1966 den Wein in ihrer Kellerei in Bordeaux abfüllte; der Jahrgang 1967 wurde als erster im Château abgefüllt. In die Verbesserung der Qualität von Kirwan ist viel Arbeit und Geld investiert worden. Neue Fässer wurden erstmals 1978 verwendet. Die neueren Jahrgänge sind tiefdunkle, wuchtige und konzentrierte Weine; sie werden inzwischen wieder mit mehr Wohlwollen kommentiert. Meiner Meinung nach fehlt es ihnen noch ein wenig am Margaux-Charme, und der Geschmack ist etwas zu trocken.

Château Labégorce

Cru Bourgeois Supérieur 1932. Besitzer: Hubert Perrodo.
29 ha. 11.000 Kisten. CS 55%, Mer 40%, CF 5%.

Gewiß zusammen mit dem Nachbarn Labégorce-Zédé einer der besten Weine ohne Klassifizierungsrang in Margaux. Die Lage der Weinberge in Margaux und Soussans ist gut, und das Château selbst hat nichts «Bourgeoises» an sich. Die Weine weisen die echte Finesse und Delikatesse von Margaux auf. Das Gut wechselte 1989 den Besitzer, als die Familie Condom an einen Ölmagnaten und Weinliebhaber verkaufte. Er hat bereits deutliche Verbesserungen erreicht. Der Vertrieb erfolgt durch Dourthe frères.

Château Labégorce-Zédé

Cru Bourgeois Supérieur 1932. GFA Labégorce-Zédé.
Leiter: Luc Thienpont. 27 ha. 9.500 Kisten. CS 50%,
Mer 35%, CF 10%, PV 5%. Zweitetikett: Château de l'Amiral.

Eine Zeitlang standen die Weine von Labégorce-Zédé hinter denen des Nachbarguts Labégorce zurück. Seit Luc Thienpont 1979 die Leitung übernahm, hat sich der Qualitätsstand verbessert, und es entstehen feine Weine. Die Betonung liegt auf Finesse und Rasse bei superb duftigem Bukett. Heute kann dieser Wein als einer der besten nicht-klassifizierten in diesem Bereich gelten. Obwohl zur Appellation Margaux gehörig, liegt der größere Teil der Weinberge in Soussans.

Château Lascombes

2e Cru Classé. Besitzer: Bass Charrington.
Leiter: René Vannetelle. 94 ha. 35.000 Kisten. CS 65%, Mer 30%, CF 3%, PV 2%. Zweitetikett: Château Segonnes.

Früher war Lascombes ein kleines Weingut, bis es 1951 von Alexis Lichine und einem amerikanischen Konzern gekauft wurde, der es allerdings 1971 an die englische Brauerei-Gruppe Bass-Charrington weiterverkaufte. In den letzten 20 Jahren wurden Weinbergfläche und Produktion stark ausgeweitet, und heute ist es eines der größten Weingüter im Médoc.

Das Hauptproblem bei Lascombes war, daß die Erweiterung der Rebfläche ohne große Rücksicht auf Qualität erfolgt war. Unter der Leitung von René Vannetelle wurde diese Schwäche nun erkannt. Nur etwa die Hälfte der Fläche eignet sich für Cru-Classé-Qualität, der Rest geht in das Zweitetikett und in Rosé ein. Dadurch ist in der zweiten Hälfte der 80er Jahre eine deutliche Verbesserung eingetreten; die Jahrgänge 1990, 89, 88, 86 und 85 sind alle gut gelungen.

Château Malescot-St-Exupéry
3e Cru Classé. Besitzer: Roger Zuger. 34 ha. 15.000 Kisten. CS 50%, Mer 35%, CF 10%, PV 5%. Zweitetiketten: Château de Loyac, Domaine du Balardin.
Seit der Erwerbung des Guts im Jahr 1955 von der englischen Firma W. H. Chaplin hat die Familie Zuger sehr viel für die Erneuerung des in Größe und Ruf stark zurückgegangenen *Cru* getan. Das hübsche, inzwischen restaurierte und wieder bewohnte Château liegt im Ort Margaux, die Weinberge in der Gemarkung Margaux (neben Château Margaux) und in Soussans.

Der Ruf von Malescot ist wieder gut. Früher empfand ich die Weine trotz feinem Bukett als recht kantig und etwas streng; in den 80er Jahren, v. a. ab 1983, ist eine deutliche Besserung eingetreten, und die Jahrgänge 86, 88, 89 und 90 zeigen Rasse und Finesse im Verein mit hoher Konzentration, die früher fehlte.

Château Margaux
1er Cru Classé. Besitzer: Société Civile du Château Margaux (Familie Mentzelopoulos). Leiter: Paul Pontallier. 87 ha. Rot: 29.000 Kisten; CS 75%, Mer 20%, PV und CF 5%. Weiß: 3.300 Kisten; SB 100%. Zweitetiketten: Pavillon Blanc und Pavillon Rouge du Château Margaux.
Das großartige Château hat viel Auf und Ab erlebt, aber seit es die Familie Mentzelopoulos 1977 erwarb, ist es in Qualität und Gleichmäßigkeit auf neue Höhen gelangt. Ein neuer unterirdischer Keller ist gebaut worden, das Château und die Gärten sind in der früheren Schönheit wiedererstanden, und zur Verbesserung der Weinberge ist viel geschehen.

Der Château Margaux gehört in seiner Spitzenform zu den üppigsten und verführerischsten Weinen des Médoc; er hat das große Bukett und die Finesse, wie es auch seine Nachbarn in Margaux haben, dabei aber einen kräftigeren Körper, einen ausgeprägteren Charakter und mehr Individualität. Nach einigen ganz großen Jahrgängen – 1945, 47, 49, 50 und 53 – fiel der Wein längere Zeit nicht so überragend und gleichmäßig aus, nur der 66er machte in dieser mageren Periode eine Ausnahme. Von 1978 bis 90 entstanden dann wieder mit großer Stetigkeit Weine, die zu den hervorragendsten Vertretern dieser Jahrgänge zählen.

Inzwischen verdankt das Zweitetikett Pavillon Rouge du Château Margaux seine Existenz dem nun schärfer gehandhabten Ausleseverfahren. Es erschien erstmals 1979. Dieser Wein ist leichter als der Grand Vin, hat aber Rasse und Charme und ist viel früher genußreif.

Ein ausgezeichneter, nur aus Sauvignon-Blanc-Trauben aus einem Weinberg in Soussans gekelterter Weißwein hat sich inzwischen unter dem Namen Pavillon Blanc du Château Margaux ebenfalls einen guten Ruf gemacht. Sein Bukett und seine Rasse sind bemerkenswert – allerdings leider auch der Preis!

Château Marquis-d'Alesme-Becker
3e Cru Classé. Besitzer: Jean-Claude Zuger. 10 ha. 4.150 Kisten. CS 30%, Mer 30%, CF 30%, PV 10%.
Das kleine, wenig bekannte Cru Classé gehörte der englischen Firma W. H. Chaplin und wurde teilweise zusammen mit Males-

cot betrieben. Der heutige Besitzer ist der Bruder von Roger Zuger auf Malescot, und das Château ist das ehemalige Gutshaus von Desmirail. Die Weinberge liegen in Soussans und Margaux. Wegen der geringen Erzeugung ist dieser lange vergessene Wein noch immer schwer aufzutreiben. Doch habe ich festgestellt, daß er stilvolle, elegante Fruchtigkeit und festes Rückgrat zu bieten hat. Er braucht lange zur Entfaltung.

Château Marquis-de-Terme
4e Cru Classé. Besitzer: Familie Sénéclauze. 35 ha. 12.000 Kisten. CS 45%, Mer 35%, CF 15%, PV 5%. Zweitetikett: Château des Gondats (Bordeaux Supérieur).
Ein großer Teil des Weins wird direkt in Frankreich abgesetzt, daher ist er auf dem Exportmarkt nicht so bekannt, wie man es der Größe des Weinguts nach vermuten würde. Es ist neuerdings viel für die Behebung von Mängeln in den *Chais* getan worden, und sie sind jetzt moderner und gut ausgerüstet. Die Weinberge werden schön gepflegt, die Erträge sind jedoch hoch.

So oft ich den Wein zu probieren bekommen habe, ist er mir durch Charme und ansprechende Zugänglichkeit aufgefallen, aber was Finesse und Originalität angeht, gehört er nicht zu den besten Margaux. Die 80er Jahrgänge stellen jedoch einen klaren Fortschritt in der Qualität dar.

Château Marsac-Séguineau
Cru Bourgeois 1932. Besitzer: Société Civile du Château Marsac-Séguineau. Leiter: Jean-Pierre Angliviel de la Beaudelle. 10 ha. 5.000 Kisten. Mer 60%, CS 28%, CF 12%. Zweitetikett: Château Gravières-de-Marsac.
Ein voller, weicher Wein, der sich trotzdem gut hält. Der Weinberg liegt in Soussans. Der Vertrieb erfolgt exklusiv durch das Handelshaus Mestrezat, dem das Gut auch eigentlich gehört und das viel zur Neugestaltung der Weinberge beigetragen hat.

Château Martinens
Cru Bourgeois Supérieur 1932. Besitzer: Simone Dulos und Jean-Pierre Seynat-Dulos. 31 ha. 8.300 Kisten. Mer 40%, CS 30%, PV 20%, CF 10%. Zweitetikett: Château Bois du Monteil.
Das hübsche Château in Martinens wurde 1767 von drei Damen aus London, Ann, Jane und Mary White, erbaut. Aber schon nach 9 Jahren verkauften sie es wieder. Die heutigen Besitzer sind seit 1945 auf dem Gut. Es liegt in Cantenac und hat einen ausgezeichneten Ruf für stilvolle ansprechende Weine.

Château Monbrison
Cru Bourgeois. Besitzer: Elizabeth Davis & Sons. 14 ha. 5.500 Kisten. CS 45%, Mer 35%, CF 15%, PV 5%. Zweitetikett: Château Cordet.
1921 kaufte Robert Meacham-Davis, ein amerikanischer Rot-Kreuz-Beauftragter, das Gut, und heute ist seine Tochter Besitzerin. Ihr Sohn, Jean-Luc Vonderheyden, machte das Gut zu einem der gesuchtesten Crus Bourgeois der 80er Jahre, das vor allem ab 1985 in Preis und Qualität einigen Crus Classés der unteren Ränge von Margaux gleichkam. Leider starb Jean-Luc 1992, und jetzt bemühen sich seine Brüder Bruno und Laurent, sein Vermächtnis weiterzuführen.

Château Montbrun
Cru Bourgeois 1932. Besitzer: J. Lebègue & Co. Leiter: Jacques und Alain de Coninck. 8 ha. 3.500 Kisten. Mer 75%, CS und CF 25%.
Der kleine Weinberg in guter Lage in Cantenac gehörte früher zu Château Palmer. Der hohe Merlot-Anteil erbringt vollen, körperreichen Wein, wie es sich für ein Gut gehört, das von Leuten aus dem Libournais geleitet wird. Der Vertrieb erfolgt durch das Handelshaus J. Lebègue & Co., das heute mit der gleichnamigen englischen Firma nichts mehr zu tun hat.

Château Palmer
3e Cru Classé. Besitzer: Société Civile du Château Palmer. Leiter: B. Bouteiller. 45 ha. 12.500 Kisten. CS 55%, Mer 40%, CF 3%, PV2%. Zweitetikett: Réserve du Général.
Das Gut ist nach einem englischen General benannt, der unter Wellington kämpfte. Heute ist es in holländischem und englischem Besitz (Mähler-Besse und Peter Sichel). Das Château liegt im Dörfchen Issan, und der größte Teil seiner Weinberge gehörte einst zu Château d'Issan. Es ist ein schönes, um 1860 von der damaligen Besitzerfamilie Péreire erbautes Gutshaus.

Das Renommée von Château Palmer hat in den letzten 20 Jahren stark gewonnen. Sein hervorragender Ruf geht vor allem auf den unvergleichlichen 1961er zurück. Die Familie Chardon (Vater Pierre und die Söhne Claude und Yves) hat viel für die Qualität und Gleichmäßigkeit dieses herrlichen Weins geleistet, der sich in den besten Jahren durch fast burgundische Fülligkeit auszeichnet, die sich jedoch mit echter Finesse und Rasse paart. Die Jahrgänge 70, 71, 75, 76, 78, 79 und 81 sind sämtlich sehr gut gelungen. Dem 82er fehlt es an der Konzentration und Fülle der besten Weine dieses Jahrgangs, und er läßt sich mit dem 61er nicht vergleichen, dennoch ist er ein feiner, wohlschmeckender Wein. Der 83er darf als besser gelungen gelten als der 82er. Sehr fein sind auch der 85er, 86er, 88er, 89er und 90er.

Château Paveil-de-Luze
Cru Bourgeois. Besitzer: GFA du Château Paveil. Leiter: Baron Geoffroy de Luze. 30 ha. 7.000 Kisten, CS und CF 75%, Mer 25%. Zweitetikett: Château de-la-Coste.
Die schöne Weinberglage auf tiefem Kiesboden mit gutem Wasserabzug in Soussans und das hübsche Château im Chartreuse-Stil gehört seit mehr als einem Jahrhundert der Familie de Luze. Die in den Kellern von de Luze in Bordeaux abgefüllten Weine waren immer sauber, aber doch recht anonym. Jetzt hat sich die Familie de Luze von der Firma, die ihren Namen trägt, getrennt; der Wein wird im Château selbst abgefüllt und zeigt Anzeichen der Besserung. Er hat Stil und Charakter, viel Charme und Rasse, aber wenig Körper. Man muß ihn im Auge behalten.

Château Pontac-Lynch
Cru Bourgeois Supérieur 1932. Besitzer: GFA du Château Pontac-Lynch. Leiter: Serge Bondon. 10 ha. 3.300 Kisten. CS und CF 57%, Mer 39%, PV 4%. Zweitetikett: Ch. Puy Les planques.
Das heute wenig bekannte Gut mit den zwei großen Namen Pontac und Lynch erzielte um die Mitte des 18. Jahrhunderts anscheinend höhere Preise als seine hochrangigeren, berühmten Nachbarn. Seine Weine haben neuerdings mehrfach Medaillen gewonnen; sie dürften es also wert sein, daß man nach ihnen auf die Suche geht.

Château Pouget

4e Cru Classé. Besitzer: GFA des Châteaux Boyd-Cantenac et Pouget. Leiter: Pierre Guillemet. 11 ha. 4.700 Kisten. CS 66%, Mer 30%, CF 4%.

Im gleichen Besitz wie Château Boyd-Cantenac. Bis zum Jahrgang 1982 wurden beide Weine hier bereitet, und Pouget wurde als Zweitetikett von Boyd-Cantenac behandelt; seit 1983 erfolgt die Bereitung der Weine in getrennten Anlagen. Der Pouget wird exklusiv durch das Handelshaus Dubos Frères in Bordeaux vertrieben.

Die Weine sind gut bereitet, voll und geschmeidig in der Art und machen ihrem Cru-Classé-Status alle Ehre. Die Jahrgänge 70, 71, 75, 78 und 79 waren sehr erfolgreich. In den 80er Jahren zeigte sich eine Tendenz zu mehr Gerbstoffgehalt und derberer Art.

Château Prieuré-Lichine

4e Cru Classé. Besitzer: Sacha Lichine. 60 ha. 25.000 Kisten. CS 55%, Mer 33%, PV 6%. Zweitetikett: Château de Clairefort.

Seit der Übernahme durch Alexis Lichine im Jahre 1952 ist das Gut restauriert und die Anbaufläche vergrößert und neu angelegt worden. Das schöne Château in Cantenac, früher eine Priorei, war bis zu Alexis Lichines Tod im Jahr 1989 sein europäischer Wohnsitz. Sein Sohn Sascha hat nunmehr mit großem Geschick die Zügel ergriffen.

Die Qualität und Reputation des Weins ist in den letzten Jahren unbezweifelbar gewachsen. Er ist sehr körperreich und voll im Geschmack und dabei von stets gleichbleibender Güte. Nach Meinung des Besitzers ist der 83er besser als der 82er, so fein er auch ist. Einen sehr guten Eindruck haben mir auch die Jahrgänge 89, 88, 86, 85, 81, 79, 78, 76 und 70 gemacht.

Château Rausan-Ségla

2e Cru Classé. Besitzer: Holt Frères et Fils. Leiter: Jacques Théo. 47 ha. 13.000 Kisten. CS 66%, Mer 34%. Zweitetikett: Lamouroux.

Das Gut ist eines der ältesten und berühmtesten Crus Classés in Margaux, doch wurden seine Weine leider einige Jahre lang dem hohen Rang nicht mehr gerecht. Es gehörte über Generationen hinweg der Familie Cruse, wurde aber 1960 an die Firma Holt in Liverpool (heute zu Lonrho gehörig) verkauft. Verwaltung und Vertrieb lagen bei dem berühmten Handelshaus Louis Eschenauer. 1989 gingen Eschenauer und das Château an Brent Walker über; Eschenauer wurde inzwischen weiterverkauft, nach einem geeigneten Käufer für Rausan wird noch gesucht.

Theoretisch ist der Wein langlebig und entwickelt große Finesse; in der Praxis aber sind allzu viele Jahrgänge mager und reizlos ausgefallen. Der 82er brachte dann erstmals einen wesentlichen Fortschritt, und der 85er war womöglich noch besser. Der 88er, 89er und 90er sind hervorragend ausgefallen und treten in Konkurrenz mit Palmer als zweitbester Wein der Appellation nach Château Margaux.

Château Rauzan-Gassies

2e Cru Classé. Besitzer: Mme Paul Quié und J.-M. Quié. 30 ha. 8.300 Kisten. CS 40%, Mer 39%, CF 20%, PV 1%. Zweitetikett: Enclos de Moncabon.

Bis zur Französischen Revolution 1789 bildete das Gut zusammen mit Rausan-Ségla einen Besitz. Es hat kein Gutshaus. Seit 1943 gehört es der Familie Quié. In früheren Jahren brachte es einige große Weine hervor, in letzter Zeit sind die Weine gleichmäßig gut, aber keine Spitzenklasse.

Der Stil ist wuchtiger und voller als sonst in Margaux üblich und entspricht mehr dem Charakter von Cantenac; in der Flasche entwickeln sich Delikatesse und Charme. Neuerdings werden Modernisierungs- und Verbesserungsbemühungen unternommen, es dürfte sich also lohnen, diese Weine im Auge zu behalten.

Château Siran
Cru Bourgeois Supérieur 1932. Besitzer: William-Alain B. Miailhe. 35 ha. 12.500 Kisten. CS 50%, Mer 25%, PV 15%, CF 10%. Zweitetiketten: Château Bellegarde, Château St-Jacques.

Ein mustergültiges Cru-Bourgeois-Gut, sein Besitzer Alain Miailhe ist aber überzeugt, daß es ein Cru Classé sein sollte, und er verbreitet sich gern über dieses Thema. Es verfügt über einen Hubschrauber-Landeplatz, einen mit feinen Jahrgängen gut bestückten Atombunker und einen durch seine Alpenveilchen berühmt gewordenen Park.

Die Weine haben ein reizvolles Bukett und sind seit 1970 merklich voller und reichhaltiger im Geschmack geworden. Es besteht Anlaß zum Vergleich mit dem nahegelegenen Giscours, und gegenüber dem anderen Nachbar-Cru-Classé Dauzac haben die Weine mehr Charme und Rasse aufzuweisen.

Château Tayac
Cru Bourgeois. Besitzer: André Favin. 34 ha. 15.000 Kisten. CS 65%, Mer 25%, CF 5%, PV 5%.

Das größte unter den Crus Bourgeois von Margaux liegt in Soussans. Sein heutiger guter Ruf ist das Verdienst des derzeitigen Besitzers, der das Gut 1960 geerbt hat. Die Weine sind duftig und robust und haben etwas angenehm Rustikales an sich.

Château du Tertre
5e Cru Classé. Besitzer: Philippe Capbern Gasqueton. 48 ha. 14.000 Kisten. CS 80%, CF 10%, Mer 10%.

Das Wort *Tertre* bedeutet Anhöhe; das Château du Tertre hat dementsprechend eine ganz hervorragende Lage auf dem höchstgelegenen Stück Land in der Appellation Margaux, nämlich in Arsac. Der Boden ist klassischer Kiesgrund. Seit Übernahme des Guts im Jahr 1961 hat Philippe Gasqueton (von Château Calon-Ségur) die Weinberge, die Betriebsgebäude und schließlich auch das Château selbst allmählich restauriert.

Nach meiner Meinung ist es das am stärksten unterbewertete Gut unter den Crus Classés. Seine Weine weisen wunderbar lebendige Fruchtigkeit und sehr viel Finesse, Rasse und Charme auf.

Auch ist die Qualität eindrucksvoll gleichmäßig. Der 1980er zum Beispiel ist wahrhaftig fein und hat mehr Konzentration als viele Weine dieses Jahrgangs. Der 82er, 83er, 85er, 88er, 89er und 90er sind ganz hervorragend ausgefallen.

Château La Tour-de-Bessan
Besitzer: Lucien Lurton. 15 ha. 8.300 Kisten. CS 80%, Mer 20%.

Das Wort *Tour* im Namen kommt von der Ruine eines Turms aus dem 15. Jahrhundert, am Ende der englischen Herrschaft. Der Weinberg in Soussans ist das bescheidenste Stück Land in Lucien Lurtons Imperium in Margaux; er bringt leichte, geschmeidige Weine mit Rasse und Charme hervor – hier hat man die Chance, einen Margaux von Lurton zu einem gemäßigten Preis zu erwerben.

Château La Tour-de-Mons

Cru Bourgeois Supérieur 1932. Besitzer: Clauzel-Binaud-Crochet. Leiter: Bertrand Clauzel. 35 ha. 15.000 Kisten. CS 45%, Mer 40%, CF 10%, PV 5%.

Ein sehr altes Gut in Sousseans mit schon lange bestehendem gutem Ruf. Bis vor kurzem gehörte den Besitzer-Familien auch Château Cantemerle. Seit vielen Jahren wird La Tour-de-Mons als Kandidat für die Erhebung in den Cru-Classé-Rang genannt.

Leider war der Vertrieb dieses Weins lange Zeit das Monopol des alten Hauses H. O. Beyermann, und da dessen Geschäfte zurückgingen, kam dieser ausgezeichnete Wein nicht so weit in der Welt herum, wie er es verdient gehabt hätte. Mit dem Verkauf von Cantemerle kamen dann die seit langem erforderlichen Investitionen für das Gut in Gang, und so haben die Weine in den 80er Jahren eine deutliche Verbesserung erfahren. Der 86er, 85er, 83er und 82er zeigen, was hier zustande kommen kann. Es sind wundervoll duftige Weine mit Kraft, Tannin und echter Rasse bei viel Charme, die Langlebigkeit mit zunehmenden Charakter vereinen.

MOULIS

Moulis ist die kleinste der sechs kommunalen ACs, doch finden sich in ihr mehr hervorragende Crus Bourgeois als in Listrac. Die Rebfläche ist in den letzten 10 Jahren um über 50% gewachsen, trotzdem kommen nur bescheidene 502 ha Weinberge nordwestlich von Margaux und unmittelbar westlich von Arcins zusammen. Die Weine sind kräftig und voll, und die besten haben zudem Frucht und Finesse aufzuweisen. Es sind langlebige, äußerst ansprechende Weine.

Château Anthonic

Cru Bourgeois Supérieur. Besitzer: Pierre Cordonnier. 18 ha. 8.000 Kisten. CS 65%, Mer 35%, PV 5%.

Dieses *Cru* trägt den heutigen Namen erst seit 1922. In der ersten Ausgabe von Cocks und Féret von 1850 erschien es unter einem anderen Namen, und zwischen damals und 1922 fand noch einmal ein Namenswechsel statt. Das Château liegt am Rand des Orts Moulis, seine Weinberge gehören zu den ältesten in der Gemeinde. In letzter Zeit sind sie neu angelegt worden.

Beim Probieren des Jahrgangs 81 im Jahr 1984 fand ich ihn tiefdunkel mit schön hervortretendem fruchtigem Bukett, er schmeckte aber etwas nach Stielen, d. h. nach zuviel *Vin de presse*. Das Gefüge war jedoch gut, und offenbar war die Entwicklungszeit noch nicht abgeschlossen. Gewiß ein guter, solider Wein, wenn auch nicht aus der Spitzenklasse von Moulis.

Château Bel-Air-Lagrave

Cru Bourgeois 1932. Besitzer: Mme Jeanne Bacquey. 15 ha. 5.500 Kisten. CS 60%, Mer 36%, PV 4%.

Der Weinberg liegt auf den Kiesbänken von Grand Poujeaux, also in bester Moulis-Lage. Seit 150 Jahren ist er im Besitz einer Familie, die auf scharfen Rebschnitt und kleine Erträge setzt.

Die Weine werden mit Sorgfalt bereitet. Die Betonung liegt auf Charme und Frucht, und sie sind milder und feiner als viele andere aus dieser Appellation; ihre Individualität, Finesse und Ausgeglichenheit läßt kein Gefühl des Rustikalen aufkommen. Besonders ansprechende Jahrgänge entstanden 1979 und 81. Gewiß ein Wein, auf den man achten sollte.

Château Biston-Brillette
Cru Bourgeois 1932. Besitzer: Michel Barbarin. 20 ha. 8.000 Kisten. CS 55%, Mer 40%, PV 5%.
Das altmodische, rustikale Etikett paßt gar nicht zu den exzellenten Weinen, die hier jetzt entstehen. Es sind typische Moulis von dichter Konsistenz mit so feiner Komplexität in der würzigen, konzentrierten Frucht, daß sie sich von den üblichen Erzeugnissen aus dieser Appellation deutlich abheben. Dank der betonten Fruchtigkeit und Ausgewogenheit sind sie schon in jungen Jahren ein Genuß, ohne daß ihre Langlebigkeit darunter leidet.

Château Branas-Grand-Poujeaux
Besitzer: Jacques de Pourquéry. 6 ha. 4.000 Kisten. CS 60%, Mer 35%, PV 5%.
Ein kleines Gut mit Weinbergen in guter Lage und einem Enthusiasten als Besitzer, der sich mit Entschiedenheit darauf verlegt hat, nur feinen Wein hervorzubringen. Bei einer 1984 stattgefundenen «blinden Weinprobe» mit 81er Moulis setzte ich diesen Wein mit einigen Crus Bourgeois Exceptionnels gleich. Schon in diesem frühen Stadium hatte er Charme, einen feinen Geschmack und schöne Fülle bei echter Klasse und Rasse. Sämtliche Weine werden in Fässern ausgebaut, die jedes Jahr zu einem Drittel erneuert werden. Auf diese Gewächse sollte man achten – wenn man sie findet!

Château Brillette
Cru Grand Bourgeois. Besitzer: Société Civile. Leiterin: Mme Berthault. 40 ha. 15.000 Kisten. CS 50%, Mer 40%, PV 10%.
Als Raymond Berthault das Gut 1976 verkaufte, war es stark heruntergekommen, und es gab viel zu tun. Der neue Besitzer war Eigentümer von Viniprix und Euromarche, und Château Brillette sollte sein Hobby werden. Bertrand Bouteiller (Château Lanessan) wirkt dort als *Régisseur*, und Professor Peynaud wurde als Berater hinzugezogen. Leider starb Raymond Berthault im Jahr 1981. Seine Witwe und sein Schwiegersohn führten das Gut nach den von ihm festgelegten Regeln weiter – so werden jährlich bis zu einem Drittel neue Holzfässer eingesetzt. Der Wein war stets ein guter, solider Moulis; heute sieht es so aus, als ob er in die Spitzenklasse aufsteigen wolle.

Château Chasse-Spleen
Cru Grand Bourgeois Exceptionnel. Besitzer: Société Civile. Leiter: Alain Sutre. 75 ha. 23.000 Kisten. CS 60%, Mer 35%, PV 3%, CF 2%. Zweitetikett: L'Ermitage de Chasse-Spleen (5.000 Kisten).
Chasse-Spleen gilt nicht nur seit langem schon als das führende *Cru* von Moulis, sondern auch als zum Cru-Classé-Rang berechtigt. Seit dem Ersten Weltkrieg gehörte es bis 1976 der Familie Lahary und wurde dann an die heutigen Besitzer, unter ihnen eine Bank, verkauft. Größte Teilhaberin ist die Société Bernard Taillan, die von dem dynamischen Jacques Merlaut geleitet wird. Der eigentümliche Name Chasse-Spleen soll auf einen Scherz von Lord Byron zurückgehen, daß nämlich sein Wein einem die Grillen vertreibe.

Die Weine des Guts zeigen anfänglich oft eine ausgeprägte Härte und Strenge, die sich aber bald mildert und den wahren Charakter hervortreten läßt. Reife Jahrgänge entwickeln rasch einen geradezu üppig fruchtigen Duft und einen herrlich konzentrierten Geschmack mit echter Rasse und kräftiger Konsistenz. Dabei ist die Qualität höchst gleichmäßig, so daß auch in weniger guten Jahren, wie z. B. 1980, feiner Wein entsteht. Der 89er, 88er und

86er sind sämtlich wuchtig und gerbstoffreich, für lange Lebensdauer. Der 85er ist seinem Jahrgang entsprechend zugänglicher. Der 83er und der 82er bilden ein schönes Paar, das die kontrastierenden Vorzüge dieser beiden Jahrgänge klar hervortreten läßt. Der 79er ist äußerst ansprechend und der 78er ausgesprochen fein. Der 75er erweist sich als *Vin de garde* auf sehr lange Zeit. Der Chasse-Spleen braucht zwar nicht so lange zum Ausreifen, wie man zunächst meint, hält sich aber tadellos und enttäuscht selten.

Château La Closerie-Grand-Poujeaux

Cru Bourgeois 1932. Besitzer: GFA Le Grand Poujeaux. Leiterin: Jeanne Bacquey. 4 ha. 3.500 Kisten. CS 65%, Mer 30%, PV 5%.

Das kleine Gut ist die Schöpfung eines früheren Verwalters von Chasse-Spleen. Seit 1941 gehört es der Familie Donat. Viele Jahre lang leitete die ehrfurchtgebietende Mlle Donat das Gut; sie gehörte zu den großen Originalen in Moulis. Seit 1984 hat Madame Bacquey ihr Amt übernommen. Alles geschieht hier in sehr traditionsverhafteter Weise, und so entstehen langlebige, solide Weine mit Betonung auf Körper und Fülle, etwa in der Art von Dutruch.

Château Duplessis-Fabre

Cru Bourgeois. Besitzer: Société Civile du Château Fourcas-Dupré. Leiter: Patrice Pagès. 14 ha. 5.500 Kisten. Mer 45%, CS 42%, CF 8%, PV 4%, Mal 1%.

Das Gut gehört der Familie Pagès, die in letzter Zeit auch mit der Leitung von Château Fourcas-Dupré so Exzellentes vollbracht hat. Hier entstehen kräftige, ausgeprägte Weine mit dem gerade richtigen Maß an Geschmeidigkeit – gute, anständige Mittelklasse.

Château Duplessis (Hauchecorne)

Cru Grand Bourgeois. Besitzer: Société Civile des Grands Crus Réunis. Leiter: Lucien Lurton. 17,5 ha. 8.000 Kisten. CS 65%, Mer 20%, Mal 10%, PV 5%.

Der Wein dieses Châteaus erscheint seit einiger Zeit einfach unter dem Namen Duplessis. Jetzt ist beabsichtigt, den Zusatz «Hauchecorne» in kleinem Druck anzubringen, damit Verwechslungen mit dem nahegelegenen Duplessis-Fabre vermieden werden.

Hier entstehen volle, geschmeidige, ziemlich früh genußreife Weine. Seit Lucien Lurton 1983 die Leitung übernahm, gibt es Anzeichen für einige eindrucksvolle Weine mit ausgeprägtem Charakter.

Château Dutruch-Grand-Poujeaux

Cru Grand Bourgeois Exceptionnel. Besitzer: François Cordonnier. 25 ha. 12.000 Kisten. CS und CF 50%, Mer 42%, PV 8%.

Die Weine von Dutruch genießen seit langem einen wohlverdienten guten Ruf für gleichmäßige Qualität. Der heutige Besitzer hat das Gut 1967 von M. Lambert übernommen, beide sind aber miteinander verwandt.

In den 60er Jahren stellte ich fest, daß sich die Weine durch Körper und Fülle auszeichneten, und das ist auch heute noch so. Die Jahrgänge 81 und 79 waren sehr gut, und auch der 80er ist ansprechend. Bei allen diesen Weinen lohnt sich lange Lagerung.

Château Gressier-Grand-Poujeaux

Cru Bourgeois Supérieur 1932. Besitzer: Héritiers de Saint-Affrique. Leiter: Bertrand de Marcellus. 18 ha. 9.000 Kisten. CS 50%, Mer 40%, CF 10%.

Das schöne alte Gut ist seit 1724 im Familienbesitz, und das Familienwappen mit den drei Negerköpfen verleiht dem Etikett große Distinktion. In letzter Zeit ist viel verbessert und modernisiert worden; die Weine werden in neuen Eichenfässern ausgebaut. Sie zeichnen sich stets durch mehr Frucht und Finesse als manche Nachbargewächse aus, und der Qualitätsstand ist seit vielen Jahren gleichmäßig. Die Jahrgänge 1971, 81, 82, 85, 88, 89 und 90 sind ausgezeichnet ausgefallen und gehören zu den besten Weinen dieser Gegend.

Château Lestage-Darquier

Cru Bourgeois Supérieur 1932. Besitzer: François Bernard. 4 ha. 1.800 Kisten. Cs 50%, Mer 40%, CF 10%.

Bei so geringer Erzeugung ist es kein Wunder, daß dieser Wein nur wenig bekannt ist. Die Weinberglage auf den Kiesbänken von Grand Poujeaux ist sehr gut; sie ist seit Generationen im Besitz der Familie Bernard. Ich kenne den Wein als tiefdunkel mit einem starken, fruchtigen Bukett und sehr kräftigem ausgeprägtem Geschmack, gerbstoffherb und nach dem Ausreifen meist sehr fein.

Château Maucaillou

Cru Bourgeois. Besitzer: Familie Dourthe. 55 ha. 19.000 Kisten. CS 45%, Mer 35%, CF 15%, PV 5%. Zweitetikett: Cap de Haut und Franc-Caillou.

Maucaillou ist der Stolz der Familie Dourthe. In der Handelsfirma, die ihren Namen trägt, spielt sie nicht mehr die beherrschende Rolle; dieses Château aber, von dem ihr Geschäft einst ausging, hat sie für sich behalten.

Drei Viertel des Weins eines jeden Jahrgangs werden in neuen Eichenfässern ausgebaut – bei Gütern, die nicht zu den Crus Classés zählen, ist das selten –, und die Gärung findet in einer modernen Edelstahltankanlage statt.

Bei einer blinden Probe von 79er Moulis-Weinen im Jahr 1984 setzte ich den Maucaillou auf den ersten Platz; die Jahrgänge 82, 83, 85, 88, 89 und 90 sind ebenfalls sehr gut ausgefallen. Er vereint die Kraft eines Moulis mit schöner Geschmacksfülle, Charme und echter Rasse. Er hält sich bei solchen Vergleichen auch gegenüber Crus Classés gut.

Château Mauvesin

Cru Bourgeois Supérieur. Besitzer: Vicomte und Vicomtesse de Baritault du Carpia. 53 ha. 21.000 Kisten. CS 50%, Mer 50%. (7 ha in der AC Haut-Médoc, Erzeugung 3.780 Kisten.)

Der größte Besitz in Moulis, im Süden der Appellation gelegen. Die Chronik erzählt, daß es der Familie de Foix – damals auch Eigentümer von Château d'Issan – gehörte, bis es 1647 von Pierre Le Blanc, *Conseiller du Roi* im Parlament von Bordeaux, erworben wurde. Die Familie Le Blanc erbaute das heutige Château im viktorianischen Stil. Die Weine von Mauvesin sind leicht, mild und recht elegant; ihre angenehme Frucht macht sie früh genußreif.

Château Moulin-à-Vent

Cru Grand Bourgeois. Besitzer: Dominique Hessel. 24 ha. 10.000 Kisten. CS 65%, Mer 30%, PV 5%. Zweitetikett: Moulin-de-St-Vincent (4.500 Kisten).

Moulin-à-Vent scheint zunächst ein ausgefallener Name für ein Château von Bordeaux zu sein. Im Mittelalter war jedoch die gemischte landwirtschaftliche Nutzung im Médoc üblich, und so findet man heute noch oft die Überreste ehemaliger Windmühlen. Seit der Übernahme des Guts im Jahr 1977 hat Dominique Hessel viele Verbesserungen eingeführt, die Weinbergfläche vergrößert und auch den Ausbau des Weins in Fässern anstatt in Tanks veranlaßt.

Die Weine sind fein, voll und kräftig im Geschmack. Mit der Zeit entwickelt sich in der Flasche ein komplexes Bukett. Man darf dieses Gewächs zu den Spitzenerzeugnissen von Moulis rechnen.

Das Zweitetikett Moulin-de-St-Vincent steht heute für einen herrlich fruchtigen, früh genußreifen Wein.

Château Moulis

Cru Bourgeois Supérieur. Besitzer: Jacques Darricarrère. 12 ha. 4.500 Kisten. CS 60%, Mer 40%.

Im vorigen Jahrhundert bestand das Gut aus einem großen Schloß mit rund 100 ha Weinreben. Heute ist es nur noch ein bescheidenes Château inmitten seiner Weinberge am Rand von Moulis. Für die Weinbereitung steht eine moderne Edelstahltankanlage zur Verfügung, aber ausgebaut wird der Wein in Holzfässern, und die Abfüllung findet nur im eigenen Hause statt.

Château Pomeys

Cru Bourgeois Supérieur 1932. Besitzer: Xavier Barennes. 8 ha. 2.500 Kisten. CS 67%, Mer 33%.

Das kleine Gut ist seit sieben Generationen im Familienbesitz. Es wird in sehr traditioneller Weise geführt, und seine Weine haben einen guten Ruf.

Château Poujeaux

Cru Grand Bourgeois Exceptionnel. Besitzer: François & Philippe Theil. 52 ha. 25.000 Kisten. CS 48%, Mer 37%, CF 9%, PV 6%. Zweitetikett: Château La Salle-de-Poujeaux.

In Poujeaux gibt es die meisten Spitzen-*Crus* in der Appellation Moulis, und das Gut der Familie Theil gehört zu den besten. Ein Drittel des Weins wird in neue Eichenfässer eingelagert, und auch alles andere geschieht hier mit größter Sorgfalt.

Die Weine sind tiefdunkel und haben ein auffallendes Bukett – manchmal glaubt man darin einen Tabakton zu entdecken – und einen Geschmack, der bei aller Herbheit und Wucht stilvoll und fein ist. Ihre besten Jahrgänge verdienen ihrer Langlebigkeit wegen eine ausgedehnte Reifezeit und gehören stets zu den feinsten Weinen der Appellation. Im Vergleich mit dem Rivalen Chasse-Spleen ist der Poujeaux fleischiger und fruchtiger, den Cru-Classé-Status aber hat er gleichermaßen verdient. Die 80er Jahre haben hier eindrucksvolle Ergebnisse gebracht – der 82er, 83er, 85er, 86er, 88er, 89er und 90er sind allesamt großartige Jahrgänge. Auch der 87er ist ein besonders gutes Beispiel für seinen Jahrgang; er ist jetzt ein köstlicher Genuß. Ungewöhnlich ist für einen Wein dieser Klasse, daß er ausschließlich im Direktverkauf und nicht über den Weinhandel abgesetzt wird.

Château Ruat-Petit-Poujeaux

Cru Bourgeois 1932. Besitzer: Pierre Goffre-Viaud. 15 ha. 5.000 Kisten. CS und CF 65%, Mer 35%. Zweitetikett: Château Ruat.

Petit Poujeaux ist ein Dörfchen ganz in der Nähe von Moulis und weit weg von Grand Poujeaux. Ruat ist der Name eines Guts, das zur Zeit der französischen Revolution auseinandergerissen, dann aber – seit der Urgroßvater des heutigen Besitzers es 1871 gekauft hatte – nach und nach wieder zusammengefügt wurde. Seine Weine haben Charme und Fruchtigkeit bei typischer Moulis-Fülle und Solidität, dabei aber neigen sie zu rascherer Entwicklung als die meisten übrigen aus dieser Appellation. Vor allem sind sie anständig und zuverlässig.

LISTRAC

Listrac und seine Nachbar-Appellation Moulis unterscheiden sich in wichtigen Punkten von den anderen vier kommunalen Appellationen. Es gibt hier keine Crus Classés, und beide Appellationen liegen auch nicht direkt am Fluß, wo sich die besten *Crus* drängen, sondern auf dem Plateau im Inneren. Aus beiden kommen jedoch ganz vorzügliche Weine, deren ausgeprägte Charaktere immer mehr Liebhaber finden.

Die Rebfläche von Listrac ist zwischen 1972 und 1986 um 45% angewachsen. Früher galten die hier gekelterten Weine oft als streng und herb, heute aber sind sie durchaus nicht mehr so rustikal und weisen trotz ihres kraftvollen Gehalts schöne Finesse und Fruchtigkeit auf.

Château La Bécade
Cru Bourgeois. Besitzer: Jean-Pierre Théron. 23 ha. 13.000 Kisten. CS 75%, Mer 25%.
Das Weingut ist nordöstlich von Listrac an der Straße zwischen St-Julien und Margaux günstig gelegen. Seine gut bereiteten, typischen Weine haben in den letzten Jahren viele Auszeichnungen gewonnen. Sie werden nicht in Holzfässern ausgebaut und sind daher ziemlich früh genußreif.

Château Cap-Léon-Veyrin
Cru Bourgeois 1932. Besitzer: Alain Meyre. 16 ha. 7.500 Kisten. Mer 60%, CS 40%.
Das Gut entstand aus der Verschmelzung von zwei Besitzungen im Jahr 1908. Die Weine werden in Eichenholzfässern – z. T. jeweils neuen – ausgebaut, sind langlebig und kraftvoll und lohnen lange Lagerung. Aber auch in der Jugend sind sie schon ansprechend.

Schilder an der Straße Bordeaux-Lesparre weisen darauf hin, daß das Gut «Ferien auf dem Bauernhof» anbietet; man kann also die traditionelle Gastfreundlichkeit des Landes an Ort und Stelle genießen.

Château Clarke
Cru Bourgeois. Besitzer: Baron Edmond de Rothschild. 135 ha. 56.000 Kisten. CS 52%, Mer 43%, CF 4%, PV 1%. Zweitetiketten: Château Peyre-Lebarde und Château Malmaison.
Hier dürfte es sich um eine der bemerkenswertesten Neuentwicklungen im Médoc handeln. Baron Edmond de Rothschild hat ein langfristiges Erschließungsvorhaben mit hochmodernen Anlagen und Neupflanzungen in Angriff genommen, das bis zur Vollendung noch einige Jahre benötigt. Was bisher geschehen ist, darf eines Cru Classé würdig genannt werden.

Vor dem Jahrgang 82 kamen mir die Weine mager und streng, übermäßig mit Holzgeschmack beladen vor. Der 82er schien Verbesserungen anzuzeigen, fiel dann aber wieder auf die typische Art zurück; der 85er versprach zuerst mehr, aber auch er altert bereits ziemlich rasch.

Besucher werden von Juni bis September gern empfangen. Zum Programm gehört auch ein entsprechender Rosé.

Château Ducluzeau
Cru Bourgeois 1932. Besitzer: Madame Jean-Eugène Borie. 4 ha. 1.650 Kisten. Mer 90%, CS 10%.
1850 verzeichnete Charles Cocks dieses Château als «zweites Cru von Listrac»; seither ist es in Größe und Bedeutung zurückgegangen, bringt aber immer noch sehr feine Weine hervor. Sie sind für

die Gegend untypisch, da die Weinberge von Ducluzeau zu 90% mit Merlot besetzt sind. Der Ausbau erfolgt 6 Monate im Faß, die Abfüllung geschieht im Château. Mit ihrer duftigen Art und reichlichen Frucht sind sie ideale Weine für die Mittagsmahlzeit. Der 79er und der köstliche 84er waren früh genußfrei; andere Jahrgänge, so der 83er, brauchten länger zur Entfaltung.

Château Fonréaud
Cru Bourgeois. Besitzer: Héritiers Chanfreau. Leiter: Mme Léo Chanfreau und M. Jean Chanfreau. 20.500 Kisten. CS 66%, Mer 31%, PV 3%.

Das Château bildet ein Wahrzeichen an der Straße nach Lesparre südlich von Listrac. Der Wein lagert zum Teil im Tank und zum Teil im Faß; meist ist er elegant, ansprechend, fruchtig und schon jung durchaus gut zu trinken.

Château Fourcas-Dupré
Cru Grand Bourgeois Exceptionnel. Besitzer: Société Civile. Leiter: Patrice Pagès. 44 ha. 22.000 Kisten. CS 50%, Mer 38%, CF 10%, PV 2%.

Guy Pagès wohnte und arbeitete von 1967 bis zu seinem Tod im Jahr 1985 auf Château Fourcas-Dupré. Er erreichte einen hohen Qualitätsstand und führte viele Verbesserungen ein. Sein Sohn Patrice, der in der Leitung des Guts schon Erfahrungen gesammelt hatte, hat seine Nachfolge angetreten.

Die Gärung spielt sich in Edelstahl- und Betontanks ab, und für den Ausbau der Weine werden Fässer von führenden Crus Classés verwendet. Die Weine von Fourcas-Dupré sind in guten Jahren duftig, kräftig herb und gehaltvoll, in weniger guten Jahren geschmeidig und ansprechend. Ein Vergleich mit dem Nachbargut Fourcas-Hosten ist schon deshalb interessant, weil Patrice Pagès dort mehrere Jahre mitgearbeitet hat. Die Weine von Hosten haben etwas mehr Tiefe und Fülle, was sich besonders in manchen Jahren, z. B. 80 und 79, bemerkbar machte. Im exzellenten Jahrgang 78 liegen beide in der Qualität am nächsten beisammen.

Château Fourcas-Hosten
Cru Grand Bourgeois Exceptionnel. Besitzer: Société Civile. Leiter: Bertrand de Rivoyre, Patrice Pagès und Philip Poivers. 46 ha. 20.000 Kisten. CS 48%, Mer 39%, CF 13%.

Bis 1972 gehörte das Gut der Familie Saint-Affrique auf Gressier, und deshalb wurden die Weine auch dort bereitet und eingelagert. Heute ist es im Besitz eines französisch-dänisch-amerikanischen Syndikats. Die *Chais und Cuviers* sind neu aufgebaut worden. Beim Ausbau der Weine werden in gewissem Umfang neue Holzfässer verwendet, und die Weinbergfläche hat sich allmählich vergrößert.

Die Weine von Fourcas-Hosten zeichnen sich durch außergewöhnlich tiefe Farbe sowie durch Kraft und Fülle bei sehr ausgeprägtem Charakter aus, haben aber zugleich auch mehr mit Tannin gepaarte Fruchtigkeit als andere Listracs. Die Qualität ist sehr gleichmäßig; der 82er ist jetzt schön genußreif, der 83er auf dem Höhepunkt, der 85er außergewöhnlich und der 86er hochkonzentriert. Hervorragend ist auch noch der 78er.

Château Fourcas-Loubaney
**Besitzer: SEA du Château Listrac.
Leiter: Michel Hostens. 5,2 ha. 4.000 Kisten. CS 60%, Mer 30%, PV 10%.**

Das Gut bringt in sehr kleinen Mengen Wein von ertragsschwachen Reben in einer Qualität hervor, die ihm einen beträchtlichen

Ruf einträgt. In den letzten Jahren werden durch Ausbau in bis zu 60 % neuen Eichenfässern weitere Verbesserungen erzielt. Die Weinberge liegen auf dem Kiesplateau von Fourcas; sie wurden Anfang des 19. Jh. angelegt und sind mit die ältesten in Listrac.

Cave Coopérative Grand Listrac
Winzergenossenschaft. 160 ha. 66.650 Kisten. Mer 60%, CS und CF 30%, PV 10%.
Die Genossenschaft hat in Frankreich schon seit langem einen sehr guten Ruf; zum Beispiel war jahrelang der Grand Listrac das Beste, was man in französischen Speisewagen bekommen konnte. Heute zählt sie 70 Mitglieder. Die Weine von drei Listrac-Gütern (Capdet, Clos du Fourcas und Vieux Moulis) sowie von zwei weiteren aus Moulis (Guitignan und Bouqueyran) werden unter den Château-Namen vertrieben.

Château Lafon
Cru Grand Bourgeois. Besitzer: Jean-Pierre Théron. Leiter: Serge Lavandier. 9 ha. 5.000 Kisten. CS 60%, Mer 40%.
Das Gut wird gemeinsam mit Château La Bécade bewirtschaftet. Als er es Ende der 60er Jahre kaufte, fand Jean-Pierre Théron nichts weiter als eine heruntergekommene Ruine vor. Alles mußte restauriert, die Weinberge neu angelegt und vergrößert werden.

Die Weine lagern nur in Tanks, nicht in Holzfässern, und sind daher früh trinkreif. Es sind angenehme Weine in handelsüblicher Qualität.

Château Lestage
Cru Bourgeois Supérieur. Besitzer: Héritiers Chanfreau. Leiter: Mme Léo Chanfreau und M. Jean Chanfreau. 52 ha. 25.000 Kisten. Mer 52%, CS und CF 46%, PV 2%.
Besitzer und Leiter wie Château Fonréaud. Ein großes, schmuckes Gutshaus aus dem 19. Jahrhundert; seine Weine werden zumeist im Tank und nur zum Teil im Faß ausgebaut und sind daher mild und früh trinkreif. Meist kommen sie mir trotzdem etwas zu herb und manchmal flach vor. Bessere Jahrgänge brauchen längere Lagerzeit.

Château Saransot-Dupré
Cru Bourgeois Supérieur 1932. Besitzer: Yves Raymond. 14 ha. 6.250 Kisten. Rot: Mer 55%, CS 40%, CF 5%. Weiß: Sém 50%, Sauv 40%, Musc 10%.
Yves Raymond ist Besitzer des Guts in der dritten Generation. Die Familie ist schon seit 300 Jahren in Listrac ansässig. Zum Gut gehören 225 ha Land, einschließlich Wald und Weideflächen. Für den Dünger, den der Weinberg benötigt, sorgt eine eigene Schafherde.

Die Weine sind für Fülle und Geschmeidigkeit bekannt. Auch kleine Mengen Weißwein werden unter der AC Bordeaux erzeugt.

ST-JULIEN

St-Julien ist die kommunale Appellation mit dem höchsten Anteil an Crus Classés. Die Rebfläche hat zwischen 1981 und 1988 nur um 15% zugenommen. Der Boden enthält mehr Lehm als in Margaux. Der Unterschied zwischen den Weinbergen an der Gironde und denen weiter landeinwärts, wo Weine mit mehr «Fleisch» entstehen, ist beträchtlich. Alle Weine besitzen viel Charakter und Originalität, dabei mehr Körper und lebendige Frucht als die von Margaux. Sie sind langlebig wie die besten Pauillacs.

Château Beychevelle
4e Cru Classé. Besitzer: Grands Millésimes de France. Leiter: Maurice Ruelle. 85 ha. 25.000 Kisten. CS 60%, Mer 28%, CF 8%, PV 4%. Zweitetikett: L'Admiral de Beychevelle.
Eines der schönsten Châteaux im Médoc – im Sommer wird es durch eine herrliche Blumenanlage am Eingang von der Straße her noch besonders hervorgehoben. Als es noch dem Duc d'Epernon, einem französischen Admiral im 16. Jahrhundert, gehörte, mußten die auf der Gironde vorbeifahrenden Schiffe als Ehrenbezeigung die Segel senken. Beychevelle ist eine Verballhornung von «*Baisse-voile*» (Segel niederholen). 1984 verkaufte die damalige Besitzerfamilie Achille Fould einen Teil des Guts an den französischen Beamtenpensionsfond GMF, der die übrigen Anteile später ebenfalls übernahm, dann aber 40% wiederum an Suntory verkaufte (siehe Château Lagrange). Auf diese Weise kamen die längst erforderlichen Investitionen und ein klarer Anstieg des Qualitätsniveaus zustande.

Der Beychevelle ist in guten Jahren ein herrliches Beispiel für alles, was den Wein von St-Julien so ansprechend macht: ein Bukett von großer Eleganz und unumwundener Eindringlichkeit zusammen mit einem reifen, frischen Geschmack, der schon früh zum Genuß einlädt, obwohl die harmonische Ausgewogenheit auch die Gewähr für gute Haltbarkeit bietet.

Die Jahrgänge 1990, 89, 88, 86, 85, 83, 82, 81, 79, 78 und 75 waren sämtlich ausgezeichnet; früher hatte es unterschiedliche Qualität gegeben, und die weniger guten Jahrgänge waren unzuverlässig, die jetzt durchgeführten Verbesserungen dürften aber künftig gleichmäßige Qualität gewährleisten.

Château Branaire-Ducru
4e Cru Classé. Besitzer: Société Anonyme du Château Branaire-Ducru. Leiter: Patrick Maroteaux. 48 ha. 20.000 Kisten. CS 73%, Mer 20%, CF 5%, PV 2%. Zweitetikett: Château Duluc.
Die schlichte, klassische Fassade des Châteaus steht Beychevelle gegenüber; da es aber von der Straße zurückliegt, übersieht man es leicht. Allerdings wäre es schade, wenn man seinen Wein übersehen würde. Die meisten seiner Weinberge liegen weiter landeinwärts als die von Beychevelle und Ducru-Beaucaillou, und die Weine haben nicht ganz soviel Finesse, dafür aber kräftigeren Körper und durchaus auch Rasse. Jean-Michel Tapie führte das Gut, das sein Vater 1952 erworben hatte, mit gutem Erfolg, verkaufte aber 1988 seinen Anteil von 50% an die große französische Zuckerraffinerie Sucrerie de Toury. Bald danach kam Patrick Maroteaux an die Spitze, nachdem er weitere Tari-Anteile für die Sucrerie de Toury erworben hatte, und die neuen Besitzer haben inzwischen in die Erneuerung von *cuvier* und *chais* kräftig investiert.

Die Weine besitzen einen sehr markanten Charakter, der bei blinden Weinproben oft durchschlägt. Das Bukett ist deutlich ausgeprägt und hat fast Pauillac-ähnliche Eindringlichkeit sowie in «fetten Jahren» eine charakteristische Schokolade-Note. Außerdem besitzt er viel Körper und Frucht und ist sehr geschmeidig. Deshalb ist auch ein Branaire oft schon ein Genuß, wenn andere Weine noch nicht reif sind. Die Qualität ist sehr gleichmäßig; besonders gute Jahrgänge entstanden 90, 89, 88, 86, 85, 83, 82, 81, 79, 78, 76 und 75.

Auch seiner Preiswürdigkeit wegen ist er beachtenswert. Zwar ist er kein Spekulationsobjekt, doch lohnt er sich wegen seiner ungewöhnlich ansprechenden Art.

Château La Bridane

Cru Bourgeois. Besitzer: Pierre Saintout. 15 ha. 8.000 Kisten. CS 55%, Mer 45%.

Eines der relativ wenigen Crus Bourgeois in St-Julien – es genießt schon seit langem einen guten Ruf. Ein großer Teil des Weins geht in den Export. In den 80er Jahren gab es Veränderungen, als der Cabernet-Franc-Bestand ausgemerzt und dafür mehr Merlot angepflanzt wurde. Ein guter, ansprechender St-Julien zu einem erschwinglichen Preis.

Château Ducru-Beaucaillou

2e Cru Classé. Besitzer: Jean-Eugène Borie. 49 ha. 17.000 Kisten. CS 65%, Mer 25%, CF 5%, PV 5%. Zweitetikett: Château la Croix.

Das Château erwarb sich den Namen und den guten Ruf in der ersten Hälfte des vorigen Jahrhunderts, als es im Besitz der Familie Ducru war. Beau-Caillou ist der Name des Weinbergs. Das würdige Château mit seinen schweren Türmen und der schlichten klassischen Fassade dazwischen ist von dem vornehmen gelbbraunen Etikett her bekannt. Ungewöhnlich für Bordeaux ist, daß die *Chais* unter dem Gebäude liegen. Der heutige Ruf des Guts ist das Werk seines Besitzers Jean-Eugène Borie, der auch einer der geachtetsten Kellermeister im ganzen Médoc ist. Ducru-Beaucaillou hat vor kurzem als eines der ersten Crus Classés im Médoc auf dem offenen Markt einen höheren Preis durchgesetzt, als er für andere 2e Crus üblicherweise gezahlt wird, und damit eine Oberklasse geschaffen (Palmer hatte schon früher einen höheren Preis erzielt, war aber nur durch die Handelshäuser Mähler-Besse und Sichel erhältlich).

Die Weine zeichnen sich schon seit langem durch Eleganz, Leichtigkeit und Rasse aus (Jean-Eugène Bories erster Spitzenjahrgang war der 1953er). Neuerdings haben sie auch – besonders in den besseren Jahrgängen – an Festigkeit und Fülle gewonnen, obwohl noch immer die Schönheit des Geschmacks und die Finesse eher für sie charakteristisch sind als etwa die Wucht, wie man sie in einem Léoville-Las-Cases findet. Die Jahrgänge 89, 88, 86, 85, 83, 82, 81 und 78 sind klassische Beispiele, wobei 1980 und 84 ansprechende, früh genußreife Weine entstanden.

Château du Glana

Cru Grand Bourgeois Exceptionnel. Besitzer: Gabriel Meffre. 45 ha. 17.000 Kisten. CS 68%, Mer 30%, CF 2%.

Château du Glana ist nicht gerade eines der romantischsten Weingüter im Médoc. Genaugenommen hat es gar kein Château, der häßliche kleine Backsteinbau auf dem Etikett gehört gar nicht mehr zum Gut. Sehr auffallend sind dagegen die höchst funktionellen *Chai*-Gebäude mitten in den Weinbergen, nahe bei Château Gloria und Ducru-Beaucaillou. Glana und Gloria sind die größten Crus Bourgeois in St-Julien.

Der Ruf von Château du Glana war früher unterschiedlich. Ich kann nur über die neueren Jahrgänge etwas sagen, und die finde ich gut bereitet, angenehm, fruchtig und köstlich. Sie sind Handelsqualität im guten Sinn, Weine mit dem typischen Charakter der Appellation, wie der heutige Weinliebhaber sie gern hat, weil er sie ohne lange Lagerung genießen kann.

Château Gloria

Cru Bourgeois. Besitzer: Henri Martin Erben. 48 ha. 20.800 Kisten. CS 65 %, Mer 25 %, CF 5 %, PV 5 %. Zweitetikett: Château Haut-Beychevelle-Gloria, Château Peymartin.

Gloria ist das Lebenswerk Henri Martins, eine der großen Gestalten des Médoc. Als Grand Maître de la Commanderie du Bontemps trug er viele Jahre lang zur allgemeinen Förderung des Médoc bei. Sein Nachfolger, Schwiegersohn Jean-Louis Triaud, hatte das Gut schon längere Zeit geleitet. Die Weinbergfläche ist innerhalb einer Generation aus kleinen Stücken von ausschließlich Cru-Classé-Lagen zusammengeschweißt worden. Deshalb hat sich Château Gloria dem Verband der Crus Bourgeois auch nicht angeschlossen und verkauft seinen Wein zu Preisen wie manche 5e Crus.

Die Weine sind gehaltvoll und geschmeidig, haben Rasse und Fülle und Vielfalt im Geschmack. Ihre Qualitätsbeständigkeit ist bemerkenswert. Das Problem ist nur, daß sie eigentlich nicht ganz so gut sind wie die Crus Classés von St-Julien, wenn auch besser als manche Crus Classés der unteren Ränge aus Margaux und Pauillac – und wie gesagt teurer als die meisten Crus Bourgeois.

Château Gruaud-Larose

2e Cru Classé. Besitzer: Domaine Cordier. 82 ha. 35.000 Kisten. CS 62 %, Mer 25 %, CF 9 %, PV 4 %. Zweitetikett: Sarget du Gruaud-Larose.

Wenn Léoville-Las-Cases und Ducru-Beaucaillou als Archetypen der Weine vom Gironde-Ufer in St-Julien gelten dürfen, dann ist Gruaud-Larose das klassische Beispiel für einen St-Julien vom Plateau zwischen den Gütern am Fluß und St-Laurent. Das sehr große Gut entstand im 18. Jahrhundert, wurde im 19. Jahrhundert aufgeteilt und schließlich 1934 von den Cordiers wieder vereinigt. Heute ist es das Prunkstück und Flaggschiff des großen Handelshauses. 1992 trennte sich Jean Cordier endgültig von den letzten Anteilen an der Firma, im Austausch gegen deren Anteile an Talbot.

Wie andere als *Négoce*-Exklusivitäten vertriebene Crus Classés wird der Gruaud zu einem bescheideneren Preis verkauft, als er ihn auf dem offenen Markt erzielen würde. Es wäre ein Fehler, wollte man das Urteil über die besonderen Qualitäten dieses hervorragenden Weins auf den niedrigeren Preis gründen, denn in jeder sonstigen Hinsicht steht er gewiß würdig neben Las-Cases und Beaucaillou in einer Klasse für sich.

Die Weine haben große Konzentration und Fülle und sind ausgesprochen stark gerbstoffhaltig, entwickeln aber mit der Zeit eine sanfte Samtigkeit bei großer Rasse und viel Charme. Besonders gute Jahrgänge entstanden 1975, 76, 78, 79, 81, 82, 83, 85, 86, 88, 89 und 90. Der 80er entwickelte sich langsamer als andere Weine desselben Jahrgangs, und beim 87er sieht es ähnlich aus.

Auch der neue «Zweitwein» ist durchaus beachtenswert. Er ist voller Fruchtigkeit und natürlich auch früher genußreif als der Grand Vin, hat aber dennoch ein kräftiges Gefüge.

Château Hortevie

Cru Bourgeois. Besitzer: Henri Pradère. 3,5 ha. 1.500 Kisten. CS und CF 70 %, Mer 25 %, PV 5 %.

Das sehr kleine Gut ist ein bemerkenswertes Beispiel für die Qualität des *Terroir* von St-Julien. Eine tüchtige Hand kann hier nicht anders, als Charme und Rasse hervorzubringen. Der Weinberg liegt hinter dem Dorf Beychevelle, und sein Besitzer bewirtschaftet ihn zusammen mit Terrey-Gros-Caillou, wo er Miteigentümer ist. Der Wein hat echte Qualität.

Château Lagrange

3e Cru Classé. Besitzer: Château Lagrange SARL. Leiter: Marcel Ducasse. 113 ha. 19.000 Kisten. CS 66%, Mer 27%, PV 7%. Zweitetikett: Les Fiefs-de-Lagrange.

1983 wurde Lagrange an die riesige japanische Destillerie und Weinhandelsfirma Suntory verkauft und wurde so zum ersten Bordeaux-Cru-Classé in japanischem Besitz. Der Weinberg auf dem Plateau von St-Julien hinter Gruaud-Larose hat eine sehr gute Lage. Für die neuen Besitzer dürfte besonders interessant gewesen sein, daß ein beträchtliches Potential für die Ausdehnung der Rebfläche vorhanden war; nach erfolgter Erweiterung und Verbesserung hat sie sich von 49 ha auf 113 ha erhöht. Die Gebäude, auch das Château selbst, wurden instand gesetzt, der *Chai* aus dem 19. Jh. wurde restauriert, und zwei neue wurden gebaut, um den erwarteten Produktionszuwachs zu bewältigen. Die neuen Besitzer zogen Marcel Ducasse als Leiter heran, und Michel Delon von Léoville-Las-Cases fungiert als Berater.

Früher war der Wein von Lagrange hart und streng in der Art, aber schon in den 60er Jahren war er besser geworden, und der 1978er wies die Frucht und den echten Charme eines St-Julien auf. Daher deuten alle Anzeichen darauf hin, daß durchaus Besseres möglich ist, als der bescheidene frühere Ruf vermuten ließ. Der 82er, der noch von den alten Besitzern erzeugt wurde, aber von den neuen Eigentümern verkauft wird, ist ein ausgezeichnetes Beispiel für die neueren Jahrgänge; er hat schönen Pflaumenduft und große Tiefe in Geschmack und Frucht, Herbheit und Komplexität. Der 83er zeichnet sich durch Charakter und große Geschmacksfülle aus.

Um diese Zeit wurde das Zweitetikett eingeführt. Für den vorzüglichen 85er wurde der Ertrag im Verhältnis 60:40 auf den Grand Vin und den Les Fiefs verteilt. Sehr eindrucksvolle Weine folgten dann 1986, sogar 87, sowie 88, 89 und 90. Der Les Fiefs erweist sich als überaus ansprechender und stilvoller zweiter Wein.

Château Lalande-Borie

Cru Bourgeois Supérieur. Besitzer: Jean-Eugène Borie. 18 ha. 8.000 Kisten. CS 65%, Mer 25%, CF 10%.

Das Gut ist eine Schöpfung von Jean-Eugène Borie, Besitzer von Ducru-Beaucaillou, und entstand aus einem Weinberg, der früher zu Lagrange gehörte. Er ist erst 1970 neu angelegt worden, bringt inzwischen aber schon sehr stilvolle und elegante, mittelschwere Weine von reizvoller Fruchtigkeit hervor. Der erste bedeutende Jahrgang war der 79er; seither werden die Weine stetig besser.

Sie bieten vorzügliche Gelegenheit, die geschickte Hand Jean-Eugène Bories auch zu einem mäßigeren Preis zu erproben.

Château Langoa-Barton

3e Cru Classé. Besitzer: Société-Fermière. 20 ha. 8.000 Kisten. CS 70%, Mer 15%, PV 8%, CF 7%.

Dieses Château hat den Vorzug, seit 1821 im Besitz ein und derselben Familie zu sein – länger als irgendein anderes Cru Classé. Als Hugh Barton das Gut kaufte, hieß es noch Pontet-Langlois. Daß inzwischen aus Langlois Langoa geworden ist, wird niemand überraschen, der weiß, wie großzügig die Franzosen mit der Schreibweise von Eigennamen umgehen. Das Château aus dem 18. Jahrhundert ist eines der schönsten im Médoc; es liegt zwar nicht so schön wie Beychevelle, steht ihm aber an architektonischem Reiz kaum nach. Die Weine von Langoa und Léoville-Barton wurden bis 1969 nicht im Château, sondern in der Kellerei von Barton & Guestier in Bordeaux abgefüllt.

Der Langoa-Wein entspricht genau seinem Klassifizierungsrang. Er ist meist früher trinkreif als der Léoville-Barton und zeigt klassischen St-Julien-Charakter, ist aber meist etwas leichter im Körper, nicht so gerbstoffhaltig, aber mit viel Eleganz, Frucht und Charme – und echter Rasse. Überraschend gut fiel der 74er aus, und der 71er kommt mir sogar besser vor als der Léoville; das Verhältnis ist ähnlich wie bei Gruaud-Larose und Talbot. Ansonsten folgen die Jahrgänge ziemlich genau dem Muster von Léoville- Barton: Der 78er ist superb, der 79er elegant, aber etwas leicht, und der 80er gut. Herrliche Weine entstanden 1981, 82, 83, 85, 86, 88 und 89.

Château Léoville-Barton
2e Cru Classé. Besitzer: Société Fermière. 39 ha. 16.000 Kisten. CS 70%, Mer 15%, PV 8%, CF 7%.

Wie das Nachbargut Poyferré gehörte Léoville-Barton bis um 1820 zu dem enormen Besitz des Marquis de Las Cases. 1826 kaufte Hugh Barton, der 5 Jahre zuvor auch Langoa gekauft hatte, ein Viertel des damaligen Las-Cases-Besitzes und bereitete und pflegte die Weine aus seiner Neuerwerbung in den Kellern von Langoa. Heute, nach 160 Jahren, gehört das Gut noch immer der Familie Barton; vor einiger Zeit übernahm Anthony Barton die Leitung von seinem Onkel Ronald, der bis zu seinem Tod 1986 im Château lebte.

Léoville-Barton blieb unter der langjährigen Leitung von Ronald Barton stets ein Wein der althergebrachten Art: feinduftig, sehr gehaltvoll, zunächst außerordentlich tanninherb, bis sich dann jene wunderbare Frucht und Fülle des Geschmacks entwikkelt, wie sie in den besten St-Juliens eigen ist. Der Stil zeichnet sich durch mehr Fülle aus als der Las Cases, hat aber eine Nuance weniger Eleganz. In den 70er Jahren kamen Ungleichmäßigkeiten vor, weder der 73er noch der 79er erreichten den allgemeinen Gütestandard dieser Jahrgänge. Seither aber sind offenbar dank strengerer Auswahl 1980 sehr gute und 81, 82, 83, 85, 86, 88, 89 und 90 ganz hervorragende Weine entstanden. Frühere beachtenswerte Jahrgänge gab es 1978, 76 und 75. Nachdem von 1980 an auch bei Léoville-Poyferré alles deutlich besser geworden ist, wird es in Zukunft wieder interessant sein, die drei Léovilles miteinander zu vergleichen.

Château Léoville-Las-Cases
2e Cru Classé. Besitzer: Société Civile. Leiter: Michel Delon. 97 ha. 30.000 Kisten. CS 65%, Mer 18%, CF 14%, PV 3%. Zweitetikett: Clos du Marquis. Drittetikett: Domaine de Bigarnon.

Auf dem Etikett steht: «Grand Vin du Marquis de Las Cases» – ein Château wird nicht erwähnt – und so wird daran erinnert, daß es sich hier um den Überrest des ehemals (im 18. Jahrhundert) größten Weinguts nicht nur in St-Julien, sondern im ganzen Médoc handelt. Mit seinem herrlichen *Clos* unmittelbar neben Latour auf einem Kieshügelrücken in Sichtweite der Gironde stellt Las-Cases die Hälfte des ursprünglichen Guts dar. Es erstreckt sich zwischen dem Ort St-Julien und Latour. Das ursprüngliche Château, das am Südende des Orts steht, ist zwischen Las-Cases und Poyferré aufgeteilt, die linke Seite gehört zu Las-Cases.

Im Jahr 1900 erhielt der Leiter – der berühmte Weinbauexperte Théophile Skawinski – eine Aktie der Société Civile; heute sind seine Nachkommen Mehrheitsaktionäre! Als er 1930 in den Ruhestand trat, folgte ihm sein Schwiegersohn André Delon, der Großvater des heutigen Leiters Michel Delon. In den 60er Jahren erholte sich Las-Cases als Folge von Neuanpflanzungen nach dem

Zweiten Weltkrieg von einer langen Pechsträhne. In den 70er Jahren stieg sein Ruf wieder auf neue Höhen, und heute gilt Las-Cases erneut als der absolute Spitzenwein von St-Julien.

Er ist fester in der Art und reift langsamer als andere St-Juliens. Er hat aber in letzter Zeit an Fülle gewonnen und ist jetzt nicht nur elegant, sondern auch höchst konzentriert und wuchtig. Das Bukett ist besonders charakteristisch, zuerst zurückhaltend und dann langsam sich zu Eleganz und Festigkeit entfaltend. Große Weine entstanden 1978, 79, 81, 82, 83, 85, 86, 88, 89 und 90, alles echte *Vins de garde*. Der 80er entwickelte sich langsamer als die übrigen, dagegen sind der 84er und vor allem der 87er weit besser als andere Weine dieser Jahrgänge. 1991 war der Grand Clos eine der wenigen Lagen, die dem scharfen Frost entgingen, und der Wein aus dieser Lage ist – zusammen mit dem Nachbarn Latour – ausgesprochen einer der besten des Jahrgangs. Las-Cases gehört heute ganz gewiß zu den Stars der oberen zweiten Klasse.

Der Clos-du-Marquis ist einer der besten und beständigsten aller Weine unter Zweitetiketten.

Château Léoville-Poyferré

2e Cru Classé. Besitzer: Familie Cuvelier. Leiter: Didier Cuvelier. 77 ha. 30.000 Kisten. CS 65 %, Mer 25 %, PV 8 %, CF 2 %. Zweitetikett: Château Moulin-Riche.

Wie Léoville-Barton war auch Léoville-Poyferré ursprünglich ein Viertel des Las-Cases-Besitzes, das der Baron de Poyferré durch Heirat mit einer Las Cases erworben hatte. Anders als die beiden anderen Léoville-Güter war Poyferré seither keine Kontinuität in den Besitzverhältnissen vergönnt, und seine Geschicke waren stärkeren Schwankungen unterworfen. Früher, in seiner besten Zeit, brachte es zum Beispiel 1928 und 29 ebenso feinen Wein hervor wie Las-Cases. Aber damals wurden auch beide Güter von Théophile Skawinski geleitet, obwohl sie verschiedene Besitzer hatten. Inzwischen hat nach längerer Zeit der Unbeständigkeit ein Mitglied der Familie Cuvelier die Leitung übernommen, und das macht sich schon bemerkbar. Zunächst wurde 1980 der *Cuvier* völlig modernisiert, dann wurden mehr neue Holzfässer eingeführt, und schließlich kam ein tüchtiger neuer *Maître de chais* mit dem vertrauenerweckend echten Médoc-Namen Dourthe ins Haus.

Der Jahrgang 1980 stellt gewissermaßen den Scheidepunkt dar: eigentlich ist er noch kein großer Jahrgang, aber elegant und fein – nach dem allgemeinen Standard des Jahres ist er gut zu nennen. Der 81er hat einen feinen Geschmack und guten Körper mit Eleganz, Frucht und Rasse. Der 82er ist ein rühmliches Musterbeispiel dieses herrlichen Jahrgangs, ein noch im Entstehen begriffener großer Wein, und der 83er besitzt Nachhaltigkeit, Konzentration und Harmonie. Der 85er ist eine echte Schönheit, der 86er dagegen wuchtiger und gerbstoffherber, und der 88er, 89er und 90er eröffnen hervorragende Aussichten. Freilich wurden auch vorher gute Weine herausgebracht (der köstliche 73er ist mir besonders lieb), aber das *Cru* erreichte doch nicht die Höhen, zu denen es sich aufschwingen kann. Jetzt scheint eine große Zukunft bevorzustehen.

Château St-Pierre

4e Cru Classé. Besitzer: Henri Martin Erben. 17 ha. 4.600 Kisten. CS 70 %, Mer 20 %, CF 10 %.

Das Gut hat eine recht bewegte Geschichte hinter sich. Der Name leitet sich von einem Monsieur St-Pierre her, der es 1767 erwarb. 1832 wurde es unter mehrere Zweige der Familie aufgeteilt, und die Anhängsel Bontemps-Dubarry und Savaistre traten in Erscheinung. Nach dem Zweiten Weltkrieg wurde es dann unter belgischen Besitzern wieder vereinigt, der Weinbergbesitz wurde aber teilweise verkauft, vor allem an Gloria und du Glana. 1982 schließlich kaufte Henri Martin von Château Gloria das Gutshaus, das inzwischen sehr schön restauriert wurde, und den größten Teil der Weinberge. Den ursprünglichen Sevaistre-*Chai* kaufte Jean-Eugène Borie für sein Gut Lalande-Borie, und St-Pierre selbst ist jetzt in denselben *Chais* untergebracht wie Gloria, nämlich in den früheren St-Pierre-Bontemps-*Chais*, die Henri Martin gekauft hatte, ohne aber den Namen mit zu übernehmen.

St-Pierre bringt seit vielen Jahren elegante, blumige, typische St-Julien-Weine hervor. Henri Martin und sein Schwiegersohn Jean-Louis Triaud (seit Henri Martins Tod 1991 alleiniger Leiter) hoben das Gut nun auf eine noch höhere Ebene. Seit 1982 sind vorzügliche Weine von großartiger Rasse – weit besser als Gloria – entstanden.

Château Talbot

4e Cru Classé. Besitzer: Jean Cordier. 101 ha. Rot: 40.000 Kisten. CS 71%, Mer 20%, CF 5%, PV 4%. Weiß: 2.500 Kisten. Zweitetiketten: Connétable Talbot, Caillou Blanc du Château Talbot (AC Bordeaux Blanc).

Es ist das große Mißgeschick von Château Talbot, daß es immer im Schatten von Gruaud-Larose stehen muß. Der Name erinnert an den Earl of Shrewsbury, der als Befehlshaber der englischen Streitmacht in der Schlacht von Castillon la Bataille 1453 fiel; allerdings ist zu bezweifeln, daß ihm das Weingut je gehörte. Talbot ist herrlich gepflegt und sehr gut ausgestattet, wie es bei einem jahrelang von der Firma Cordier geleiteten Gut selbstverständlich ist.

Seine Beständigkeit in der Qualität ist seit langem bekannt. Die Weine sind meist nicht so gerbstoffhaltig und konzentriert wie die von Gruaud-Larose und daher früher genußreif, sie halten sich aber dennoch sehr gut. Der besondere Charme von Talbot liegt in der Harmonie. Die Weine sind wunderbar duftig, und ihre Frucht zeigt das große Raffinement eines St-Julien. Die Jahrgänge 90, 89 und 88 bilden ein großartiges Trio, der 87er entwickelt sich zu einem guten Nachfolger für den 80er, wobei der konzentrierte, tanninreiche 86er und der opulente, vollmundige 85er scharfe Kontraste setzen. Es überrascht kaum, daß der 83er und 82er superb ausgefallen sind. Der 81er entwickelte sich gut und hat große Finesse. Der 80er ist köstlich (z. Zt. ziehe ich ihn dem Gruaud vor), und der 79er ist bereits trinkreif. Der 78er braucht noch Zeit, der 76er dagegen trinkt sich jetzt höchst ansprechend. Auch der 75er ist sehr erfreulich, braucht aber auch noch Zeit. Aufgrund der Preispolitik von Cordier ist der Talbot stets ein preiswerter Wein, vor allem wenn man ihn jung kauft. Der neue Zweitetikett-Wein, Connétable Talbot, ist wirklich höchst erfreulich, ideal für baldigen Genuß mit sehr viel lebendiger St-Julien-Fruchtigkeit. 1992 tauschte Jean Cordier seine Anteile an Gruaud-Larose gegen die Anteile der Firma an Talbot ein und wurde dadurch wieder alleiniger Besitzer dieses seines Lieblingsguts im Médoc.

Château Terrey-Gros-Caillou

Cru Bourgeois. Besitzer: André Fort & Henri Pradère. 15 ha. 8.000 Kisten. CS und CF 65%, Mer 30%, PV 5%.

Seit ich dieses Cru zum erstenmal angetroffen habe – es war der Jahrgang 66 – hat mir die rechte Rasse und Finesse dieses Weins stets großen Eindruck gemacht. Er gehört gewiß zur Spitze der Spitzen-Crus-Bourgeois in St-Julien. Die Weinbergfläche besteht aus mehreren Parzellen, die größte davon liegt hinter dem Dorf

Beychevelle – dort ist auch der *Chai* – unmittelbar neben Talbot und Léoville-Barton. Eine andere ist Gruaud-Larose benachbart, und wieder eine andere grenzt an Château Beychevelle und Ducru-Beaucaillou an.

Der sehr feine 83er ist mustergültig für diesen Wein mit der lebendigen St-Julien-Blume und dem wundervollen Geschmack, in dem sich Fülle und ausnehmend schöne Rasse vereinen. Das ist nicht allein auf die guten Lagen, sondern auch auf die gute Weinbereitung zurückzuführen. Auf diesen Wein sollte man achten, wenn man gern einen St-Julien trinkt, aber nicht so gern immer Cru-Classé-Preise zahlen möchte.

PAUILLAC

Der große Ruhm von Pauillac wird allein schon durch den strahlenden Glanz gesichert, den seine drei Premiers Crus verbreiten: Lafite-Rothschild, Mouton-Rothschild und Latour. Hier nehmen die Crus Classés eine größere Fläche ein als in den anderen Appellationen, obwohl es nur 18 sind, gegenüber 21 in Margaux. In den Jahren von 1981–88 hat sich die Gesamtrebfläche um 15% vergrößert.

Hier kommt auch der Cabernet Sauvignon zu charakteristischster Entfaltung und bringt jene Note von schwarzen Johannisbeeren, für die er zu Recht berühmt ist, schön hervor. Die Weine von Pauillac sind in Bukett, Körper und Geschmacksfülle die wuchtigsten im ganzen Médoc. Die besten *Crus* vereinen damit eine Finesse, die sich im Lauf der Zeit entwickelt, weniger gute *Crus* dagegen bleiben etwas rauh.

Château d'Armailhac

5e Cru Classé. Besitzer: Baron Philippe de Rothschild SA. 51 ha. 18.000 Kisten. CS 40%, Mer 30%, CF 28%, PV 2%.

Kein führendes Château in Bordeaux hat so viele Namensänderungen über sich ergehen lassen müssen. Nachdem der inzwischen verstorbene Baron Philippe de Rothschild es 1933 erworben hatte, behielt es zunächst seinen ursprünglichen Namen Mouton d'Armailhac, bis es 1956 in Mouton Baron Philippe umbenannt wurde. Ab 1975 hieß es dann zum Andenken an die zweite Frau des Barons «Mouton Baronne Philippe». 1991 schließlich entschied seine Tochter und Alleinerbin, Philippine de Rothschild, daß die Namen Mouton Rothschild, Mouton Cadet und der Firmenname Baron Philippe de Rothschild SA schon genug Verwirrung stifteten und daß der alte Besitz eine eigene Persönlichkeit verdient habe. Man wird sich also jetzt an den Namen Château d'Armailhac gewöhnen müssen, der mit dem wundervollen Jahrgang 89 das Licht der Welt erblickte.

Das nur ein paar hundert Meter von der Toreinfahrt zu Mouton-Rothschild gelegene Château ist ein eigenartiges, unfertiges Gebäude, dessen klassizistischer Säulenvorbau in der Mitte durchgeschnitten ist wie ein Tortenstück. Obwohl es nur einen Steinwurf vom großen Mouton entfernt ist, wird es doch völlig getrennt, jedoch mit derselben Sorgfalt geführt. Die Weine sind der Art nach echte Pauillacs, allerdings nicht ganz so voll und opulent wie der große Bruder. In günstigen Jahren zeigen sie sehr schöne Konzentration, in weniger günstigen können sie dagegen zur schwächlicheren, stumpferen Seite neigen. Wie zu erwarten, stehen sie alles in allem dem anderen Nachbarn, Pontet-Canet, näher als dem großen Premier Cru.

Château Batailley

5e Cru Classé. Besitzer: Familie Castéja. 50 ha. 22.000 Kisten. CS 70%, Mer 24%, CF 4%, PV 2%.

Der alte, gute Ruf von Batailley wie auch seine Klassifizierungseinstufung gehen noch auf die Zeit zurück, als es im Besitz von Guestier war. Inzwischen hat es ein anderer Weinhändler, Emile Castéja von Borie-Manoux, übernommen. Manchmal werden Weine unterbewertet, nur weil sie nicht über den offenen Bordeaux-Markt gehen, sondern von *Négociants* vertrieben werden, denen mehr daran gelegen ist, ihrer Kundschaft Kontinuität zu bieten, als danach zu sehen, was andere tun. Der wirkliche Wert des Batailley sollte nicht aufgrund seines relativ bescheidenen Preises unterschätzt werden.

So ist es schon interessant zu wissen, daß die gesamte Weinbergfläche aus Lagen besteht, die 1855 in die Klassifizierung aufgenommen wurden. Das Gut liegt weit hinten in Pauillac an der Straße nach St-Laurent. Seine Weine sind sehr gleichmäßig, solide und zuverlässig. Früher brachte Batailley auch manchmal Denkwürdiges zustande (zum Beispiel 53, 61 und 64). Sonst war der Wein zwar immer anständig, aber nicht aufregend. Die neueren Jahrgänge zeigen stets mehr Fruchtigkeit und Konzentration und sind auch stilvoller. Besonders sollte man auf die Weine von 1975, 76, 78, 79, 81, 82, 83, 85, 88, 89 und 90 achten.

Château Clerc-Milon

5e Cru Classé. Besitzer: Baron Philippe de Rothschild SA. 28 ha. 12.000 Kisten. CS 51%, Mer 33%, CF 13%, PV 3%.

Baron Philippe de Rothschild kaufte dieses ziemlich vernachlässigte Gut im Jahr 1970. Die Weinberge liegen zwischen der Straße und dem Fluß sehr günstig, nördlich von Pauillac und nahe bei Mouton und Lafite. Milon ist der Name des Dorfes, wo sich das Gut befindet, und Clerc hieß der Besitzer zur Zeit der Klassifizierung von 1855.

In den Weinbergen mußte vieles getan werden, und deshalb dauerte es einige Zeit, bis es mit der Qualität des Weins wieder aufwärts ging. Die Wende kam mit dem Jahr 1981, als der Wein erstmals den Mouton Baronne Philippe in Rasse und harmonischer Frucht übertraf. Danach entstanden 82, 85, 86, 88 und 89 erfolgreiche Jahrgänge.

Château Colombier-Monpelou

Cru Grand Bourgeois. Besitzer: Bernard Jugla. 15 ha. 7.000 Kisten. CS 68%, Mer 18%, CF 6%, PV 5%, Mal 3%. Zweitetikett: Grand Canyon.

Lange Zeit war dies der beste Wein, den die Winzergenossenschaft Pauillac hervorbrachte. Dann, 1970, kaufte Bernard Jugla, der Besitzer des benachbarten Château Pédesclaux, das Gut. Weil das Gutshaus und die Chais 1939 verkauft worden waren (hier ist jetzt der Sitz von La Baronnie, dem Handelshaus von Baron Philippe de Rothschild), mußten ganz neue Anlagen gebaut werden. Die Weine werden in Metalltanks vergoren und in Fässern gelagert, die jeweils zu einem Drittel jährlich durch frische ersetzt werden. Sie sind gute, ehrliche Pauillacs, die einen wachsenden Ruf genießen. Sie zeichnen sich durch Eleganz und Geschmeidigkeit bei angenehmer Fruchtigkeit aus.

Château La Couronne

Cru Bourgeois Supérieur Exceptionnel 1932. Besitzerin: Mme des Brest-Borie. 4 ha. 1.750 Kisten. CS 70%, Mer 30%.

Das sehr kleine Gut entstand 1879 durch Armand Lalande, damals Besitzer von Léoville-Poyferré und Brane-Cantenac. Es liegt im Süden von Pauillac, landeinwärts von den Pichons und Batailley. Seit 1952 leitet es Jean-Eugène Borie von Ducru-Beaucaillou für seine Schwester.

Die Weine sind echte Pauillacs, sie werfen ihre Aggressivität bald ab und entwickeln herrliche Frucht. Sie zeichnen sich durch schöne Harmonie und Geschmeidigkeit aus, und ihre Güte ist verglichen mit manchen anderen 5e Crus Classés sehr gleichbleibend.

Château Croizet-Bages

5e Cru Classé. Besitzerin: Mme L. Quié. Leiter: Jean-Michel Quié. 22 ha. 11.500 Kisten. CS 70%, CF 10%, Mer 20%. Zweitetikett: Enclos de Moncabon.

Das Gut verdankt seine Entstehung im 18. Jahrhundert den Gebrüdern Croizet. Die *Chais* und der *Cuvier* stehen in dem Dörfchen Bages, ganz nahe bei dem berühmten Nachbarn Lynch-Bages, auf erhöhtem Gelände südlich von Pauillac. Seit 1930 gehört es der Familie Quié und wird heute von Jean-Michel Quié, dem Sohn von Mme Quié, geleitet. Ein Château gibt es hier nicht.

Die Weine sind ansprechend robuste Pauillacs, voll im Geschmack, die ziemlich rasch heranreifen, sich aber nach meiner Erfahrung dennoch lange halten. Wenn sie auch kaum große Höhen erreichen, so enttäuschen sie doch selten. Dieses *Cru* hat seinen Klassifizierungsrang wohl verdient.

Château Duhart-Milon-Rothschild

4e Cru Classé. Besitzer: Domaines Barons de Rothschild. 50 ha. 12.500 Kisten. CS 57%, Mer 21%, CF 20%, PV 2%. Zweitetikett: Moulin de Duhart.

Als die Rothschilds von Lafite 1962 das Nachbargut Duhart-Milon kauften, war es in recht traurigem Zustand; nur 16 ha Weinberge standen in Ertrag, und der Rebbestand hatte einen hohen Anteil an Petit Verdot. Die Weine waren oft ziemlich schlicht. Es dauert lange, bis etwas herauskommt, wenn Weinberge ganz neu heranwachsen müssen, jetzt aber ist es soweit, und Duhart nimmt wieder seinen Platz unter den führenden Pauillacs ein.

Die Weinberge liegen zum größten Teil auf dem Plateau von Carruades, *Chai* und *Cuvier* stehen in Pauillac. Ein Château gibt es nicht.

Anfang der 70er Jahre entstand hier ein Wein mit Charme und Eleganz – nicht besonders schwer, mehr in der Klasse von Haut-Batailley. Nach meiner Meinung haben die Reben seit 78 das rechte Alter; es entstand ein Jahrgang mit immerhin viel Rasse, Eleganz und ausgeprägter Nachhaltigkeit. Der 79er ist wuchtiger und voller, der 80er leicht, aber charmant, der 81er mittelschwer und elegant, während der 82er diesem Jahrgang mit massiver Frucht, Komplexität und Feinheit alle Ehre macht. Der 86er zeichnet sich durch besondere Konzentration und Opulenz aus; der 88er, 89er und 90er berechtigten ebenfalls zu schönsten Erwartungen.

Der Château Duhart-Milon darf sicherlich wieder zu den Spitzen-Pauillacs gerechnet werden, und er schöpft sein Potential jetzt wahrhaftig aus.

Château La Fleur-Milon

Cru Grand Bourgeois. Besitzer: Héritiers Gimenez. Leiter: Claude Mirande. 13 ha. 6.600 Kisten. CS 65%, Mer 25%, PV 10%.

Die Weinberge dieses Guts zeichnen sich durch sehr gute Lagen aus. Der *Chai* steht in dem Dörfchen Le Pougalet (ein Château ist nicht vorhanden), und die verschiedenen kleinen Weinberglagen sind Mouton-Rothschild, Lafite-Rothschild, Duhart-Milon und

Pontet-Canet benachbart. Leider schlagen sich diese guten Voraussetzungen im Wein nicht nieder. Der gegenwärtige Besitzer, er ist seit 1955 auf dem Gut, ist ein fleißiger Mann und füllt seine Weine noch immer ein Faß nach dem anderen ab. Ich finde seinen Wein sehr *artisanal*, ziemlich rauh und streng, mit ausgeprägtem Stielgeschmack, der vermutlich von zu viel *Vin de presse* kommt.

Château Fonbadet

Cru Bourgeois Supérieur 1932. Besitzer: Pierre Peyronie. 15 ha. 6.500 Kisten. CS 60%, Mer 19%, CF 15%, Mal 4%, PV 2%. Zweitetiketten: Château Haut-Pauillac, Ch. Padarnac, Ch. Tour-du-Roc-Milon, Ch. Montgrand-Milon.

Das reizende Château aus dem 18. Jahrhundert liegt im Süden des Orts St-Lambert, unmittelbar hinter den beiden Pichons, wenn man von Bordeaux her kommt. Die Bäume in seinem Park bilden eine Insel in dem Meer von Reben. Der heutige Besitzer lebt hier und arbeitet selbst mit. Er verwendet zu 25% neue Fässer. Sein Wein ist ein kraftvoller, klassischer Pauillac, der sich in blinden Weinproben oft gut hält und seinen ausgezeichneten Ruf vollkommen verdient. Das ist auf die sehr alten Reben und die peinliche Sorgfalt in der Weinbereitung zurückzuführen.

Château Grand-Puy-Ducasse

5e Cru Classé. Besitzer: Société Civile. Leiter: Jean-Pierre Angliviel de la Beaumelle. 37 ha. 11.660 Kisten. CS 62%, Mer 38%, PV 5%. Zweitetikett: Artiges-Arnaud.

Bis zur Übernahme durch die gegenwärtigen Besitzer im Jahr 1971 war Grand-Puy-Ducasse ein sehr kleines Gut mit nur 10 ha Weinbergen neben Mouton und Ponet-Canet. Die neuen Besitzer kauften zwei Weinberge hinzu, der eine liegt neben Batailley und Grand-Puy-Lacoste auf dem Plateau hinter Pauillac, der andere grenzt an die beiden Pichons an, und so verfügt das Gut jetzt über Weinberge in den drei wichtigsten Teilen von Pauillac. Das Château ist ein gefälliges klassizistisches Gebäude am Quai mitten in Pauillac. Es diente jahrelang als Maison du Vin.

Die neuen Eigentümer scheinen Gutes hervorzubringen. Die Weine sind klassische Pauillacs mit der Note von schwarzen Johannisbeeren, wie der Cabernet Sauvignon sie haben kann. Das Gefüge ist jetzt geschmeidig, voll und harmonisch. Der 75er war ganz herrlich. Die seither besten Jahrgänge sind 79, 81, 82, 85, 86, 88, 89 und 90. Die Qualität ist sehr gleichmäßig. Auch dieses *Cru* wird gelegentlich unterbewertet, weil es exklusiv von einem Handelshaus (Mestrezat) zu recht erschwinglichen Preisen verkauft wird. Der Verbraucher kann sich nur freuen.

Château Grand-Puy-Lacoste

5e Cru Classé. Besitzer: Familie Borie. Leiter: Jean-Eugène Borie und Xavier Borie. 45 ha. 12.000 Kisten. CS 70%, Mer 25%, CF 5%. Zweitetikett: Lacoste-Borie.

Diesem Gut geht seit langem der Ruf voraus, daß es beständig typisch kräftigen und feinen Pauillac hervorbringt. Raymond Dupin war von 1932 an der Besitzer, 1978 verkaufte er aus Altersgründen an die Familie Borie. Wenn ihm auch in den letzten Jahren manches aus der Hand geglitten sein mag, so kann das die großen Leistungen Dupins nicht verkleinern. Die Bories ersetzten nach dem Herbst 1980 den alten *Cuvier* durch Edelstahltanks, und das ehemals stark ramponierte Château ist mit viel Geschmack renoviert worden.

Der größte Teil der Weinberge bildet eine zusammenhängende hochwertige Lage vor dem Château auf dem Plateau von Bages. Das schlägt sich in der Gleichmäßigkeit und Vorzüglichkeit der

Weine nieder. Sie sind wahrhaft wuchtig und zunächst sehr gerbstoffherb und streng. Auch die Bories bringen sehr konzentrierten Wein hervor, bemühen sich aber darum, die Frucht etwas besser herauszuholen. Mit dem Jahrgang 81 schien der Wein dann eine neue Dimension anzunehmen. Auch 82, 83, 85 (ganz außergewöhnlich), 86, 88, 89 und 90 kamen sehr feine Weine zustande, die das Renommee dieses zunehmend beliebten und gefragten Gewächses weiter gesteigert haben.

Château Haut-Bages-Libéral
5e Cru Classé. Besitzer: Société Civile. Leiter: Alain Sutre. 25,5 ha. 12.500 Kisten. CS 75 %, Mer 25 %.
Das Gut hat unruhige Zeiten hinter sich. Als die Cruses es 1960 kauften, ging ein Teil der Weinberge an Pontet-Canet über, und die Weine wurden in der Cruse-Kellerei in Bordeaux abgefüllt. Nach verbindlicher Einführung der Château-Abfüllung für Crus Classés im Jahr 1972 und dem Verkauf von Pontet-Canet, mußte eine neue Anlage für die Weinbereitung gebaut werden. 1983 wurde das Gut an eine Firma verkauft, die auch Chasse-Spleen und La Gurgue betreibt und inzwischen viel Geld in die Verbesserung des Guts und der Weinberge investiert hat. Die Zukunft sieht daher viel lichter aus als die Vergangenheit.

Wie der Name schon vermuten läßt, liegen die Weinberge auf dem Plateau von Bages neben Latour, Lynch-Bages und Pichon-Longueville-Baron. Der andere Teil des Namens hat nicht etwa politische Hintergründe, sondern so hieß der Besitzer im 19. Jahrhundert, als die Klassifizierung erstellt wurde. In den letzten Jahren hat es Verbesserungen am Wein gegeben. Er war voll, schön fruchtig, besonders gut in den Jahrgängen 76 und 82, dann folgten auf einen guten 85er noch ein besserer 86er und gleichermaßen eindrucksvolle Weine in den Jahren 88, 89 und 90.

Château Haut-Bages-Monpelou
Cru Bourgeois. Besitzer: Emile Castéja. 10 ha. 4.100 Kisten. CS und CF 60 %, Mer 40 %.
Eines der bescheideneren Pferde im Borie-Manoux-Stall. Die Weinberge gehörten früher zu Duhart-Milon. Die Weine sind körperreich, aber elegant und relativ jung schon trinkreif. Es ist gefälliger, zuverlässiger, süffiger Wein zu einem gemäßigten Preis.

Château Haut-Batailley
5e Cru Bourgeois. Besitzerin: Mme de Brest-Borie. Leiter: Jean-Eugène Borie. 20 ha. 7.500 Kisten. CS 65 %, Mer 25 %, CF 10 %. Zweitetikett: Château la Tour-d'Aspic.
Als die Familie Borie 1942 Batailley kaufte, teilte sie es zwischen zwei Brüdern: Marcel, dem Négociant, und François, der Ducru-Beaucaillou kaufte. Haut-Batailley ist der kleinere Teil. Seine Weinberge mußten neu bestockt werden und brauchten Entwicklungszeit. Ein Château ist nicht da, weil das Haus beim Hauptbesitz verblieb, und so wird der Wein in La Couronne bereitet.

Der Unterschied im Stil zwischen Haut-Batailley und Batailley ist markant; das erstere bringt leichteren, nicht zu eleganten Wein hervor. Vergleicht man Haut-Batailley mit Grand-Puy-Lacoste, dann stößt man auf denselben Kontrast. Grand-Puy und Batailley sind Pauillacs in ausgeprägter, ja aggressiver Art. Haut-Batailley ist äußerst beständig in der Qualität; die schön ausgewogene Frucht und der reife Gerbstoffgehalt machen ihn relativ früh trinkreif und dennoch erfreulich haltbar.

Château Lafite-Rothschild

1er Cru Classé. Besitzer: Domaines Rothschild. 90 ha. 17.000 Kisten. CS 75%, Mer 15%, CF 13%, PV 2%. Zweitetikett: Les Carruades.

Lafite hat in neuerer Zeit so etwas wie eine Renaissance erlebt. In den 60er und anfangs der 70er Jahre hat es bei weitem zu viele Enttäuschungen für einen Wein mit einem solchen Prestige gegeben. 1974 begann eine neue Ära mit der Berufung eines Angehörigen der jüngeren Generation, nämlich Baron Eric de Rothschild, als das für Lafite zuständige Familienmitglied. 1975 wurde Professor Peynaud als Berater hinzugezogen und Jean Crété mit seiner unschätzbaren, unter Paul Delon in Léoville-Las-Cases gewonnenen Erfahrung als *Régisseur* eingesetzt. Diese Veränderungen haben sich gemeinsam für Lafite höchst günstig ausgewirkt und machen sich auch im Glas lebhaft bemerkbar. Jean Crété trat 1983 in den Ruhestand, ihm folgte Gilbert Rokvam. Weitere Veränderungen traten ein, und die alte Praxis, den Wein ungeachtet des Jahrgangs-Charakters drei Jahre im Faß liegenzulassen, wurde aufgegeben. 1987 wurde ein neuartiger, kreisrund gebauter Faßkeller für zweijährigen Wein fertiggestellt und ein Jahr später ein neuer *Cuvier* in Betrieb genommen, dessen Edelstahltanks die traditionellen Eichenfässer ergänzen, jedoch nicht verdrängen sollen.

Was an den neueren Lafite-Jahrgängen gegenüber den früheren auffällt, ist die Tiefe der Farbe und die Fülle und Konzentration im Geschmack. Die herausragenden neueren Jahrgänge sind hier 76, 79, 82, 85, 86, 88, 89 und 90. Der 78er ist leicht, köstlich, jetzt genußreif. Der 81er ist ein kleiner Klassiker, der 83er erstaunlich tanninherb und noch lange nicht so weit entwickelt wie andere seines Jahrgangs; der 84er ist einer der besten Weine dieses unterschiedlich ausgefallenen Jahrgangs und der 87er ein leichter, vorzüglicher, jetzt schon trinkreifer Wein. Seit 1985 wird eine schärfere Auslese getroffen und ein größerer Teil des Ertrags für den Zweitwein Carruades abgezweigt, daher zeigt dieser deutliche Verbesserungen.

Eine Flasche Lafite zu trinken dürfte eines der höchsten Erlebnisse für jeden Weinliebhaber sein, und so ist es gut zu wissen, daß künftig keine Enttäuschungen mehr vorkommen.

Château Latour

1er Cru Classé. Besitzer: François Pinault. Leiter: Christian Le Sommer. 61 ha. 16.600 Kisten. CS 80%, Mer 15%, CF 4%, PV 1%. Zweitetikett: Les Forts de Latour (10.000 Kisten).

1963 erwarb die Pearsons-Gruppe den Mehrheitsbesitz an Latour, und Harveys in Bristol verfügte über eine 25%ige Beteiligung. Harveys wurde später Bestandteil von Allied Lyons, und diese Gruppe erwarb 1989 auch den Pearsons-Anteil am Besitz. Jean-Paul Gardère übte als Leiter von seiner Berufung 1963 bis zum Eintritt in den Ruhestand 1987 bestimmenden Einfluß auf die Weine von Latour aus. 1993 verkaufte die Firma Allied-Lyons, die 1989 Latour bei Hausse gekauft hatte, das Gut nun bei Baisse an François Pinault, der wie einst André Mentzelopoulos im Einzelhandel ein Vermögen verdient hat. Für Latour ist es bestimmt ein Glücksfall, jetzt wieder einen Besitzer vor Ort zu haben, wenn er sich in Latour ebenso einsetzt wie Mentzelopoulos seinerzeit in Margaux.

Latour bringt seit Generationen monumentale Weine hervor. Die Modernisierung des *Cuvier* und die Verbesserungen im Weinberg zielen lediglich darauf ab, die Weine zugänglicher zu machen. Vergleichende Proben zeigen jedoch, daß der Latour dadurch nichts von seinem legendären Charakter, von der großen Tiefe seiner Farbe, von seiner klassischen Cabernet-Blume und von seiner gewaltigen Konzentration in Frucht und Tannin eingebüßt hat. Bewunderer von Latour haben es oft mit Trauer vermerkt, daß sie wohl kaum lange genug leben würden, um auch die neuesten Jahrgänge noch genießen zu dürfen. Nach dem legendären 61er waren die nächsten großen Jahrgänge der 62er und 66er, und auch der 64er und der 67er waren für diese Jahre überdurchschnittlich gut. In den 70er Jahren steht der 75er an der Spitze, gefolgt vom 70er und 78er, einem außergewöhnlichen 73er und einem guten 76er. In der 80er Dekade ist der 81er wahrscheinlich einer der besten Weine seines Jahrgangs, der 82er ein großer Klassiker, die Jahrgänge 1986, 88, 89 und 90 sind hervorragend und brauchen lange Reifezeit, während der 85er ansprechend ist und schnell reift. 1991 entging Latour dem schlimmen Frost und brachte einen der besten Weine dieses Jahrgangs hervor.

Der Zweitetikettwein Les Forts de Latour stammt zum Teil aus Lagen, die für den Grand Vin nicht in Frage kommen, und zum Teil von jüngeren Weinstöcken von Latour selbst. Bei diesem Wein ist die Gärungsdauer kürzer, er zeigt zwar dieselben Charakteristiken wie Latour, ist aber nicht so konzentriert und entwickelt sich deshalb rascher. Er kam immer erst auf den Markt, wenn er voll ausgereift war, bis 1991 mit dieser Tradition gebrochen und der 90er *en primeur* angeboten wurde.

Château Lynch-Bages
5e Cru Classé. Besitzer: Familie Cazes. Leiter: Jean-Michel Cazes. 85 ha. 35.000 Kisten. CS 75%, Mer 15%, PV 10%. Zweitetikett: Château Haut-Bages-Averous (7.000 Kisten).

Der Lynch-Bages weckt unter Bordeaux-Liebhabern deutliche Meinungsverschiedenheiten. Manche bewundern ihn vorbehaltlos, andere nennen ihn den Mouton des kleinen Mannes oder behaupten, es fehle ihm an Finesse und Rasse. Objektiv betrachtet, ist er ein wundervoll ansprechender, fast pflaumendunkler Pauillac mit einem herrlich konzentrierten Bukett und Geschmack nach schwarzen Johannisbeeren. Zudem ist er nicht so gerbstoffherb und aggressiv wie manche Pauillacs, der Nachdruck liegt auf Frucht und Milde. Außerdem entstehen erfahrungsgemäß hier auch in weniger guten Jahrgängen feine Weine.

Das Château, wo der jetzige Leiter von Lynch-Bages auch wohnt, steht am Rand des Plateaus von Bages über der Gironde, und seine Weinberge liegen dahinter. In den letzten Jahren wurden *Cuvier* und *Chai* eindrucksvoll modernisiert und vergrößert. Der Qualitätsstand ist heute höher denn je. Hervorragende neuere Jahrgänge sind 90, 89, 88, 86, 85, 83, 82, 81, 78 und 75.

Haut-Bages-Averous ist eine Art Kreuzung aus dem Ertrag von 5 ha Cru Bourgeois und dem Teil des Lynch-Bages, der nicht in den Grand Vin eingeht. Auf diese Weise entsteht ein leichter, köstlich fruchtiger und süffiger Wein.

Château Lynch-Moussas
5e Cru Classé. Besitzer: Familie Castéja. 25 ha. 12.500 Kisten. CS 70%, Mer 30%.

Obwohl das Gut seit langem der Familie Castéja gehört, hatten zu viele Familienmitglieder die Hand im Spiel, bis Emile Castéja 1969 die anderen schließlich abfinden konnte. Damals war die Erzeugung stark zurückgegangen, das Gut war ziemlich heruntergekommen. Emile Castéja, der auch für alle Borie-Manoux-Güter verantwortlich zeichnet (Batailley usw.), mußte *Cuvier* und *Chai* wieder aufbauen und neu ausstatten und die Weinberge neu anpflanzen. Ihre Lagen grenzen an Batailley und befinden sich zum Teil in der Nähe Moussas am weitesten westlich von allen Pauillac-*Crus*, und ein weiterer Teil liegt nahe Duhart-Milon und Lafite weiter nördlich sowie nahe Pichon und Latour weiter südlich.

Vor der Restaurierung war der Wein angenehm und leicht, jedoch ohne große Eigenart. Ein Anzeichen für die inzwischen gemachten Fortschritte zeigte sich auf einer kürzlich stattgefundenen blinden Weinprobe mit 80er Crus Classés, bei der er besser abschnitt als einige bekanntere Pauillacs. Mir fiel das aromatische, an Minze gemahnende Bukett auf, dazu der ansprechend fruchtige Geschmack und die interessante Individualität, und das bei einem so minderen Jahrgang wie dem 80er. Seither sind die Weine gehaltvoller und gleichmäßiger als zuvor, und da sie zu Cru Bourgeois-Preisen angeboten werden, sind sie sehr preiswert.

Château Mouton-Baronne-Philippe

(siehe Château d'Armailhac)

Château Mouton-Rothschild

1er Cru Classé 1973. Besitzer: Baron Philippe de Rothschild SA. 75 ha. 25.000 Kisten. CS 80%, CF 10%, Mer 8%, PV 2%.

Das Mouton-Rothschild, wie wir es heute kennen, ist das Lebenswerk eines einzigen Mannes, des Baron Philippe, der von dem Tag an, als er es 1923 übernahm, bis zu seinem Tod 1988 alles daransetzte, etwas Besonderes aus ihm zu machen. Als erster führte er zusammen mit den anderen Premiers Crus die Château-Abfüllung ein – nur war Mouton damals noch kein 1er Cru. Von ihm stammt die Idee, jedes Jahr von einem Künstler ein neues Etikett entwerfen zu lassen, und das wird seit 1945 so gehandhabt. Schließlich focht er seinen Kampf mit den kleinlichen Eifersüchteleien in Bordeaux durch und brachte es fertig, daß Mouton 1973 offiziell zum Premier Cru Classé erhoben wurde. In seinen letzten Jahren überzeugte er sein einziges Kind, Philippine, daß sie sich mit der Sache befassen müsse, und heute tritt sie mit Tüchtigkeit in die Fußstapfen ihres Vaters.

Die Weine von Mouton sind durch und durch Pauillacs; sie liegen in der Art eigentümlicherweise näher beim Latour, der doch am anderen Ende der Gemarkung wächst, als bei dem Nachbarn und ständigen Rivalen Lafite. Er hat in Bukett und Geschmack eine ähnlich konzentrierte Note von schwarzen Johannisbeeren und dazu eine Fülle und Üppigkeit, die das Tannin stärker überdecken als beim Latour. Die großen Jahrgänge der letzten Zeit waren 1990, 89, 88, 86, 85, 83, 82, 78 und 75.

Château Pédesclaux

5e Cru Classé. Besitzer: Familie Jugla. Leiter: Bernard Jugla. 18 ha. 8.300 Kisten. CS 70%, Mer 20%, CF 5%, PV 5%.

Dieses Cru Classé ist nicht so sehr bekannt. Seine Weinberge und der *Chai* liegen unmittelbar nördlich von Pauillac, nahe bei Pontet-Canet. Der Name stammt von einem *Courtier* (Makler), dem es zur Zeit der Klassifizierung von 1855 gehörte. 1950 kaufte es die Familie Jugla, und unter ihrer Leitung wurden die Anlagen vergrößert, und die Erzeugung stieg. Der wichtigste Exportmarkt ist Belgien. Pédesclaux hat den Ruf, daß hier eher solide und anständige als aufregende Pauillacs entstehen, doch als Folge einer neuen Zusammenarbeit mit Dourthe hat sich mit dem Jahrgang 1985 eine deutliche Qualitätsverbesserung eingestellt.

Château Pibran

Cru Bourgeois. Besitzer: AXA Millésimes. Leiter: J.-M. Cazes. 9,5 ha. 4.000 Kisten. CS 60%, Mer 24%, CF 11%, PV 5%.

Das Gut liegt am Rand von Pauillac neben Pontet-Canet. Von 1941 bis 87 gehörte es der Familie Billa, die dem Wein einen guten

Ruf verschaffte. Jetzt ist es Teil des AXA-Imperiums, und unter der Aufsicht von Jean-Michel Cazes entstehen ansprechend fruchtige, ausdrucksvolle Weine.

Château Pichon-Longueville-Baron
2e Cru Classé. Besitzer: AXA Millésimes. Leiter: J.-M. Cazes. 50 ha. 20.000 Kisten. CS 70%, Mer 30%. Zweitetikett: Les Tourelles de Pichon.

Das Château ist ein bemerkenswertes Wahrzeichen der *Route des châteaux*. Mit seinen schlanken Türmchen und steilen Giebeln hat es ein märchenhaftes Flair. 1855 war der Besitz noch ungeteilt und kam mit Mouton (das inzwischen in den 1er-Cru-Rang erhoben wurde) als einziges Gut in Pauillac in den 2e-Cru-Rang. Die Lage der Weinberge – neben Latour – ist superb. Die neuen Besitzer haben das Château, das seit dem Krieg nicht viel mehr als ein leeres Gehäuse war, restauriert und einen neuen *Chai* und *Cuvier* errichtet – ein Bauwerk, das durch seine Größe und Ausdehnung die Umgebung allzusehr beherrscht.

Vor Zeiten war Pichon-Baron (wie man es zum Unterschied vom Nachbargut Pichon-Comtesse nennt) allgemein von beiden das Gut mit dem besseren Wein, aber die 60er und insbesondere 70er sowie der Anfang der 80er Jahre bildeten unter der früheren Leitung eine Zeit der Enttäuschungen. Seit AXA das Gut 1987 übernahm, hat Jean-Michel Cazes rasch das Steuer herumgeworfen und brachte 1988, 89 und 90 klassische Weine hervor, typische Pauillacs im Vergleich mit den femininеren Comtesse-Weinen von der anderen Straßenseite.

Château Pichon-Longueville-Comtesse-de-Lalande
2e Cru Classé. Besitzerin: Mme H. de Lencquesaing. 60 ha. 25.000 Kisten. CS 46%, Mer 34%, CF 12%, PV 8%. Zweitetikett: Réserve de la Comtesse.

Anders als das Nachbargut Pichon-Baron hat Pichon-Comtesse ein hübsches Château, das meist von der jetzigen Besitzerin und Leiterin, Mme de Lencquesaing, bewohnt wird. Ursprünglich erwarb ihr Vater, Edouard Miailhe, im Jahr 1926 den Besitz. Unter der Leitung seines Sohnes William-Alain wurden mancherlei Verbesserungen durchgeführt, u. a. baute er einen zum Teil unterirdischen *Chai* und darauf eine Terrasse, von der aus man einen herrlichen Blick auf die Gironde und Château Latour hat. Aber erst seitdem seine Tochter 1978 das Gut übernahm, ist Pichon Comtesse und sein Ruf in die Spitzenklasse der 2e Crus aufgestiegen. Die Ernte von 1980 konnte in einen neuen *Cuvier* eingefahren werden, der *Chai* wurde erweitert, und die Empfangsräume für Gäste sowie die Probierstuben wurden verschönert. Ebenfalls von großer Bedeutung war die Rolle von Monsieur Godin, seit 1970 *Chef de culture* und von 1975 bis 1992 *Régisseur*. Er gehörte zu der neuen Garde der Weingutsleiter in Bordeaux, die eine moderne technische Ausbildung mit einem angeborenen Sinn für das Metier verbinden.

Die Weine des Guts haben sich stets durch große Finesse und Rasse ausgezeichnet. Dadurch, daß die Weinberge zum Teil in St-Julien liegen, bekommt der Wein einen besonderen Charakter. Er ist üppiger und femininer als andere Pauillacs, aber auch reichhaltiger als ein St-Julien. Die Einführung des Zweitetiketts Réserve de la Comtesse hat zu strengerer Auswahl bei der Zusammenstellung und zu entsprechend verbesserter Qualität geführt. Ganz hervorragende Jahrgänge sind 78, 79, 81, 82, 83, 85, 86, 88, 89 und 90 entstanden, aber auch der 80er, 84er und 87er liegen über dem allgemeinen Niveau dieser Jahre.

Château Pontet-Canet

5e Cru Classé. Besitzer: Guy Tesseron. 75 ha. 30.000 Kisten. CS 40%, Mer 30%, CF 25%, PV 5%. Zweitetikett: Les Hauts de Pontet.

Das große Gut liegt nördlich von Pauillac neben Mouton-Rothschild. Viele Jahre lang war es der Stolz der Familie Cruse, die es dann 1975 an Guy Tesseron aus der bekannten Cognac-Familie verkaufte (seine Frau ist eine Cruse). Das Château mit dem schönen *Chai* und dem im Médoc seltenen unterirdischen Keller macht großen Eindruck. Leider ging der Ruf von Pontet-Canet in den letzten Jahren des Cruse-Regimes zurück. Der Wein wurde früher in der Kellerei in Bordeaux abgefüllt, heute geschieht das nur noch im Château selbst.

Man hatte gehofft, daß sich der gute Ruf von Pontet-Canet unter der neuen Leitung rasch erholen würde, aber leider geht das doch nicht so schnell. Oft scheint es den wuchtigen, gerbstoffreichen Weinen an Rasse zu mangeln, ja manchmal wirken sie trocken und mager. Alfred Tesseron hat sich sehr um Verbesserungen bemüht und dabei den Rat von Professor Peynaud genutzt. Mit der Einführung des neuen Zweitetiketts im Jahr 1982 wurde eine strenge Auslese verbunden. Die besten neueren Jahrgänge waren 75, 81, 82, 85, 86, 88, 89 und 90.

Cave Coopérative La Rose Pauillac

Besitzer: Groupement des Propriétaires-Viticulteurs de Pauillac. 110 ha. 52.000 Kisten. CS und CF 45%, Mer 40%, PV 15%.

Die 1933 während der Krisenjahre gegründete Cave Coopérative stand am Anfang der Genossenschaftsbewegung im Médoc. Bei ihrer Entstehung hatte sie lediglich 52 Mitglieder. Heute sind es 125, und sie bebauen 110 ha Rebfläche. Der größte Teil des Weins wird unter dem Etikett La Rose Pauillac verkauft, jedoch Château Haut-Milon und Château Haut-St-Lambert segeln unter eigener Flagge; Château le Fournas-Bernadotte wird in der Genossenschaftskellerei bereitet, die anschließende *élevage* übernimmt der Besitzer.

Die Genossenschaft hat einen guten Ruf für anständige, solide, schön fruchtige und nicht allzu herbe und strenge Pauillacs.

ST-ESTÈPHE

St-Estèphe bildet in vielerlei Hinsicht einen Übergang zwischen den beiden Teilen des Médoc. Die Qualitätspalette reicht von der Rasse und Wucht des führenden *Cru*, Cos-d'Estournel, bis hin zu mageren strengen Weinen mit deutlichem *Goût de terroir*. Allerdings haben die verbesserten Weinbereitungsmethoden dazu geführt, daß viele Weine nicht mehr so rustikal sind wie früher. Die Rebfläche ist in den letzten 15 Jahren kaum angewachsen.

Château Andron-Blanquet

Cru Grand Bourgeois Exceptionnel. Besitzer: Domaine Audoy. Leiter: Bernard Audoy. 16 ha. 9.000 Kisten. CS 40%, Mer 30%, CF 30%. Zweitetiketten: Château St-Roch, Blanquet.

Seit 1971 befindet sich Andron-Blanquet im gleichen Besitz und unter derselben Leitung wie Cos-Labory, an dessen Weinberge es an manchen Stellen angrenzt. Der Wein hat meiner Erfahrung nach jenen starken *Goût de terroir*, den manche St-Estèphes aufweisen, aber er ist gepaart mit genügend Frucht und Fülle, so daß nach einiger Wartezeit ein angenehmer Wein mit starken Geschmacksqualitäten entsteht. Ein Wein mit Charakter, wenn man diesen Charakter mag!

Château Beau-Site

Cru Grand Bourgeois Exceptionnel. Besitzer: Emile Castéja. 32 ha. 20.000 Kisten. CS 63%, Mer 28%, CF 6%, PV 3%.

Der Name bedeutet «schöne Stelle», und wenn man von dem kleinen Hof vor dem Château und dem *Chai* aus den Blick genießt, versteht man, warum er gewählt wurde. Der Ort St-Corbian, wo das Gut liegt, ist ziemlich hoch gelegen, und man hat eine herrliche Aussicht über die Weinberge von Calon-Ségur zur Gironde. Der Besitz gehört der Familie Castéja, und der Wein wird exklusiv über das Handelshaus Borie-Manoux in Bordeaux verkauft.

Wie viele St-Estèphes ist er anfänglich sehr streng im Geschmack, er entwickelt aber bald eine Fülle, die einen harmonischen, angenehmen Wein ausmacht. Manchmal hat er noch etwas Strenge im Abgang, aber auch sie rundet sich mit der Zeit ab. Den größten Eindruck haben mir unter den neueren Jahrgängen folgende gemacht: 1978, 81, 82, 83, 85, 88 und 89. Ein gutes Cru Bourgeois.

Château Beau-Site-Haut-Vignoble

Cru Bourgeois 1932. Besitzer: Jean-Louis Braquessac. 20 ha. 8.000 Kisten. CS 60%, Mer 30%, PV 10%.

Ebenfalls in St-Corbian liegt Beau-Site-Haut-Vignoble. Sein Wein ist deutlich mehr *artisanal.* Er wird zwar auch mit Sorgfalt bereitet, erreicht aber doch nicht die Klasse des Nachbarguts Beau-Site. Es fehlt ihm etwas an Fülle, dafür hat er mehr Strenge, und das führt zu einer Art von Schlichtheit, wie sie vielen geringeren St-Estèphes eigen ist. Nichtsdestoweniger ist er ein ehrenwerter und typischer St-Estèphe.

Château Calon-Ségur

3e Cru Classé. Besitzer: Familien Capbern-Gasqueton und Peyrelongue. Leiter: Philippe Gasqueton. 94 ha. 20.000 Kisten. CS 65%, Mer 20%, CF 15%. Zweitetikett: Marquis de Ségur

Das älteste unter den Spitzengütern von St-Estèphe – im 12. Jahrhundert erhielt es der Bischof von Portiers, Monseigneur de Calon, zum Geschenk, und im 18. Jahrhundert kam es in den Besitz des berühmten Marquis de Ségur, dem auch Lafite und Latour gehörten. Er soll einmal gesagt haben, daß sein Wein zwar in Lafite bereitet werde, sein Herz aber sei in Calon, und so kehrt heute noch das Herz-Motiv nicht nur auf dem Etikett, sondern auch an vielen anderen Stellen immer wieder. Philippe Gasqueton leitet das Gut seit dem Tod seines Onkels im Jahr 1962 und hält den guten Ruf beständiger Qualität aufrecht. 1984 wurde der große unterirdische Keller fertig, der in der Form eines L an zwei Seiten des *Chai* entlang angelegt ist und auf der einen Seite 60 m, auf der anderen 50 m lang ist. Der schöne alte Holzbau des *Cuvier* ist noch erhalten, wird aber seit 1973 nicht mehr benutzt. Die neuen *Cuves* aus Edelstahl fassen je 100 hl, d. h. den Ertrag eines halben Lesetags. Das ermöglicht bessere Kontrolle und Auslese.

Der Wein liegt bei vergleichenden Faßproben verschiedener Crus Classés von St-Estèphe selten in den oberen Rängen, entfaltet sich dann aber in der Flasche sehr viel besser. Er ist merklich milder und fruchtiger als der Cos oder Montrose, vielleicht aber nicht ganz so fein. Bei einer blinden Weinprobe 1976 in Paris für *La Nouvelle Guide de Gault-Millau* erhielt Calon die höchste Durchschnittsbewertung aus einer Gruppe führender Crus Classés. Bei dieser Probe waren die Jahrgänge 66, 70, 71 und 73 einbezogen. Von den neueren Jahrgängen sind der 89er und 88er klassische Calons, der 85er ist etwas untypisch, aber eindrucksvoll, der 83er mild, entgegenkommend, etwas überzogen, und der

82er gehört zu den führenden Weinen seines Jahrgangs. Auch der 81er, 79er und 78er sind sämtlich gut, und der 80er ist köstlich und schon früh trinkreif. Der Calon ist in England stets beliebt gewesen, aber in den letzten Jahren hat sich sein Ruf etwas verdunkelt. Vielleicht ist er nur einfach nicht in die Schlagzeilen gekommen, denn allen Anzeichen nach ist er doch gerade ein Wein, wie man ihn gern hat – angenehm zu trinken und doch gut haltbar, mit viel Charakter und nicht allzu teuer.

Château Capbern-Gasqueton
Cru Grand Bourgeois Exceptionnel. Besitzer: Familie Capbern-Gasqueton. Leiter: Philippe Gasqueton. 30 ha. 10.000 Kisten. CS 60%, Mer 25%, CF 15%. Zweitetikett: Le Grand Village Capbern (exklusiver Vertrieb durch Dourthe).

Das Château ist ein stattliches Gutshaus mitten in St-Estèphe. Die Weinberge bestehen aus zwei Teilen, einer liegt neben Calon-Ségur und einer bei Meyney. Das Château, das seit vielen Generationen der Familie gehört, ist das Heim von Philippe Gasqueton. Der Wein wird in Fässern ausgebaut, aber es werden keine neuen verwendet. Wie in Calon-Ségur gelingt es Philippe Gasqueton auch hier, die Fruchtigkeit zu betonen und die oft mit St-Estèphe in Verbindung gebrachte Strenge zu vermeiden. So entstand ein sehr ansprechender 83er mit viel Frucht und Reife, aber auch starkem Charakter; der 79er ist etwas leichter, hat aber ausgewogene Fruchtigkeit und angenehmen Geschmack.

Château Chambert-Marbuzet
Cru Bourgeois 1932. Besitzer: Société Civile (H. Dubosq & Fils). 16 ha. 5.800 Kisten. CS 70%, Mer 30%. Zweitetikett: MacCarthy.

Das Gut ist ein Vorposten des Dubosq-Imperiums um Marbuzet (siehe Haut-Marbuzet). Auch dieser Wein ist sehr gut bereitet und schon jung sehr ansprechend, und doch hat er gutes Entwicklungspotential für lange Lagerung. Ich finde ihn bukettreich mit voller Frucht und reifem Tannin als Gegengewicht, und dazu kommt ein angenehmer Geschmack.

Château La Commanderie
Cru Bourgeois 1932. Besitzer: Gabriel Meffre. 16 ha. 6.000 Kisten. CS 60%, Mer 40%.

Es ist dies das nördlichste von Gabriel Meffres Weingütern. Früher einmal wurden alle Weine in du Glana bereitet; heute hat das Gut einen eigenen *Chai*. Der Name stammt aus dem Mittelalter, als hier die *Commanderie* der Tempelritter zu Hause war. Das Gut liegt im südlichen Teil der Gemeinde zwischen Marbuzet und Leyssac. Der Wein wird je nach Marktlage exklusiv durch Dourthe und Kressmann vertrieben.

Château Cos-d'Estournel
2e Cru Classé. Besitzer: Domaines Prats. Leiter: Bruno Prats. 54 ha. 18.000 Kisten. CS 60%, Mer 40%. Zweitetikett: Château de Marbuzet.

Cos ist allen, die öfter auf der *Route des châteaux* fahren, mit seiner pagodenähnlichen Fassade in auffallender Lage auf einem Hügel oberhalb Château Lafite, ein vertrauter Anblick. Dieses Gebäude ist eigentlich der *Chai*, denn ein Château gibt es gar nicht. Die heutigen Besitzverhältnisse gehen auf das Jahr 1919 zurück, als Fernand Ginestet, der Großvater von Bruno Prats, das Gut kaufte. Bruno Prats hat die Leitung seit 1971. Cos gilt allgemein als das Spitzen-*Cru* von St-Estèphe. Der Wein entwickelt zweifellos in der Flasche mehr Finesse und Rasse als alle anderen.

In den 60er Jahren war er eine Zeitlang nicht so überzeugend, seit aber Bruno Prats die Leitung übernommen hat, hat Cos seinen Platz unter den führenden 2e Crus Classés wiedererlangt.

Der Wein ist im Faß immer höchst eindrucksvoll, konzentriert und tanninreich, doch schön ausgewogen mit großer Rasse. In den ersten Jahren der Flaschenlagerzeit gibt es dann oft eine flache Periode, doch dann kommen Frucht, Ausgewogenheit und Rasse voll zum Vorschein. Bei diesem Wein lohnt sich eine längere Aufbewahrungszeit. Feine, oft sogar ausnehmend feine Weine entstanden 1990, 89, 88, 86, 85, 83, 82, 81, 79 und 78.

Château Cos-Labory
5e Cru Classé. Besitzer: Domaine Audoy. Leiter: Bernard Audoy. 18 ha. 10.000 Kisten. CS 40%, Mer 30%, CF 25%, PV 5%.

Der Stil des Weins aus diesem Gut ist leicht und elegant, und er reift auch ziemlich rasch aus. Man findet in ihm sicherlich mehr Raffinement, als es in St-Estèphe sonst üblich ist, dafür aber nicht die Wucht und den Charakter der Spitzengewächse. Der Jahrgang 1986 bezeichnet jedoch den Beginn einer Ära konzentrierter Weine, die sich eindeutig im Aufwind befinden.

Château Coutelin-Merville
Cru Grand Bourgeois. Besitzer: Guy Estager et Fils. Leiter: Bernard Estager. 20 ha. 10.000 Kisten. CS und CF 43%, Mer 40%, PV 17%.

Bis 1972 wurde dieses Gut zusammen mit Château Hanteillan in Cissac, an das es angrenzt, bewirtschaftet. Dann erzwangen Erbschaftsschwierigkeiten den Verkauf des Cissac-Besitzes. Der Wein wird in Fässern ausgebaut, aber es werden keine neuen dabei verwendet. Er ist kraftvoll und fest im Körper und braucht Zeit in der Flasche zur Abrundung und Entwicklung.

Château Le Crock
Cru Grand Bourgeois Exceptionnel. Besitzer: Familie Cuvelier. Leiter: Didier Cuvelier. 31 ha. 15.500 Kisten. CS 65%, Mer 35%.

Seit 1903 gehört Le Crock der Familie Cuvelier, zu deren Besitz auch Léoville-Poyferré zählt. Die Leitung hat Didier Cuvelier übernommen, ein Enthusiast, dem Francis Dourthe, der *Maître de chai* von Poyferré, zur Seite steht.

Ich weiß nicht, wie die Weine früher waren, in neuerer Zeit jedenfalls sind sie höchst eindrucksvoll, blumig, kräftig, mit vielfältigem Bukett und ausgeprägter, angenehmer Persönlichkeit, gehaltvoll und tief im Geschmack. Bei einer blinden Weinprobe mit 79er Crus Bourgeois im Jahr 1984 stand Le Crock auf demselben Niveau wie Meyney. Bei solchem Format muß er wohl ein Spitzen-Cru Bourgeois von St-Estèphe sein, ein Wein, auf den es zu achten gilt, vor allem seit sich die Leitung des Guts verjüngt hat.

Château Haut-Marbuzet
Cru Grand Bourgeois Exceptionnel. Besitzer: SCV Duboscq. Leiter: Henri Duboscq. 45 ha. 22.500 Kisten. CS 50%, Mer 40%, CF 10%. Zweitetikett: Tour de Marbuzet.

In den letzten rund 20 Jahren hat sich Henri Duboscq mit seinen Weinen einen gewaltigen Ruf aufgebaut. Dieses Gut, das um den Ort Marbuzet herum unmittelbar südlich von Montrose liegt, war für ihn der Ausgangspunkt. Inzwischen hat er seinem Imperium noch Mac-Carthy-Moula, Chambert-Marbuzet und Tour-de-Marbuzet einverleibt.

Bemerkenswert für ein Cru Bourgeois ist, daß alle Weine in neuen Eichenfässern ausgebaut werden, denn so etwas unternehmen selbst die meisten Crus Classés nicht einmal. Man sollte meinen, daß dies gerade in St-Estèphe zu strengen, herben Weinen führen müsse, doch sind sie nach meiner Erfahrung ganz besonders ansprechend. Die Farbe ist tief und voll, der Duft reichhaltig und konzentriert, voller Frucht und schön darauf abgestimmtem Eichenholz; der Wein ist insgesamt sehr gut ausgewogen und stilvoll, mit hervorragendem Geschmack, schon relativ jung trinkreif und dennoch sehr haltbar. Auch die Beständigkeit der Qualität ist außergewöhnlich; so war der 72er einer von wenigen Weinen aus diesem Jahrgang, die mit großem Genuß zu trinken waren.

Château Houissant

Cru Bourgeois Supérieur 1932. Besitzer: Jean Ardouin. 20 ha. 10.000 Kisten. CS 70%, Mer 30%.

Das Gut hat eine günstige Lage auf höherem Grund landeinwärts von Montrose im südlichen Teil der Appellation. Die Weine genießen schon seit langem einen soliden, beständigen Ruf. Obwohl es in der Rangliste nicht erscheint, weil es dem Verband nicht angehört, ist es doch ein empfehlenswertes Cru Bourgeois.

Château Lafite-Carcasset

Cru Bourgeois 1932. Besitzer: Vicomte Philippe de Padirac. 20 ha. 8.000 Kisten. CS 65%, Mer 35%. Zweitetikett: Château la Vicomtesse.

Mit dem Namen wird nicht etwa versucht, etwas vom Glanz des Premier Cru Classé abzubekommen, vielmehr hieß der Besitzer im 18. Jahrhundert so. Das Gut hat unmittelbar nördlich von der Cave Coopérative einen günstigen Standpunkt. Die Weine werden mit Sorgfalt bereitet, dabei liegt der Nachdruck auf Finesse, aber sie sind auch sehr kräftig im Körper. Das Château gehört dem Cru Bourgeois-Verband nicht an.

Château Lafon-Rochet

4e Cru Classé. Besitzer: Guy Tesseron. 45 ha. 12.000 Kisten. CS 55%, Mer 40%, CF 4%. Zweitetikett: Le Numéro 2 de Lafon-Rochet.

Seit Guy Tesseron (ein mit einer Cruse verheirateter Cognac-*Négociant*) das Gut 1960 kaufte, hat er sich sehr um den Wiederaufbau seines guten Rufs bemüht. Im Weinberg und im *Chai* war viel zu tun, und es wurde ein ganz neues Château in traditionellem Stil erbaut. Es ist von der Straße aus, gleich hinter Cos d'Estournel an der *Route des châteaux*, gut zu sehen.

Um die Mitte der 70er Jahre hatte ich den Eindruck, daß die Reben nun langsam ausgereift seien und sich deutliche Verbesserungen einstellten. Wenn ich mir aber meine laufenden Notizen und die Ergebnisse von blinden Weinproben ansehe, stoße ich immer wieder auf Bewertungen wie «streng», «mittelmäßig», «trocken im Abgang». Was ist hier schiefgegangen? Zunächst einmal hatte Guy Tesseron den Merlot-Anteil drastisch verringert und dafür den Cabernet-Sauvignon-Anteil auf 80% angehoben. Im Vergleich dazu beträgt er in Cos d'Estournel und Calon-Ségur 60% und in Montrose 65%. Der Grund für den relativ geringen Anteil an Cabernet-Sauvignon in St-Estèphe, auch bei den Crus Classés, ist in dem schwereren, stark lehmhaltigen Boden zu suchen. Der Cabernet gelangt dort einfach nicht so voll zur Reife, und deshalb kommt ohne Merlot kein ausgewogener Wein zustande. Mir scheint, daß in Lafon-Rochet der Weinberg so behandelt wurde, als liege er in Margaux, und das hat sich gerächt.

Château Lavillotte
Cru Bourgeois. Besitzer: Jacques Pedro. 14 ha. 5.800 Kisten. CS 75 %, Mer 25 %.

Hier habe ich die Tücke französischer Namensschreibweise einmal selbst zu spüren bekommen. Als dieses *Cru* in die Schlagzeilen geriet, weil es bei einer Gault-Millau-Weinprobe einige Crus Classés hinter sich ließ, stürzte ich mich auf den Cocks & Féret, um darüber nachzulesen. Aber unter diesem Namen war nichts zu finden. Später kam ich darauf, daß es unter La Villotte stand! Auf dem Château-Etikett ist der Name in einem Wort geschrieben.

Jacques Pedro ist Perfektionist, das zeigt sich in seinen Weinen. Sie werden im Faß ausgebaut und nicht filtriert, deshalb ist selbst bei Jahrgängen wie dem 78er Dekantieren unerläßlich.

Man versteht ohne weiteres, warum dieser Wein bei der Weinprobe so gut abschnitt. Er hat ein kräftiges, deutlich mit Minzetönen überlagertes Bukett von großer Intensität. Der Geschmack ist fein und verrät Rasse und Komplexität. Mir gefällt insbesondere der kräftige Geschmackseindruck und die Fruchtigkeit schon vorn auf der Zunge, aber es fehlt auch nicht an Finesse, nur ist der Körper etwas leichter, als man vermutet.

Château Lilian Ladoueys
Cru Bourgeois. Besitzer: Christian und Lilian Thieblot. 50 ha. 29.000 Kisten. CS 60 %, Mer 40 %.

Nachdem die neuen Besitzer das Gut 1989 erworben hatten, verwandelten sie das ziemlich heruntergekommene Genossenschaftsmitglied rasch in ein Cru Bourgeois, das diesen Namen verdient. Durch klug gewählte Landkäufe bei Nachbarn wurde die Rebfläche von ursprünglich 20 ha auf die heutige Größe gebracht, und um das nicht weit von Cos gelegene charmante Château in Form einer Kartause im Directoire-Stil wurden *Cuvier* und *Chai* neu gebaut. Der als erster Jahrgang abgefüllte 89er zeigt eindrucksvolle Fülle und würzigen Charakter bei viel Frucht und dem für das Jahr typischen Charme. Er und ein ebenso vielversprechender 90er vermitteln den Eindruck, daß in diesem Gut große Möglichkeiten stecken.

Château MacCarthy
Cru Grand Bourgeois. Besitzer: Henri Duboscq. 12 ha. 5.000 Kisten. CS 65 %, Mer 35 %.

Wie man aus der Geschichte von Lynch, Dillon und Kirwan weiß, ging es im 18. Jahrhundert den Iren im Exil in Bordeaux nicht schlecht, ganz zu schweigen von anderen, die wie Barton freiwillig hierher kamen. Die MacCarthys sind nicht so berühmt geworden, doch waren sie damals offenbar Menschen, die für die Zukunft bauten, und so haben sie dieses kleine Gut und eine Straße in Bordeaux als Denkmal ihres Namens hinterlassen.

1988 kaufte Henri Duboscq (siehe Haut-Marbuzet) das Gut und vergrößerte damit seinen Besitz in der Umgebung des Orts Marbuzet. Die Rebfläche wurde Chambert-Marbuzet zugeschlagen; der Name blieb als Zweitetikett erhalten.

Château de Marbuzet
Cru Grand Bourgeois Exceptionnel. Besitzer: Domaines Prats. 7 ha. 10.000 Kisten. Mer 56 %, CS 44 %.

Das hübsche Château ist Wohnsitz der Familie Prats von Cos-d'Estournel, wo es ja kein Château gibt. Der Wein wird in Cos bereitet und eigentlich als der dortige Zweitetikett-Wein behandelt; eigentlich wird er mit Weinen verschnitten, die sich für den Grand Vin von Cos-d'Estournel nicht eignen. Wie der Haut-Bages Averous von Lynch-Bages ist er also kein selbständiger zweiter

Wein. Das Resultat ist ein gefälliger, harmonischer Wein, der schneller reift als der Cos.

Cave Coopérative Marquis de St-Estèphe
Besitzer: Société de Vinification de St-Estèphe. 205 ha. 125.000 Kisten. CS 59%, Mer 29%, PV und CF 12%.

Die hiesige Genossenschaft wurde 1934 von nur 42 Winzern gegründet. Heute sind es über 200 Mitglieder, und die Cave Coopérative hat sich zu einer der modernsten und am besten geführten im ganzen Département Gironde entwickelt. Es werden nur Trauben aus der Appellation St-Estèphe verarbeitet. Neben dem unter der eigenen Marke Marquis de St-Estèphe vertriebenen Wein werden die Erzeugnisse einiger bedeutenderer Güter getrennt behandelt, in den jeweiligen Châteaux abgefüllt und unter deren Namen verkauft. Es handelt sich um die folgenden: de Mignot, Lille-Coutelin, Gireaud, Moutinot, L'Hôpital, Le Roc, Haut-Coteau, La Croix de Trois Sœurs, Lamier, Faget, Les Pradines, La Croix de Pez, Balangé, Ségur de Cabanac, Graves de Blanquet, Tour de Pez, Haut-Verdon, Ladouys, Les Combes, Violet, Lartigue. Die Qualität dieser Weine ist je nach Boden und Rebsorte unterschiedlich, doch sind alle mit Sorgfalt bereitet. Holzfässer werden nicht verwendet; die Weine nehmen sich nach 4 bis 6 Jahren gut aus.

Château Meyney
Cru Grand Bourgeois Exceptionnel. Besitzer: Domaines Cordier. 52 ha. 29.000 Kisten. CS 58%, Mer 25%, PV 10%, CF 7%. Zweitetikett: Prieur du Château Meyney.

So viele alte kirchliche Bauten wie in St-Emilion gibt es im Médoc nicht, doch in Meyney ist ein wahrhaft schönes Beispiel erhalten. Die herrlich auf einem Hügelkamm mit Blick über die Gironde gelegenen Gebäude stammen von 1662–66. Der große Hof ist noch heute voll klösterlicher Atmosphäre. Der alte Name Prieuré des Couleys erschien bis vor kurzem noch auf dem Etikett.

In den Weinen sind Frucht und Tannin sehr fein aufeinander abgestimmt; sie sind ziemlich gehaltvoll im Körper und kräftig, aber stets saftig im Geschmack. Ich finde sie meist am besten, wenn sie noch eher jung sind – obwohl sie genügend Festigkeit für lange Haltbarkeit besitzen, scheinen sie mir später trocken und im Abgang bitter zu werden. Der 70er und 75er sind auf dem Höhepunkt; der 78er entwickelte sich langsamer, dagegen verkörpern der 79er und 80er auf ihre eigene, ganz unterschiedliche Art köstlichsten, jetzt genußreifen Meyney. Der 81er, 82er, 83er, 85er, 86er, 88er, 89er und 90er sind allesamt in ihrer jeweiligen Eigenart sehr gut gelungen. Eindeutig gehört der Meyney zu den führenden St-Estèphes ohne Klassifizierungsrang.

Château Montrose
2e Cru Classé. Besitzer: Jean-Louis Charmolüe. 68 ha. 29.000 Kisten. CS 65%, Mer 25%, CF 10%. Zweitetikett: La Dame de Montrose.

Zum Leidwesen aller Schotten hat das nichts mit dem alten Haudegen und schottischen Nationalhelden gleichen Namens zu tun, sondern bedeutet nur «rosenfarbener Berg». Von allen großen Cru-Classé-Lagen wurde dieser Weinberg als letzter angelegt; er entstand aus ehemaligem Brachland, das zu Anfang des 19. Jahrhunderts noch zu Calon-Ségur gehörte. Wie das Nachbargut Meyney bietet es vom nahegelegenen Hügelkamm aus eine schöne Aussicht auf die Gironde. Seit 1896 gehört Montrose der Familie Charmolüe und wird von ihr mit größter Sorgfalt geführt. Der jetzige Besitzer, Jean-Louis Charmolüe, wohnt und arbeitet hier wie früher seine hochgeachtete Mutter. Der *Cuvier* sieht mit seinen wunderbar gepflegten Holzbottichen noch ganz nach alter Tradition aus, und auch der Wein ist traditionsverhaftet. Nur ein neuer *Chai* bringt eine moderne Note in das Ganze.

Ich kann dem Montrose, so wie er aus dem Faß kommt, nur Bewunderung zollen. Wenn er auch weniger als früher vom Cabernet Sauvignon geprägt ist, weist er doch einen wundervoll sauberen, gerbstoffherben und frischen Geschmack auf, in dem sich frisches Eichenholz, Tannin und Frucht schön ergänzen. Aber er ist kein Wein für eilige Leute, man braucht viel Geduld mit ihm.

Der 76er ist für den Jahrgang hervorragend, konzentriert und reichhaltig, der 78er elegant und reif, der 79er zwar kraftvoll, aber nicht so fein. In den 80er Jahren werden die Vorzüge einer strengeren Auslese nach den hohen Erträgen von 82 und 83 vom 84er an deutlich, der mit seiner duftigen Frucht und seinem vollen, milden Geschmack für den Jahrgang ausnehmend gut ist. Davor erweist sich der 81er mit einem Hauch feiner Süße über kraftvollem Tannin als besonders eindrucksvoll. Der 82er ist fein, aber keineswegs herausragend, und der 83er will getrunken sein. Der 85er ist herrlich, der 86er grandios mit Zedernholzduft und wunderbarem Geschmack und Gleichgewicht, der 88er noch sehr verschlossen. Der 89er zeigt sich offener mit üppiger Frucht und der 90er noch reichhaltiger und feiner mit lieblicher Süße – einer der großen Weine dieses großen Jahrgangs. Der 91er gehört zu den wenigen hervorragenden Weinen dieses Jahrgangs, weil der Rebbestand vom Frost weitgehend verschont blieb.

Château Morin

Cru Grand Bourgeois. Besitzer: Marguerite & Maxime Sidaine. 10 ha. 4.750 Kisten. CS 65%, Mer 35%.

Das Gut liegt unmittelbar außerhalb von St-Corbian im nördlichen Teil der Appellation und ist schon seit mehreren Generationen im Besitz derselben Familie. Es verwendet noch ein schönes altes Etikett, das ganz nach dem 19. Jahrhundert aussieht, und das Gut wird auch in durchaus althergebrachter Weise geführt. Die Weine mit ihrem kräftigen Geschmack sind jedoch recht mild und geschmeidig und haben einen guten Ruf.

Château Les Ormes-de-Pez

Cru Grand Bourgeois. Besitzer: Familie Cazes. Leiter: Jean-Michel Cazes. 32 ha. 15.000 Kisten. CS 55%, Mer 35%, CF 10%.

Das große Talent zur Weinbereitung, das die Familie Cazes nach Lynch-Bages mitgebracht hat, stellt sie auch hier unter Beweis. Ich war im Lauf der Jahre schon oft angenehm überrascht darüber, wie beständig ansprechend die Weine von Les Ormes-de-Pez sind. Selbst in schwierigen Jahren sind sie meist mild und fruchtig, ganz ohne die Herbheit und Strenge so vieler St-Estèphes. 1981 wurden neue Edelstahlgärtanks installiert und ein neuer *Chai* gebaut. Vorher waren die Weine in Lynch-Bages eingelagert worden.

Der Wein zeichnet sich durch große Konzentration aus, ist aber mit Geschmeidigkeit, Fruchtigkeit und viel Charakter schön ausgeglichen. Sehr gute Jahrgänge entstanden 89, 88, 86, 85, 83, 82 (besonders voll und vielversprechend), 81, 79 und 78. Zwar fehlt es dem Les-Ormes-de-Pez manchmal an der Rasse seines Nachbarn de Pez, aber er enttäuscht doch selten, und dadurch wird er zu einem der zuverlässigsten Crus Bourgeois von St-Estèphe.

Château de Pez

Cru Bourgeois Supérieur 1932. Besitzer: Société Civile. 23 ha. 14.500 Kisten. CS 70%, CF 15%, Mer 15%.

Das großartige Château des alten Guts ist mit seinen Doppeltürmen von der *Route des châteaux* aus – dort, wo sie sich durch das gleichnamige Dörfchen windet – ein schöner Anblick. Es liegt unmittelbar westlich von St-Estèphe. Seit Robert Doussan 1955 die Leitung für seine Tante übernahm, hat sich der Ruf dieses *Cru* stetig gebessert, und seit einigen Jahren gilt es als Kandidat für den Klassifizierungsrang und als bestes noch nicht mit solchem Rang bedachtes Gut in der Gemeinde.

Eine Eigenschaft, die der de Pez besitzt, während sie den anderen Crus Bourgeois hier fehlt, ist Rasse. Sie zeigt sich bei blinden Weinproben ganz eindeutig. Im Bukett findet sich eine ansprechende Würze, zusammen mit Eleganz, Charme und viel Frucht, und im Geschmack Konzentration und Reichhaltigkeit, zusammen mit harmonischem Gleichgewicht. Manche Jahrgänge können etwas mager ausfallen, aber auch dann bleibt die Ausgewogenheit erhalten. Von den Jahrgängen, die ich zu sehen bekommen habe, waren der 86er, 85er, 83er, 82er, 79er, 78er, 76er und 75er sehr gut. Der weltweite Vertrieb erfolgt durch Gilbey-Loudenne.

Château Phélan-Ségur
Cru Grand Bourgeois Exceptionnel. Besitzer: Société Château Phélan-Ségur SA (Président: Xavier Gardinier). 70 ha. 25.000 Kisten. CS 60%, Mer 30%, CF 10%. Zweitetikett: Frank Phélan. 8.330 Kisten.

Wie bei den Nachbarn Meyney und Montrose sieht man das Gutshaus von der *Route de châteaux* aus nicht. Vielmehr liegt das sehr hübsche Château am Südende von St-Estèphe ziemlich hoch und bietet einen schönen Blick über den Fluß. Der *Chai* ist sehr groß. 1985 stimmte die Familie Delon, der das Gut seit 1924 gehörte, dem Verkauf an den ehemaligen Generaldirektor der Champagner-Firma Pommery, Xavier Gardinier, zu.

Das *Cru* kann sehr feine, langlebige Weine von großer Fülle und Geschmeidigkeit, Komplexität und Rasse hervorbringen. Gegen Ende der Delon-Ära zeigte sich mangelnde Gleichmäßigkeit, und es entstanden einige mindere Weine. 1987 machte Xavier Gardinier in Bordeaux großen Eindruck mit der Ankündigung, daß er den gesamten Jahrgang 83 zurücknehmen sowie den 84er und 85er nicht unter dem Namen des Châteaus verkaufen würde. Nachdem solchermaßen reiner Tisch gemacht war, brachte das Château 1987 einen für diesen Jahrgang ausgezeichneten Wein hervor, dem 88, 89 und 90 weitere eindrucksvolle Weine folgten. Phélan darf damit wieder Anspruch darauf erheben, als einer der besten nichtklassifizierten Weine von St-Estèphe zu gelten.

Château Pomys
Cru Bourgeois Supérieur 1932. Besitzer: SARL Arnaud. 6 ha. 3.000 Kisten. CS 50%, Mer 30%, CS 20%.

Pomys ist eines der kleineren Güter in Pauillac; das malerische Château selbst ist leider vom Besitz getrennt. Die Weine sind verläßlich und schön ausgewogen.

Château Les Pradines
Besitzer: Jean Gradit. 8 ha. 3.500 Kisten. CS 60%, Mer 35%, CF 5%.

Ein gutes Beispiel dafür, was in der Weinbereitung durch eine Genossenschaft geleistet werden kann – alle Weine werden *à la propriété* abgefüllt und exklusiv durch Louis Dubroca vertrieben. Sie haben den positiven, festen Charakter von St-Estèphe bei sehr schöner Fruchtigkeit und ohne jede herbe Strenge. Die Weine kommen nicht mit Holz in Berührung, brauchen aber einige Jahre in der Flasche, bis sie ihr Bestes hergeben. Sie sind dann sehr angenehm mit viel erfreulichem Charakter.

Château St-Estèphe
Cru Bourgeois 1932. Besitzer: SARL Arnaud. 10 ha.
4.400 Kisten. CS 55%, Mer 30%, CF 8%, Mal und PV 7%.
Das Gut ist noch relativ jung – es stammt aus dem Jahr 1870 –, und das dazugehörige Haus wurde erst 1950 hinzuerworben. Es ist Eigentum der Familie Arnaud, der auch Château Pomys gehört, die ihren Wohnsitz aber in St-Estèphe hat. Den Weinen fehlt zwar die körperreiche Art des Pomys, doch sind sie sauber und für die Gegend typisch.

Château Tour-de-Termes
Cru Bourgeois 1932. Besitzer: Jean Anney. 26,5 ha.
13.500 Kisten. CS 55%, Mer 35%, PV 10%.
Ein größeres Gut in der Nähe des Orts St-Corbian im Norden der Appellation. Die Weine, die mir begegnet sind, waren gut bereitet, robust mit viel Charakter, aber auch geschmeidig und recht fein. Sie werden im Faß ausgebaut, der Qualitätsstandard ist hoch. Das Gut ist nicht Mitglied im Cru-Bourgeois-Verband.

Château Tronquoy-Lalande
Cru Grand Bourgeois. Besitzerin: Arlette Castéja. 16,5 ha.
7.000 Kisten. Mer 50%, CS und CF 50%.
Das reizende Château mit den Türmen an beiden Enden des Gebäudes im Chartreuse-Stil hat mir schon immer gut gefallen.

Lalande ist der Name des Guts selbst, Tronquoy hieß der Besitzer im frühen 19. Jahrhundert. Damals war das *Cru* in einigen inoffiziellen Klassifizierungen enthalten, aber in die so entscheidende von 1855 kam es nicht. Heute ist es ein sorgfältig geleitetes Gut, für das Dourthe das Alleinvertriebsrecht besitzt und technische Hilfe leistet. Die Weine werden zum Teil in *Cuves*, zum Teil in Holzfässern ausgebaut und neigen in der Jugend zur rustikalen, derben Seite, entfalten sich bei geduldigem Warten aber schön.

HAUT-MÉDOC

Der Rückschlag, den dieses Gebiet in den Jahren der Depression erlitten hat, ist jetzt wieder wettgemacht. Die Rebfläche hat sich zwischen 1973 und 1988 nahezu verdoppelt – eine bemerkenswerte Entwicklung.

Hier ist *par excellence* das Reich der Crus Bourgeois; auf sie entfallen 62% der in Ertrag stehenden Rebfläche, und zusammengenommen bedecken sie eine größere Fläche als in irgendeinem anderen Teil des Médoc. Wein wird in 15 sehr unterschiedlichen Gemeinden erzeugt, aber nur 10 von ihnen verfügen über mehr als 100 ha Rebfläche. Die wichtigsten sind St-Seurin, St-Laurent, Cussac, St-Sauveur, Cissac und Vertheuil.

Der Stil der Weine ist sehr verschieden. In den ertragreichsten Gemeinden im Norden entstehen robuste Weine mit vollem Geschmack, im Süden dagegen mildere und leichtere.

Château d'Agassac
Cru Grand Bourgeois Exceptionnel. Besitzer: Société Civile.
Leiter: Philippe Capbern-Gasqueton. 35 ha. 11.600 Kisten.
CS 54%, Mer 40%, CF 6%.
Dies ist eine der wenigen Burgen, die im Médoc überdauert haben. Es ist auch das bedeutendste *Cru* in Ludon nach La Lagune und dort das einzige Mitglied im Cru-Bourgeois-Verband. Seit Philippe Gasqueton (siehe Calon-Ségur, Capbern und du Tertre) das Gut vor mehr als 20 Jahren übernahm, sind deutliche Verbesserungen geschehen, und der Ruf des Weins ist stark gestiegen.

Die Weine werden im Faß ausgebaut, aber neue Fässer werden nicht verwendet. Die Erträge sind niedrig, meist liegen sie um nur 30 hl/ha. Ausgeprägte und ansprechende Individualität, lebhaftes Bukett mit ganz besonderer Fruchtigkeit und prononcierter Geschmack sind die Charakteristiken dieser Weine. Traditionsgemäß geht ein großer Teil nach Holland. Es ist schade, daß dieser Wein in der übrigen Welt nicht so bekannt ist.

Château d'Arcins
Cru Bourgeois 1932. Besitzer: SC du Château d'Arcins. 82 ha. 45.000 Kisten. CS 70%, Mer 30%.
Den größten Anteil an der Gesellschaft, die das Château d'Arcins betreibt, hat die Firma Castel Frères. Sie hat seit einiger Zeit kräftig in die Entwicklung des Weinguts, das als das beste in der Gemeinde gilt, investiert. Die Weine zeigen viele der Qualitäten der Nachbar-Appellationen Margaux und Moulis und werden größtenteils in Nordfrankreich abgesetzt.

Château Arnauld
Besitzer: M. et Mme Maurice Roggy. 18 ha. 9.000 Kisten. Mer 50%, CS 40%, CF 10%.
Das Gut, eine ehemalige Priorei, hat seinen Namen von dem *Procureur* Pierre-Jacques Arnauld am Hof des Parlaments von Bordeaux. 1956 wurde es von der Familie Roggy erworben. Die Weinberge wurden neu bestockt, und nach der Vermählung der beiden Roggy-Töchter mit den Brüdern Theil von Château Poujeaux kamen auch Verbesserungen in der Kellertechnik zustande. Der Jahrgang 1985 zeichnet sich durch frühe Genußreife, Frucht und Charme aus; der 88er ist dagegen viel wuchtiger. Das Gut ist auf jeden Fall künftiger Beachtung wert.

Château Barreyres
Cru Bourgeois 1932. Besitzer: SC du Château Barreyres. 100 ha. 48.000 Kisten. CS 70%, Mer 30%.
Wie im Château d'Arcins hat die Firma Castel Frères auch hier stark investiert und 1981 einen neuen *Cuvier* und *Chai* fertiggestellt, so daß Verbesserungen in der Verarbeitung der großen Produktion des Châteaus möglich geworden sind. Die Weine sind ansprechend, haben angenehme Frucht, können aber gelegentlich etwas derb ausfallen.

Château Beaumont
Cru Grand Bourgeois. Besitzer: Grand Millésimes de France. Leiter: Jacques de Chancel. 105 ha. 66.700 Kisten. CS 62%, Mer 30%, CF 5%, PV 3%. Zweitetiketten: Château Moulin-d'Arvigny, Les Tours de Beaumont.
In ausgesprochenem Gegensatz zum Nachbargut Tour-du-Haut-Moulin sind die Weine von Beaumont eher leicht, fruchtig, sehr bukettreich und früh genußreif; frisches Eichenholz, Tannin und Frucht sind schön aufeinander abgestimmt und ergeben ein sehr harmonisches Ganzes mit höchst ansprechendem Geschmack. Der 85er ist typisch fruchtig und saftig, der 86er hat dagegen mehr Tiefe und Festigkeit. Der 88er zeigt sich entgegenkommend und bereits genußreif bei ansprechend würziger Frucht. Der 89er ist mit außergewöhnlicher Tiefe und Struktur versehen, und der 90er hat einschmeichelnde, offene Art. Die Besitzverhältnisse entsprechen Beychevelle (Seite 88).

Der Zweitwein Château Moulin-d'Arvigny stellt eine für baldige Genußreife bestimmte Auslese aus 25% der Erzeugung, meist von jungen Reben, dar.

Château Bel-Air

Besitzer: Héritiers d'Henri Martin. 35 ha. 10.000 Kisten. CS 60%, Mer 40%.

Henri Martin – Besitzer von Château Gloria und bis zu seinem Tod 1991 eine der bekanntesten Persönlichkeiten im Médoc – erwarb dieses Gut im Jahr 1980. Heute wird es von seinem höchst tüchtigen Schwiegersohn Jean-Louis Triaud geleitet, der die drei getrennten Lagen von Bel-Air gemeinsam verarbeitet. Den 84er habe ich gekostet und als für diesen Jahrgang sehr verschlossen, jedoch mit Frucht und Bukett schön versehen befunden. Das Gut verdient sicherlich künftige Beachtung.

Château Belgrave

5e Cru Classé. Besitzer: GFA. Leiter: Patrick Atteret. 55 ha. 18.000 Kisten. CS 60%, Mer 35%, PV 5%.

Bis die CVBG-Gruppe (Dourthe-Kressmann) das Gut 1979 kaufte, hatte es jahrzehntelang unter zu wenig Investitionen, ja glatter Vernachlässigung gelitten. Es ist daher kein Wunder, daß der Wein nur wenig bekannt und sein Ruf ohne Bedeutung ist. Doch der Weinberg befindet sich in guter Lage hinter Lagrange, er dürfte also das nötige Potential bieten. Die neuen Besitzer haben jetzt umfangreiche Verbesserungen am *Chai* vorgenommen, und es werden neue Fässer für den Ausbau des Weins verwendet. Patrick Atteret, Chef-Önologe bei der CVBG, hat die Leitung des Projekts übernommen.

Unter dem neuen Regime sind die Weine viel besser geworden, beginnend mit dem ansprechenden 81er. Trotz sauberer und solider Bereitung fehlt ihnen allerdings noch die ganz große Klasse.

Château Bel-Orme-Tronquoy-de-Lalande

Cru Grand Bourgeois. Besitzer: Mme L. Quié & Jean-Michel Quié. 26 ha. 10.000 Kisten. Mer 45%, CS 30%, CF 20%, Mal 3%, PV 2%.

Das Gut – man darf es nicht mit Tronquoy-Lalande im nahegelegenen St-Estèphe verwechseln – gehörte früher der Familie Tronquoy. Die Worte «bel orme» bedeuten «schöne Ulme». Die Weine des Guts sind wuchtig, solid und traditionsgebunden und halten sich großartig, wie einige Flaschen 1920er, die ich probieren durfte, gut bewiesen. An dem Bukett der Weine aus dem südlicheren Médoc fehlt es ihnen etwas, doch entwickeln sie im Alter schöne Wärme und ein volles Gefüge.

Château Le Bourdieu

Cru Bourgeois. Besitzerin: Monique Barbe. 30 ha. 25.000 Kisten. CS 50%, Mer 30%, CF 20%. Zweitetiketten: Château Victoria und Ch. Picourneau.

Das heute wahrscheinlich best-renommierte Cru in Vertheuil – die Weinberge erstrecken sich zwischen dem Ort und der Grenze zu St-Estèphe. Der Wein wird in Fässern ausgebaut, und man spürt die weibliche Hand in diesem sorgfältig bereiteten Wein, der Festigkeit und Finesse in sich vereint. Der Stil ist guter, voller St-Estèphe.

Château du Breuil

Cru Bourgeois Supérieur. Besitzer: Familie Vialard. 20 ha. 11.600 Kisten. Mer 34%, CS 28%, CF 23%, PV 11%, Mal 4%.

Das älteste urkundlich belegte Gut im Médoc ist über die Baronie de Breuil bis in das 6. Jh. zurückzuverfolgen. Das Château, eine bis 1861 noch bewohnte mittelalterliche Burg, ist heute zwar leider stark verfallen, aber dennoch majestätisch und imposant.

Es gehört zur Zeit der Familie Vialard, die den Besitz 1987 kaufte; *Chai* und *Cuvier* waren damals stark heruntergekommen und mußten behutsam instand gesetzt werden. Obwohl hier auch schon früher achtbare Weine entstanden, hat sich die Lage unter den neuen Eigentümern stark gebessert; der 88er (der zweite Jahrgang unter der neuen Leitung) ist sogar besser ausgefallen als der Cissac. Es ist hier also der Beginn einer glänzenden Zukunft für diese Weine zu erkennen.

Château Cambon-la-Pelouse
Cru Bourgeois Supérieur. Besitzer: Indivision Carrère Fils, Frère et Gendre. 60 ha. 35.000 Kisten. Mer 50%, CS 25%, CF 25%.
Das *Cru* ist erst vor kurzem von einer energischen Winzerfamilie aus St-Emilion – dort gehört ihr Château Grand Barrail-Lamarzelle-Figeac – wieder zum Leben erweckt worden.

Die Weine haben echte Rasse, mit Betonung auf eleganter Fruchtigkeit. Sie sind mild und entwickeln sich rasch, sind daher früh genußreif – Fässer werden im Reifeprozeß nicht eingesetzt, und so findet man hier ein gutes Beispiel dafür, wie sauber, frisch und ansprechend solche Weine sein können. Kommerziell vernünftig ist das Verfahren auf jeden Fall. Sehr gute Jahrgänge entstanden 1985, 83 und 81, und der 82er nimmt eine Sonderstellung ein. Ich habe darin einen lieblichen Duft nach Kirschen und Lakritze entdeckt und einen köstlichen, vollen und komplexen Geschmack vorgefunden. Das *Cru* scheint mir eine gute Zukunft zu haben.

Château de Camensac
54 Cru Classé. Besitzer: Familie Forner. 65 ha. 29.000 Kisten. CS 60%, CF 20%, Mer 20%.
Wie die anderen Crus Classés von St-Laurent war auch Camensac zutiefst vernachlässigt, bis es 1965 von den Gebrüdern Forner gerettet wurde. Sie kamen aus Spanien (wo sie einen feinen Rioja hervorbringen) und holten, da sie neu in Bordeaux waren, den Rat und die Hilfe von Professor Emile Peynaud ein. Die Weinberge mußten zum großen Teil neu bestockt, *Chai* und *Cuvier* modernisiert und neu ausgestattet werden.

Anfang der 70er Jahre notierte ich, daß hier leichte, harmonische und fruchtige, sehr süffige Weine entstanden, aber in neuerer Zeit weisen sie einen kräftigeren, rauheren Geschmack auf, und zwar selbst bei viel Fülle und Reife wie im 82er. Der 78er war noch 1985 sehr herb und rauh, wohl solide, aber ohne Glanzpunkte. Wenn die Reben erst besser ausgereift sind, wird sich vielleicht der Bodencharakter wieder stärker durchsetzen, denn eigentlich besteht kein Grund zu der Annahme, daß die Weinbereitung nicht mit größter Sorgfalt gehandhabt würde. Also weiterhin im Auge behalten!

Château Cantemerle
5e Cru Classé. Besitzer: Société Assurances Mutuelles du Bâtiment et Travaux Publics. Leitung: Domaines Cordier. 53 ha. 20.000 Kisten. Mer 40%, CS 40%, CF 18%, PV 2%. Zweitetikett: Villeneuve de Cantemerle.
Das berühmte alte Gut ist nach einer Zeit des Niedergangs jetzt wieder rasch zu den früheren Ehren aufgestiegen.

Unter seinem ehemaligen Besitzer Pierre Dubos hatte es einen großartigen, aber wohlverdienten Ruf. Diese Zeit erstreckte sich über rund 50 Jahre und fiel weitgehend mit der ersten Hälfte dieses Jahrhunderts zusammen. Danach kam die Aufteilung unter viele Erben – in Frankreich ein ewiges Problem – und daraus folgten Geld- und Autoritätsmangel, und schließlich Niedergang und Verfall. 1980 trat eine Wende durch den Verkauf an ein Syndikat ein, dem auch die Domaines Cordier angehören. Die Firma Cordier ist zuständig für Leitung und Marketing, die übrigen Partner sorgen für die Finanzierung. *Cuvier* und *Chais* sind modernisiert worden, Edelstahltanks nehmen den Platz der alten hölzernen Gärfässer ein.

Der Stil von Cantemerle neigt mehr zu Leichtigkeit und Eleganz mit schöner Vielfalt im Geschmack. Den ersten Jahrgang des neuen Regimes fand ich enttäuschend und stumpf, doch wurde damals gerade der *Cuvier* neu aufgebaut. Der 81er war schon besser, wenn auch nichts Besonderes, dann aber, 1982, 83 und 85, entstanden superbe Weine mit all der Üppigkeit und Vielfalt, wie sie nur in ausnehmend guten Jahren zustande kommt. Leider hat der 86er unter Hagelschlag gelitten. Dann kamen nach dem großen, einschmeichelnden 88er die Jahrgänge 89 und 90 mit vollen, opulenten Weinen.

Canterayne
Besitzer: Cave Coopérative de St-Sauveur. 113 ha. 19.000 Kisten. CS 60%, Mer 35%, CF, Mal und PV 5%.

Die 1934 gegründete Genossenschaftskellerei zählt 69 Mitglieder und bringt jährlich rund 5.000 hl hervor. Der Wein ist sauber bereitet und bringt die für diese Gegend typische Festigkeit und Solidität schön zum Ausdruck.

Château Caronne-Ste-Gemme
Cru Grand Bourgeois Exceptionnel. Besitzer: Jean & François Nony-Borie. 45 ha. 25.000 Kisten. CS 65%, Mer 35%. Zweitetikett: Château Labat.

Das sehr gute *Cru* wird nun verdientermaßen sehr viel bekannter, seit François Nony-Borie Anfang der 80er Jahre in seiner Leitung tätig geworden ist. Es befindet sich seit 1900 im Besitz der Familie. Die Weinberge sind von Camensac und dem übrigen St-Laurent durch den Jalle du Nord getrennt, der die Grenze zwischen St-Julien und Cussac bildet; der nächstgelegene Weinberg ist Lanessan in Cussac. Das bedeutet eine recht besondere Lage. Mein allgemeiner Eindruck von den Weinen ist, daß sie sehr gut bereitet sind und mehr Stil und Rasse aufweisen als die meisten St-Laurents – sie haben nichts Rustikales an sich. Der ausgeprägte Charakter kommt klar zum Vorschein, ist dabei schön durch Frucht ausgewogen, und so ergibt sich eine gewisse Komplexität. Sowohl der 86er als auch der 85er sind konzentriert und ansprechend, wobei der 86er etwas mehr Wucht hat. Der 83er ist herb, aber auch ziemlich ölig, er ist schwerer als der 81er und vielleicht feiner als der 79er. Der ausgezeichnete 82er besitzt die für diesen Jahrgang typische Konzentration. Auch der 81er, 80er, 79er und 78er sind gute Vertreter dieser Jahrgänge. Es ist ein wirklich vorzügliches Cru Bourgeois mit ausgezeichneten Dauerqualitäten.

Château Charmail
Besitzer: Roger Sèze. 20 ha. 12.000 Kisten. Mer 50%, CS 45%, CF 5%.

Das Gut befindet sich in ausgezeichneter Lage auf den Kieshügeln von St-Seurin-de-Cadourne, nahe am Fluß. Es wurde in den 1970er Jahren von Monsieur Laly erworben und restauriert, der aus Burgund in das Médoc gekommen war, weil er sich in seiner Heimat kein Weingut leisten konnte. Zu Anfang der 80er Jahre ging das Château an Roger Sèze, den Besitzer von Château Mayne-Vieil, über, der hier volle, geschmeidige und charmante, mit zunehmendem Alter der Reben wahrscheinlich noch besser werdende Weine hervorbringt.

Châtelleine

Besitzer: Cave Coopérative de Vertheuil. 110 ha. 16.000 Kisten. CS 50%, Mer 50%.

Die Gesamtproduktion der 70 Genossenschaftsmitglieder beläuft sich auf 7.000 hl. Es sind solide Weine in guter Qualität, die zum Teil unter dem eigenen Château-Namen vertrieben werden, und zwar: Ferré Portal, Fondeminjean, Julian, Laride, Miqueu und Tamière.

Château Cissac

Cru Grand Bourgeois Exceptionnel. Besitzer: Familie Vialard. 50 ha. 25.000 Kisten. CS 75%, Mer 20%, PV 5%.

Cissac ist seit mehr als einer Generation untrennbar mit Louis Vialard verbunden, der aus einer alten Médoc-Familie stammt. In ihrem Besitz befindet sich das Gut seit 1885, und Louis Vialard lebt hier seit 1940. Inzwischen sind umfangreiche Modernisierungen durchgeführt worden, und die traditionellen Methoden – alte Reben, Gärbehälter aus Holz und Eichenfässer für den Ausbau (jeweils zu 50% neue) – wurden durch neue Edelstahltanks ergänzt.

1971 führte Louis Vialard einige bedeutende Änderungen in seinen Methoden ein. Er setzte keinen *Vin de presse* mehr zu, sondern verwendete nur noch Vorlaufmost; er arbeitete mit späterer Lese und erhöhte den Anteil an Cabernet Franc gegenüber dem Cabernet Sauvignon. 1983 veranstaltete er eine Probe mit den 60er und 70er Jahrgängen, um die Ergebnisse zu beurteilen. Für meine Begriffe beruht der Hauptunterschied auf dem *Vin de presse* – er verlieh den älteren Jahrgängen eine Grundlage in Geschmack und Komplexität, die den jüngeren Weinen fehlt, mit Ausnahme des 75ers, eines Jahrgangs, der von sich aus genügend Tannin und Extraktstoffe mitbrachte. In anderen besonders guten Jahrgängen wie 76, 78 und 79 war eine gewisse Magerkeit unverkennbar. Von den neueren Jahrgängen ist der 85er höchst charmant und der 86er ein echter *Vin de garde*. Der Cabernet Franc bringt in Cissac nicht genug Körper und Farbe, und dadurch wird die endgültige Mischung etwas verdünnt; so wurde diese Rebsorte inzwischen ausgemerzt. Im Grund ist es ein feines *Cru*, dessen Weine sich durch Rasse und Eleganz auszeichnen.

Château Citran

Cru Grand Bourgeois Exceptionnel. Besitzer: Société Touko Haus. Leiter: Keichi Fujimoto. 92 ha. 41.000 Kisten. Mer 60%, CS 35%, PV 5%.

Das bedeutendste *Cru* in Avensan – ein Teil der Weinberge liegt nahe beim Ort, die älteren aber zwischen dem Château und Paveil-de-Lue. Als die Familie Miailhe das Gut 1945 kaufte, war von den Weinbergen so gut wie nichts mehr übrig. Bis 1980 leitete Jean Miailhe von Château Coufran dann das Gut, baute die Weinberge aus und sorgte für einen guten Ruf für diesen Wein. Dann übergab er das Gut an seine Schwester und seinen Schwager, die es 1986 an die heutigen japanischen Besitzer verkauften.

Ich finde in den Weinen ein ausgezeichnetes Bukett mit ausgeprägter Frucht; Geschmack und Ausgewogenheit sind gut, wobei eine gewisse Erdigkeit festzustellen ist. Von 1979 bis zum Verkauf des Guts waren die Weine nicht recht gleichmäßig und in ertragreichen Jahren, u. a. 1979 und 83, eher dünn und trocken. Die ersten Ergebnisse unter dem neuen Regime, der 88er, 89er und 90er, sind ebenso wie das neue Etikett höchst ansprechend.

Château Clément-Pichon
Besitzer: Clément Fayat. 23 ha. 9.000 Kisten. CS 60%, Mer 30%, CF 10%.
Das Gut, ursprünglich Château Parempuyre, gehörte bis 1880 den Pichons. Die darauffolgenden Besitzer bauten das heutige romantische Château, das von demselben Architekten wie Lanessan und Fonréaud im neugotischen Stil errichtet wurde. Heute ist Clément-Pichon Eigentum von Clément Fayat, der hier seinen Wohnsitz hat und auch die Namensänderung vornahm. Er hat mit dem Bau von Autobahnen ein Vermögen verdient, das er zum Teil in die Neubestockung und die Anlage eines neuartigen Drainage-Systems in den Weinbergen investiert hat. Auch der *Chai* wurde modernisiert; in den neuen Tanks verläuft die Gärung computergesteuert. Der Rebbestand ist noch sehr jung, trotzdem entstehen bereits sehr angenehme, wenn auch leichte Weine.

Château Coufran
Cru Grand Bourgeois. Besitzer: Société Civile. Leiter: Jean Miailhe. 64 ha. 33.600 Kisten. Mer 85%, CS 10%, PV 5%. Zweitetikett: Château La Rose-Maréchale
Der sehr hohe Anteil an Merlot ist im Médoc selbst auf schwereren Böden ungewöhnlich. Das Resultat ist ein angenehmer, milder, fruchtiger Wein, der ziemlich früh trinkreif ist, dafür nicht sehr viel Stil oder Persönlichkeit aufweist und eher leicht ist. Dennoch ist es guter, handelsüblicher Bordeaux, der den erklärten Sinn erfüllt, nämlich einen erfreulich trinkbaren Médoc zu erschwinglichem Preis zu bieten.

Château Dillon
Cru Bourgeois 1932. Besitzer: Lycée Agricole de Bordeaux-Blanquefort. 38 ha. 22.500 Kisten. Rot: Mer, CS, CF, PV. Weiß: Sauv und Sém. Zweitetikett: Château Linas (Bordeaux Blanc).
Das Gut gelangte 1754 in den Besitz eines irischen Emigranten. Seit 1956 gehört es dem Lycée Agricole, und inzwischen wurden im *Cuvier* Verbesserungen vorgenommen, die eine temperaturgeregelte Gärung ermöglichen. Hier entstehen leichte Weine mit elegantem Geschmack, doch hat es Einbrüche in der Gleichmäßigkeit gegeben. Gute Weine entstanden in den 70er Jahren, v. a. 70, 75 und 79. Dann aber kam eine Parzelle mit jungen Reben hinzu, und die Auslese wurde vernachlässigt. So sind die Weine wieder einen Schritt zurückgefallen, also heißt es abwarten.

Château Fontesteau
Cru Grand Bourgeois. Besitzer: Jean Renaud und Dominique Fouin. 11 ha. 5.000 Kisten. Mer 40%, CS 30%, CF 30%.
Von 1939 bis 1984 war René Eglise der Besitzer von Fontesteau. Seit 1984 ist es an Jean Renaud übergegangen. Der Name leitet sich von *Fontaines d'eau* her, denn auf dem Besitz befinden sich einige Quellen. Der Wein wird nach alter Tradition bereitet, die Gärung findet in Betontanks und der Ausbau in Holzfässern statt. Im 79er habe ich einen *Goût de terroir* vorgefunden. Er war schon mit 5 Jahren ansprechend und erfreulich, doch fehlte es ihm etwas an Persönlichkeit, was in der Gemeinde St-Sauveur eigentlich ungewöhnlich ist. Man kann mit Interesse darauf warten, was der jetzige Besitzer zuwege bringt.

Château Grandis

Cru Bourgeois 1932. Besitzer: GHF du Château Grandis. 7 ha. 2.000 Kisten. CS 40%, CF 30%, Mer 30%. Zweitetikett: Murac-Mayor.

Grandis wurde 1857 von Armand Figerou erworben und ist seither Familienbesitz; heute wird es von François Vergez und Paul Figerou geleitet. Die nach traditionellen Verfahren bereiteten Weine zeigen die für St-Seurin-de-Cadourne typische Solidität; der 85er ist reif und wuchtig – gewiß ein Wein, der längere Aufbewahrung lohnt.

Château Hanteillan

Cru Grand Bourgeois. Besitzer: SARL du Château Hanteillan. Leiterin: Cathérine Blasco. 83 ha. 41.600 Kisten. CS 48%, Mer 42%, CF 6%, PV 4%. Zweitetikett: Château Larrivaux-Hanteillan.

1972 kaufte eine Partnergruppe, die mit der größten Baufirma Frankreichs verbunden ist, das Gut. Der hohe Merlot-Anteil ist auf den in Teilen der Weinberge vorhandenen Lehm zurückzuführen. Die früheren Besitzer des Guts waren zugleich Eigentümer von Château Coutelin-Merville in St-Estèphe, dessen Weinberge unmittelbar nebenan liegen. Obwohl Coutelin-Merville zur besseren Appellation gehört, finde ich, daß Hanteillan heute den besseren Wein hervorbringt.

Der volle 79er mit seinem guten Körper zeigt, daß die Weinberge schön heranwachsen, aber auch, daß in diesem Jahr mit seinem hohen Ertrag sorgfältige Auslese getroffen wurde. Es ist ein seriöser Wein mit recht guter Rasse – man sollte ihn im Auge behalten, denn die Weinberge reifen heran.

Château Haut-Madrac

Besitzer: Familie Castéja. 20 ha. 5.500 Kisten. CS 70%, Mer 30%.

Das 1919 von Emile Castéjas Vater erworbene Gut liegt unmittelbar neben dem anderen Besitz der Familie in Pauillac (Lynch-Moussas). Es bringt saubere, charmante, früh genußreife Weine hervor. Selbst der 84er war gefällig und zeigte die für dieses Gut typische leichte, frische und fruchtige Art.

Château La Lagune

3e Cru Classé. Besitzer: Société Civile Agricole. Leiter: Jean-Michel Ducellier. 55 ha. 25.000 Kisten. CS 55%, CF 20%, Mer 20%, PV 5%. Zweitetikett: Château Ludon-Pomiès-Agassac.

Die Restaurierung von La Lagune begann, als Georges Brunet das Gut 1957 kaufte. Der dynamische Mann legte die Weinberge neu an, baute den *Chai* wieder auf, wobei er ein ausgeklügeltes System von Edelstahlröhren installierte, durch das der neue Wein direkt aus den Gärtanks in die Fässer gepumpt und auch aus diesen wieder abgezogen werden kann, ohne daß Luft an ihn gelangt. Dieses System stellte vor 25 Jahren, als er es einbaute, eine revolutionäre Neuerung dar, und doch hat es bisher erstaunlicherweise noch niemand nachgeahmt. Leider wollte Brunet zu viel in zu kurzer Zeit, und außerdem fehlte es ihm auch an Geld, weil er den Fehler gemacht hatte, die großartige Ernte von 1961 *sur souche* (d. h. am Stock) zu verkaufen, und so mußte auch das Gut in demselben Jahr noch verkauft werden. Es ging an das Champagner-Haus Ayala, für das Jean-Michel Ducellier inzwischen die Leitung übernommen hat. *Régisseuse* ist die Tochter der respektgebietenden Madame Boyrie. Sie trat die Nachfolge ihrer Mutter an, als diese 1986 unerwartet starb; ihre sorgfältige Hand ist überall spürbar.

Inzwischen sind auch die Weinberge ausgereift, und eine Reihe guter Weine hat La Lagune einen bemerkenswerten Ruf verschafft. Sie sind höchst elegant, sehr bukettreich, meist anfänglich mit einer ausgeprägten Note von frischem Eichenholz behaftet (hier werden zu 100% neue Fässer verwendet), sie verschwindet aber bald und macht einem sehr vollen, milden Geschmack mit großer Finesse Platz. Die Jahrgänge 83, 82, 81, 79, 78 und 76 sind großartig ausgefallen. Meiner Meinung nach hat der 80er etwas unter zu viel frischem Holz gelitten. Alles in allem steht der Wein heute eindeutig auf dem Niveau eines 2e Cru Classé.

Château de Lamarque
Cru Grand Bourgeois. Besitzer: Société Civile Gromand d'Evry. Leiter: Roger Gromand. 47 ha. 25.000 Kisten. CS 50%, Mer 25%, CF 20%, PV 5%. Zweitetikett: Réserve du Marquis d'Evry.

Das Château ist die besterhaltene und eindrucksvollste alte Burg im Médoc aus der Zeit der englischen Herrschaft in Aquitanien. Manche Teile stammen noch aus dem 11. und 12. Jahrhundert, der Hauptbau aber aus dem 14. mit einigen Umbauten aus dem 17. Jahrhundert. Es liegt zwischen der *Route de châteaux* und der Fähre nach Blaye versteckt unter den Bäumen seines Parks. Bis vor kurzem war der Wein von Lamarque unbekannt, dennoch wurden *Chai* und Weinberge in den 60er Jahren erneuert und tragen heute ihre Früchte. Das Château ging seit 1841 von dem damaligen Besitzer Comte de Fumel auf dessen Tochter und schließlich auf die heutige Eigentümerin Marie-Louise Burnet d'Evry über, die mit Roger Gromand verheiratet ist. Er ist die treibende Kraft hinter der Renaissance von Lamarque, und mit dem Rat und der tatkräftigen Unterstützung von Professor Emile Peynaud hat er den Weinen einen guten Ruf geschaffen. Sie werden in Fässern ausgebaut, die jährlich zu einem Viertel erneuert werden.

In den 70er Jahren fand ich die Weine in guten Jahrgängen leicht und angenehm, jedoch ohne große Persönlichkeit. In den 80er Jahren wurden sie dann voller, kräftiger und viel gehaltreicher. Eindeutig ist der Weinberg jetzt ausgereift, und der Wein ist größter Beachtung wert.

Château Lamothe-Bergeron
Cru Bourgeois. Besitzer: SC Grand-Puy-Ducasse. 60 ha. 25.000 Kisten. CS 66%, Mer 30%, CF 4%.

Der Name des Guts setzt sich zusammen aus dem Wort *motte* (ein Stück hochgelegenes Land) und dem Namen eines früheren Besitzers. Es hat eine gute Reputation für saubere, zuverlässige Weine zu angemessenen Preisen. Besonders ansprechende Jahrgänge waren 1979, 81, 82, 85, 86 und 87 mit jeweils guten Weinen; der 88er und der 89er sind sogar noch besser ausgefallen.

Château Lamothe-Cissac
Besitzer: SC du Château Lamothe. Leiter: Vincent Fabre. 47 ha. 22.000 Kisten. CS 70%, Mer 26%, CF 2%, PV 2%.

Das sehr alte Gut war im 17. Jh. eine *maison noble*; auch Reste einer römischen Besiedelung wurden hier gefunden. Das Château selbst hat keine so große historische Vergangenheit – es wurde erst 1912 erbaut. Lamothe-Cissac wurde 1964 von der Familie Fabre in sehr heruntergekommenem Zustand gekauft. Seither wurde ein neuer *Cuvier*, ein *Chai* und ein unterirdischer Keller gebaut. Jährlich werden bis zu 20% neue Eichenfässer für den Ausbau angeschafft, und mit dem Heranreifen des Rebbestands entstehen immer eindrucksvollere Weine. Der 81er, 83er, 85er, 86er, 88er und 89er erweisen sich als stilvoll mit Solidität und Frucht. Der Verkauf erfolgt meist direkt und nicht über den Weinhandel in Bordeaux.

Château Lanessan

Cru Bourgeois Supérieur 1932. Besitzer: Familie Bouteiller. Leiter: Hubert Bouteiller. 40 ha. 16.700 Kisten. CS 75%, Mer 20%, CF und PV 5%. Zweitetikett: Domaine de Sainte-Gemme.

Das Gut ist seit 1790 praktisch im Besitz derselben Familie. Ursprünglich hieß sie Delbos, und dieser Name erscheint auch noch auf dem Etikett neben Bouteiller, weil es vom Vater auf den Sohn überging, bis schließlich 1909 die Tochter des letzten männlichen Delbos es erbte. Sie heiratete Etienne Bouteiller. Heute hat Hubert Bouteiller hier seinen Wohnsitz und führt das Gut. Eine Besonderheit, die aber nichts mit Wein zu tun hat, bildet in Lanessan das Kutschenmuseum, wo in den früheren Stallungen eine schöne Sammlung von Kutschen zu sehen ist.

Die Weine von Lanessan haben eine starke, ausgeprägte Persönlichkeit. Zunächst sind sie etwas fest, doch in guten Jahren verfügen sie über viel Fruchtigkeit, Fülle und beträchtliche Rasse. Die Qualität ist sehr gleichmäßig, und die Entwicklungsmöglichkeiten sind bedeutend. Ich habe eine Reihe von alten Jahrgängen bis zurück auf 1916 probiert, und alle waren in guter Form, manche davon sogar hervorragend. Der 79er ist sehr gut und der 80er ordentlich und elegant. Der 81er, 82er, 83er, 85er, 86er, 88er, 89er und 90er sind sehr schöne Beispiele für ihre Jahrgänge. Der Wein aus diesem Château ist jedem zu empfehlen, der den Médoc um seiner selbst willen liebt und sich um große Namen nicht viel kümmert.

Château Larose-Trintaudon

Cru Grand Bourgeois. Besitzer: Assurances Générales de France. Leiter: Elisée Forner. 172 ha. 83.300 Kisten. CS 60%, Mer 25%, CF 15%.

Nachdem es die Familie Forner in den 60er Jahren kaufte und ausbaute, ist dies inzwischen zum größten Weingut im Médoc geworden. Obwohl die Familie Forner das Gut 1986 an die jetzigen Besitzer verkaufte, leitet Elisée Forner den Betrieb weiterhin; sein Neffe ist für Vertrieb und Werbung zuständig. Hier wird die Lese maschinell durchgeführt, der Wein aber in Fässern ausgebaut, die jedes Jahr zu 30% erneuert werden.

Das Ziel ist die Erzeugung fruchtiger, leichter Weine, die bald trinkreif sind, und dafür ist der 76er ein gutes Beispiel. Überrascht hat es mich, daß der 79er nach 5 Jahren immer noch recht aggressiv ist; dagegen ist der 83er besonders gut.

Château Lestage-Simon

Cru Bourgeois. Besitzer: Charles Simon. 32 ha. 16.600 Kisten. Mer 68%, CS 22%, CF 10%.

Die Weine dieses Guts sind typisch für St-Seurin: fein, kräftig und solide, wobei der Merlot ihnen Fruchtigkeit und Milde verleiht. Ein früherer Besitzer hat mir einmal eine Flasche 29er geschenkt: Der Wein hatte sich prachtvoll gehalten. Die heutigen Weine werden so bereitet, daß sie früher genußreif sind, aber dadurch sind sie keineswegs schlechter geworden. Man trifft sie verbreitet in guten französischen Restaurants an. Der 85er, 83er, 82er und 81er sind schöne Beispiele.

Château Liversan
Cru Grand Bourgeois. Besitzer: Prince Guy de Polignac. 48 ha. 20.000 Kisten. CS 49%, Mer 38%, CF 10%, PV 3%.
Seit 1983 ist Liversan im Besitz der Familie Polignac, früher Hauptteilhaber am Champagner-Haus Pommery. Es wurde sofort ein neuer *Cuvier* mit Edelstahl-Gärtanks eingerichtet.

Die Weine sollen jetzt in zum großen Teil neuen Eichenfässern ausgebaut werden. Der 86er – bei dem lediglich 65% des Ertrags in die endgültige *Assemblage* aufgenommen wurden mit nur 25% Merlot-Anteil – sowie der duftige, üppige und doch elegante 85er zeigen, was dieses Cru leisten kann. Da sich die neuen Besitzer sehr um Qualität bemühen und viel ausgereifte Reben im Weinberg stehen, ist auch dieses Gut genauester Beachtung wert, denn es bringt mit die besten Crus Bourgeois unter den landeinwärts nördlich von St-Laurent gelegenen Gemeinden hervor.

Château Magnol
Cru Bourgeois. Besitzer: Barton & Guestier. 17 ha. 6.250 Kisten. CS 75%, Mer 25%.
Das Château kann nicht auf eine lange Geschichte zurückblicken; seine Weinberge wurden größtenteils erst in den letzten 40 Jahren angelegt. Die derzeitigen Eigentümer gehören der Seagram-Gruppe an. Die Weinbereitung erfolgt mit großer Sorgfalt in temperaturgeregelten Edelstahltanks. So entstehen bukettreiche, gehaltvolle, geschmeidige Weine für frühe Genußreife.

Château Malescasse
Cru Bourgeois. Besitzer: la Société Alcatel Alsthom. Leiter: Alfred Tesseron. 32 ha. 16.000 Kisten. CS 70%, Mer 20%, CF 10%.
Das 1824 erbaute charmante, hochgiebelige Château überragt den Besitz auf den Kieshügeln von Lamarque. Seine Weinberge gehören zu den besten zwischen Margaux und St-Julien. In den Rezessionsjahren war die Rebfläche bis auf 4 ha zusammengeschmolzen. Seit 1970 wird ein Neubestockungsprogramm durchgeführt, das bis 1932 abgeschlossen sein soll. Die Restaurierung des *Chai* wurde unternommen, nachdem Guy Tesseron das Gut 1978 erwarb.

Der Stil und die Solidität der Weine ist besonders eindrucksvoll, wenn man bedenkt, daß der Rebbestand noch nicht ausgereift ist. Der 79er, 81er, 85er, 86er, 88er, 89er und 90er zeigten allesamt einen hohen Qualitätsstand und wurden zu mäßigen Preisen verkauft. Dieses Cru gehört sicherlich zu den preiswertesten der Appellation.

Château de Malleret
Cru Grand Bourgeois. Besitzer: Société Civile (Marquis du Vivier). 59 ha. 25.000 Kisten. CS 70%, Mer 15%, CF 10%, PV 5%. Zweitetikett: Château Lemoine-Nexon.
Die Weine sind außerordentlich duftig und elegant, sehr fruchtig, mit nachhaltigem Geschmack und einem durchaus verführerischen Charme, obwohl sie einen hohen Anteil an Cabernet Sauvignon und nur wenig Merlot enthalten. Im Charakter des hocherfreulichen 80ers scheint zunächst der Merlot den Cabernet zu überwiegen, wodurch nur wieder einmal hervorgehoben wird, welche wichtige Rolle der Boden spielt. Sehr gute Weine entstanden auch 79 und 81.

Château Le Meynieu
Cru Grand Bourgeois. Besitzer: Jacques Pédro. 14 ha. 6.700 Kisten. CS 70%, Mer 30%.

Der energische, überaus sorgfältige Jacques Pédro ist Bürgermeister von Vertheuil und Besitzer dieses Guts sowie von Lavillotte und der Domaine de la Ronceray. Sein Ziel ist es, typische Médocs mit viel Tannin hervorzubringen, die dann in der Flasche Bukett und Finesse enthalten.

Cave Coopérative La Paroisse
Besitzer: Union de Producteurs. 130 ha. 61.000 Kisten.

Die 1935 gegründete Cave Coopérative hat heute 60 Mitglieder und gilt als die beste Winzergenossenschaft in der Appellation Haut-Médoc. Der größte Teil des Weins wird in Großgebinden an Négociants oder aber unter der Marke La Paroisse verkauft; nur einige Weine besonderer Güte werden getrennt verarbeitet. Es sind dies: Château Quimper, Domaine du Haut et de Brion, Château Le Tralle, Domaine de Villa und Château Maurac. Es sind solide, wohl ausgewogene Weine, die einfacheren St-Estèphes ähneln, aber meist mehr Substanz haben.

Château Peyrabon
Cru Grand Bourgeois. Besitzer: Jacques Babeau. 53 ha. 20.500 Kisten. CS 50%, Mer 27%, CF 23%.

Das markante Château mit seinen zwei Türmen gehört seit 1958 der Familie Babeau, die mit Stolz berichtet, daß die Queen Victoria hier einmal einem Konzert beigewohnt habe. Vor 1958 waren die Weine von Peyrabon relativ unbekannt, da sie meist an Privatkunden verkauft wurden. Heute haben sie eine sehr gute Reputation als Klassiker des nördlichen Médoc mit *goût de terroir* im Abgang. Sie stammen aus umfangreichen Weinbergen, die 1978 durch den Zukauf von Land erweitert wurden, das vorher zu Château Liversan gehörte. Die Gärung findet in Betontanks statt, und der Ausbau geht in jeweils zu 25% neuen Fässern vor sich.

Château Pontoise-Cabarrus
Cru Bourgeois. Besitzer: SICA de Haut-Médoc. Leiter: F. Tereygeol. 24 ha. 15.000 Kisten. CS 60%, Mer 30%, CF 6%, PV 4%.

Ein bescheidenes Cru Bourgeois mit interessanter Geschichte. Zur Revolutionszeit gehörte es der Familie Cabarrus, und die Tochter des Hauses, Thereza, rettete als Mätresse des berüchtigten Tallien – einer schillernden Persönlichkeit – vielen das Leben in dem in Bordeaux herrschenden Terror. Später fungierte sie bei der Hochzeit Napoleons mit Joséphine als Trauzeugin.

1960 kauften die Tereygeols den Besitz und bauten das 7-ha-Gut zu seiner derzeitigen Größe aus. Sie bringen sorgfältig bereitete, solide, bukettreiche Weine hervor, die erst nach längerer Lagerzeit ihr Bestes zeigen.

Château Puy-Castéra
Cru Bourgeois. Besitzer: Henri Marès. 25 ha. 10.800 Kisten. CS 60%, Mer 30%, CF 8%, Mal 2%.

Puy-Castéra bekam frisches Leben eingehaucht, als Henri Marès es 1973 erwarb. Damals waren die Gebäude verfallen, und die Weinberge wurden als Weideland genutzt. Nach allmählicher Neubestockung kamen um 1980 25 ha wieder in Ertrag, und die Weinbereitung lag in den Händen von Bertrand de Rozières von Château Sestignan. Die Lagen sind gut und bringen mit zunehmendem Alter der Reben Weine in immer besserer Qualität hervor.

Château Ramage-la-Bâtisse
Cru Bourgeois. Besitzer: Societé Civile. 54 ha. 20.800 Kisten. CS 55%, Mer 30%, PV 15%. Alternativetikett: Château Tourteran. Zweitetikett: Château Dutellier.
Hier handelt es sich um eine Verbindung mehrerer 1961 miteinander vereinigter Güter. Die Weine sind sehr bukettreich (ich habe darin einen Veilchenduft entdeckt) und außerordentlich fruchtig und süffig. Es ist leicht zu verstehen, wieso sie sich in so kurzer Zeit einen guten Ruf schaffen konnten.

Château du Retout
Cru Bourgeois 1932. Besitzer: Gérard Kopp. 25 ha. 10.800 Kisten. CS 60%, Mer 20%, CF 10%, PV 7%, Mal 3%.
Auf dem Besitz steht ein alter Mühlenturm von 1395, der im Siebenjährigen Krieg (1756–63) als Beobachtungsturm diente, um britische Schiffe zu entdecken, die sich der Gironde-Mündung näherten. Auch dieses Gut bedurfte umfangreicher Restaurierung. Seine Weine sind sauber bereitet und werden zu sehr gemäßigten Preisen angeboten. Das Außergewöhnliche an ihnen ist, daß sie oft alle fünf traditionellen Rebsorten des Médoc enthalten.

Château Reysson
Cru Bourgeois. Besitzer: Mercian Corporation. Leiter: Jean-Pierre Angliviel de la Beaumelle. 66 ha. 24.000 Kisten. CS 56%, Mer 44%. Zweitetikett: Château de l'Abbaye (12.000 Kisten).
Château Reysson wurde von der Mestrezat-Gruppe restauriert, die es 1972 erwarb und später an die Mercian Corporation (Teil der japanischen Ajimoto-Gruppe) verkaufte. Erzeugt werden gefällige Weine zu mäßigen Preisen, die sich schon jung angenehm trinken.

Chevaliers du Roi Soleil
Besitzer: SICA des Viticulteurs de Fort-Médoc. 45 ha. 27.500 Kisten. CS 50%, Mer 40%, CF 10%. Weitere Etiketten: Fort-Médoc, Château Les Capérans, Château Eglise Vieille, Château Les Jacquets, Château Le Neurin.
Ursprünglich eine kleine Gruppe von Weingutsbesitzern, die sich 1966 zusammenschlossen, um ihre Produktion zu verbessern und günstiger zu vermarkten. Inzwischen hat sich ihr auch das Handelshaus Ginestet angeschlossen, dessen Sitz sich in einem hochmodernen Komplex befindet, der den Reisenden im Médoc sehr überrascht, weil er in der flachen Landschaft zwischen Lamarque und Cussac stark auffällt. 22 Mitglieder bringen ihren Wein unter dem Etikett «Chevaliers du Roi Soleil» hervor, doch unterscheiden sie sich von einer Genossenschaft dadurch, daß die Eigenart der einzelnen Châteaux voll gewahrt bleibt.

Château Sénéjac
Cru Bourgeois Supérieur 1932. Besitzer: Charles de Guigné. 18 ha. 7.500 Kisten. CS 40%, Mer 30%, CF 24%, PV 6%.
Sénéjac hat ein internationales Flair – der Besitzer ist amerikanischer Staatsbürger französischer Abstammung, und heute steht ihm die Önologin Jenny Bailey aus Neuseeland zur Seite. Die Weine sind gut und haben neuerdings noch Fortschritte gemacht. Sie sind ganz anders als die von de Malleret, dem anderen bedeutenden *Cru* in Pian: tiefdunkel und duftig, aber klassisch trocken und herb. Diese Weine sind für lange Dauer gedacht, und alte Jahrgänge beweisen, daß sie wirklich lange dauern. Unter traditionellen englischen Weinhändlern haben sie eine große Anhängerschaft, und man versteht auch, warum.

Château Sociando-Mallet

Cru Grand Bourgeois. Besitzer: Jean Gautreau. 30 ha. 18.500 Kisten. CS 60%, Mer 30%, CF 10%. Zweitetikett: Château Lartigue-de-Brochon.

Dieses Gut ist ganz auf die Erzeugung traditionsverhafteter Médocs eingestellt. Die Weine bleiben lange im Gärbehälter, damit möglichst viel Farbe und Tannin gewonnen wird, und werden dann in Fässern ausgebaut, von denen jeweils ein Drittel bis die Hälfte neu ist – das ist für ein Cru Bourgeois ein ungewöhnlich hoher Anteil. In der Jugend sind die Weine sehr streng und noch zu einer Zeit, wenn andere schon trinkreif zu werden beginnen, mit starkem Holzgeschmack behaftet; der 79er war jedenfalls 1984 in diesem Zustand. Bei viel Geduld entfalten die Weine jedoch ein feines Bukett und schöne Eigenart, und während der 80er Jahre sind sie anscheinend sowieso vollmundiger und viel gehaltreicher geworden – besonders eindrucksvoll sind der 82er, 83er, 85er, 88er, 89er und 90er.

Château Soudars

Cru Bourgeois. Besitzer: Eric Miailhe. 15 ha. 10.000 Kisten. CS 60%, Mer 40%.

Eric Miailhe mußte 2000 Tonnen Steine wegschaffen, bevor er 1973 hier seinen Weinberg anlegen konnte. Das Gut liegt nahe bei dem Besitz seines Vaters und Großvaters – Verdignan und Coufran –, die beide durch die Unmenge Steine und Geröll auf diesem Stück Land davon abgeschreckt wurden, dort Reben zu pflanzen. Unter Miailhes sorgfältiger Pflege entstanden einige sehr feine Weine; der 82er, 83er, 85er und 86er bilden den klaren Beweis, daß diesem Weingut eine schöne Zukunft bevorsteht.

Château du Taillan

Cru Grand Bourgeois. Besitzer: Henri-François Cruse. 22 ha. 10.800 Kisten. CS 54%, Mer 39%, CF 7%. Weißwein: Château La Dame-Blanche. 6 ha. 2.500 Kisten. Sauv. 67%, Col 33%.

Das Gut gehört seit 1806 den Cruses. Das Château und die noch älteren Keller stehen unter Denkmalschutz. Der Wein wird meistens in großen, hölzernen *Foudres* mit 80 bis 170 hl gelagert, doch gehen 20% durch neue Fässer herkömmlicherer Größe.

Das Ziel ist die Erzeugung milder, angenehm zu trinkender Weine ohne viel Gerbstoff. Der Weißwein, La Dame-Blanche, mit seiner kräftigen Dosis Colombard ist ganz anders im Charakter als der übliche Bordeaux Blanc – seine blumige Frucht tritt stärker hervor.

Château La Tour-Carnet

4e Cru Classé. Besitzerin: Mme Marie-Claire Pelegrin. 40 ha. 18.000 Kisten. CS 33%, Mer 33%, CF 33%, PV 1%.

Wie so viele andere Weingüter in St-Laurent lag auch la Tour-Carnet in den letzten Zügen, als Louis Lipschitz es 1962 kaufte. Anfangs leistete Ginestet technische Unterstützung und vertrieb den Wein exklusiv. Als Louis Lipschitz starb, führten seine Tochter und sein Schwiegersohn sein Werk weiter.

Die Weine werden gewissenhaft bereitet und in jeweils zu einem Drittel erneuerten Holzfässern ausgebaut. Die besten davon sind leicht und von lebhafter Farbe, sehr fruchtig und intensiv im Geschmack. Der 76er war sehr ansprechend, entsprach aber kaum dem Qualitätsstand eines 4e Cru. Ende der 80er Jahre begannen sich dann die Bemühungen um die Verbesserung des Weins deutlich bemerkbar zu machen. Der 90er hat auf jeden Fall einen Stil und eine Rasse, wie ich es hier noch nie gesehen habe. Es ist zu hoffen, daß das Gut nun seinem Rang wieder gerecht wird.

Château Tour-du-Haut-Moulin
Cru Grand Bourgeois. Besitzer: Laurent Poitou. 32 ha. 12.000 Kisten. CS und CF 50%, Mer 45%, PV 5%.

Die Weinberge des Gutes liegen neben denen von Beaumont um den Ort Cussac, doch die Weine sind ganz anders. Laurent Poitou ist in der vierten Familiengeneration Besitzer des Guts, und er bringt feinen, traditionsgebundenen Wein, der in Fässern – zu 25% in neuen – ausgebaut wird. So bekommt er tiefe Farbe und viel Extraktgehalt. Herbheit und Wucht verleihen dem Wein großen Charakter, und im Alter kommt seine echte Rasse schön zum Vorschein.

Château Tour-du Mirail
Cru Bourgeois 1932. Besitzer: Hélène & Danielle Vialard. 18 ha. 9.000 Kisten. CS 70%, Mer 25%, PV 5%.

Das Gut gehört seit 1970 den Töchtern von Louis Vialard vom Nachbar-Château Cissac. Ihr Vater beaufsichtigt die Weinbereitung, aber sonst ist alles anders als bei ihm zu Hause. Die Gärung findet in Edelstahltanks statt, der Ausbau des Weins in Holzfässern. So entsteht kräftiger Geschmack und ein schön hervortretendes, duftiges Bukett. Zugleich ist der Wein ziemlich leicht im Körper und weist einen kräftigen Cabernet-Akzent auf. Ich finde ihn relativ jung (mit fünf bis sieben Jahren) erfreulicher, obwohl er dann noch ziemlich fest ist, weil später die Frucht zu verblassen beginnt. Ein ehrenwertes Cru Bourgeois, zur Zeit aber fehlt es ihm noch am Stil und Charme eines Cissac.

Château Verdignan
Cru Grand Bourgeois. Besitzer: Société Civile. Leiter: Jean Miailhe. 47 ha. 30.000 Kisten. CS 55%, Mer 40%, CF 5%. Zweitetikett: Château Plantey-de-la-Croix.

Das letzte Château in Haut-Médoc ist Coufran, und dieses hier ist das vorletzte – und beide befinden sich unter der Leitung bzw. im Besitz von Jean Miailhe. Das Château selbst ist sehr hübsch mit seinem von der Straße aus gut sichtbaren hohen Turm. Als Jean Miailhe es 1972 kaufte, war das Renommee von Verdignan nicht sehr gut. Ich erinnere mich an recht harte Weine aus den 60er Jahren. Heute ist Jeans Sohn Eric hier wie in Coufran mit der Weinbereitung beauftragt.

Der Wein gärt in Edelstahltanks und reift in Holzfässern. Wie man es von einem St-Seurin erwarten kann, ist er solide, mit kräftigem Körper und Geschmack, aber er hat auch viel Frucht, und die fehlte ihm früher.

Château de Villegeorge
Cru Bourgeois Supérieur Exceptionnel 1932. Besitzer: Lucien Lurton. 12 ha. 2.700 Kisten. Mer 60%, CS 30%, CF 10%.

Villegeorge genießt schon seit langem einen guten Ruf. Es war eines von nur sechs Crus Bourgeois, die 1932 als Exceptionnel klassifiziert wurden, und auch 1966 wurde es wieder als Exceptionnel eingestuft. Doch Lucien Lurton trat, als er es 1973 kaufte, aus dem Verband aus, und so erscheint es in der Verbandsklassifizierung von 1978 nicht mehr. Der Boden ist hier stark kieshaltig, ähnlich wie in Margaux. Die Gegend war von den Winzern weitgehend aufgegeben worden und kam dadurch in die Hand von Baukiesfirmen. Daher ist die Landschaft heute mit wassergefüllten Kiesgruben übersät. Lucien Lurton führt einen Kampf zur Verhinderung weiterer Landschaftszerstörungen.

Die Weinbereitung besteht aus dem Vergären in Edelstahltanks und anschließendem Ausbau in Holzfässern, wobei jährlich zu

25% neue eingesetzt werden. Die Weinberge sind besonders frostgefährdet, und daraus erklären sich die niedrigen und ungleichmäßigen Erträge. Für das Médoc höchst ungewöhnlich ist der hohe Merlot-Anteil.

Die Weine von Villegeorge waren stets von tiefer Farbe und haben einen kräftigen Charakter, und das hat sich auch unter Lucien Lurton nicht geändert, mit dem einzigen Unterschied, daß sie heute eindeutig feiner und nicht mehr so rustikal sind wie früher. Besonders gute Jahrgänge entstanden 79, 81, 82 und 83.

AC MÉDOC

Das Glück hat sich in diesem Bereich in den letzten Jahren deutlich gewandelt. Von 1972 bis 88 hat sich die Rebfläche auf 3.709 ha mehr als verdoppelt. Heute wird Wein in 16 Gemeinden erzeugt. Die bedeutendsten sind: Bégadan (bei weitem die größte), St-Yzans, Pregnac, Ordonnac, St-Christoly, Blaignan und St-Germain-d'Esteuil.

Wegen des selbst an stärker kieshaltigen Stellen schwereren Bodens ist hier der Anteil an Merlot höher als im Haut-Médoc und der Anteil an Cabernet Sauvignon entsprechend geringer. Die Weine zeichnen sich vor allem in der Jugend durch angenehmen Duft aus und entfalten in der Flasche ein hohes Maß an Finesse. Meist sind sie im Körper leicht, im Geschmack aber kräftig. Es gibt viele gute Crus Bourgeois – neun wurden 1978 als Grand Bourgeois ausgezeichnet.

Cave Coopérative Bellevue
Besitzer: Société Coopérative de Vinification d'Ordonnac. 226 ha. 100.000 Kisten. Mer 50%, CS 45%, CF 5%.

Die Winzergenossenschaft in Ordonnac wurde 1936 gegründet und hat 75 Mitglieder aus der Gemeinde und dem Nachbarort St-Germain-d'Esteuil. Folgende Crus werden hier individuell verarbeitet: Château de Brie, Château Belfort, Château Lagorce, Château Moulin-de-Buscateau, Château Moulin-de-la-Rivière, Château l'Oume-de-Pey, Château La Rose-Picot, Domaine du Grand-Bois und Château Les Graves. Die Genossenschaft gehört auch der Uni-Médoc, der Vereinigung der Winzergenossenschaften des Médoc, an und liefert viel Wein in Großgebinden an Négociants für deren Marktweine und verkauft darüber hinaus unter der eigenen Marke Pavillon de Bellevue einen guten, verläßlichen Médoc.

Château de By
Cru Bourgeois. Besitzer: J.-C. Baudon. 10 ha. 4.500 Kisten. Mer 40%, CS 30%, PV 20%, CF 10%.

Das *Cru* auf dem Hügelkamm von By zwischen Bégadan und der Gironde ist ungewöhnlich durch den hohen Anteil an Petit Verdot, der dem Wein eine besonders lebhafte Farbe verleiht. Der Besitzer, Monsieur Baudon, hält obendrein nicht viel von Zuckerung – das ist ebenfalls ungewöhnlich –, wodurch der Wein einen erfrischend natürlich-säuerlichen Charakter bekommt. Außerdem entwickelt er sich rasch und zeigt vollen Médoc-Stil mit Finesse und viel Individualität.

Château La Cardonne
Cru Grand Bourgeois. Besitzer: Guy Charloux. 85 ha. 35.000 Kisten. CS 72%, Mer 23%, CF und PV 5%.

Das große Gut – es ist das bedeutendste in Blaignan – wurde 1973 von den Domaines Rothschild erworben. Die Weinberge in bester Lage auf dem höchsten Plateau wurden erweitert, die vorhandenen Gebäude restauriert und die Einrichtungen erneuert. Die Weine kommen nicht mit Holz in Berührung, sie werden in Tanks ausgebaut und dann abgefüllt. 1990 verkauften die Rothschilds an den jetzigen Besitzer, doch Gutsverwaltung und Weinverkauf liegen weiterhin bei ihnen.

Ich finde diese Weine tief in der Farbe, sehr duftig, fruchtig, gefällig und frisch. Man kann sie als typische, einfache Médocs bezeichnen, die sich jung angenehm trinken. In letzter Zeit wurde kräftig zugelegt, und das macht sich in mehr Frucht und Saftigkeit bemerkbar, vor allem beim 88er.

Château Castéra

Cru Bourgeois. Besitzer: Alexis Lichine & Co. 45 ha. 15.000 Kisten. CS und CF 60%, Mer 40%.

Eines der bedeutendsten Crus von St-Germain-d'Esteuil – ein altes Gut, dessen einstiges Château vor Zeiten vom Schwarzen Prinzen belagert wurde. Seit 1973 gehört es dem großen Bordeaux-Handelshaus Alexis Lichine & Co. (jetzt eine Tochterfirma von Pernod-Ricard), das die Weinberge erweitert und den *Chai* modernisiert hat. Der Wein ist guter, solider, erfreulicher Médoc, der schon jung einen milden, fruchtigen Charakter und einen vollen Geschmack entwickelt. Er ist schon nach drei Jahren genußreif.

Château La Clare

Cru Bourgeois. Besitzer: Paul de Rozières. 20 ha. 10.000 Kisten. CS 57%, Mer 36%, CF 7%. Zweitetiketten: Laveline, du Gentilhomme.

50% der La-Clare-Weinberge auf dem Hügel von By sind von den derzeitigen Besitzern im Lauf der letzten 20 Jahre neu bestockt worden. Die Ernte geschieht größtenteils maschinell, nur bei den älteren Reben – einige sind über 60 Jahre alt – wird noch von Hand gelesen. Die Rozières, die Besitzer seit 1969, sind aus Tunesien herübergekommen und nützen ihre dort als Weingutsbesitzer gewonnenen Erfahrungen für hervorragende Weine: Die Jahrgänge 1971, 73, 82, 83, 85 und 86 sind allesamt ansprechend und sauber bereitet und weisen Würze, Opulenz und Pflaumenfruchtcharakter auf.

Cuvée de la Commanderie du Bontemps

Das Wort Cuvée bedeutet, daß verschiedene Weine in einer Kufe (*Cuve*) miteinander gemischt werden. Diese Cuvée hier entstand dadurch, daß früher jedes Mitglied der Commanderie du Bontemps ein Faß seines Weins spendete. So waren damit Weine aus dem ganzen Médoc und Haut-Médoc enthalten – sowohl Crus Classés als auch Crus Bourgeois. Seit der Einführung des Château-Abfüllungszwangs im Jahr 1972 ist dieses Verfahren nicht mehr möglich, und so wurde beschlossen, durch Analysen und Weinproben die Weine festzulegen, die für die Cuvée de Bontemps verwendet werden sollen. Jean-Paul Gardère wurde mit der Bereitung der Cuvée beauftragt. Er ist nicht nur ein bekannter und geachteter Courtier, sondern war auch von 1965 bis 1987 Leiter von Château Latour. Die Cuvée de Bontemps wird durch das Handelshaus Ulysse Cazabonne, das früher Monsieur Gardère gehörte, jetzt aber im Besitz von Allied-Lyons ist, vertrieben.

Die Weine der Cuvée sind erwartungsgemäß klassische Médocs mit echter Geschmackstiefe und schöner Ausgewogenheit zwischen Frucht und Tannin. Alle Bestandteile kommen heute aus dem Haut-Médoc. Die Cuvée wird nicht jedes Jahr bereitet, sondern nur, wenn ausreichend gute Qualität als gesichert gilt. Neuere Jahrgänge entstanden 85, 83, 82, 81, 79 und 78, alles schöne Beispiele für die betreffenden Jahre.

Château Greysac

Cru Grand Bourgeois. Besitzer: Domaines Codem. Leiter: Philippe Dambrine. 60 ha. 35.000 Kisten. CS und CF 60%, Mer 38%, PV 2%.

Seit der inzwischen verstorbene Baron François de Gunzburg das Gut 1973 kaufte, hat es sehr an Bedeutung gewonnen. Die Gärung geschieht in Edelstahl-*Cuves*, und der Wein wird in Fässern ausgebaut.

Mein Eindruck von ihm ist ein reichlicher, ja üppiger, fruchtiger Geschmack, in Spitzenjahren fast überreif in der Art. Schon nach 3 bis 4 Jahren sind die Weine mit großem Genuß zu trinken.

Château Laujac

Cru Grand Bourgeois. Besitzerin: Madame H. Cruse. 30 ha. 12.500 Kisten.

Das weithin bekannte Château Laujac, Eigentum der Familie Cruse, liegt auf der zentralen Hochfläche des Médoc. Es ist ein sehr großes Gut, das früher viel mehr Wein hervorbrachte als heute. Zudem ist der heutige Wein im Stil zurückgefallen, was seiner Reputation ziemlich geschadet hat. An den Charakter der Nachbargewächse reicht er nicht heran.

Château Livran

Cru Bourgeois. Besitzer: Robert Godfin. 50 ha. 20.000 Kisten. Mer 50%, CS 25%, CF 25%. Zweitetikett: Château La Rose-Goromey.

Die Geschichte des Châteaus, das früher der Familie de Goth gehörte, aus der 1305 Papst Clemens V. hervorging, ist ebenso eindrucksvoll wie sein Erscheinungsbild. Später gehörte es bis zum 2. Weltkrieg dem Londoner Weinhandelshaus James Denman; der heutige Besitzer ist der frühere Verwalter. Die Weine haben angenehme Art und sind sauber bereitet.

Château Loudenne

Cru Grand Bourgeois. Besitzer: W. & A. Gilbey Ltd. 50 ha. Rot: 15.000 Kisten; CS 53%, Mer 40%, CF 7%. Weiß: 5.000 Kisten; Sauv 50%, Sém 50%.

Die Weine von Loudenne sind oft in der Farbe etwas heller, dafür aber haben sie mehr Bukett und Finesse als andere Weine der AC Médoc. Ihre echte Eleganz kommt mit zunehmender Flaschenreife schön zum Vorschein.

Der ausgezeichnete Weißwein wird in Edelstahltanks bei etwa 17 bis 20 °C vergoren. Er ist schon nach der Abfüllung im Frühjahr köstlich, duftig und elegant, doch verträgt die Sémillon-Traube auch längere Lagerung.

Château de Monthil

Cru Bourgeois. Besitzer: Les Domaines CODEM. 20 ha. 8.000 Kisten. CS 30%, CF 30%, Mer 30%, Mal 5%, PV 5%.

Den Domaines CODEM gehören in derselben Gemeinde auch noch die Châteaux Greysac, Bégadan und Les Bertins. Bevor das Gut 1986 in ihren Besitz überging, verkaufte es seine traditionell bereiteten Weine größtenteils an gute französische Restaurants. Heute gehen sie auch in den Export, und bei ihrer guten Reputation – in der Gault-Millau-Prämierung von Cru-Bourgeois-Weinen 1982 belegten sie den 5. Platz – dürfte der Erfolg auch nicht ausbleiben. Auf jeden Fall ein beachtenswertes Gut.

Château les Ormes-Sorbet
Cru Grand Bourgeois. Besitzer: Jean Boivert. 20 ha. 10.000 Kisten. CS 65%, Mer 35%.

Die Weine sind wunderbar duftig und elegant mit kräftigem ausgeprägtem Cabernet-Geschmack und gutem Gefüge. Wie viele Weine aus dem Bas-Médoc haben sie einen vielfältigen Geschmack, aber nicht viel Körper. Sehr gute Weine entstanden 1983, 82, 81 und 79. Sie wiesen mehr *Goût de terroir* und Körper auf als gewöhnlich. Der 78er ist geradezu klassisch.

Bis 1985 ging etwa die Hälfte der Erzeugung an Schröder & Schÿler und wurde dort abgefüllt; der Rest war Château-Abfüllung. Der Wein darf als Musterbeispiel dafür gelten, was im Bas-Médoc mit Sorgfalt und Fleiß geleistet werden kann.

Château Patache-d'Aux
Cru Grand Bourgeois. Besitzer: Société Civile. Leiter: Claude Lapalu. 44 ha. 28.300 Kisten. CS 68%, Mer 20%, CF 7%, PV 5%.

Das Cru hat seit langem einen guten Ruf; es gehörte der Familie Delon (siehe Léoville-Las-Cases und Potensac), bis es 1964 an Claude Lapalu verkauft wurde. Das Château selbst ist heute Gemeindebesitz. Die Gärung findet zum Teil noch in Holz-*Cuves*, teilweise aber auch in Beton- und Edelstahltanks statt, der Ausbau sämtlicher Weine geschieht jedoch im Faß.

Im feinen Bukett finden sich deutliche Veilchentöne neben dem Cabernet-Duft, der Geschmack ist edel, fruchtig und mild, der Körper ist leicht, hat aber ein gutes Rückgrat.

Château Plagnac
Cru Bourgeois. Besitzer: Domaines Cordier. 30 ha. 15.000 Kisten. CS 60%, Mer 40%.

Die heutigen Besitzer erwarben 1972 das Gut in Bégadan und haben seither viele Veränderungen und Verbesserungen durchgeführt: Die Weinberge wurden für maschinelle Ernte eingerichtet, Edelstahl-Gärtanks wurden installiert und Holzfässer für den Ausbau angeschafft. Der Erfolg dieser Maßnahmen ist in einigen sehr eindrucksvollen Weinen spürbar: Dem guten 81er und 82er folgten die höchst ansprechenden Jahrgänge 84, 85 und 86.

Château Potensac
Cru Grand Bourgeois. Besitzer: Paul Delon. Leiter: Michel Delon. 50 ha. 20.000 Kisten. CS 60%, Mer 25%, CF 15%. Zweitetiketten: Château Gallais-Bellevue, Château Lassalle.

In Potensac zwischen St-Yzans und St-Germain-d'Esteuil ist stark kieshaltiger Boden vorhanden, und hier besitzt die Familie Delon (siehe Léoville-Las-Cases) drei Weinberge. Es entstehen schon seit langem gute Weine, doch scheinen sie in den letzten 10 Jahren unter der Leitung von Michel Delon von Höhepunkt zu Höhepunkt zu eilen. Der größte der drei Weinberge ist Potensac selbst, gefolgt von Lassalle und Gallais-Bellevue, doch werden die drei mit viel Erfolg gemeinsam bewirtschaftet. Der *Cuvier* ist mit Edelstahl-*Cuves* neu ausgestattet, und in ihnen gären die Weine sehr langsam. Anschließend werden sie in Fässern ausgebaut, die aus Léoville-Las-Cases stammen, zu 20% aber jedes Jahr auch durch neue ersetzt werden.

Die Weine zeichnen sich durch tiefe Farbe und ein kräftiges, für das Médoc typische Bukett – oft mit würzigen und blumigen Tönen – aus. Ihr Geschmack ist konzentriert, komplex und wuchtig, der Körper etwas eckig. Gewöhnlich muß man 5 bis 6 Jahre warten, bis diese Weine trinkreif sind, und sie halten sich dann noch sehr lange. Der 76er ist außergewöhnlich, der 78er und 79er auch sehr gut; der 80er ist in seiner Klasse gut, und der 81er, 82er, 83er, 85er, 86er, 89er und 90er sind fein – alles in allem gehören die Weine dieses Guts zur Spitze der AC Médoc.

Château Preuillac

Cru Bourgeois. Besitzer: Raymond Bonet. 30 ha. 16.500 Kisten. Mer 50%, CS 45%, CF 5%.

Preuillac, das bedeutendste *Cru* von Lesparre, ist auch das am besten geführte in der Gemeinde. Die Weinbereitung erfolgt noch nach traditionellen Methoden, und infolge des hohen Merlot-Anteils sind die Weine sehr körperreich. Der 82er war ein besonders guter Jahrgang.

Château St-Bonnet

Cru Bourgeois 1978. Besitzer: Michel Solivères. 35 ha. 18.000 Kisten. CS 50%, Mer 50%.

In St-Christoly entsteht so mancher gute Wein, und dieser hier ist eines der bedeutendsten Gewächse. Es ist traditionsverhafteter Médoc mit ausgeprägtem Charakter, von tiefer Farbe, mit markant würzigem Bukett und robustem, kräftigem Geschmack und schöner Ausgewogenheit zwischen Frucht und Tannin. Der deutliche *Goût de terroir* ist zwar auffällig, aber durchaus ansprechend.

Cave Coopérative St-Jean

Président: René Chaumont. 567 ha. 300.000 Kisten. Mer 50%, CS 24%, CF 24%, PV 2%.

Die Cave St-Jean führt auch den Namen Cave de Bégadan und ist bei weitem die größte Genossenschaftskellerei in der AC Médoc. Ihre 170 Mitglieder stammen nicht nur aus dieser Gemeinde, sondern auch aus den Nachbarorten Valeyrac und Civrac. Sie ist Mitglied der Uni-Médoc, einer Gruppe von vier Winzergenossenschaften mit Lager- und Ausbaueinrichtungen für die Weine der Region. Die Aufnahmekapazität beträgt über 60.000 hl. Die Weine der folgenden Châteaux werden in der Cave getrennt behandelt: Meilhan, Breuil-Renaissance, La Barrail, Labadie, Pey-de-By, Lassus, Le Bernet, Le Monge, Bégadanet, Vimenay, Rose-du-Pont, Haut-Condisas.

Die Erzeugnisse der Genossenschaft genießen einen guten Ruf. Größere Lieferungen gehen an verschiedene Négociants für deren Markenweine. Die Genossenschaftsweine sind ansprechende, typische Médocs.

Cave Coopérative St-Roch

Besitzer: Société Coopérative de Vinification de Queyrac. 125 ha. 50.000 Kisten.

Die Winzergenossenschaft wurde 1939 gegründet und hat heute 165 Mitglieder aus den Gemeinden Queyrac, Gaillan, Jau-Dignac-et-Loirac, Vensac, Valeyrac und Vendays. Drei besondere *Crus* werden individuell behandelt: Château Laubespin, Château Les-Trois-Tétons und Château Pessange. Die Genossenschaft ist Mitglied der Uni-Médoc; neben der eigenen Marke St-Roch verkauft sie auch viel Wein in Großbehältern an Négociants für deren Markenweine und trägt so zum guten allgemeinen Qualitätsstand der einfacheren Médoc-Weine viel bei.

Château St-Saturnin

Cru Bourgeois. Besitzer: Adrien Tramier. 21 ha. 10.000 Kisten. Mer 50%, CS 30%, CF 15%, PV 5%.

Das am Rand von Bégadan gelegene Gut bringt leichte, ansprechende, schon jung genußreife Weine hervor, die zwar nicht in

Holzfässern ausgebaut werden, aber dennoch schönes Bukett und reiche Frucht haben.

Cave Coopérative de St-Yzans-de-Médoc
Besitzer: Société Coopérative. 200 ha. 100.000 Kisten. Mer 55 %, CS und CF 45 %.
Die Winzergenossenschaft von St-Yzans wurde 1934 gegründet und hat 120 Mitglieder. Ihre Weine werden unter der Marke St-Brice sowie in Großmengen an Négociants verkauft. Die Genossenschaftskellerei hat einen guten Ruf für feine typische Médocs. Außer in St-Yzans gibt es auch Mitglieder in Blaignan, Couquèques und St-Christoly. Zwei Châteaux, Taffard und Tour-St-Vincent, lassen ihre Trauben hier verarbeiten.

Château Sestignan
Cru Bourgeois. Besitzer: Bertrand de Rozières. 8,5 ha. 5.000 Kisten. CS 76 %, Mer 22 %, Mal 2 %.
Das am Rand der Region Bas-Médoc gelegene Gut ist umgeben von Schwemmland und Drainagegräben. Wie Château de Monthil erzielte es in der Gault-Millau-Prämierung von Cru Bourgeois-Weinen 1982 schöne Erfolge und kam auf den 4. Platz. Das *Cru* ist daher überaus beachtenswert, vor allem die Jahrgänge 85 und 86 sind großartig ausgefallen.

Château Sigognac
Cru Grand Bourgeois. Besitzer: Société Civile Fermière. Leiterin: Mme Colette Bonny-Grasset. 44 ha. 20.000 Kisten. CS 33⅓ %, CF 33⅓ %, Mer 33⅓ %.
Einst stand an dieser Stelle eine römische Villa, und auf der Bürgermeisterei von St-Yzans sind Keramikfunde ausgestellt, die hier gemacht wurden. Der Weinbergbesitz des Guts war auf nur 4 ha geschrumpft, als Paul Grasset es 1964 kaufte. Dann wurde es zuerst von ihm selbst und dann, nach seinem Tod (1968), von seiner Frau, die heute mit M. Bonny verheiratet ist, wieder ausgebaut. Die Gärung findet in Edelstahltanks statt, die Weine reifen zum Teil in Tanks, zum Teil im Faß. Sie sind kräftig in der Farbe, voll und mild im Duft, der Geschmack zeichnet sich durch angenehme Frucht und Gerbstoffherbheit, der Wein insgesamt eher durch Eleganz als durch Wucht aus. Es mag ihm zwar die Finesse des nobleren Nachbarn, Château Loudenne, fehlen, dennoch ist er ein sehr gefälliger, ehrenwerter Médoc von hoher Qualität.

Château Le Tertre-Caussan
Cru Bourgeois. Besitzer: Guy Caussan. 11 ha. 6.500 Kisten. Mer 55 %, CS 40 %, CF 5 %.
Le Tertre-Caussan liegt in dem Ort Caussan selbst und bringt ansprechende Weine hervor, die in den 80er Jahren deutliche Verbesserungen zeigten. Vor allem die Jahrgänge 82 und 85 sind gut ausgefallen.

Château La Tour-de-By
Cru Grand Bourgeois. Besitzer: Société Civile (Cailloux, Lapalu, Pagès). Leiter: Marc Pagès. 73 ha. 46.000 Kisten. CS 58 %, Mer 36 %, CF 5 %, PV 1 %. Zweitetiketten: Château la Roque-de-By, Château Moulin-de-la-Roque.
Das schöne *Cru* liegt auf einem der höchsten und besten Kieshügel im Bas-Médoc. Es besitzt ein sehr hübsches Château, und die anderen Gebäude sind zum Teil noch älter und ebenfalls sehr ansehnlich. Der etwas höher als das Château selbst stehende Turm ist ein ehemaliger Leuchtturm. Seit sie 1965 das Gut kauften, haben Marc Pagès und seine Partner viele Verbesserungen durch-

geführt. So haben sie den *Chai* erweitert und Edelstahltanks installiert, aber auch die alten Holz-*Cuves* werden beibehalten. Der Wein wird in Fässern ausgebaut, von denen ein kleiner Teil regelmäßig erneuert wird. Er ist tief in der Farbe und hat ein feines Bukett. Die lebendige, saftige Frucht erinnert oft an Veilchen. Der Geschmack ist sehr harmonisch und ansprechend, hat Kraft und Tiefe und ausgeprägten Gerbstoffgehalt. Eleganz und Nachhaltigkeit kommen hinzu. Dieser Wein darf wohl mit Recht als der zur Zeit feinste in der Appellation Médoc bezeichnet werden. Die besondere Lage der Weinberge erwies sich 1991 insofern als vorteilhaft, als es hier weit weniger Frostschäden gab als an anderen Stellen im nördlich Médoc; so konnte ein exzellenter Wein von Trauben der ersten Generation entstehen.

Château La Tour-Haut-Caussan
Cru Bourgeois. Besitzer: Philipp Courrian. 10,5 ha. 6.000 Kisten. CS 50%, Mer und Mal 50%. Zweitetikett: La Landotte.
Eine Windmühle von 1734 steht auf dem Besitz in Blaignan und legt Zeugnis für die Mischkultur ab, die vor dem 19. Jh. in diesem Teil des Médoc gepflegt wurde. Der heutige Besitzer ist Mitglied einer alteingesessenen Familie, die im Médoc bis in das Jahr 1615 nachweisbar ist. Er schwört auf traditionelle Weinbaumethoden und bereitet seinen Wein mit allergrößter Sorgfalt; den Merlot läßt er bei hohen, die Cabernets bei niedrigeren Temperaturen gären. Dann werden die Weine verschnitten und in jeweils zu 25% neuen Eichenfässern ausgebaut. Damit erzielt er sehr erfreuliche und vielfach preisgekrönte Ergebnisse. Die Weine des Guts sind bei besseren französischen Restaurants sehr gefragt, werden aber auch sonst in Frankreich und im Export verbreitet abgesetzt.

Château La Tour-St-Bonnet
Cru Bourgeois. Besitzer: Pierre Lafon. 41 ha. 20.000 Kisten. Mer 50%, CS 28%, CF 22%. Zweitetikett: Château La-Fuie-St-Bonnet.
Das größte und sicher bekannteste Cru in St-Christoly – seine Weinberge befinden sich in herrlicher Lage auf den besten Kieshügeln der Gemarkung, und mitten darin erhebt sich ein markanter Turm. Die Weine sind sehr typische Médocs, tief in der Farbe, kräftig und wuchtig. Ihr Bestes geben sie erst nach längerer Lagerung her.

Château La Valière
Cru Bourgeois. Besitzer: Familie Cailloux. 15 ha. 7.500 Kisten. CS 74%, Mer 25%, PV 1%.
Das auf den berühmten Kieshügeln von St-Christoly gelegene Château ist eines der besten in der Gemeinde. Es bringt charmantfruchtige Weine mit schöner Solidität hervor. Unter den neuen Jahrgängen sind der 79er, 84er und 85er am besten ausgefallen.

Vieux Château Landon
Cru Bourgeois. Besitzer: Philippe Gillet. 35 ha. 16.500 Kisten. CS 70%, Mer 25%, Mal 5%.
Das Gut ist schon seit mehreren Generationen im Besitz der Familie; der heutige Eigentümer heiratete die Tochter seines Vorgängers, damit diese Tradition gewahrt bleibt. Das *Cru* ist eines von vielen ausgezeichneten in Bégadan und bringt ansprechende Weine mit viel Frucht und Médoc-Charakter hervor.

Cave Coopérative du Vieux-Clocher. Besitzer: Uni-Médoc. 1.200 ha.
Die jüngste der Médoc-Genossenschaftskellereien liegt in Gaillan, 2 km nördlich von Lesparre. Sie wurde 1979 als Zusammen-

schluß der Winzergenossenschaften von Bégadan, Ordonnac, Prignac und Queyrac sowie der alten Genossenschaften von Prignac und Gaillan gegründet. Ihr Zweck ist die Lagerung von etwa 2 Millionen Flaschen. Der Vertrieb erfolgt durch die Union des Caves Coopératives Vinicoles Sovicop-Producta unter dem Markennamen Préstige-Médoc. Der Qualitätsstandard ist gut.

Caves Les Vieux Colombiers
Besitzer: Uni-Médoc (ein Zusammenschluß von Genossenschaften). 120.000 Kisten.
Die große Genossenschaftskellerei in Prignac zieht den Ertrag von 200 Mitgliedern in den Gemeinden Prignac, Lesparre und St-Germain-d'Esteuil an sich. Sie bereitet ferner zwei getrennt voneinander verarbeitete Crus: Château de Beusse und Château Lafon.

GRAVES

Es ist nicht leicht, diese Gegend mit ihrer Unterschiedlichkeit recht zu erfassen. Geographisch bildet sie die Fortsetzung des Médoc; im Norden sind viele Weinberge dem Wachstum der Stadt Bordeaux zum Opfer gefallen, weiter im Süden durchfährt man die Landschaft kilometerweit, ohne etwas anderes zu Gesicht zu bekommen als Bäume. Aus dieser Region kamen früher viele mittelmäßige Weißweine und einige aristokratische Rotweine, doch hat sich das Bild in den letzten 20 Jahren bedeutend gewandelt. Das Ausmaß der Veränderungen wird aus der folgenden Tabelle, in der die Produktionsziffern für 1970 und 1992 gegenübergestellt sind, recht gut erkennbar. Da die Region inzwischen in zwei Appellationen, nämlich Pessac-Léognan und Graves, aufgeteilt wurde, sind die Zahlen für 1992 entsprechend getrennt ausgewiesen.

	1970	1992	
Graves Rouge	40,958 hl	99,265	145,227 hl
Pessac-Léognan		45,962	(+ 225%)
Graves Blanc	10,095 hl	56,574	86,058 hl
Pessac-Léognan		13,197	(+ 55%)
Graves Supérieur	45,558 hl	16,287 hl	

Hier zeigen sich die beiden wichtigen Trends: von Weißwein zu Rotwein und bei den Weißweinen von stärkeren und süßeren (min. 12% Alkohol) zu trockeneren und leichteren (11%). Der Begriff Graves Supérieur bezieht sich hier lediglich auf den Alkoholgehalt, meist haben solche Weine auch eine gewisse Restsüße. Aus der Tabelle wird auch der Aufschwung deutlich, den das Gebiet als Ganzes wieder genommen hat, denn der Vergleich zwischen den beiden ertragreichen Ernten, zwischen denen 22 Jahre liegen, weist einen Zuwachs von 139% aus. Im gleichen Zeitraum hat sich die Rebenanbaufläche wie folgt entwickelt:

	1970	1991	
Graves Rouge	1,172 ha	1,892 ha	2,772 ha
Pessac-Léognan		880 ha	(+ 137%)
Graves Blanc	1,486 ha	967 ha	1,630 ha
Pessac-Léognan		244 ha	(+ 10%)
Graves Supérieur		419 ha	
	2,658 ha	4,402 ha	

Daraus geht hervor, daß zwar die Ausweitung hauptsächlich auf die Rotweinanbaufläche entfällt, aber auch in der Weißweinanbaufläche ein gewisser Zuwachs eingetreten ist, nachdem sie lange Zeit zurückgegangen war. Es ist eindeutig, daß neue Anbauflächen und bessere Bewirtschaftungsmethoden größere Erträge gebracht haben.

Die Ausgabe 1982 von Férets «Bordeaux et ses Vins» zeigt deutlich den Rückgang der Weinberge an, die von der Ausbreitung der Stadt Bordeaux verschlungen worden sind. In den vier am stärksten betroffenen Gemeinden, Gradignan, Merignac, Pessac und Talence, gab es 1908 119 Weingüter; 1981 waren es nur noch neun. In Graves bestanden 1981 insgesamt 33 Gemeinden, aus denen Weine unter der Appellation Graves kamen (in anderen Gemeinden, die auch auf diese Appellation Anspruch haben, wurden nur Weine unter den Bezeichnungen Bordeaux oder Bordeaux Supérieur herausgebracht). Eigentlich entsteht der Großteil der Weine in nur 8 Gemeinden: Léognan und Martillac im Norden, Portets, Illats, Cérons, St-Pierre-de-Mons, Langon und Landiras im Süden. Dabei wird in Illats und Cérons auch die Bezeichnung Cérons neben Graves benutzt. Es scheint jedoch, daß 80% des hier produzierten Weißweins wie die Rotweine inzwischen als Graves deklariert werden, und der Anteil steigt sicherlich noch weiter.

Es gibt genug hoffnungsvolle Zeichen, daß die Region nun endlich aus dem Niedergang wieder herausfindet. Die Qualität des trockenen weißen Graves hat sich dank kühler Gärungsmethoden allgemein gebessert – was Professor Peynaud in den 60er Jahren immer und immer wieder predigte, ist von Männern wie André Lurton und Pierre Coste endlich in die Tat umgesetzt worden. André Lurton hat große Flächen aufgegebener Weinberge in den besten Teilen des nördlichen Graves wiederbelebt. Pierre Coste hat im südlichen Graves viele köstliche und preiswerte Weiß- und Rotweine hervorgebracht. Denis Dubourdieu und Peter Vinding-Diers haben gezeigt, welche Wohltaten die moderne Weinbau- und Weinbereitungstechnik einschließlich der richtigen Wahl der Hefe auch für Weine aus recht bescheidenen Gegenden im südlichen Graves bringen kann. Inzwischen ist ein breiter Trend zurück zur Faßgärung aufgekommen, und das mit ausgezeichneten Ergebnissen.

Die Meinungen über das Verhältnis der Rebsorten für Weißweine gehen auseinander. Aus Tradition werden Sauvignon und Sémillon miteinander vermischt. Der Sauvignon liefert die frische Fruchtigkeit – besonders im Duft – und die Säure, während der Sémillon für Haltbarkeit und Entwicklungsfähigkeit in der Flasche sorgt. Sein Bukett beginnt in den Vordergrund zu treten, wenn der Sauvignon nach ein bis zwei Jahren zu verblassen anfängt. Auch verleiht er dem Wein Körper. Allerdings haben manche Weingüter auf der Suche nach Frische und Fruchtigkeit für früh zu trinkende Weine den Sémillon ganz aufgegeben. Solche Weine verlieren dann ihren Charme ziemlich bald, und ich habe den Eindruck, daß viele Winzer nun wieder erkennen, daß dem Sémillon für das Gleichgewicht der Weine eine wichtige Rolle zukommt.

Die Palette der Rotweine reicht von den großartigsten, die es an der Gironde überhaupt gibt (Haut-Brion, La Mission-Haut-Brion, Domaine de Chevalier, Haut-Bailly und Pape-Clément) bis zu einer Vielzahl sehr preiswerter und köstlich lebendiger Weine mit viel Individualität. Bei ihnen allen spielt der Cabernet Sauvignon die Hauptrolle, unterstützt vom Merlot und dem Cabernet Franc.

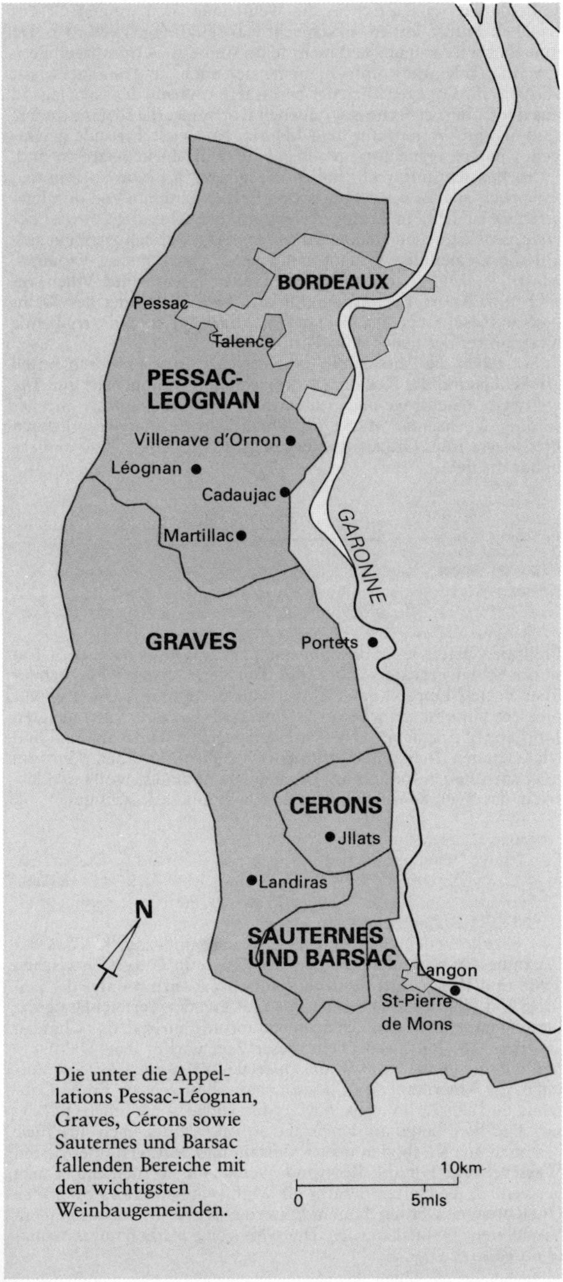

Die unter die Appellations Pessac-Léognan, Graves, Cérons sowie Sauternes und Barsac fallenden Bereiche mit den wichtigsten Weinbaugemeinden.

Es dauert seine Zeit, bis die Weintrinker den weißen Graves wieder schätzen lernen, so schlecht war sein Image geworden. Da nun aber wieder mehr und mehr feine Weine zu vernünftigen Preisen auf den Markt kommen, dürfte sich auch die Anhängerschaft vermehren. Dagegen wird der besondere Charme der vorwiegend aus der Cabernet-Rebe gewonnenen Rotweine, die so ganz anders sind als ihre Vettern aus dem Médoc, bald viele Freunde gewinnen, wenn sie erst einmal genügend auf dem Markt vertreten sind.

Im Bezeichnungsrecht haben die Winzer im Norden nun den Anspruch auf die neue Appellation Pessac-Léognan voll durchgesetzt; sie ist 1987 in Kraft getreten, und der Jahrgang 1986 ist der erste, der den neuen Namen tragen darf. Der Bereich erstreckt sich auf die Gemeinden Cadaujac, Canéjan, Grandignan, Léognan, Martillac, Mérignac, Médard-d'Eyrans, Talence und Villenave-d'Ornon. André Lurton, der für die Wiederbelebung des Weinbaus in dieser Gegend so viel geleistet hat, war auch die treibende Kraft hinter der neuen Appellation.

So stehen die Aussichten, daß Graves künftig größeren Anteil am Wohlstand der Region Bordeaux nehmen kann, sehr gut. Die weltweite Nachfrage nach guten trockenen Weißweinen und der ständig wachsende Markt für Qualitätsrotweine der mittleren Preisklasse muß Graves zum ergiebigen Jagdgebiet für Weinliebhaber machen.

PESSAC-LÉOGNAN

Château Baret

Besitzer: Héritiers A. Ballande. Rot: 7 ha; 4.000 Kisten; CS 72%, Mer 25%, CF 3%. Weiß: 6 ha; 3.000 Kisten; Sém 65%, Sauv 32%, Musc 3%.

Philippe Castéja leitet das Gut seit 1981, als er es nach dem Tod seines Schwiegervaters übernahm. Der Vertrieb des Weins erfolgt über Borie-Manoux, das Handelshaus der Familie. Das Renommee des Guts ist seit jeher groß, und doch hat es bei den neueren Jahrgängen deutliche Verbesserungen gegeben. Die Rotweine sind leicht, haben Tiefe und viel Frucht, vor allem der 83er, 85er und 86er sprechen besonders an. Die Weißweine sind stilvoll und klassisch, der 83er, 84er, 85er, 86er und 87er sind allesamt gut.

Château Bouscaut

Cru Classé. Besitzer: Société Anonyme du Château Bouscaut (Lucien Lurton). Rot: 39 ha; 11.500 Kisten, Mer 48%, CS und CF 42%, Mal 10%. Weiß: 7 ha. 2.500 Kisten; Sém 56%, Sauv 44%. Zweitetikett: Valoux.

Das einzige bedeutende Gut in Cadaujac und zugleich das der Garonne am nächsten gelegene Cru Classé in Graves. Zwischen 1968 und 1980 führte ein amerikanischer Konzern unter der Leitung von Charles Wohlstetter das Gut aus der Vernachlässigung heraus, baute moderne Anlagen ein und restaurierte das Château aus dem 18. Jahrhundert. In dieser Zeit wirkte Jean Delmas – heute *Régisseur* in Haut-Brion – hier als *Régisseur*. 1980 verkauften es die Amerikaner an Lucien Lurton, Besitzer von Brane-Cantenac und Durfort-Vivens in Margaux sowie von Climens in Barsac. Die Weinberge an der Straße von Bordeaux nach Toulouse bestehen aus Kiesboden über Kalkstein und verfügen über besten Wasserabzug. Für die Rot- und Weißweine werden Stahltanks verwendet, die Gärtemperatur für Weißwein beträgt 18 bis 20 °C. Die Rotweine werden dann in Fässern ausgebaut, wobei zu einem Viertel neue benutzt werden. Die Weißweine bleiben nur 6 Monate im Faß.

Ich muß bekennen, daß ich über neuere Bouscaut-Jahrgänge enttäuscht war. Die Rotweine sind relativ hell und leicht, mild und gefällig, aber es fehlt ihnen an Persönlichkeit und echter Distinktion. Allerdings haben sich inzwischen Verbesserungen gezeigt, v. a. beim 85er. Zum Vergleich sei gesagt, daß es im Médoc eine ganze Reihe Crus Bourgeois mit besserem Wein gibt.

Den Weißweinen fehlt es oft an der Rasse und an der Ausprägung des Geschmacks, doch der 83er war deutlich verbessert und der 85er und 88er sogar noch mehr. Es wird interessant sein zu sehen, ob Lucien Lurton mit seinem Flair die Dinge noch weiter verbessern kann.

Château Brown

Besitzer: Jean-Claude Bonnel. 11 ha. 3.750 Kisten. CS 60%, Mer 40%.

Das Gut hat seinen Namen von der Familie, der um die Mitte des vorigen Jahrhunderts Cantenac-Brown gehörte. Die Weinberge befinden sich in guter Lage auf zwei Kieshügeln in der Gemarkung Léognan. Die meisten wurden neu angelegt, nachdem André Bonnel den Besitz 1939 erworben hatte. Die Weine sind vorzüglich mit schöner Würze und milder Frucht, manche weisen ein deutliches Tabakaroma auf.

Château Carbonnieux

Cru Classé. Besitzer: Société des Grandes Graves. Leiter: Antony Perrin. Rot: 50 ha. 16.600 Kisten; CS 60%, Mer 30%, CF 7%, Mal 2%, PV 1%. Weiß: 40 ha. 15.000 Kisten; Sauv. 60%, Sém 38%, Musc 2%. Zweitetikett: La Tour-Léognan.

Das berühmte alte Château verfügte schon im 12. Jahrhundert über Weinberge, die nach der Übernahme durch Benediktinermönche 1741 wiederbelebt wurden. Marc Perrin kaufte das Gut 1956, und heute verwaltet sein Sohn den Besitz. Der Weißwein wird in Edelstahltanks vergoren und kam früher nicht mit Holz in Berührung, erst neuerdings wird er etwa drei Monate lang in neuen Eichenholzfässern gelagert. Die Rotweine werden in Fässern ausgebaut, die zu einem Viertel regelmäßig erneuert werden.

Berühmter ist der weiße Carbonnieux; er kommt aus dem größten Cru-Classé-Weinberg in Graves. Durch hohen Sauvignon-Anteil und frühe Abfüllung ist er schon sehr jung (9 bis 18 Monate) ein ganz köstlicher Wein, dann durchläuft er meist eine Periode der Stumpfheit, wenn die primäre Sauvignon-Frucht verblaßt, kommt aber dann, wenn der Sémillon zu voller Blumigkeit heranreift, wieder schön zur Entfaltung (nach ca. zweieinhalb Jahren). In neuerer Zeit ist der Qualitätsstand sehr gleichmäßig, man darf von dem besten Cru Classé, das in größeren Mengen erhältlich ist, sprechen.

Der Rotwein war früher recht rustikal und gehörte nicht zur Spitze der Graves mit Klassifizierungsrang, doch ist in den letzten Jahren entschlossen an der Qualitätsverbesserung gearbeitet worden. So zeigen der 85er, 86er, 89er und 90er festeres Gefüge und mehr Rasse als frühere Jahrgänge.

Château Les Carmes-Haut-Brion

Besitzer: Familie Chantecaille. Leiter: Philippe Chantecaille. 3,5 ha. 1.500 Kisten. Mer 50%, CF 40%, CS 10%.

Die ungewöhnliche Kombination von Rebsorten, die auf diesem Gut angebaut wird, erbringt Weine von großer Konzentration mit tiefer Farbe und kräftigem Tannin, aber sie sind meist etwas derb. Das mag auf den geringen Anteil von Cabernet Sauvignon im Verschnitt zurückzuführen sein.

Domaine de Chevalier

Cru Classé. Besitzer: Société Civile. Leiter: Olivier Bernard. Rot: 15 ha. 5.000 Kisten; CS 65 %, Mer 30 %, CF 5 %. Weiß: 3 ha. 800 Kisten; Sauv 70 %, Sém 30 %.

Von 1865 bis 1983 war das Gut im Besitz der Familie Ricard, seit 1948 hieß der Eigentümer Claude Ricard. Er mußte das Gut verkaufen, doch verpflichteten ihn die neuen Besitzer, die Familie Bernard, das *Cru* noch 5 Jahre weiter zu leiten und seine große Erfahrung auf Olivier Bernard, der von der Familie zum Verwalter des Guts ernannt wurde, zu übertragen. Hier wird der Rotwein etwas wärmer vergoren, als es heute Mode ist (32 °C), um größtmögliche Tanningewinnung aus den Traubenschalen zu erlangen. Für den Ausbau des Weins werden jährlich 50 % neue Eichenfässer verwendet. Der Weißwein gärt nur im Faß bei kühler Gärtemperatur. Dann wird er 18 Monate in zu geringem Teil regelmäßig erneuerten Eichenholzfässern gelagert. Dieses Verfahren wurde von anderen Erzeugern lange Zeit nicht mehr angewandt, ist inzwischen aber wieder aufgelebt.

Der Erfolg dieser mit peinlichster Sorgfalt betriebenen Weinbereitung zeigt sich in außergewöhnlichen Weinen. Die Rotweine sind von tiefer Farbe. Das Bukett braucht Zeit zur Entfaltung, ist dann aber höchst komplex und weist eine Tabaknote auf, und der Geschmack ist kompakt, fest gefügt, mit viel Rasse, Kraft und Nachhaltigkeit. In manchen Jahren kann dieser Wein an Haut-Brion und La Mission heranreichen. Zur Entwicklung braucht er lange. Besonders gute Jahrgänge entstanden 1989, 88, 86, 85, 83, 82, 81, 79 und 78; der 80er und der 76er sind reizvolle Vertreter dieser Jahrgänge.

Der Weißwein unterscheidet sich im Stil vom Laville oder Haut-Brion möglicherweise infolge der Reifezeit im Faß. Er ist bukettreich, fest und kompakt im Geschmack, und er entfaltet sich erst nach 6 bis 8 Jahren ganz allmählich. Er verfügt über außerordentliche Delikatesse und Finesse und kann sich über 15 bis 20 Jahre hinweg noch immer entwickeln.

Château Couhins

Cru Classé. Besitzer: Institut National de la Recherche Agronomique. Weiß: 24 ha; 1.000 Kisten; Sauv 82 %, Sém 18 %. Rot: 7,5 ha. 3.300 Kisten; CS 45 %, Mer 34 %, CF 18 %, PV 3 %.

Die Situation auf Couhins ist etwas seltsam, denn es ist aufgeteilt zwischen der staatlichen landwirtschaftlichen Forschungsanstalt und André Lurton, dem ein kleinerer Teil davon gehört (siehe Couhins-Lurton). Jahrelang waren die Familien Gasqueton und Hanappier die Eigentümer, und sie brachten nur Weißwein hervor (als einziges Gut in Graves hat es nur für Weißwein Klassifizierungsrang). 1968 wurde es dann an die INRA verkauft. Die Lage befindet sich auf einer Höhe bei Villenave-d'Ornon, und die Weinberge ziehen sich zur Garonne hin. Der Wein wird heute natürlich auf moderne Weise durch kühle Gärung gewonnen; er ist frisch und elegant im Stil. Leider gibt es nach der Aufteilung des Besitzes und da zudem auch Rotwein (ohne Klassifizierungsrang) produziert wird, nur kleine Mengen, das heißt der Wein ist schwer aufzutreiben.

Château Couhins-Lurton

Cru Classé. Besitzer: André Lurton. Weiß: 6 ha; 2.000 Kisten; Sauv 100 %.

André Lurton begann hier 1967 als *Fermier*, kurz bevor die INRA das Gut von Gasqueton-Hanappier erwarb, und durch den größten Teil der 70er Jahre hindurch produzierte er den gesamten Couhins-Wein. Dann nahm die INRA den größeren Teil des Guts selbst in die Hand, und André Lurton konnte den kleineren Teil für sich kaufen. Der kieshaltige Boden hat in tieferen Schichten eine leichte Lehmbeimengung – sie verleiht dem Wein Körper. Anders als der INRA-Teil, der in klassischer Weise mit Sémillon und Sauvignon bestockt ist, besteht André Lurtons Weinberg nur aus Sauvignon. Der Wein wird seit 1982 in neuen Fässern vergoren (bei 16 bis 18 °C) und anschließend 10 Monate gelagert, bevor er abgefüllt wird. Der 82er war nach drei Jahren sehr ansprechend und fruchtig im Geschmack. Ich nehme an, daß dieser Wein im Alter von zwei bis vier Jahren am besten sein dürfte. Die Anpflanzung von Cabernet und Merlot für Rotwein ist geplant, und die inzwischen von 1,5 auf 6 ha vergrößerte Weißweinanbaufläche soll noch erweitert werden.

Château du Cruzeau
Besitzer: André Lurton. Rot: 36 ha; 15.000 Kisten; CS 60%, Mer 40%. Weiß: 11 ha; 3.500 Kisten; Sauv 90%, Sém 10%.
Das Cru, das bedeutendste in St-Médard-d'Eyrans, ist Teil des Imperiums von André Lurton. Es liegt an der Grenze zu Martillac und kommt in den Genuß der neuen Appellation Graves-Léognan. André Lurton erwarb das Gut 1973 und pflanzte es bis 1974 ganz neu an. Der Weinberg hat tiefgründigen Kiesboden. Die roten Trauben werden maschinell, die weißen von Hand gelesen. Der Rotwein wird in Betonbehältern und Edelstahltanks bei 28 bis 30 °C vergoren und dann ein Jahr in jeweils zu einem Drittel erneuerten Holzfässern ausgebaut. Der Weißwein wird in Edelstahltanks und in mit Glas ausgekleideten Stahltanks bei 16 bis 18 °C bereitet und wird abgefüllt, ohne mit frischem Holz in Berührung gekommen zu sein.

Der Rotwein ist duftig, körperreich, fruchtig und geschmeidig und weist gute Haltbarkeit auf, ist aber schon nach drei bis vier Jahren trinkreif. Der Weißwein hat ein subtiles Frühlingsblütenbukett und ist angenehm fruchtig im Geschmack. Seit 1983 zeigen die Weine beträchtliche Klasse und deutliche Verbesserung; dieses Cru ist beobachtenswert.

Château Ferrand
Besitzer: Hervé Béraud-Sadreau. Rot: 5 ha; 1.650 Kisten; Mer 80%, CS 10%, CF 10%. Weiß: 5,5 ha; 2.000 Kisten; Sém 80%, Sauv 20%.
Das Gut hat seinen Namen von Robert de Ferrand, einem Mitglied des *Parlement de Bordeaux*, dem es im 17. Jh. gehörte. 1715 wechselte es den Besitzer und wurde von dem Philosophen Montesquieu geführt. Die Rot- und Weißweine, die hier heute wachsen, sind langlebig und brauchen Zeit, bis sich ihr sauberer Fruchtcharakter entfaltet.

Château de Fieuzal
Cru Classé. Besitzer: SA Château de Fieuzal. Leiter: Gérard Gribelin. 23 ha. Rot: 8.000 Kisten; CS 60%, Mer 30%, PV 5%, Mal 5%. Weiß: 600 Kisten; Sauv 50%, Sém 50%. Zweitetikett: l'Abeille de Fieuzal.
1945 übernahm Erik Bocké, ein Schwede, das damals völlig ruinierte Gut und restaurierte es liebevoll. 1974 übernahm es der heutige Besitzer und führte die Arbeit im gleichen Geist weiter.

Die Rotweine werden in Stahltanks mit elektronischer Temperaturregelung vergoren und dann in jeweils zu 50% erneuerten Fässern ausgebaut. Sie sind sauber bereitet, etwas leicht, jedoch mit Eleganz und sehr ausgeprägtem, lebhaft fruchtigem Charakter. Seit dem Jahrgang 85 kommt eine deutliche Fülle hinzu, und die neueren Weine zeigen eine zusätzliche Dimension an Tiefe,

Konzentration und Bukett, die sie nunmehr auf eine Stufe mit Weinen der führenden Crus wie Haut-Bailly und Chevalier hebt.

Die typische Graves-Art ist unverkennbar, jedoch nicht aufdringlich. Der Ruf dieses Weins wächst in den letzten Jahren stetig. Bei den Weißweinen hat sich ein noch dramatischerer Wandel vollzogen. Ab 1985 werden sie unter der Aufsicht des neuen Weißwein-Gurus Denis Dubordieu im Faß vergoren. Dadurch erlangen sie ein intensives Bukett und große Fülle und werden heute in Graves mit zu den höchsten Preisen gehandelt.

Château de France
Besitzer: Bernard Thomassin. Rot: 26 ha; 13.000 Kisten; CS 50%, Mer 50%. Weiß: 4 ha; Sauv 50%, Sém 30%, Musc 20%.

Der südlich von Léognan gelegene Besitz wurde von Bernard Thomassin, der es 1971 erwarb, neu angepflanzt und eingerichtet. Die Weißweinreben sind noch nicht ausgereift, die Rotweinreben aber wachsen gut heran und brachten bereits ab 1983 schöne Weine. Auf jeden Fall ist das Gut beachtenswert.

Château La Garde
Besitzer: Maison Dourthe. Rot: 41 ha, 20.000 Kisten; CS 70%, Mer 30%. Weiß: 6 ha; 3.000 Kisten; Sauv 100%.

Das Gut gehörte seit 1926 Louis Eschenauer und wurde 1990 an Dourthe verkauft. Hier ist in den letzten Jahren viel Entwicklungsarbeit geleistet worden. Es wurde nicht nur die Anbaufläche für Rotwein erweitert, sondern auch ein eleganter Weißwein rein aus Sauvignon ins Programm aufgenommen. Der Rotwein ist mild und etwas leicht, hat aber einen vielfältigen Geschmack.

Château Haut-Bailly
Cru Classé. Besitzer: SCI Sanders. Leiter: Jean Sanders. Rot: 28 ha; 15.000 Kisten; CS 60%, Mer 30%, CF 10%. Zweitetikett: La Parde de Haut-Bailly.

Heute gilt der Haut-Bailly als einer der besten roten Graves. Er steht unmittelbar hinter dem Chevalier auf einer Ebene mit dem Pape-Clément. Der Boden besteht aus Sand und Lehm mit starker Beimengung von feinem und grobem Kies.

Der Wein ist etwas heller und leichter als die anderen roten Spitzen-Graves, dafür aber zeichnet er sich durch große Harmonie aus. Seine Fülle und Weinigkeit erinnern an La Mission, nur sind Gerbstoffgehalt und Wuchtigkeit etwas bescheidener, das Bukett hat auffallende Ähnlichkeit mit Pape-Clément. Er entwickelt sich zunächst rasch, hält sich aber sehr gut und lang. Der 78er ist gut, aber nicht in Spitzenform, weil es am Ende der Zeit unter der Leitung von Daniel Sanders Probleme gab, die sich auf alle Jahrgänge nach 1970 mehr oder weniger stark auswirkten; dann entstand ein gefälliger, früh trinkreifer 80er, und 1979, 81, 82, 83 und 85 brachten große Erfolge; besonders konzentriert fiel der 86er aus, und der 88er, 89er und 90er zeigen alle großes Potential.

Château Haut-Bergey
Besitzer: J. Deschamps. 16 ha. 7.000 Kisten. CS 70%, Mer 30%.

Die Weinberge von Haut-Bergey befinden sich in guter Lage bei Léognan. Sie bringen angenehme Weine hervor, die einen guten Ruf haben; der Ausbau erfolgt in zum Teil neuen Eichenfässern.

Château Haut-Brion

1er Cru Classé 1855. Besitzer: Domaine Clarence Dillon. Rot: 43 ha; 17.000 Kisten: CS 50%, Mer 35%, CF 15%. Weiß: 3 ha; 800 Kisten; Sém 55%, Sauv 45%. Zweitetikett: Château Bahans.

Haut-Brion ist der einzige Rotwein außerhalb des Médoc, der in der Klassifizierung von 1855 Aufnahme gefunden hat. 1935 kaufte der amerikanische Bankier Clarence Dillon das Gut. Seit 1979 steht seine Enkelin Joan, Duchesse de Mouchy, der Firma vor, und ihr Gatte ist Generaldirektor. 1961 folgte der hoch angesehene Jean Delmas seinem Vater als *Régisseur*. Als erstes der großen Crus führte Haut-Brion 1960 Edelstahl-Gärtanks ein.

Das Wesentliche am heutigen Haut-Brion-Stil läßt sich mit den Worten Eleganz und Harmonie aussagen. Tannin, Eichenholznote (jedes Jahr zu 100% neue Fässer) und Frucht sind schon nach den ersten Monaten in vollem Gleichgewicht. Dadurch erscheint dieser Wein früh genußreif. Ich erinnere mich, daß ich es fast nicht glauben konnte, wie weit der 75er schon 1979 zur Vollendung gelangt war. Wenn er aber auch besser ausentwickelt und angenehmer zu genießen ist als andere 75er Spitzengewächse, so kann doch kein Zweifel daran bestehen, daß er noch eine lange Lebenszeit vor sich hat. Besonders groß war der Erfolg in den Jahrgängen 90, 89, 88, 86, 85, 83, 82, 81, 80, 79, 76 und 75. Vom 78er habe ich schon manche superbe Flasche gekostet, aber auch manche enttäuschende. Woher die Ungleichmäßigkeit kommt, ist schwer auszuloten.

Weißwein wird in ganz kleinen Mengen erzeugt, und er ist deshalb eine Rarität. Das meiste davon geht anscheinend in die USA. Wie es heißt, kommt sein Charme rascher zum Vorschein als beim Laville. Der 83er hatte jedenfalls schon im Mai 85, wenige Monate nach der Abfüllung, recht viel davon aufzuweisen. Anschließend muß der Wein dann eine Veränderung durchmachen, denn weder der 78er noch der 79er nahmen sich um diese Zeit gut aus, der 76er dagegen war wieder superb.

Château Larrivet-Haut-Brion

Besitzerin: Familie Gerverson. Leiter: Philippe Gerverson. Rot: 32 ha. 7.600 Kisten; CS 55%, Mer 45%. Weiß: 9 ha; 400 Kisten; Sauv 50%, Sém 35%, Musc 15%.

Ein berühmtes altes Gut im mittlerem Teil von Léognan neben Haut-Bailly. Früher hieß es Haut-Brion-Larrivet, bis durch einen von Haut-Brion geführten Prozeß die Namensänderung erzwungen wurde. Seit 1941 gehörte das Gut der Familie Guillemaud; 1988 wurde es an die derzeitigen Besitzer verkauft.

Der Wein ist ein durchaus klassischer Graves mit feiner Farbe und würzigem, zartem Bukett, mit Finesse und großer Haltbarkeit. Meist ist er mindestens so gut wie viele Cru-Classé-Rotweine, und seit 1986 erbringt strengere Auslese eine beachtliche Qualitätsverbesserung. Der Weißwein – es gibt ihn nur in kleinen Mengen – erreichte bislang diesen Standard nicht, doch nach der Umstellung auf Faßgärung im Jahr 1987 darf auch hier Besserung erwartet werden.

Château Laville-Haut-Brion

Cru Classé. Besitzer: Domaine Clarence Dillon. Weiß: 6 ha; 2.000 Kisten; Sém 60%, Sauv 40%.

Die Geschichte dieses winzigen Guts ist eng mit der von La Mission-Haut-Brion verbunden, wo auch sein Wein bereitet, ausgebaut und abgefüllt wird. Der Boden ist hier kräftiger und nicht so steinig wie der von La Mission oder La Tour-Haut-Brion, und das trägt zur beachtlichen Langlebigkeit dieses Weins bei. Die Weinbereitung geschieht in Fässern und nicht in *Cuves*, aber in Kellern mit Klimaanlagen. Seit 1961 wurden die Weine im späten Frühjahr nach der Lese abgefüllt, aber zum Jahrgang 1985 ist Jean Delmas wieder zu längerem Faßausbau zurückgekehrt und füllt erst im März nach dem zweiten Winter ab.

Neben Chevalier gilt er als das große Musterbeispiel des klassischen weißen Graves. Er ist stets körperreich und hat einen komplexen, nur allmählich sich entfaltenden Geschmack und Charakter, dabei ist er in Wucht und Kraft von Jahr zu Jahr unterschiedlich und daher auch im Tempo der Entwicklung. Bemerkenswert ist die Langlebigkeit dieser Weine; der 34er war 1989 noch immer superb, und selbst ungünstige Jahrgänge wie etwa der 65er sind hier eine angenehme Überraschung. Nach einigen mageren Jahrgängen von 78 bis 83 zeichnen sich die Weine wieder durch größere Fülle und Harmonie aus. Der 89er, 88er, 87er, 86er, 85er und 84er sind allesamt großartig ausgefallen.

Château La Louvière

Besitzer: André Lurton. Rot: 37 ha; 16.500 Kisten; CS 70%, Mer 20%, CF 10%. Weiß: 18 ha; 7.500 Kisten; Sauv 85%, Sém 15%. Zweitetiketten: Château Cantebeau, Château Coucheray, Château Clos du Roi.

Das alte, unter Denkmalschutz stehende Gut ist seit 1965 von dem dynamischen André Lurton weitgehend restauriert und wieder aufgebaut worden.

Der Weißwein von Louvière hat zumindest seit dem Jahrgang 1970 durch seine herausragende Finesse, Delikatesse und Frucht viel Beachtung gefunden. Er verdient gewiß Cru-Classé-Rang.

Der Rotwein macht stetige Fortschritte. Während der 70er Jahre war er lebhaft in der Farbe, ziemlich gerbstoffherb, aber leicht im Gefüge und zur Einseitigkeit neigend. Inzwischen aber zeigt er verbesserte Ausgewogenheit. 1983 zum Beispiel war er dem Charbonnieux sehr ähnlich, hatte ein stark duftiges Bukett, ein Tabak-Aroma und einen wahrhaft wundervollen Geschmack. Der 85er war besser als manches Cru Classé, und der 86er – zwar gerbstoffreicher, aber ebenfalls opulent – war vielleicht noch feiner. Damit steht dieser Wein nun ebenbürtig neben den führenden Crus von Pessac-Léognan.

Château Malartic-Lagravière

Cru Classé. Besitzer: Champagne Laurent-Perrier & Co. 17 ha. Rot: 7.900 Kisten; CS 50%, CF 25%, Mer 25%. Weiß: 1.000 Kisten; Sauv 100%.

Der Weinberg hat eine sehr gute Lage auf einem hochgelegenen Plateau mit kieshaltigem Boden, unmittelbar südöstlich von Léognan. Malartic war seit 1850 Familienbesitz der Ricards (siehe Chevalier) und ging dann durch Heirat an die Marlys über. 1990 wurde es an die Champagner-Familienfirma Laurent-Perrier verkauft. Bruno Marly arbeitet als Leiter des Guts weiter. Die Rot- und Weißweine werden in Edelstahltanks vergoren, der Weißwein bei einer Temperatur von höchstens 18 °C. Die Rotweine reifen in zu einem Drittel regelmäßig erneuerten Fässern, die Weißweine in einjährigen Fässern, und zwar etwa 7 Monate lang.

Die Rotweine haben ausgeprägten Graves-Charakter, sie sind weder allzu schwer noch besonders körperreich, doch zeigen sie einen sehr frischen, sauberen Geschmack mit schöner Frucht. In letzter Zeit scheint die Magerkeit, die den 60ern noch anhaftete, überwunden zu sein. Die neueren Weine haben gute Festigkeit und Langlebigkeit. Der 85er, 83er, 82er, 81er, 80er, 79er, 78er und 75er sind gute Vertreter ihrer Jahrgänge; 1980 und 76 entstanden charmante, leichtere Weine. Alles sind feine Graves und stehen auf derselben Ebene wie die 5es Crus im Médoc.

Der Weißwein gehört zu den ansprechendsten weißen Graves. Er hat ein hervorragendes Bukett und echte Individualität. Er besteht zu 100% aus Sauvignon und entwickelt sich daher rasch. Mir erscheint er in diesem jugendlichen Stadium am erfreulichsten. Die Qualität ist über die Jahre hinweg sehr gleichmäßig.

Château La Mission-Haut-Brion
Cru Classé. Besitzer: Domaine Clarence Dillon. Rot: 17 ha; 7.000 Kisten; CS 60%, Mer 35%, CF 5%.

Als die nur zu häufigen Nachfolgeprobleme die Woltner-Erben 1983 dazu veranlaßten, das Gut zum Verkauf anzubieten, war es nur logisch, daß die Nachbarn auf der anderen Straßenseite, nämlich Haut-Brion, zugriffen. Die beiden Güter bilden heute eine Oase von Reben inmitten von Wohnhäusern, die zwischen den beiden Weltkriegen ringsum zumeist auf ehemaligen Weinbergen entstanden. Henri Woltner, der von 1921 bis zu seinem Tod 1974 die Weinbereitung hier leitete, ließ zwischen 1926 und 1950 ein System von emaillierten Stahltanks installieren, das eine bessere Regelung der Gärtemperatur ermöglichte. La Mission war sicherlich das erste Weingut in Bordeaux, das den Gärprozeß bei Rotweinen einheitlich mit einer Temperatur um 28 °C ablaufen ließ. Anschließend wird der Wein in Fässern – zur Hälfte jeweils neuen – ausgebaut. 1987 wurde der alte *Cuvier* dann durch eine Edelstahlausrüstung neuester Bauart ersetzt. Der Kiesboden in den Weinbergen ist außergewöhnlich tiefgründig und bringt niedrige Erträge bei schönster Konzentration.

Der Wein von la Mission ist voll und wuchtig, während der von Haut-Brion ganz Finesse und Delikatesse ist. La Mission ist heute eindeutig in allem, außer dem Namen nach, ein Premier Cru. Im Preis ist er deutlich zu den 1er Crus Classés aufgerückt, und seitdem das Gut zur Domaine Clarence Dillon gehört, liegt der Eröffnungspreis manchmal nur um 10 F die Flasche niedriger als bei den besten Médocs. Die Qualität und Individualität dieses Weins ist außergewöhnlich. Er ist immer von tiefdunkler Farbe, voll und konzentriert im Geschmack und dennoch nicht unbequem gerbstoffreich. Er braucht Zeit zur Entfaltung, hält sich aber auch sehr gut. Selbst in ungünstigen Jahren feiert er große Erfolge. Die Jahrgänge 90, 89, 88, 86, 85, 83, 82 und 81 waren sämtlich ausnehmend gut, der 80er ist fein, und 1979 und 78 entstanden ganz prachtvolle, 1976 und 75 klassische Weine.

Château Olivier
Cru Classé. Besitzerin: Mme de Bethmann. Leiter: Jean-Jacques Bethmann. Rot: 18 ha; 8.500 Kisten; CS 65%, Mer 35%. Weiß: 17 ha; 9.000 Kisten; Sém 65%, Sauv 30%, Musc 5%.

Über Jahre lang wurde dieses berühmte alte Gut vom Handelshaus Eschenauer als Monopol betrieben. Dann nahm im November 1981 die Familie Bethmann die Leitung wieder selbst in die Hand, und die direkte Verantwortung wurde Jean-Jacques de Bethmann übertragen. Der Vertrieb lag bis 1987 bei Eschenauer, jedoch nur für einen Teil des Weins.

Die Weinberge wurde von Anfang bis Mitte der 70er Jahre von Grund auf erneuert; dabei wurde die Rebfläche für Rotwein vergrößert, und es wurde darauf geachtet, daß die verschiedenen Rebsorten auf die Böden kamen, die ihnen am besten zusagen; deshalb sind die Weinberge zum großen Teil noch nicht ausgereift. Nach guten Leistungen 1982 und 85 gab es enttäuschend wenig Fortschritt, und viele Weine scheinen unter zuviel Eichenholz für ihr Eigengewicht zu leiden.

Der Weißwein entspricht dem bekannten Ruf von Olivier. Bei hohem Sémillon-Anteil kann man von ihm nicht den unmittelbaren Charme erwarten, den der Sauvignon schon nach kurzer Flaschenreife hervorbringt. Nach längerer Reifezeit aber wird dieser Wein immer interessanter. Der Geschmack ist sehr markant und individuell und bietet viel Charakter.

Château Le Pape

Besitzer: GFA du Château Le Pape. Leiter: Anthony Perrin. 5 ha. 1.600 Kisten. Mer 95 %, CS 5 %.

Das Gut hat ein besonders attraktives Château, das im Stil des ersten Empire errichtet wurde. Anthony Perrin ist erst seit relativ kurzer Zeit der Leiter, und so dürfte es interessant sein zu sehen, was er daraus macht. Der Rebbestand enthält einen ungewöhnlich kleinen Anteil an Cabernet Sauvignon, doch die Anpflanzung ist noch jung, und daher muß sich die volle Wirkung der Rebsortenzusammensetzung erst noch zeigen.

Château Pape-Clément

Cru Classé. Besitzer: Familie Montagne. 29 ha. Rot: 12.000 Kisten; CS 60 %, Mer 40 %. Weiß: 100 Kisten; Sém 33 1/3 %, Sauv 33 1/3 %, Musc 33 1/3 %. Zweitetikett: Le Clémentin du Pape-Clément.

Das Weingut mit der längsten durchgehend nachgewiesenen Geschichte in Bordeaux – es wurde 1300 angelegt. Hier wird vorwiegend Rotwein angebaut, die Erzeugung von Weißwein ist nur gering, aber in einigen Restaurants in Bordeaux kann man ihn manchmal finden. Der Boden besteht aus Sand und Kies mit Spuren von Eisen. Nach traditioneller Vergärung reift der Wein in Fässern, die je nach Jahrgang zu 30 bis 40 % erneuert werden.

Die Weine von Pape-Clément zeichnen sich durch ein zauberhaftes Bukett aus – es ist intensiv mit feinen Tabaknuancen –, und der Körper ist geschmeidig und voll, so daß sie relativ früh genußreif sind. Nach einigen ganz wunderbaren Jahrgängen in den 60er Jahren war Pape-Clément dann einige Jahre lang leider recht unbeständig. Auf den guten 75er folgte eine Reihe kleiner, oft dünner Weine. Selbst der 82er war eine Enttäuschung. Als jedoch 1985 Bernard Pujols die Sache in die Hand nahm, ein neuer Cuvier gebaut und der *Chai* neu ausgerüstet wurde, gewann Pape-Clément mit dem 85er seine alte Form wieder. 1986, 88, 89 und 90 entstanden dann Weine, die würdig neben den großen Jahrgängen der 60er Jahre stehen.

Château Picque-Caillou

Besitzer: Alphonse Denis. 17,5 ha. 7.500 Kisten. Mer 35 %, CS 35 %, CF 30 %.

Der Weinberg liegt auf kieshaltigem, steinigem Boden mitten in den Vororten von Bordeaux. Die Weine sind als stilvoll, rassig, mild und voll im Geschmack bekannt; sie entwickeln sich meist ziemlich rasch, sind aber auch gut haltbar.

Château Pontac-Monplaisir

Besitzer: Jean Maufras. Rot: 8 ha; 4.500 Kisten; CS 60 %, Mer 40 %. Weiß: 6 ha; 2.700 Kisten; Sauv 70 %, Sém 30 %. Zweitetikett: Château Limbourg.

Das alte *Cru* geht bis auf etwa 1600 zurück; es ist auf der im 18. Jh. entstandenen Landkarte von Cassini eingezeichnet. Die Weinberge sind nicht mehr die ursprünglichen, denn diese wurden vom heutigen Besitzer verkauft, und an ihrer Stelle steht jetzt ein Supermarkt. Die mit viel Sorgfalt und Aufmerksamkeit durchgeführte Weinbereitung erbringt elegante und duftige Rotweine mit einem Charakter und einer Rasse, wie sie für Graves typisch sind; die Weißweine sind sehr stilvoll mit starkem Sémillon-Sortencharakter, während die Limbourg-Weißweine stärker von Sauvignon geprägt sind.

Château de Rochemorin

Besitzer: André Lurton. Rot: 45 ha; 18.000 Kisten; CS 60%, Mer 40%. Weiß: 12 ha; 2.500 Kisten; Sauv 85%, Sém 15%.

Der Name leitet sich von «Roche-Morine» her und läßt darauf schließen, daß hier zur Zeit der Maureneinfälle von Spanien her im 7. und 8. Jahrhundert eine Befestigung stand. Der energische André Lurton kaufte den Besitz 1973 und legte 1974 die Weinberge neu an (sie waren in Wald umgewandelt worden). Die Reben stehen auf tiefgründigem Kiesboden auf dem höchsten Hügel von Martillac. Wie auf anderen Lurton-Gütern auch werden die Rotweintrauben maschinell und die Weißweintrauben von Hand gelesen. Die Gärung geschieht unter Temperaturregelung bei 28 bis 30 °C (Rotwein) bzw. 16 bis 18 °C (Weißwein). Die Rotweine lagern ein Jahr in jeweils zu einem Drittel erneuerten Fässern, die Weißweine dagegen kommen nicht mit Holz in Berührung.

Die Rotweine zeigen inzwischen ein würziges, aromatisches Graves-Bukett im Verein mit Eleganz und Rasse, und sie erscheinen leichter, aber von frischem Eichenholz stärker beeinflußt als der Wein aus dem Nachbargut Cruzeau. Schon ab 1981 wurden hier feine Weine produziert, und gegen Ende der 80er Jahre kam mehr Fülle und ein höheres Niveau zustande. Der Weißwein ist anders als der von Cruzeau. Das Bukett ist nicht so blumig, der Körper dafür voller, unverkennbar ist die Eleganz, und der zwar trockenere Nachgeschmack hat eine deutliche Feuersteinnote.

Château de Rouillac

Besitzer: P. Sarthou. 5 ha. 1.650 Kisten. CS 85%, Mer 15%.

Das Gut ist aus zwei Gründen besonders bemerkenswert: Einmal ist es das einzige, das es in der Gemeinde Canéjan noch gibt, und zweitens besitzt es ein schmuckes Château, das 1869 von dem Architekten Baron Haussmann erbaut wurde. Heute arbeiten hier die Sarthous mit hochmodernen Weinbereitungsanlagen, und die Weinberge wurden vor kurzem neu bestockt. Seit dem ersten Jahrgang, 1978, entstehen ausgewogene Weine, voll Graves-Charakter.

Château Le Sartre

Besitzer: GFA du Château Le Sartre. Leiter: Anthony Perrin. Rot: 10 ha; 2.000 Kisten; CS 60%, Mer 40%. Weiß: 5 ha; 2.000 Kisten; Sauv 70%, Sém 30%.

Die Familie Perrin mußte das Gut, das sie 1981 erwarb, mit viel Mühe wieder aufbauen, weil es seit 1914 stark vernachlässigt worden war. Inzwischen eröffnet es Aussicht auf interessante Weine.

Château Smith-Haut-Lafitte

Cru Classé. Besitzer: Daniel Cathiard. Rot: 45 ha; 25.000 Kisten; CS 63%, Mer 26%, CF 11%. Weiß: 10 ha; 4.000 Kisten; Sauv 100%. Zweitetikett: Les Hauts-de-Smith-Haut-Lafitte.

Ein Herr mit dem seltenen englischen Namen George Smith kaufte das Gut 1720 und fügte seinen Namen dem Ortsnamen hinzu. Die Firma Louis Eschenauer, die seit 1902 den Vertrieb innehatte, war Besitzerin des Guts von 1958 bis 1991 und verkaufte dann an die Familie Cathiard. In neuerer Zeit ist hier viel Geld in die Weinberge und Gebäude gesteckt worden. 1960 waren nur noch 6 ha Rebfläche vorhanden, und Weißwein wurde überhaupt keiner erzeugt. Heute beträgt die Rebfläche 55 ha, davon 10 ha mit Weißweinreben. 1974 wurde ein großer unterirdischer Keller für

2.000 Fässer gebaut, und die Einrichtungen für die Weinbereitung wurden gänzlich erneuert. Die Hälfte des Rotweins wird in neuen Eichenfässern ausgebaut.

Die Weine sind sehr ausgeprägt im Charakter, aromatisch und würzig. Bis 1983 wurde keine Auslese vorgenommen, deshalb erscheinen große Jahrgänge wie 82 und 79 oft diffus und früh reifend, jedoch durchaus köstlich. Die Weine der letzten Jahre sind fester in der Art und lassen für die Zukunft Gutes erwarten. Der 84er ist für seinen Jahrgang bemerkenswert fein.

Auch ein sehr angenehmer, bukettreicher Sauvignon Blanc wird hier bereitet, er ist ausgesprochen früh trinkreif.

Château La Tour-Haut-Brion

Cru Classé. Besitzer: Domaine Clarence Dillon. Rot: 4 ha; 1.500 Kisten; CS 70%, CF 15%, Mer 15%.

Das kleine Gut neben La Mission kauften die Gebrüder Woltner im Jahr 1933. Seine Weine wurden seither in La Mission bereitet und in der Ära Dewavrin (1975–83) als Zweitweine behandelt. Eine der ersten Entscheidungen Jean Delmas' war es, diesem *Cru* seine Selbständigkeit wiederzugeben. Hier entsteht ein sehr feiner Wein, der ganz gewiß vielen anderen Crus Classés in Graves überlegen ist. Er ist körperreich, jedoch nicht ganz so intensiv wie der La Mission, und ist ziemlich früh genußreif. Hervorragende Weine entstanden 1985, 86, 87, 88, 89 und 90.

Château La Tour-Martillac

Cru Classé. Besitzer: Jean Kressmann. Rot: 20 ha; 8.500 Kisten; CS 60%, Mer 25%, CF 6%, Mal und PV 9%. Weiß: 4,75 ha; 1.500 Kisten; Sém 55%, Sauv 30%, andere Sorten 15%. Zweitetikett: Château La Grave-Martillac (rot, 1.000 Kisten).

Der Name leitet sich von einem Turm aus dem 12. Jahrhundert her, der einst der Treppenturm einer Burg war. Ihre Ruinen dienten beim Bau des heutigen Gutshofs vor 200 Jahren als Steinbruch.

In den 70er Jahren des vorigen Jahrhunderts erwarb Edouard Kressmann, der Gründer des berühmten Handelshauses, die Exklusivrechte an diesem *Cru*, und seine Familie kaufte es schließlich im Jahr 1929. 10 ha Weideland liefern dem Gut wertvollen Rinderdung für die Weinberge. Die Trauben der älteren Rebstöcke werden noch immer in traditioneller Weise in *Cuves* bei 32 bis 33 °C vergoren, während der Ertrag jüngerer Weinstöcke in Stahltanks mit Wasserkühlung verarbeitet wird. Die Weine reifen in Fässern, die regelmäßig zu einem Drittel erneuert werden. Der Zweitetikettwein, Château La Grave-Martillac, stammt von Reben, die noch nicht 10 Jahre alt sind, und ihm wird *Vin de presse* beigemischt. Er wird nicht über den Handel, sondern nur direkt im Château verkauft. Der Weißwein wurde bis 1987 in Edelstahltanks mit automatischer Wasserkühlung bereitet, dann aber wurde unter der Aufsicht von Denis Dubordieu wieder Faßgärung eingeführt. Dadurch erhalten die Weine eine besondere Dimension, und sie sind so in die Spitzengruppe der Graves-Weißweine aufgestiegen.

Nach meiner Feststellung weist der Rotwein ein elegant-fruchtiges Bukett und einen Geschmack mit Rasse und Nachhaltigkeit auf, ist aber etwas leicht im Körperbau. Der Charakter ist zwar anders, der Qualitätsstand aber ganz ähnlich wie beim Malartic-Lagravière. Der Weißwein ist elegant und frisch und hat durchaus originellen Charakter, Delikatesse, schöne Rasse und einen feinen Nachgeschmack – wahrhaftig ein erstklassiger weißer Graves.

GRAVES (SÜDLICHER TEIL)

Château d'Archambeau
Besitzer: Jean-Philippe Dubourdieu. 25 ha. Rot: 6.600 Kisten; Mer 50%, CS 50%. Weiß: 8.300 Kisten; Sém 55%, Sauv 40%, Musc 5%. Zweitetikett: Château Mourlet.

Die an Barsac angrenzende Gemeinde Illats darf wie die Orte Cérons und Podensac ihre Weißweine entweder als Cérons oder als Graves Supérieur ausgeben. Hier in d'Archambeau werden nur noch kleine Mengen Cérons erzeugt, während der Nachdruck auf klassischem trockenem Graves liegt. Die Familie Dubourdieu hat als Winzer in Barsac und Graves einen gewaltigen Ruf, und Jean Philippe, Neffe von Pierre Dubourdieu, der sich seinen Namen auf Château Doisy-Daëne gemacht hat, ist keine Ausnahme. Die Weißweine werden in emaillierten oder rostfreien Stahltanks kühl vergoren und im Frühjahr danach abgefüllt. Das Zusammenwirken von Sémillon und Sauvignon bringt Weine voll Eleganz und Charaktertiefe hervor, die schon wenige Monate nach der Abfüllung genußreich zu trinken sind, sich aber auch lange und gut halten. Rotwein wird hier erst neuerdings erzeugt, der erste Jahrgang, der von den jungen Reben auf den Markt gebracht werden konnte, war der 82er. Er hat lebhafte Fruchtigkeit und unmittelbaren Charme und gewinnt mit zunehmendem Alter der Reben an Tiefe und Komplexität.

Château Ardennes
Besitzer: François und Bertrand Dubrey. 20 ha. Rot: 7.000 Kisten; Mer 50%, CS 40%, CF 10%. Weiß: 5.000 Kisten; Sém 60%, Sauv 40%.

In Château Ardennes wird sowohl Rot- als auch Weißwein produziert. Am besten ist der Rotwein mit Veilchenbukett, festem Körper und schöner Entwicklungsfähigkeit (bei Weinen aus dieser Gegend eine ungewöhnliche Eigenschaft).

Château d'Arricaud
Besitzer: M. et Mme Albert Bouyx. 28 ha. Rot: 3.000 Kisten; CS 65%, Mer 30%, Mal 5%. Weiß: 7.000 Kisten; Sém 70%, Sauv 25%, Musc 5%.

Das alte Gut, der bedeutendste Besitz in der Gemeinde Landiras, wurde von einem früheren Präsidenten des *Parlement de Bordeaux* erbaut. Seine Weine sind sauber bereitet; die Rotweine mit köstlicher Fruchtigkeit und reichlichem Charme eignen sich großartig für frühen Genuß; die Weißen sind elegant und nachhaltig.

Château Belon
Besitzer: Jean Depiot. Rot: 4 ha; 3.000 Kisten; CS 50%, Mer 50%. Weiß: 4 ha; 2.500 Kisten; Sauv 45%, Sém 40%, Musc 15%.

Das Gut in St-Morillon gehört seit 1800 der Familie Depiot. Die hier produzierten Weine sind oft etwas derb, doch manche Rotweine zeichnen sich durch ansprechende Würze aus.

Château La Blancherie und Château La Blancherie-Peyret
Besitzer: F.-C. Braud-Coussié. Weiß: 11 ha. 4.200 Kisten; Sém 55%, Sauv 35%, Musc 10%. Rot: 9 ha. 3.300 Kisten; CS 70%, Mer 30%.

Die Gemeinde La Brede ist berühmt durch ihr Château, wo Montesquieu, der große Philosoph und Historiker aus dem 17. Jahrhundert, geboren wurde und lebte. Heute ist dies das bedeutendste Weingut in der Gemeinde. Eine besonders dunkle Episode in seiner Geschichte spielte sich während der Revolution von 1789 ab, als seine beiden Eigentümer der Guillotine zum Opfer fielen. Die Weißweine, die unter dem Etikett La Blancherie verkauft werden, entstehen durch kühle Gärung und sind fruchtig und kräftig. Die Rotweine (La Blancherie-Peyret) durchlaufen eine lange Maischung und werden in Fässern ausgebaut. Ihr auffallendes Bukett erinnert stark an Tabak und Gewürze, der Geschmack ist kräftig, der Charakter tief. Milde und Kraft machen diesen Wein schon jung zum Genuß, und dennoch ist er lange haltbar. Ein exzellentes *Cru* mit empfehlenswerten Weinen.

Château Brondelle

Besitzer: Rolland Belloc. 20 ha. Rot: 5.000 Kisten; CS 60%, Mer 20%, CF 10%, Mal 10%. Weiß: 3.000 Kisten; Sém 60%, Sauv 30%, Musc 10%. Zweitetikett: Château La Croix-Saint-Pey.

Brondelle liegt in Langon, einem der bedeutendsten Weinbauorte in Graves, wo den Winzern die von INRA durchgeführten Forschungen in der Klonselektion stark zugute gekommen sind. Die Rot- und Weißweine sind ansprechend und lohnen die Suche.

Château Cabannieux

Besitzer: René Barrière, Familie Dudignac. 20 ha. Rot: 8.000 Kisten; Mer 50%, CS 45%, CF 5%. Weiß: 4.000 Kisten; Sém 80%, Sauv 20%.

Das Gut liegt an der höchsten Stelle der Gemarkung von Portet auf gut entwässertem, kieshaltigem Boden mit etwas Lehmanteil. Seinen Besitzern gehört auch das hochgeachtete Handelshaus A. & R. Barrière. Die Rotweine bleiben 2 bis 3 Wochen auf den Schalen, damit sie möglichst viel Farbe bekommen. Sie werden dann zum Teil in Holzfässern ausgebaut, die in kleinerem Umfang regelmäßig erneuert werden. Man versucht auf diese Weise, Rotweine mit ausgeprägtem Graves-Charakter und vollem, aber mildem Geschmack hervorzubringen, die schon früh genußreif sind.

Bei den Weißweinen wird temperaturgeregelte kühle Gärung bei etwa 20 °C angewandt. Der Sémillon-Anteil ist geringer, damit ein frisches Bukett erzielt werden kann. Sowohl der Rotwein als auch der Weißwein genießen einen guten Ruf.

Château Cazebonne

Besitzer: Marc Bridet. 13 ha. Rot: 2.700 Kisten; CS 50%, Mer 50%. Weiß: 2.300 Kisten; Sauv 60%, Sém 40%.

Das Gut bringt Rotweine mit kräftiger Frucht und Farbe hervor, die vielleicht nur etwas zu fest ausfallen. Die Weißweine sind etwas eleganter und zeigen angenehme Frische.

Château de Chantegrive

Besitzer: Henri & Françoise Lévêque. Rot: 40 ha; 15.000 Kisten; CS 60%, Mer 40%. Weiß: 47 ha; 17.500 Kisten; Sém 50%, Sauv 30%, Musc 20%. Zweitetiketten: Château Bon-Dieu-des-Vignes, Château Mayne-Lévêque, Château Mayne-d'Anice.

Die Familie Lévêque hat das Gut aus bescheidenen Anfängen allmählich aufgebaut. Als ich Chantegrive zum erstenmal besuchte, hatte es nur 15 ha Weinberge – heute sind es 87. Der Boden besteht aus weißem, mit Quarzkies vermischtem Sand. Die Weinbereitung wird mit Sorgfalt betrieben: kühle Gärtemperaturen bei Rotwein, sechs Monate Lagerung in großen Eichenfässern und anschließender Ausbau in kleinen Fässern (zu 20% neu) in unterirdischen Kellern bei Rotwein.

Die Weißweine sind frisch, fruchtig, würzig und süffig, jedoch keine wirkliche Spitzenklasse. Die Rotweine sind fruchtig und mild, haben aber auch Tiefe – sie gehören zu der Art angenehm zu trinkender Weine, die mehr Aufmerksamkeit verdient hätten.

Château Chéret-Pitres
Besitzer: M. et Mme Jean Boulanger. 12 ha. 7.000 Kisten; CS 50%, Mer 50%.

Die Boulangers produzieren in Chéret-Pitres nur Rotweine, die aber sind höchst ansprechend und haben ein kräftiges, ausdrucksvolles Graves-Aroma. Dank ihrer Fruchtigkeit sind sie schon in der Jugend gut zu trinken, aber manche bessere Jahrgänge entfalten sich schön und lohnen längere Lagerung.

Château Chicane
Besitzer: Familie Coste. 6 ha. 3.000 Kisten. CS 70%, Mer 20%, CF 10%.

Pierre Coste erzeugt Rotweine, die jung getrunken werden sollen, etwa im Alter von 2 bis 4 Jahren. Sie sind leicht im Körper, angenehm würzig im Duft und haben viel Frucht.

Clos Floridène
Besitzer: Denis und Florence Dubourdieu. Rot: 5 ha. CS 80%, Mer 20%. Weiß: 12 ha. Sém 60%, Sauv 30%, Musc 10%.

Nachdem sie sich bereits mit Weinen im Château Reynon in den Premières Côtes einen guten Namen gemacht hatten, wählten Denis Dubourdieu und seine Frau diese Lage in Puyols/Giron im südlichen Graves für die Produktion von weißem und rotem Graves. Wie Denis Dubourdieu betont, steht in Cocks & Féret-Ausgaben aus dem 19. Jh., daß Puyols damals, als es in Pessac-Léognan noch kaum Weißwein gab und die meisten übrigen weißen Graves lieblich waren, den angesehensten trockenen Weißwein in Graves hervorbrachte. Auf jeden Fall haben seine Weine Körper und Rasse bei nachhaltigem Geschmack und wahrhaft trockenem Abgang.

Château de Courbon
Besitzer: Jean Saunders. 6,5 ha. 3.000 Kisten. Sauv 60%, Sém 40%.

Hier werden nur Weißweine bereitet; sie wachsen auf Sand, Kies und Lehmböden, und da diese relativ nahe bei Sauternes liegen, kommen Weine zustande, die voller und körperreicher sind als im nördlichen Graves. Das Verhältnis von Sauvignon zu Sémillon verleiht ihnen geschmeidige und fruchtige Art bei guter Lagerfähigkeit.

Château Coutet
Besitzer: Marcel & Bertrand Baly. Weiß: 38 ha; 9.000 Kisten; Sém 80%, Sauv 15%, Musc 5%.

Hier wird wieder einmal für Konfusion gesorgt; es ist ja bekannt, daß trockene Weißweine aus Sauternes und Barsac nur als AC Bordeaux Blanc bezeichnet werden dürfen. 1977 kaufte die Familie Baly das berühmte Barsac-*Cru* Coutet, und sie hat auch einen Besitz in Pujols-sur-Civon, einer Gemeinde, die auf drei Seiten unter Barsac und Sauternes fällt. Nun kommt das *Cru* aus Pujols, das früher Reverdon hieß, als «Vin Sec du Château Coutet» unter der AC Graves auf den Markt!

Der Wein wird sehr kühl vergoren, und ich finde ihn zur Zeit recht enttäuschend. Er hat ein starkes Stachelbeeraroma und ist für einen Wein mit so großem Sémillon-Anteil dürr.

Château L'Etoile
Besitzer: Domaines Latrille Bonnin. Rot: 10 ha; 6.000 Kisten; CS 60%, Mer 30%, CF 10%. Weiß: 5 ha; 3.000 Kisten; Sauv 50%, Sém 50%.

Das Weinbereitungsverfahren bei hohen Temperaturen bringt Rotweine hervor, die sich durch volle Frucht und Würze auszeichnen und in Körper und Tanningehalt ausgewogen sind; die Lagerfähigkeit ist sehr gut, aber auch in der Jugend sind diese Weine schon vorzüglich. Die Weißweine werden bei niedrigen Temperaturen vergoren und vorher kurz eingemaischt, um das Bukett und den Fruchtcharakter zu verstärken; auch sie sind jung schon sehr ansprechend.

Château Ferrande

Besitzer: Héritiers H. Delnaud. Leitung: Castel Frères. Rot: 34 ha; 15.000 Kisten; Mer 37%, CS 32%, CF 28%, Mal 3%. Weiß: 9 ha; 5.000 Kisten; Sém 62%, Sauv 38%. Zweitetikett: Château Lognac.

Das bedeutendste *Cru* in Castres – seit die Familie Delnaud hier 1955 eine Partnerschaft mit Marc Teisseire einging, wurden die Weinberge stark vergrößert und die Einrichtungen verbessert. Betonbehälter und Edelstahltanks dienen zur Weinbereitung. Der Rotwein reift in Eichenfässern, die zu 10% regelmäßig erneuert werden. Ich habe ihn tiefdunkel mit einem lebendigen, würzigen, an Tabak gemahnenden Bukett und einem klaren, frischen, vollen und fruchtigen Geschmack mit leichtem Körper gefunden. Er ist ein sehr angenehmer Wein, der sich nach drei bis vier Jahren mit Genuß trinken läßt – der 81er war 1985 vollendet gut.

Der Weißwein hat einen ausgeprägten Graves-Geschmack. Er ist kräftig und leicht erdig, aber fruchtig. Er hat viele Freunde, doch mir scheint, daß er nicht soviel Charme und Rasse aufweisen kann wie der Rotwein.

Château de Gaillat

Besitzer: Familie Coste. 8 ha. 4.000 Kisten. CS 60%, Mer 30%, Mal 10%.

Die Sorgfalt und Aufmerksamkeit, die Pierre Coste der Weinbereitung widmet, hat schon manchen hervorragenden Jahrgang zuwege gebracht. Die Weine werden früh, meist im Juni des Jahrs nach der Ernte, abgefüllt, um möglichst viel Frucht zu bewahren. Ihr Kennzeichen ist überströmende Frucht im Duft und anschließend ein Geschmack von frischgepreßten Trauben; diese Weine trinken sich innerhalb von 18 Monaten nach der Lese einfach köstlich.

Château du Grand Abord

Besitzer: Marc Dugoua. Rot: 18 ha. 4.500 Kisten; Mer 90%, CS 10%. Weiß: 3 ha; 2.000 Kisten; Sém 90%, Sauv 10%.

Das Gut liegt auf Kiesboden auf dem Plateau bei Portets. Seine Rotweine sind höchst ansprechend und jung genußreif.

Domaine La Grave

Besitzer: Peter Vinding-Diers. 7 ha. Rot: 3.000 Kisten; CS 50%, Mer 50%. Weiß: 500 Kisten; Sém 100%.

Peter Vinding-Diers erwarb den Besitz 1980 und brachte hier seine ersten eigenen Weine hervor. Sowohl die Roten als auch die Weißen zeichnen sich durch vollen Geschmack aus; die Rotweine sind oft gerbstoffreich, zeigen aber dennoch viel Eleganz und ein feines Bukett.

Château Landiras

Besitzer: Peter Vinding-Diers. Rot: 5 ha; CS 60%, Mer 40%. Weiß: 14 ha; Sém 100%.

Die Geschichte des Châteaus läßt sich bis 1173 zurückverfolgen; hier stand einst eine Burg, von der noch Ruinen und der Wallgraben vorhanden sind. Der Besitzer hat sich seit Jahren in Graves einen guten Ruf geschaffen (Château Rahoul) und ist nun dabei, dieses alte Cru auf die ihm von der AOC zugestandenen 40 ha auszudehnen. Schon zu Anfang des Wiederaufbaus errichtete er einen neuen *Cuvier*; er wurde rechtzeitig für den Jahrgang 1988 fertiggestellt, und seither sind einige stilvolle Weine in ihm entstanden. Den Rotweinen merkt man die Frucht der Cabernet-Trauben deutlich an, und die Weißweine zeigen viel klassischen Sémillon-Stil und -Körper.

Château Magence
Besitzer: Dominique Guillot de Suduiraut. Rot: 18 ha; 5.800 Kisten; CS 41 %, CF 32 %, Mer 27 %. Weiß: 12 ha; 10.000 Kisten; Sauv 64 %, Sém 36 %.

Eines der bekanntesten Weingüter in St-Pierre-de-Mons, der bedeutendsten Graves-Gemeinde im Südosten von Sauternes. Es befindet sich seit 1800 im Besitz der Familie, aber trotzdem ist hier alles auf dem allerneuesten Stand. Die Gärung geschieht in Edelstahltanks bei sorgfältiger Temperaturregelung. Der Wein war einer der ersten der modernen klassischen weißen Graves; eine Zeitlang bestand er nur aus Sauvignon, heute aber wird er durch einen Sémillon-Anteil ausgeglichen und bekommt dadurch echte Finesse und großen Stil. Auch die Rotweine sind ordentlich, geschmeidig und leicht gerbstoffherb.

Château Magneau
Besitzer: Henri Ardurats. Rot: 6 ha; 1.000 Kisten; Mer 50 %, CS 35 %, CF 15 %. Weiß: 20 ha; 10.000 Kisten; Sauv 50 %, Sém 30 %, Musc 20 %. Zweitetikett: Château Guirauton.

Die auf dem Gut in La Brède produzierten Weißweine sind besonders fein, ihnen fehlt die sonst bei Graves-Weinen häufig vorkommende Derbheit; sie sind stilvoll, sauber bereitet und mit viel Frucht versehen. Auch die Rotweine haben ansprechende Art und ein charakteristisches, pikantes Aroma; sie sind meist schon jung genußreif. Château Guirauton steht ausschließlich für Weißwein.

Château Millet
Besitzer: Familie de la Mette. Rot: 45 ha; 25.000 Kisten; Mer 60 %, CF 40 %. Weiß: 20 ha; 9.000 Kisten; Sém 40 %, Sauv 30 %, Musc 30 %. Zweitetikett: Château du Clos Renon.

Dieser Besitz ist heute der größte in Portets – ein großes Château gehört dazu. Der Rotwein – ihm kommt heute mehr Bedeutung zu als dem Weißwein – reift im Faß. Weine, die den gewünschten Standard nicht erreichen (z. B. die Jahrgänge 77 und 80), werden nicht unter dem Namen des Châteaus abgefüllt, aber auch sie sind meist anständig und zeichnen sich durch fruchtige Art und frühe Genußreife aus, und sie haben einen guten Ruf.

Château Montalivet
Besitzer: Pierre Coste, Pierre Dubourdieu, Robert Goffard. 14 ha. Rot: 4.000 Kisten; CS 70 %, Mer 30 %. Weiß: 1.500 Kisten; Sém 80 %, Sauv 20 %.

Eines der erfolgreichsten Güter von Pierre Coste; es liegt in der Gemarkung von Pujols und bringt stilvolle, fruchtige Rotweine sowie Weißweine auf Sémillon-Basis mit viel Sortencharakter hervor.

Château Le Pavillon-de-Boyrein
Besitzer: Société Pierre Bonnet et Fils. Rot: 12 ha; 11.000 Kisten; Mer 65 %, CS 35 %. Weiß: 13 ha; 12.000 Kisten; Sém 80 %, Sauv 20 %. Zweitetikett: Domaine des Lauriers.

Das Spitzengut der Gemeinde Roaillan bringt Weine hervor, die in der Qualität vielen Crus Bourgeois im nördlichen Médoc nahekommen. Die Rotweine sind am gefälligsten und bieten einen Hauch *Terroir* mit Untertönen von Eisen und Mineralen.

Château Pessan-St-Hilaire
Besitzer: Dominique Haverlan. Rot: 10 ha; 3.350 Kisten; Mer 60%, CS 35%, CF 5%. Weiß: 4 ha; 1.650 Kisten; Sém 80%, Sauv 20%.
Der gegenwärtige Besitzer kaufte Château Pessan-St-Hilaire im Jahr 1981, und seither hat er die Weinberge ausgedehnt und den *Chai* vergrößert. Als Fachönologe erzeugt er ansprechende Rot- und Weißweine, die er ständig verbessert.

Château Rahoul
Besitzer: Alain Thiénot. Rot: 11,5 ha; 5.000 Kisten; Mer 60%, CS 40%. Weiß: 2,5 ha; 1.000 Kisten; Sém 100%. Zweitetikett: Petit Rahoul.
Das alte Gut in Portets ging 1978 in den Besitz eines australischen Konzerns über. Die Australier zogen einen jungen dänischen Önologen, Peter Vinding-Diers, hinzu und investierten in Edelstahl und neue Eichenholzfässer. 1982 verkauften sie das Gut an einen anderen Dänen, und dieser wiederum verkaufte es an den heutigen Besitzer, einen Kaufmann aus der Champagne. Er übernahm selbst die Leitung, als Peter Vinding-Diers 1988 ausschied, um sein eigenes Gut zu führen (siehe Château Landiras). Obwohl die Lage des Weinbergs nicht gerade die günstigste ist – er liegt ziemlich tief und hat Probleme mit dem Wasserabzug –, tragen doch die Sorgfalt und die Sachkenntnis bei der Weinbereitung ihre Früchte. Eine besondere Leistung von Peter Vinding-Diers war die Isolierung von R 2, einer in den hiesigen Weinbergen vorkommenden Hefeart. Indem er andere Hefen ausmerzte und nur diese eine verwendete, gelang es ihm, Weine mit einem reineren Geschmack zu erzielen. Die Hefe R 2 ist seither sogar in Australien zur Anwendung gelangt. Sowohl die Rot- als auch die Weißweine reifen nach kühler Gärung in zum Teil neuen Eichenholzfässern. Ich finde die Weißweine sehr elegant und nachhaltig im Geschmack, vielleicht fehlt ihnen lediglich die Komplexität und Tiefe weiter im Norden gewachsener Spitzen-Graves. Die Rotweine sind voll lebendiger, würziger Frucht und jung am besten. Das Ganze ist ein gutes Beispiel dafür, was man mit Investitionen in Sachkenntnis und moderne Einrichtungen erreichen kann; man beginnt auch zu ahnen, wieviel Spielraum für Verbesserungen in manchen bekannteren und besser gelegenen Weinbergen noch vorhanden sein dürfte.

Château Respide-Médeville
Besitzer: Christian Médeville. 7,5 ha. Rot: 1.000 Kisten; CS und CF 65%, Mer 35%. Weiß: 2.500 Kisten; Sém 50%, Sauv 45%, Musc 5%.
Das *Cru* liegt auf einem Hügelkamm mit Kies- und Lehmboden bei Toulenne. Seine gegenwärtige gute Reputation hat Christian Médeville von Château Gilette aufgebaut. Von den Weißweinen sind der 78er und 85er besonders gefällig; die Rotweine sind ebenfalls charmant und jung angenehm zu trinken.

Château de Roquetaillade-La-Grange
Besitzer: Pierre und Jean Guignard. 36 ha. Rot: 12.000 Kisten; Mer 40%, CS 25%, CF 25%, Mal 5%, PV 5%. Weiß: 2.000 Kisten; Sém 80%, Sauv 20%. Zweitetikett: Château Roquetaillade-Le-Bernet.
Der Name des herrlichen mittelalterlichen Châteaus, das ein Neffe von Papst Klemens V. zu Beginn des 14. Jahrhunderts erbaute,

ist weithin berühmt. Es gilt als die schönste Burg in ganz Südwestfrankreich. Das Weingut am Osthang des Hügels hat allerdings mit dem Château selbst, das nur unbedeutenden Weinbergbesitz hat, nichts zu tun. In den letzten Jahren haben die Besitzer (denen auch Château Rolland in Barsac gehört) den Qualitätsstand der Weine stark angehoben. Sie haben in Paris viele Medaillen und ein großes Ansehen für einen der besten Rotweine im südlichen Graves errungen, der sich durch echte Individualität und schöne, reife Frucht in Duft und Geschmack – manchmal in besonderen Jahren wie 1979 mit einem in Bordeaux seltenen Anflug von Kirschen – auszeichnet. Die Jahrgänge 78, 79, 81, 82, 83, 85, 86 waren höchst erfolgreich. Der recht körperreiche Weißwein hat von verbesserter Technik profitiert, ist aber noch immer nicht besonders interessant.

Château St-Agrèves
Besitzer: Claude & Marie-Christiane Landry. Rot: 7,5 ha; 3.750 Kisten; CS und CF 70%, Mer 30%. Weiß: 2,5 ha; 1.750 Kisten; Sauv 50%, Sém 50%.

Die Rotweine von Château St-Agrèves sind für die Gegend ungewöhnlich, weil sie eine längere Ausbauzeit durchmachen, als es sonst hier üblich ist. Nichtsdestoweniger sind es ansprechende Weine mit schönem Gleichgewicht von Frucht und Tannin. Die Weißweine sind dagegen derber in der Art und nehmen sich im Vergleich mit Erzeugnissen der Nachbargüter nicht so vorteilhaft aus.

Château de St-Pierre
Besitzer: Henri Dulac. 43 ha. Rot: 6.200 Kisten; CS 60%, Mer 40%. Weiß: 13.800 Kisten; Sém 67%, Sauv 33%. Zweitetiketten: Château Queyrats, Clos d'Uza.

Das wunderschöne Weingut wird von Henri Dulac zusammen mit Château Les Queyrats betrieben, hier entstehen sowohl Rot- als auch Weißweine. Die Weinberge liegen auf Lehm- und Kalksteinhügeln südöstlich von St-Pierre-de-Mons, der bedeutendsten Weinbaugemeinde südlich von Sauternes. Die Weinbereitung geschieht mit größter Sorgfalt. Die Weißweine gehörten zusammen mit denen von Les Queyrats zu den ersten Graves im neuen Stil und zeichnen sich durch Finesse und Charakter aus. Der 82er hat in Paris eine Goldmedaille gewonnen. Die Rotweine sind nicht so hervorragend, trotzdem aber lebhaft und durchaus reichhaltig und besitzen mehr Haltbarkeit als andere Weine aus dieser Gegend. Die Qualität ist über Jahre hinweg die gleiche.

Château Toumilon
Besitzer: Jean Sévenet. 12 ha. Rot: 3.000 Kisten; CS 45%, Mer 35%, CF 20%. Weiß: 2.500 Kisten; Sém 60%, Sauv 40%. Zweitetikett: Château Cabanes.

Das in St-Pierre-de-Mons, der bedeutendsten Weinbaugemeinde südlich von Sauternes, gelegene ausgezeichnete Gut ist seit 1783 im Besitz derselben Familie. Seine Weinberge liegen auf Hügeln mit Kiesboden an der Garonne. Seit dem Jahrgang 1983 zeigen die neuen Weinbereitungseinrichtungen deutliche Verbesserungen bei Weißweinen. Früher waren sie etwas lahm und hatten einen seifigen Nachgeschmack, heute zeichnen sie sich durch Finesse und Delikatesse aus. Auch die Rotweine zeigen Finesse und Persönlichkeit und den echten Graves-Charakter, jedoch ohne die bei zweitrangigen Gewächsen oft vorzufindende Rauheit. Der 81er war sehr fein und der 80er höchst erfreulich für seinen Jahrgang.

Château Tourteau-Chollet
Besitzer: Société Civile. 30 ha. Rot: 12.500 Kisten; CS 60%, Mer 40%. Weiß: 4.170 Kisten; Sém 50%, Sauv 50%.
Das Gut ist Teil des Mestrezat-Imperiums (siehe Grand-Puy-Ducasse, Rayne-Vigneau). Die Rotweine tragen ein goldenes, die Weißweine ein weißes Etikett. Die Gemeinde Arbanats liegt unmittelbar südöstlich von Portets; Tourteau ist hier das bedeutendste Château. Seitdem die neuen Besitzer es 1977 übernahmen, haben sie es stetig verbessert und erzeugen inzwischen angenehme, fruchtige Rotweine und elegante, trockene Weißweine. Sie sind beachtenswert.

Château Vignolles-Peyroule
Besitzer: Pierre Dubroca. 7 ha. 3.000 Kisten. CS 70%, Mer 20%, CF 10%.
Der Besitz liegt in der Gemarkung des kleinen Orts St-Pardon-de-Conques auf Sand- und Lehmboden. Das *Terroir* ruft in den Trauben schwache Säure bei gutem Reifezustand hervor; nach sorgfältiger Verarbeitung entstehen daraus volle, körper- und bukettreiche Weine. 1985 war hier ein besonders feiner Jahrgang.

Château Virelade
Besitzer: Gérard de Bengy de Puyvallé. 25 ha. 11.000 Kisten. CS und CF 70%, Mer und PV 30%.
Das Gut in der Gemarkung Virelade produziert nur Rotweine, und das ist für die Gegend ungewöhnlich. Ausbau im Faß gibt ihnen das Gepräge, dabei werden jeweils bis zu einem Drittel neue Fässer verwendet. In Stil und Rasse lassen die Weine nichts zu wünschen übrig, auch lohnen sie längere Lagerung.

SAUTERNES UND BARSAC

Sauternes-Weine werden in fünf Gemeinden erzeugt: Sauternes, Barsac, Fargues-de-Langnon, Bommes und Preignac. Barsac ist außerdem eine eigenständige Appellation, und die Erzeuger dort dürfen ihren Wein Barsac oder Sauternes oder auch (wie es schon viele tun) Sauternes-Barsac nennen.

Der althergebrachte Sauternes ist ein Luxuswein, und ein Luxuswein verlangt nach Luxuspreisen. Kommt so etwas aus der Mode und kann den gewohnten hohen Preis nicht mehr erzielen, dann muß irgend etwas billiger werden, und das ist zumeist die Qualität. So sieht ganz vereinfacht das Dilemma aus, in dem der Sauternes seit dem Ende der 50er Jahre steckt.

Ein Spitzenrotwein kann in einem guten Jahr mit einem Ertrag von 40 hl/ha, manchmal mehr, sehr selten aber weniger als 30 rechnen. Château d'Yquem, der Spitzenreiter von Sauternes, hatte in den letzten 20 Jahren einen Durchschnittsertrag von 7 hl/ha, während die Appellation bis zu 25 erlaubt. Daher müßte der Preis für den Yquem etwa viermal so hoch sein wie der von Lafite oder Pétrus, um ein vergleichbares Einkommen zu sichern, aber in Wirklichkeit liegt er nur beim 2½fachen. Dabei sind die Kosten wegen der Eigenart der Lesemethode (siehe Seite 14) viel höher, und obendrein gibt es Jahre, in denen Frost, Hagel oder Regen während der Lesezeit den Wein so verderben, daß er nicht unter dem berühmten Yquem-Etikett herausgebracht werden kann.

Alles das hat dazu geführt, daß nur wenige Weingüter in Sauternes imstande sind, heute noch Wein in einer Weise hervorzubringen, die auch nur entfernt der Tradition entspricht. Was immer die moderne Technik an Auswegen eröffnen mag, für die Botrytis, die *Pourriture noble*, die Edelfäule also, gibt es keinen

Ersatz, denn sie verleiht dem Sauternes sein charakteristisches Bukett und seinen nur ihm eigenen Geschmack, seine Vielfalt in Frucht, Aroma und Finesse. Macht man sich die Sache leicht und keltert zwar reife, aber nicht von der Edelfäule befallene Trauben und gibt dann kräftig Zucker zu, dann bringt man nur süße Weine ohne jede Subtilität zustande, die vielleicht elegant und frisch sein mögen, sich aber nicht zu etwas Besonderem entwickeln können.

Zum Glück gibt es Anzeichen, daß wieder genügend Liebhaber dieses Nektars, als den man den echten Sauternes bezeichnen darf, bereit sind, den Preis für eine gewisse Menge eines solchen Weins zu bezahlen, und daß genügend unbeirrte Winzer über die finanzielle Kraft verfügen, den Belastungen durch schlechte Jahre zu widerstehen.

Eine Möglichkeit, die hohen Kosten abzufangen, besteht darin, entsprechende Mengen an trockenen Weißweinen oder auch Rotweinen zu erzeugen. So gut diese aber auch sein mögen, sie werden leider durch das Appellationssystem benachteiligt, das ihnen lediglich die einfache Bezeichnung AC Bordeaux (oder bei Rotwein Bordeaux Supérieur) zugesteht. Es mutet fast wie Ironie an, daß den Erzeugern süßer Weine im benachbarten Cérons als Rettungsanker das Recht auf die Benennung AC Graves für ihre trockenen Weiß- und Rotweine eingeräumt wurde. Den Erzeugern in Sauternes wurde dieses Recht bisher verweigert, so unlogisch das auch klingen mag.

Zur Zeit halten sich Erfolg und Mißerfolg recht gut die Waage. Es gibt heute 11 Premiers Crus. Vor etwa zehn Jahren aber brachten nur fünf von ihnen Weine hervor, die den Qualitätsanforderungen genügten. Seither hat der neue Besitzer von Guiraud das Steuer herumgerissen, und die Cordiers haben auf Lafaurie-Peyraguey ihre frühere Verfahrensweise grundsätzlich geändert. Zur gleichen Zeit warfen die Veränderungen in Coutet Fragezeichen für die Zukunft des Guts auf, das seither jedoch seine Form wiedergefunden hat. Erst ganz neuerdings haben die Domaines Rothschild das künftige Geschick eines der besten Weingüter, Rieussec, gesichert.

Es gibt 14 Deuxième Crus, und bei ihnen sind etwa acht Besitzer bestrebt, in gewissem Umfang qualitätsvolle Weine zu produzieren, doch nur die Hälfte davon bringt auch über 2.000 Kisten im Jahr zuwege. Andererseits hat eines der 2e Crus, nämlich Myrat, 1976 seine Weinberge gerodet, 1988 jedoch zum Glück wieder angepflanzt. Doisy Daëne ist unter den 2e Crus in den letzten 20 Jahren am stärksten um Qualität bemüht geblieben. In den 70er Jahren wurde Nairac von Tom Heeter umgeformt, und vor kurzem hat Pierre Perromat Château d'Arche gepachtet, während die Gebrüder Guignard auf ihrem Anteil von Lamothe vielversprechende Anfänge gemacht haben.

Es gibt drei Güter ohne Klassifizierungsrang, die Weine in klassifizierungsreifer Qualität hervorbringen: Bastor-Lamontagne, Raymond-Lafon und Fargues.

Im wesentlichen ist der Sauternes ein großer Dessertwein, also nach einer feinen Mahlzeit angebracht, und deshalb von vornherein in die Kategorie für besondere Gelegenheiten verbannt. Natürlich kann man ihn auch als Apéritif trinken, doch ist er von Hause aus nicht dazu gedacht, den Appetit anzuregen, und die schöne Sitte im Bordelais, ihn zu Leberpastete als ersten Gang zu sich zu nehmen, eröffnet ihm kaum ein großes Feld. Ein aussichtsreicherer Schritt vorwärts wird vielleicht durch neue Geräte geboten, die es ermöglichen, angebrochene Flaschen unter Schutzgas frisch zu halten, so daß man im Restaurant nach einem guten Diner auch ein einziges Glas Sauternes zum Dessert bestellen kann. Kommt so etwas zu größerer Verbreitung, dann dürfte auch für den Sauternes die Zukunft wieder freundlichere Farben annehmen. Solange sich aber nicht genügend Menschen bereitfinden, öfters einmal einen teuren Sauternes zu trinken, bleiben die Aussichten selbst für die wenigen guten *Crus* weiterhin begrenzt.

Château d'Arche

2e Cru Classé. Besitzer: Familie Bastit-St-Martin. Leiter: Pierre Perromat. 35,5 ha. 4.500 Kisten. Sém 80%, Sauv 15%, Musc 5%. Zweitetikett: Château d'Arche-Lafaurie (seit 1981 nicht mehr benutzt).

Das alte Gut hat ein Château aus dem 16. Jahrhundert und einen guten Ruf, der bis ins 18. Jahrhundert zurückreicht. Nach einer Zeit ohne bemerkenswerte Leistungen hat 1981 Pierre Perromat, seit 30 Jahren Vorsitzender des INAO, den Besitz gepachtet und ist entschlossen, wieder klassischen Sauternes hervorzubringen. In den Weinbergen wird wieder die traditionelle Auslese getroffen, und der Wein wird nach Tankgärung mindestens zwei Jahre lang in Fässern, die zu einem kleinen Teil regelmäßig erneuert werden, ausgebaut. Die ersten Weine des neuen Regimes erscheinen wohlausgewogen, mit schöner Frucht und feiner Süße sowie einer gewissen Finesse und Rasse. Am besten fielen der 86er und 88er aus; auch der 83er und 85er sind gut, und der 81er und 84er gerieten anständig, obschon diese Jahre allgemein schlecht waren.

Château Bastor-Lamontagne

Cru Bourgeois. Besitzer: Crédit Foncier de France. Leiter: Michel Garat. 42 ha. 12.000 Kisten. Sém 78%, Sauv 17%, Musc 5%. Zweitetikett: Les Ramparts de Bastor.

Das ausgezeichnete *Cru* liegt in Preignac neben Suduiraut. Seit vielen Jahren bringt es gleichmäßig hervorragende Weine auf dem Niveau der Crus Classés, eigentlich sogar besser als diese, hervor. Sie werden sehr sorgfältig nach alter Tradition bereitet, drei Jahre in Fässern ausgebaut, die in geringem Umfang regelmäßig erneuert werden. So entsteht ein reichhaltiger, üppiger Wein mit Aprikosen im Duft und im Geschmack und mit dem großen Stil eines Sauternes der Spitzenklasse. Die Jahrgänge 75, 76, 79, 80, 81, 82, 83, 85, 86, 88, 89 und 90 sind außerordentlich gut ausgefallen.

Château Broustet

2e Cru Classé. Besitzer: Familie Fournier. Leiter: Eric Fournier. 16 ha. 1.700 Kisten. Sém 63%, Sauv 25%, Musc 12%. Zweitetikett: Château de Ségu.

Das sehr kleine Gut ist nicht sehr bekannt, vor allem weil seine Erzeugung so gering ist. Eric Fournier (der auch Château Canon in St-Emilion leitet) bemüht sich aber sehr um hochwertige Weine. Das Gut gehört seit 1885 der Familie, doch wurden die Weinberge erst 1900 wieder neu angelegt. Der Wein wird in Tanks vergoren und dann in Fässern, die zum kleinen Teil immer wieder erneuert werden, ausgebaut. Er zeichnet sich durch ein feines Bukett, Reichhaltigkeit und Fülle sowie erfreuliche Individualität und Rasse aus.

Château Caillou

2e Cru Classé. Besitzer: Bravo GFA. 18 ha; 3.300 Kisten. Sém 90%, Sauv 10%. Zweitetikett: Petit Mayne.

Ein wenig bekanntes Gut – sein Wein wird nur direkt an Privatkunden verkauft. Man muß also hinfahren, d. h., wenn man ein Auto und genug Platz im Kofferraum hat. Der heutige Besitzer bewirtschaftet das Gut seit 1969 und hat alte Jahrgänge vorrätig. Ich kann mich an eine wundervolle Flasche 1920er erinnern. Der Wein wird sorgfältig durch Tankgärung und drei Jahre Ausbau in zum kleinen Teil regelmäßig erneuerten Holzfässern bereitet. Er ist als leicht, elegant und fruchtig bekannt.

Château Climens
1er Cru Classé. Besitzer: SCEA du Château Climens. Leiter: Lucien Lurton. 25 ha. 4.500 Kisten. Sém 98%, Sauv 2%.

Bei vielen gilt der Climens nach dem Yquem als der beste Wein der Region – aber eigentlich lassen sich die beiden nicht wirklich vergleichen. Hier liegt der Nachdruck auf Eleganz, Rasse und Frische, und es wird im allgemeinen auch nicht versucht, mit der Üppigkeit von Yquem in Konkurrenz zu treten. Seit 1971 gehört das Gut Lucien Lurton (siehe auch Brane-Cantenac, Durfort-Vivens), jedoch arbeitet die *Régisseuse* Mme Janin hier seit 30 Jahren, und ihre Familie lebt hier schon seit über 100 Jahren. Der Boden besteht aus rotem Sand und Kies über Kalkstein. Nach dem Abpressen und 24stündigem Abklären in großen Behältern wird der Most in zu 25% regelmäßig erneuerten Fässern vergoren und zwei Jahre ausgebaut, bevor er abgefüllt wird.

Die Weine sind angesichts der Tatsache, daß es ja nicht in jedem Jahr einfach ist, einen guten Sauternes herauszubringen, erstaunlich gleichmäßig in der Qualität. Anfänglich sind sie etwas verschlossen, sie brauchen meist wenigstens 10 Jahre, bis sie ihr Bestes hergeben. Ausgewogenheit, Frische, Eleganz und – in großen Jahren – Öligkeit sind die besonderen Merkmale, und hinzu kommt die lange Lebensdauer. Seit 1983 haben die Weine anscheinend noch zugelegt; eine Reihe großartiger Jahrgänge – 83, 85, 86, 88, 89 und 90 – hat Climens als Spitzengewächs in Sauternes den Platz gleich hinter Yquem gesichert. Von den älteren Jahrgängen ist der 82er guter Durchschnitt, der 81er und 80er sind sehr fein, der 79er ist leichter, aber ebenfalls fein, und jetzt trinkreif; der 78er ist auch ohne Edelfäule elegant. Die Jahrgänge 76, 75 und 71 sind für die jeweiligen Jahre hervorragend. Annehmbare, leichte Weine entstanden auch 77 und 72, obwohl diese Jahre für den Sauternes eigentlich nicht mitzählen.

Château Coutet
1er Cru Classé. Besitzer: Marcel Baly. 36 ha. 7.000 Kisten. Sém 80%, Sauv 20%.

Der Name Coutet wird immer im Zusammenhang mit Climens, dem anderen großen Barsac, genannt. Der Coutet ist meist nicht so kraftvoll und auch etwas trockener als der Climens, der in großen Jahren auch mehr Finesse aufweist. 30 Jahre lang wurde das Gut von der Familie Rolland-Guy gut geführt, dann aber 1977 an Marcel Baly verkauft. Die Erzeugungsmethoden sind traditionsgebunden, die Gärung geschieht in jeweils zu einem Drittel neuen Fässern, der Ausbau weitere zwei Jahre im Faß bis zur Abfüllung.

Von den älteren Jahrgängen ist der 71er sehr fein und der 73er einer von wenigen guten Weinen aus diesem unterschiedlichen Jahr. Die beiden letzten Jahrgänge des alten Regimes waren superb, der 75er gelang geradezu klassisch in einem Jahr, in dem andere schwerfällig und unausgewogen ausfielen, und der 76er ist zwar leichter, aber duftig und schön ausgeglichen. Seither entstand ein eleganter, aber ziemlich trockener 1979er, doch erst der 83er markiert die Wiederkehr der großen Form; und die großen Jahrgänge 1988, 89 und 90 brachten Coutet schließlich ganz in die Höhe.

Château Doisy-Daëne

2e Cru Classé. Besitzer: Pierre Dubourdieu. 14 ha. 4.000 Kisten. Sém 100%. Zweitetiketten: Vin Sec de Doisy-Daëne, Château Cantegril.

Früher gehörten die drei Doisys zusammen; als sie aber im 19. Jahrhundert geteilt wurden, war der erste Besitzer dieses Teils ein Engländer mit Namen Deane, später verfälscht (Daëne). Der heutige Besitzer, Pierre Dubourdieu, ist ein großer Neuerer; er erzeugte als einer der ersten 1962 trockenen Wein in Sauternes. Die Weinbereitungsmethoden sind über Jahre hinweg speziell für Doisy Daëne entwickelt worden. Der Most wird im Tank bei geregelter Temperatur von höchstens 18 °C vergoren. Nach 15 bis 21 Tagen wird die Temperatur nach Erreichen des gewünschten Gleichgewichts zwischen Alkohol und Zucker auf 4 °C gesenkt, und der Wein wird steril gefiltert und in neue Fässer gebracht. Durch dieses Abstoppen der Gärung wird die erforderliche Schwefelmenge stark reduziert. Der Vorgang wiederholt sich bei der endgültigen Zusammenstellung im darauffolgenden März, und ein Jahr später wird der Wein nochmals steril gefiltert.

Alles zusammen verleiht dem Doisy-Daëne eine Eleganz und Frische, die ich nur hocherfreulich nennen kann. Anfänglich scheint er leicht, doch reift er über lange Zeit schön heran und entwickelt dabei große Finesse. Das aufwendige Verfahren hat sich in dem schwierigen Jahr 1975 sehr bezahlt gemacht, denn der Doisy-Daëne dieses Jahrgangs ist viel eleganter als die meisten anderen.

Auch die Jahrgänge 76, 78 (sehr spät – erst im November – gelesen; ohne Edelfäule, aber sehr elegant), 79, 80, 81 und 82 sind überaus fein. Der 83er ist elegant, der 86er noch feiner, und der 88er, 89er und 90er erweisen sich als außergewöhnlich. Insgesamt ist der Doisy-Daëne besser, als viele Premiers Crus heute sind.

Château Doisy-Dubroca

2e Cru Classé. Besitzer: Lucien Lurton. 3,3 ha. 750 Kisten. Sém 80%, Sauv 20%.

Das sehr kleine Gut wird seit 70 Jahren gemeinsam mit Climens geführt. Weinbereitung und -ausbau erfolgen in Climens mit derselben Sorgfalt wie für das 1er Cru.

Der Wein zeichnet sich wie der Climens durch Gleichmäßigkeit aus. Im Stil ist er leicht, elegant; er braucht längere Zeit in der Flasche zur Entwicklung, läßt sich aber auch jung schon gut trinken. In den Jahren 71, 75, 76, 79, 80 und 81 entstanden gute Beispiele; es folgten der 83er, 85er und insbesondere der 86er in noch besserer Qualität.

Château Doisy-Védrines

2e Cru Classé. Besitzer: Pierre Castéja. 25 ha. 2.500 Kisten. Sém 80%, Sauv 20%. Zweitetikett: Château La Tour-Védrines.

Zum Gut gehört das alte Château Védrines mit seinem *Chai*. Die Familie Castéja hat es über mehrere Heiraten (seit 1840) geerbt, und Pierre Castéja stammt aus einer alten Weingutsbesitzerfamilie. Er ist auch Leiter des Handelshauses Roger Joanne. Die Weine werden nach alter Tradition bereitet, Gärung und Ausbau finden in jeweils zu einem Viertel erneuerten Fässern statt.

Der Kontrast zu den beiden anderen Doisys, die sich ja um Eleganz und Delikatesse bemühen, ist stark. Der Védrines ist voller und reichhaltiger, für mein Gefühl fehlt ihm aber die Rasse und der Stil der beiden anderen. Dennoch habe ich den 75er Védrines schöner ausgewogen und feiner gefunden als den 76er, während doch bei vielen anderen Weinen das Umgekehrte der Fall ist. Nach einigen guten Jahrgängen in den 80er Jahren war der 89er ganz außergewöhnlich. Auch ein Rotwein – La Tour-Védrines – wird erzeugt, aber der Chevalier Védrines ist ein Markenwein von Joanne, der mit dem Gut nichts zu tun hat.

Château de Fargues
Cru Bourgeois. Besitzer: Comte Alexandre de Lur-Saluces. 13 ha. 1.000 Kisten. Sém 80%, Sauv 20%.

Das kleine Gut liegt am Rand der Gemeinde Fargues und der Appellations Sauternes, und es gehört seit über 500 Jahren der Familie Lur-Saluces. Unter dem derzeitigen Besitzer, Comte Alexandre de Lur-Saluce, ist die Rotweinerzeugung aufgegeben worden; er konzentriert sich wieder auf hochfeinen Sauternes. Die Weinbereitung geschieht wie in Yquem, mit Gärung und Ausbau in neuen Fässern.

Die Weine gehen zum größten Teil in die USA; sie vereinen Üppigkeit und Eleganz mit großer Rasse und Finesse. Die Jahrgänge 1985, 83, 81, 80, 76, 75, 71 und 67 sind sämtlich großartig ausgefallen; der 76er ist nach meiner Meinung feiner als der 75er. Man darf diesen Weinen den Rang eines Spitzen-Premier-Cru zusprechen, und die Preise sind entsprechend hoch, höher als für die meisten Premiers Crus – trotzdem kostet er nur halb soviel wie der Yquem.

Château Filhot
2e Cru Classé. Besitzer: Comte Henri de Vaucelles. 60 ha. 12.500 Kisten. Sém 50%, Sauv 45%, Musc 5%.

Es gibt viele schöne Weingüter in Sauternes, dieses hier ist aber eines der schönsten, ein imposantes Gutshaus aus dem späten 18. Jahrhundert, eingebettet zwischen Wäldern und Feldern. Der Wein wird in Glasfasertanks vergoren und ausgebaut, mit Holz kommt er nicht in Berührung. Er hat Individualität und viel Frucht ohne sehr viel Süße, außer in besonders guten Jahren. Der ungewöhnlich hohe Anteil an Sauvignon und die Lagerung in Tanks trägt hierzu bei. Dennoch kommt es mir so vor, als ob hier nicht alle Möglichkeiten ausgeschöpft würden. Die Jahrgänge 75 und 76 sind zwar ölig, doch mangelt es ihnen an Stil, und der 79er war nach 6 Jahren noch durch Schwefel überdeckt. 1983, 86, 88 und 89 entstanden Weine mit rosinenhafter, wie durch Edelfäule gezeichneter Art.

Château Gilette
Besitzer: Christian Médeville. 4,5 ha. 500–600 Kisten. Sém 90%, Sauv 8%, Musc 2%.

Eine Kuriosität unter den Weinen von Sauternes. Das Gut liegt am Rand von Preignac und gehört der Familie Médeville von Château Respide-Médeville in Graves. Der Boden ist Sand über Felsgestein und Lehm. Bei der Lese wird 3- bis 7mal in Abständen durch den Weinberg gegangen, wobei im ersten Durchgang nur einzelne von der Edelfäule befallene Beeren herausgelesen werden. Das Lesegut der einzelnen Durchgänge wird jeweils für sich vergoren. Die Gärungstemperatur wird in den ersten Tagen auf 24 bis 25 °C gehalten und dann auf 20 °C abgesenkt. So entstehen mehrere *Cuvées* mit unterschiedlichem Charakter, und jedes Jahr werden normalerweise zwei verschiedene Weine bereitet. Nach der Gärung bleiben die Weine mindestens 20 Jahre lang in kleinen Beton-Bottichen. Der Theorie nach soll durch das größere Volumen besondere Reife in Geschmack und Bukett entstehen, wobei Frucht und Frische erhalten bleiben und der Reifevorgang insgesamt langsamer verläuft als in der Flasche.

1985 durfte ich den 59er und den 55er probieren, die beide 1981 abgefüllt waren, und zugleich den 49er und 50er, die bereits sechs bis sieben Jahren nach der Lese in die Flasche gekommen waren. Mir kamen die früher abgefüllten Weine besser vor als die später abgefüllten. Insbesondere fehlt es dem 59er und 55er an dem Bukett und der Ausgewogenheit des 49ers und 50ers. Zwar besaßen der 59er und 55er viel Süße und Konzentration, aber es mangelte ihnen an Komplexität. Der 49er schien mir von allen am feinsten, und der 55er war mir lieber als der 59er. So kann man wohl sagen, daß bei diesem System ohne weiteres alte Jahrgänge zu haben sind, aber es steht noch lange nicht fest, daß das Endergebnis wirklich so gut ist, wie es bei früherer Abfüllung möglich wäre.

Château Guiraud

1er Cru Classé. Besitzer: Société Civile Agricole. Leiter: Frank Narby. 118 ha. Hauptwein: 7.000 Kisten; Sém 54%, Sauv 45%, Musc 1%. Trockener Weißwein: 4.000 Kisten; Sauv 100%. Rotwein: 8.000 Kisten; CS 50%, Mer 50%. Zweitetiketten: Le Dauphin de Lalague (Sauternes), «G» Château Guiraud (Bordeaux Sec), Le Dauphin Château Guiraud (Bordeaux Supérieur, rot).

Nach vielen Jahren des Siechtums bekam das berühmte alte Weingut eine Wiederbelebungsspritze, als die Familie Narby aus Kanada es 1981 erwarb. Hamilton Narby, dem 1988 sein Vater folgte, berief 1983 mit Xavier Planty einen hervorragenden *Régisseur* und legte mit fester Entschlossenheit die höchsten traditionellen Maßstäbe an die Bereitung klassischer Sauternes-Weine. Aus Geldmangel war es in Guiraud notwendig geworden, den Wein nach Faßgärung in Großbehältern zu lagern. Heute wird er wieder in Fässern ausgebaut, die jeweils zu 50% erneuert werden. Auch ein trockener Weißwein und ein Rotwein werden erzeugt.

Ich habe den Wein als leicht und elegant, nicht so üppig wie die meisten anderen Sauternes, aber außerordentlich fein in Jahrgängen wie 53, 55 und 62, in Erinnerung. In gewissem Umfang erklärt sich der besondere Charakter aus dem höheren Sauvignon-Anteil. Heute leben Anzeichen dieser alten Distinktion wieder auf. Die Erfolge des neuen Regimes begannen mit dem Jahrgang 83, gefolgt vom 85er und dem 86er, der noch besser ausfiel als der 83er. Dann folgten der 86er, 89er und 90er.

Château Guiteronde

Besitzer: GFA du Hayot. 30 ha. 7.500 Kisten. Sém 65%, Sauv 25%, Musc 10%.

Ein bekanntes *Cru* in Barsac – hier produziert André du Hayot ausgezeichnete Weine. Der 82er und 83er waren feine Jahrgänge mit all der für das Gut typischen Rasse und Finesse. Ein beachtenswertes und dabei preisgünstiges Gewächs.

Château Haut-Peyraguey

1er Cru Classé. Besitzer: Jacques Pauly. 15 ha. 3.000 Kisten. Sém 83%, Sauv 15%, Musc 2%. Zweitetikett: Haut-Bommes.

Zur Zeit der Klassifizierung von 1855 gab es nur ein Château Peyraguey, das dann 1878 in zwei Teile geteilt wurde. Dies hier ist der kleinere Teil; es hat nur einen Turm, der in der Art des älteren und grandioseren in Lafaurie erbaut wurde, um an den Ursprung zu erinnern. Seit 1948 ist hier Jacques Pauly tätig. Die Gärung findet im Tank statt, anschließend bleibt der Wein noch sechs Monate im Tank und wird dann rund 18 Monate im Faß ausgebaut. Er ist leicht, oft durchaus fein, gelegentlich aber auch ungleichmäßig. Der 86er zeigte deutliche Verbesserungen, und der 88er und 90er sind ausgezeichnet.

Château Les Justices

Besitzer: Christian Médeville. 17 ha. Weiß: 8,5 ha; 2.000 Kisten; Sém 88%, Sauv 8%, Musc 4%. Rot: 6 ha; 3.000 Kisten; CS 58%, Mer 42%.

Das Gut wird von den Besitzern von Château Gilette mitbewirtschaftet, aber sein Wein kommt auf konventionellere Art auf den Markt. Es gehört der Familie seit 1710. Lese und Weinbereitung werden im wesentlichen wie in Gilette gehandhabt, doch werden die Weine schon nach vier Jahren Lagerung in kleinen Behältern abgefüllt.

Der 71er ist superb, mit konzentrierter Süße, starkem Bukett und herrlicher, reifer Fruchtigkeit. Nach 14 Jahren war er einfach vollkommen. Der 80er und 81er sind vielversprechend, dabei hat der 81er mehr Fülle, und der 80er ist sehr elegant und zeigt Nachhaltigkeit und charmante Frucht.

Château Lafaurie-Peyraguey

1er Cru Classé. Besitzer: Domaines Cordier. 20 ha. 3.500 Kisten. Sém 90%, Sauv 5%, Musc 5%.

Nach Yquem ist dieses Château mit seinen Befestigungen aus dem 13. Jahrhundert und den Gebäuden aus dem 17. Jahrhundert das spektakulärste in Sauternes. Seit 1913 gehört es den Cordiers und wird von ihnen mit größter Sorgfalt geführt. Neuerdings wurde jedoch alles hier ganz wesentlich verändert. Der Sauvignon-Anteil ist von 30 auf 5% heruntergesetzt, der Sémillon-Anteil von 70 auf 90% erhöht worden. 1967 wurde ein neues Bereitungsverfahren eingeführt, bei dem die Weine in mit Glas ausgekleideten Tanks unter Schutzgas gehalten werden, nachdem sie in Fässern vergoren wurden. Dadurch fielen sie jedoch leicht und einseitig aus, und es fehlte ihnen durchaus an der Distinktion, die man von einem Spitzen-Sauternes erwarten darf. Nun ist man wieder zu traditionellen Methoden zurückgekehrt und läßt den Wein in jeweils zu einem Drittel neuen Fässern reifen. Im Verein mit den Änderungen im Weinberg eröffnet dies gute Aussichten für die Zukunft.

So sind 1979, 80, 81 und vor allem 83 schon interessantere Weine entstanden. Der 86er war dann noch feiner, und der 88er, 89er und 90er setzten den hervorragenden Trend weiter fort. Sie haben den Honigduft im Bukett und die elegante Frucht und Rasse, wie man es erwarten darf, und so lohnt es sich wahrhaftig, sie aufzuheben.

Château Lamothe

2e Cru Classé. Besitzer: Jean Despujols. 8 ha. 2.000 Kisten. Sém 70%, Sauv 20%, Musc 10%.

Auch dieses Gut ist einmal geteilt worden. Es gehörte früher den Besitzern von Château d'Arche. 1961 verkauften sie den halben Besitz mit dem Château und der Hälfte der Keller an die Familie Despujols. Heute findet die Gärung im Tank und der Ausbau teilweise im Tank und teilweise in Fässern statt. Auf diese Weise entsteht ziemlich leichter, etwas trockener Sauternes, den man bestenfalls anständig nennen kann. Es gibt sogar unter den Crus Bourgeois interessantere Weine. Der feine 86er läßt jedoch hoffen, daß sich die Dinge zum Besseren wenden werden.

Château Lamothe-Guignard

2e Cru Classé. Besitzer: Philippe und Jacques Guignard. 16 ha. 3.000 Kisten. Sém 90%, Musc 5%, Sauv 5%.

Als Lamothe noch ungeteilt war, gehörte es den Besitzern von d'Arche. 1961 verkauften sie einen Teil des Besitzes an die Familie Despujols und bezeichneten den Wein des ihnen verbliebenen Teils als Lamothe-Bergey. 1981 schließlich kauften die Guignards

Lamothe-Bergey und setzten für das Bergey den eigenen Namen ein. Sie sind Mitglieder der Familie, die Eigentümerin von Château Rolland ist. Der erste Jahrgang aus dem neuen Regime, der 1981er, hat Eleganz und Reife, Nachhaltigkeit und Finesse, köstliche Frucht und mäßige Süße. Auch die Jahrgänge 1983, 86, 88, 89 und 90 sind sehr fein ausgefallen. Diesen Wein sollte man wirklich im Auge behalten.

Château Liot
Besitzer: J. David. 21 ha. 5.500 Kisten. Sém 80%, Sauv 15%, Musc 5%.
Die früher von Harveys in Bristol abgefüllten, sauber bereiteten Weine erscheinen nur in guten Jahren unter dem Etikett des Châteaus – alles übrige wird faßweise verkauft. Ein besonders feiner Jahrgang war für das Gut der 88er.

Château de Malle
2e Cru Classé. Besitzer: Comtesse de Bournazel. 26 ha. 2.700 Kisten. Sém 75%, Sauv 22%, Musc 3%. Zweitetikett: Château Ste-Hélène, Chevalier de Malle (weißer Graves, 3.000 Kisten), Château du Cardaillan (roter Graves, 6.000 Kisten).
Das wunderschöne Gut lohnt einen Besuch sowohl wegen des Châteaus aus dem 17. Jahrhundert als auch wegen seines Weins. Die Weinberge liegen z. T. in Sauternes und z. T. in Graves. Die Gärung geschieht im Faß und auch im Tank, und dasselbe gilt für den Ausbau des Weins, der sich durch Eleganz und Charme sowie durch leichten, mäßig öligen Stil auszeichnet. Er ist schon jung trinkreif (nach 3 bis 4 Jahren), gute Jahrgänge aber entfalten sich erst allmählich in der Flasche und lohnen längere Aufbewahrung. Der 89er ist außergewöhnlich gut.

Château du Mayne
Besitzer: Jean Saunders. 8 ha. 1.700 Kisten. Sém 80%, Sauv 20%.
Das kleine Cru in Barsac produziert körper- und bukettreichen, jedoch nicht üppig-vollen Wein, ein klassisches Gewächs im trokkenen Barsac-Stil. Unter den ansprechenden Jahrgängen aus dem Château du Mayne ist der 1983er als besonders gut zu erwähnen.

Château de Menota
Besitzer: M. et Mme Noël Labat. 29 ha. 6.600 Kisten. Sém 50%, Sauv 50%.
Ein eindrucksvolles Château, dessen Geschichte auf das 17. Jh. zurückgeht. Ein Besuch dort lohnt sich, und überdies bringt es ansprechende, stilvolle Weine mit viel klassischer Sauvignon-Eleganz hervor, die nur selten enttäuschen.

Château Myrat
2e Cru Classé. Besitzer: Comte Jacques de Pontac. Sém 85%, Sauv 10%, Musc 5%.
1975 rodete der Besitzer dieses Châteaus alle Reben, weil sich der Weinbau für ihn nicht mehr lohnte. Zum Glück konnte sein Nachfolger die Wiederbestockung in Angriff nehmen, kurz bevor die Anpflanzungsrechte 1988 erloschen. 1990 wurde der erste trockene Wein von 50% Sém, 30% Sauv und 20% Musc erzeugt. Der erste Sauternes kam dann 1991 bei einem Ertrag von nur 3 hl/ha reichhaltigem, honigsüßem Most mit Edelfäule zustande. Was in einem guten Jahr möglich ist, muß noch abgewartet werden. Das Château selbst ist ein kleines Juwel aus dem 17. Jh.

Château Nairac
2e Cru Classé. Besitzer: Nicole Heeter-Tari. 16 ha. 2.000 Kisten. Sém 90%, Sauv 6%, Musc 4%.
Eine herzbewegende Geschichte steckt hinter der Restaurierung dieses Guts – Tom Heeter, ein junger Amerikaner, kam nach Château Giscours, um den Weinbau von der Pike auf zu lernen. Dabei eroberte er sich die Tochter des Hauses, und sein Schwiegervater Nicolas Tari brachte in Erfahrung, daß Nairac in der Gemeinde Barsac zu einem vernünftigen Preis zu haben war. So kam es 1972 zur Übernahme des Besitzes. Unter der Anleitung von Professor Peynaud machte sich Tom Heeter daran, seinen Barsac nach ganz alter Tradition zu bereiten. Er ließ ihn nur in Holzfässern (zu 65% neuen) gären und reifen. Doch wollte er wie auch Pierre Dubourdieu dabei die Verwendung von Schwefel einschränken. Er ist allerdings nicht soweit gegangen wie Dubourdieu in Doisy-Daëne, doch hat er mit der Verwendung von Vitamin B als Oxidationshemmer gute Erfolge erzielt. Dann aber kam es zur Scheidung, und Tom Heeter beendete sein Wirken mit dem Jahrgang 1986. Nicole jedoch widmete sich der Sache ebenso hingebungsvoll, und die Jahrgänge 88, 89 und 90 sind gleich gut wie alle vorherigen, wenn nicht gar noch besser.

Die Sorgfalt der Weinbereitung hat dem Nairac rasch Anhänger gewonnen. Die Weine sind meist nicht sehr ölig, aber durchaus kräftig und voll und zeigen den Einfluß neuer Eichenfässer. Die erfolgreichsten Jahrgänge vor 1986 sind 83, 82, 80, 79 und 76. Man sollte auf diesen Wein gut achten.

Château Rabaud-Promis
1er Cru Classé. Besitzer: GFA Rabaud-Promis. Leiter: Philippe Dejean. 33 ha. 5.000 Kisten. Sém 80%, Sauv 18%, Musc 2%. Zweitetikett: Château Jauga und Domaine de l'Estremade.
Château Rabaud war bis zu seiner Teilung 1903 ein einziges großes Gut (s. a. Sigalas-Rabaud). Dieser Teil fiel durch Kauf an Adrien Promis. Das Château selbst stammt aus dem 18. Jahrhundert und steht schön auf einem Hügel. Zu ihm gehören zwei Drittel des ursprünglichen Besitzes. 1929 wurden die Güter wieder vereinigt, dann aber 1952 erneut geteilt. Das 2e Cru Château Peixotte ist ebenfalls in Rabaud-Promis aufgegangen. Die Trauben werden hier ganz entgegen der Sauternes-Tradition gemahlen, bevor sie gepreßt werden, und Gärung sowie Ausbau erfolgen in Zementtanks. Verbesserungen traten ein, als die neue Generation an die Leitung kam, und inzwischen werden auch wieder Fässer verwendet. Der 83er war ein feiner, stilvoller Wein, der 86er stark von Edelfäule geprägt, und der 88er setzt neue großartige Qualitätsmaßstäbe, die an vergangene Glorie erinnern.

Château Raymond-Lafon
Cru Bourgeois. Besitzer: GFA Château Raymond-Lafon. Leiterin: Marie-Françoise Meslier. 20 ha. 2.000 Kisten. Sém 80%, Sauv 20%. Zweitetikett: Ch. Lafon-Laroze.
Das Gut liegt direkt neben Yquem und gehört seit 1972 dem *Régisseur* von Yquem, Pierre Meslier. Inzwischen hat er die Leitung seinen Kindern übergeben. Die Lage ist mit Yquem auf der einen und Sigalas-Rabaud auf der anderen Seite nicht nur sehr gut, sondern Pierre Meslier pflegt sie und den aus ihr stammenden Wein auch mit derselben peinlichen Sorgfalt, wie er es auf Yquem tut. Er baut den Wein in Fässern aus, die er bis zu einem Drittel regelmäßig erneuert. Was er dabei hervorbringt, beginnt sich bereits einen eigenen guten Ruf als durchaus auf Cru-Classé-Niveau befindlich zu schaffen, denn es ist feiner, duftiger, üppiger Wein. Feine Weine entstanden auch 1975, 76, 79, 80, 81, 82, 83, 84, 85,

86 und 87; die sehr guten Jahrgänge 88, 89 und 90 erreichten neue Höhen. In dem schwierigen Jahr 1978, als es so gut wie keine Edelfäule gab, war dieser Wein sogar besonders erfolgreich.

Château de Rayne-Vigneau

1er Cru Classé. Besitzer: Société Civile. Leiter: Jean-Pierre Angliviel de la Beaumelle. 78 ha. 16.500 Kisten (darunter 4.000 Kisten trockener Wein). Sém 50%, Sauv 50%. Trockener Wein: Rayne Sec.

Die Weine von Rayne-Vigneau genossen im 19. Jahrhundert und zu Anfang dieses Jahrhunderts großes Ansehen. Bis 1961 war das Gut Eigentum der Familie Pontac, der das Château selbst heute noch gehört. 1971 ging es in den Besitz einer Gruppe über, die auch Eigentümerin von Château Grand-Puy-Ducasse und noch weiterer Châteaux ist. Die Verwaltung ihrer Güter sowie der Vertrieb ihrer Weine liegt in der Hand von Mestrezat. Hier werden Sémillon und Sauvignon getrennt gekeltert, weil der Sauvignon zum Teil für den trockenen Weißwein Verwendung findet, obwohl dazu natürlich vor allem früh gelesene, nicht so voll ausgereifte Trauben den Grundstock bilden. Die Gärung geschieht in Tanks, dann werden die Weine zum Ausbauen in Fässer gegeben, die zu 20% regelmäßig erneuert werden. Zweifellos wird das Gut heute wieder einwandfrei geführt. Anfänglich waren die Erträge zu hoch und die Weine zwar korrekt, aber recht nichtssagend; dem früheren hohen Qualitätsstand entsprachen sie durchaus nicht mehr, sondern waren rein kommerzielle Erzeugnisse. Der 76er ist der beste Wein aus dieser Periode. Besserung trat dann mit dem Jahrgang 83 ein, und 1985, 86 und 88 wurde der Fortschritt beibehalten.

Château Rieussec

1er Cru Classé. Besitzer: Domaines Rothschild. 66 ha. 6.000 Kisten. Sém 80%, Sauv 18%, Musc 2%. Zweitetiketten: Clos Labère, Château Mayne des Carmes, «R» (trocken).

Das Gut hat eine superbe Lage auf dem nach Yquem höchsten Hügel in Sauternes. Die Weinberge liegen in der Gemarkung Sauternes, die Gutsgebäude dagegen in Fargues. Der Boden ist besonders stark kieshaltig. Rieussec gilt schon seit langem als eines der feinsten *Crus* in Sauternes; es bringt Weine von größter Individualität mit herrlichem Bukett und prachtvoller Geschmackskonzentration, aber auch mit ausgeprägter Eleganz, doch dafür vergleichsweise weniger Üppigkeit hervor. 1971 gelangte es in den Besitz von Albert Vuillier, der sich zu höchst traditionsverhafteten Methoden entschloß und Weine zustande brachte, die einerseits viel Bewunderung und andererseits ebenso viel Ablehnung erfuhren. 1984 verkaufte er an die Domaines Rothschild, und einige Zeit später kam Charles Chevallier von Lafite und übernahm die Leitung. Die Gärung findet in Tanks statt, ausgebaut wird der Wein dann zum Teil in großen Eichenholz-*Foudres* und zum Teil in kleineren Fässern, die zu 50% regelmäßig erneuert werden.

Nach einem absolut klassischen 71er brachte Albert Vuillier zumeist überaus stark durch Edelfäule gekennzeichnete Weine von tiefer Farbe heraus, die oft den mit Botrytis verbundenen trockenen Geruch und Geschmack aufweisen, durch dessen übermäßige Stärke die Süße im Nachgeschmack «abgewürgt» wird, weil zuviel flüchtige Säure vorhanden ist. Deshalb schmeckt mir auch der 75er trotz seiner vordergründigen Konzentration durchaus nicht. Der 76er ist sehr opulent und ansprechend, doch meiner Ansicht nach etwas aus dem Gleichgewicht und war daher jung am besten. Der 83er war Albert Vuilliers letzter und bester Jahrgang. Unter dem neuen Regime haben sich die Erfolge beschleunigt. Dem schönen, frischen, reifen 85er folgten der konzentrierte

86er mit echter Rasse und Finesse sowie in den drei hervorragenden Jahren 1988, 89 und 90 weitere große Weine. Der trockene «R» de Rieussec war stets recht alkoholstark und schwer und brauchte längere Flaschenreife; 1992 wurde eine leichtere, frischere, früh genußreife Version eingeführt.

Château de Rolland
Cru Bourgeois. Besitzer: Jean und Pierre Guignard. 20 ha. 4.000 Kisten. Sém 60%, Sauv 20%, Musc 20%.

Das Gut in Barsac erzeugt nicht nur Wein, sondern ist auch ein gutes Restaurant und Hotel, der richtige Ort für einen Urlaub mitten in den Weinbergen von Sauternes. Die Besitzer sind auch Eigentümer des ausgezeichneten Château Roquetaillade-La-Grange in Graves. Die Weine auf Cru Bourgeois-Niveau genießen einen guten Ruf. Sie werden in Fässern, die zuvor in Yquem verwendet wurden, bereitet und ausgebaut.

Château Romer-du-Hayot
2e Cru Classé. Besitzer: André du Hayot; 15 ha. 4.000 Kisten. Sém 70%, Sauv 25%, Musc 5%.

Das *Cru* hätte mehr Bekanntheit verdient. Der Weinberg liegt neben dem von de Malle am Rand der Gemeinden Fargues. Seit einigen Jahren teilen sich die Familien du Hayot und Fargues in den Besitz; seit 1977 aber ist der Anteil der Fargues an die du Hayots verpachtet, und so wird das Gut nunmehr als nur ein einziges betrieben, obwohl es zwei Eigentümer hat. Der Wein gärt und reift im Tank und wird früh abgefüllt. André du Hayot versteht sich offenbar großartig auf die Bereitung guter Sauternes, denn hier und auf Guiteronde in Barsac (wo übrigens auch dieser Wein eigentlich bereitet wird) bringt er Exzellentes dieser Art mit ganz beschränkten Mitteln hervor. Der Nachdruck liegt auf Frucht und Frische. Nur in manchen Jahren wie zum Beispiel 1976 kommt viel Süße hinzu, aber stets sind die Weine schön ausgewogen und ansprechend. Sowohl der 80er als auch der 79er sind sehr fein, der 79er ist etwas voller; der 88er, 89er und 90er sind fruchtig und stilvoll.

Château St-Amand
Besitzer: Louis Ricard. 22 ha. 4.500 Kisten. Sém 85%, Sauv 15%. Zweitetikett: Château La Chartreuse.

Feine, traditionell bereitete und elegante Cru Bourgeois-Weine entstehen auf diesem Gut in Preignac. Sie kommen zumeist in England unter dem Etikett Château La Chartreuse auf den Markt. Die Jahrgänge 1980, 81 und 83 waren besonders gut, jedoch sind auch alle anderen stilvoll und zuverlässig.

Château Sigalas-Rabaud
1er Cru Classé. Besitzer: Héritiers de la Marquise de Lambert des Granges. 14 ha. 2.000 Kisten. Sém 88%, Sauv 12%.

Das Gut war früher Teil des 1903 aufgespalteten alten Rabaud-Besitzes. Zwischen 1929 und 1952 waren die Teile wieder zu einem Besitz vereinigt. Die Erträge hier sind niedrig, und die traditionsgemäße *Trie* (das Durchlesen des Weinbergs auf reife Trauben) wird während der Lese vier- bis fünfmal vorgenommen. Die Gärung und zum größten Teil auch die Reifelagerung geschehen in Großbehältern. Ich habe die Weine zumeist sehr bukettreich, elegant und durchaus delikat, dabei auch ölig und von schöner Rasse gefunden. Meiner Meinung nach sind hier die besten und typischsten Jahrgänge der besonders feine 67er sowie der 71er, 75er und 81er. Der 83er, 86er und 88er schließen sich würdig an, und der 89er und 90er weisen außergewöhnliche Fülle und feine Edelfäule auf.

Château Suau

2e Cru Classé. Besitzer: Roger Biarnès. 6,5 ha. 1.500 Kisten. Sém 80%, Sauv 10%, Musc 10%.

Das wahrscheinlich am wenigsten bekannte von allen Crus Classés – der Weinberg liegt in Barsac, die derzeitigen Eigentümer aber bereiten den Wein auf ihrem anderen Besitz in Illats. Er wird zum größten Teil im Direktverkauf in Frankreich abgesetzt. Der Wein wird in Tanks vergoren und dann in gebrauchten Fässern gelagert. Er gilt allgemein als wenig interessant, recht gewöhnlich, mangelhaft ausgewogen und ohne große Rasse, aber der 88er ist delikat und fein.

Château Suduiraut

1er Cru Classé. Besitzer: AXA Millésimes. 70 ha. 11.000 Kisten. Sém 80%, Sauv 20%.

Das berühmte alte Gut neben Yquem liegt zum Teil in Sauternes und zum Teil in Preignac. Die Familie Fonquernie kaufte es 1940 mitsamt seinem schönen Château aus dem 17. Jahrhundert und führte es allmählich wieder zu Qualität und Ruhm. 1992 verkauften einige Familienmitglieder die Mehrheit der Anteile an AXA. Der Wein ist zumeist der öligste und intensivste nach dem Yquem und gehört mit zu den besten Sauternes. Nach sorgfältiger Auslese im Weinberg wird der Most in Großbehältern vergoren und dann in zu 35% neuen Fässern ausgebaut. Man darf jedoch nicht vergessen, daß Suduiraut eine schlechte Zeit durchmachte, in der praktisch keine Auslese im Weinberg betrieben und auch keine Faßlagerung vorgenommen wurde. Dadurch wurden die Jahrgänge von 1971 bis einschließlich 1975 beeinträchtigt.

Die besten Suduirauts sind blaßgolden in der Farbe, das Bukett ist exquisit duftig und stark, der Geschmack sehr voll und kräftig, mit ausgeprägter Honigsüße sowie großer Finesse und Rasse. In guten Jahren haben sie oft 5° Baumé und mehr. 1976 entstand ein klassischer Wein, der sich neben dem 67er, 62er und 59er sehen lassen kann, und seither hat es 79 und 80 gute, wenn auch nicht gerade hervorragende Jahrgänge gegeben. In den 80er Jahren hatten die Weine allgemein weniger Restsüße als in den großen Jahrgängen der 50er und 60er Jahre, deshalb zeigt sich im Abgang ein gewisser alkoholischer Eindruck. Am besten fielen der 83er, 86er, 88er, 89er und 90er aus.

Château la Tour-Blanche

1er Cru Classé. Besitzer: Landwirtschaftsministerium. Leiter: Jean-Pierre Jausserand. 30 ha. 5.600 Kisten. Sém 70%, Sauv 27,5%, Musc 2,5%. Zweitetikett: Cru St-Marc.

Das Gut wurde 1855 an die Spitze der Premiers Crus gesetzt und ist seit 1910 im Staatsbesitz. Es wird heute als Landwirtschaftsschule betrieben. Leider wird es seinem einstigen Ruf bei weitem nicht mehr gerecht; es gibt 2e Crus und sogar Weine ohne Klassifizierungsrang, die viel besser sind. Sein Wein wird im Tank vergoren und dann in zu 25% neuen Fässern gelagert. 1988 wurde jedoch gerade rechtzeitig für die großen Jahrgänge 88, 89 und 90 in gewissem Umfang Faßgärung eingeführt. Damit ist der Höhepunkt jahrelanger Bemühungen erreicht, die das berühmte Gut wieder an seinen rechtmäßigen Platz unter den feinsten Premiers Crus bringen sollen. Früher entstand hier ein voller, schön ausgewogener 76er und ein sehr ansprechender 81er, voll, geschmeidig und attraktiv, jedoch nicht vordergründig.

Château d'Yquem
1er Grand Cru Classé 1855. Besitzer: Comte Alexandre de Lur-Saluces. 102 ha. 5.500 Kisten. Sém 80%, Sauv 20%. Zweitetikett: «Y» (Bordeaux Blanc, 2.000 Kisten).
Als 1855 die großen süßen Weine von Sauternes und Barsac klassifiziert wurden, kam Yquem als einziges Premier Grand Cru in eine Klasse für sich noch über den Premiers Crus. Diese einzigartige Stellung ist seither nie in Zweifel gezogen worden. Yquem ist nicht nur der größte Sauternes, er ist auch die umstrittene Krone aller Dessertweine der Welt. Seit 1593, also seit nunmehr 400 Jahren, befindet sich das Gut in Familienbesitz, denn die letzte De-Sauvage-Erbin heiratete 1785 einen Lur-Saluces; der heutige Eigentümer, Alexandre de Lur-Saluces, folgte 1968 seinem Onkel. Das Château ist ein schönes Schloß, von dem man herrliche Ausblicke über das Land hat. Alles hier ist über jeden Tadel erhaben. Die Weinberge werden mit großer Sorgfalt immer wieder neu angelegt, so daß von der Gesamtrebfläche von 102 ha nur jeweils 80 ha für den Grand Vin in Ertrag stehen; der Rest trägt junge Reben. Die Lese wird genauestens gehandhabt, und zwar nur von Fachkräften, zumeist von den 57 auf dem Gut fest Beschäftigten, die mehrmals (4- bis 11mal) den Weinberg durchkämmen und die überreifen und edelfaulen Trauben herauslesen. Dabei wird angestrebt, Trauben mit nicht unter 20° und nicht über 22° Baumé zu ernten, denn so entstehen die ausgewogensten Weine, die bis auf 13,5 oder 14% Alkoholgehalt vergären, wobei ein unvergorener Zuckerrest von 4 bis 7° Baumé verbleibt. Das Keltern verläuft nach alter Tradition, und der Most wird in neuen Eichenfässern vergoren und 3 Jahre im Faß ausgebaut, bis der Wein schließlich abgefüllt wird. Der Yquem darf vor dem Abfüllen nie gekostet werden, auch nicht von den Château-Bewohnern. In manchen Jahren wird auch ein trockener Wein, der «Y» (ausgesprochen «Ygrec»), bereitet. Er hat einen schönen Honigduft und ist körperreich und voll.

Der Yquem ist die Quintessenz des Sauternes; seine Farbe wandelt sich allmählich zu blassem Gold, sein Bukett ist voll von intensivem Honigduft, sein Geschmack ist Üppigkeit und Eleganz in höchster Vollendung. Diesen Wein trinken zu dürfen kommt stets einem Privileg gleich. Man sollte ihn jedoch nie trinken, bevor er nicht 10 Jahre alt ist, sein Charme und seine Frische bleiben dann ein weiteres Jahrzehnt unvermindert erhalten. Die größten Jahrgänge halten sich so gut wie ewig. Auf dem Höhepunkt sind heute der 67er (ein großer Jahrgang), der 70er (sehr fein), der 71er (ein großer Wein), der 73er (ein guter kleinerer Jahrgang) sowie der 75er und 76er (ausnehmend gut). Bereits jetzt schön zu trinken, aber noch entfaltungsfähig sind der 80er und 81er (sehr gut), der 82er (für das Jahr ungewöhnlich gut), der 83er (ein massiver, sich langsam entwickelnder Wein), der 84er (für das Jahr ungewöhnlich gut), der 85er (klein in der Menge, aber exzellent), der 86er (möglicherweise für lange Zeit der größte Yquem) und der 87er (für seinen Jahrgang beachtlich). Der 88er verspricht ein Rivale für den 86er zu werden.

ST-ÉMILION

Was an St-Emilion als Weinbaubereich im Gegensatz zu den anderen großen Regionen, vor allem Médoc oder Graves, so auffällt, ist, wie dicht alles beisammen liegt. Man braucht nur die krummen mittelalterlichen Gassen von St-Emilion hinter sich zu lassen, so findet man alle großen Premiers Crus Classés der *Côtes* bis auf eines in einem Umkreis von wenigen Minuten zu Fuß.

Die Rebfläche von insgesamt 5.000 ha ist auf 1.000 verschiedene Güter verteilt, die nur zum kleinen Teil in der Klassifizierungsliste stehen, und 1.150 ha gehören den 330 Mitgliedern der Winzergenossenschaft Union de Producteurs. So erklärt sich die Kleinheit der einzelnen Besitzungen. Die 11 Premiers Grands Crus Classés verfügen im Durchschnitt über je knapp 20 ha, die Durchschnittsgröße der Grands Crus Classés beträgt unter 10 ha. Ein Vergleich mit der Größe der Weingüter im Médoc ruft da nur Erstaunen hervor. Für den Jahresertrag 1979 wurden von Einzelgütern 843, von Genossenschaftsmitgliedern 330 und für den Eigenverbrauch 25 Meldungen abgegeben.

Auch die komplexe Unterschiedlichkeit in der Bodenzusammensetzung ist für St-Emilion charakteristisch. Für praktische Zwecke lassen sich drei Gruppen festhalten:

Zunächst das Kalksteinplateau (*Plateau calcaire*) sowie die *Côtes* und *Pieds de côtes*, die Hanglagen und die Fußlagen an den Hängen. Hier findet sich auch ein bedeutender Lehmanteil. Diese Zone umfaßt im wesentlichen den Bereich um die Stadt St-Emilion, wo bis auf zwei alle Premiers Grands Crus liegen.

Zweitens die *Graves et sables* anciens, ein Boden aus Kies mit Sand untermischt, aber mit Sand eines alten, der Winderosion zu verdankenden Typs im Gegensatz zu dem jüngeren Schwemmsandtyp. Hierbei handelt es sich um ein kleines Gebiet an der Grenze zu Pomerol, wo in einem Meer aus Sandboden eine Reihe Kieshügel mit etwa 60 ha Fläche aufsteigen. Hier geben Cheval Blanc und Figeac den Ton an, aber auch fast alle anderen *Crus* dieser Gegend haben ihren Platz in der Klassifizierung.

Drittens der Bereich der *Sables anciens*, ein Gebiet mit Sandboden der oben beschriebenen Art. Es liegt zwischen den beiden vorherigen und weist eine Reihe von guten Crus Classés auf.

In der Appellation und in geographischer Hinsicht ist der Bereich St-Emilion wie folgt unterteilt:

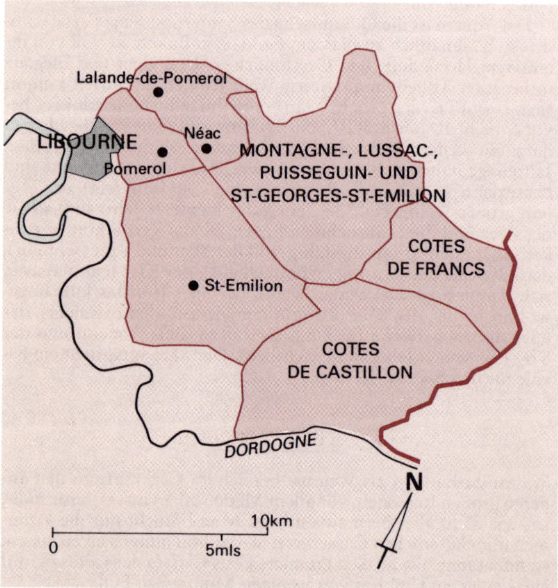

1. Die Grands Crus Classés stellen ein Klassifizierungssystem dar, das der Aufsicht durch das INAO unterliegt und alle zehn Jahre revidiert wird. Allerdings wurde die erste Liste von 1954 erst 1969 einer Revision unterzogen, und die zweite Revision fand 1985 statt. Dabei wurde die Zahl der Premiers Grands Crus Classés von 12 auf 11 und der Grands Crus Classés von 72 auf 63 herabgesetzt. Alle – mit nur zwei Ausnahmen – sind in der Gemeinde St-Emilion selbst gelegen.

2. Die Grands Crus, insgesamt etwa 200; sie müssen jährlich Proben zur Geschmacksprüfung einreichen.

3. Weine mit der einfacher Appellation St-Emilion.

Obwohl die besten Weine in der Gemarkung St-Emilion wachsen, haben noch weitere acht Gemeinden, die früher unter die Rechtsprechung der Jurade de St-Emilion fielen, auch Anspruch auf die Appellation. In diesen Gemeinden kommen die besten Weine von St-Christophe-des-Bardes, St-Laurent-des-Combes, St-Hippolyte und St-Etienne-de-Lisse. Die übrigen vier – St-Pey-d'Armens, Vignonet, St-Sulpice-de-Faleyrens und Libourne – befinden sich meist auf tiefgelegenem, sandigem Boden oder auf jüngeren Kies- und Sandterrassen.

Es gab Zeiten, da wurde behauptet, in St-Emilion würden die Reben besser gepflegt als irgendwo sonst, doch verstünde man dort die Weinbereitung nicht so gut. In den letzten 20 Jahren hat sich in dieser Hinsicht vieles gebessert, nachdem zahlreiche neue *Chais* und *Cuviers* gebaut worden sind.

Unverändert geblieben sind die Probleme mit dem Absatz so vieler Weine aus so vielen kleinen Gütern.

Château L'Angélus
Grand Cru Classé. Besitzer: Familie de Bouard de Laforest. 24 ha. 12.000 Kisten. CF 50%, Mer 45%, CS 5%. Zweitetikett: Carillon de l'Angélus.

Eines der bedeutendsten Güter auf den *Côtes* von St-Emilion. Bevor die Familie de Bouard de Laforest 1924 L'Angélus kaufte, besaß sie schon Château Mazerat, das sie später zusammen mit einigen weiteren Gütern in L'Angélus einbezog. Die Weinberge liegen auf den unteren Hängen der *Côtes* westlich von St-Emilion. Der *Chai* ist groß und modern, und 1980 wurde zur Lagerung in Eichenfässern, davon die Hälfte bis zwei Drittel neu, übergegangen. Vorher wurden keine Holzfässer verwendet.

Die Weine zeichnen sich durch einen markanten Duft und eine gefällige, schmeichlerische Frucht aus, es fehlt ihnen aber gelegentlich an Tiefe. Vor 1983 mangelte es vielen Weinen an Konzentration, sie mußten deshalb früh getrunken werden. Seither hat sich mehr Solidität eingestellt, jedoch ohne die frische Frucht und die Fülle zu beeinträchtigen. Bereits der 79er und der 82er hatten einen großen Schritt vorwärts gebracht, und das wiederholte sich 1985 und 86. 1989 und 90 kam dann noch besondere Üppigkeit hinzu. Warnend möchte ich lediglich bemerken, daß der hohe Anteil an neuen Eichenfässern die Weine vielleicht beeinträchtigen könnte.

Château L'Arrosée
Grand Cru Classé. Besitzer: François Rodhain. 10 ha. 5.000 Kisten. Mer 50%, CS 35%, CF 15%.

Ein Wein mit wachsendem Ansehen; der Weinberg hat eine gute Lage auf den *Côtes* oberhalb der Winzergenossenschaft und unterhalb von Tertre-Daugay, unmittelbar westlich der Stadt. Der Name bedeutet «durch Quellen bewässert». Sein Gleichgewicht verdankt dieser Wein der guten Lage; vom *Haut de côte* die Kraft, vom *Milieu de côte* die Fülle, vom *Pied de côte* die Finesse –

klassischer St-Emilion, vielfältig und üppig bei großer Geschmackstiefe und Persönlichkeit. Er ist nicht leicht zu finden, aber die Suche lohnt sich.

Château Ausone
1er Grand Cru Classé. Besitzer: Mme Dubois-Challon & Héritiers Vauthier. 7 ha. 2.250 Kisten. Mer 50%, CF 50%. Zweitetikett: Les Coteaux du Château l'Arrosée.
Das Château aus dem 18. Jahrhundert ist nach dem römischen Dichter Ausonius benannt – ganz in der Nähe befinden sich Reste einer großen römischen Villa, die möglicherweise dem berühmten Poeten gehört hat. Erst nach 1890 wurde der Ausone als der erste Wein von den St-Emilion-*Côtes* anerkannt – diese Stellung hatte vorher der größere Nachbar Belair inne. In den 50er und 60er Jahren wurde Ausone seinem Rang als Premier Grand Cru Classé nicht gerecht, obwohl es 1955 aufgrund seiner nie angezweifelten Qualitäten neben Cheval Blanc an die Spitze der neuen Klassifizierung gesetzt wurde. 1975 kam ein neuer *Régisseur*, Pascal Delbeck, auf das Gut, und 1976 nahm der die Leitung voll in die Hand. Seither ist das Ansehen von Ausone wieder stark gewachsen. Die Gärung erfolgt nun in Edelstahltanks, der Ausbau der Weine zu 100% in neuen Eichenfässern.

Das Wesen von Ausone liegt in einer Verbindung von Delikatesse und Finesse mit großer Kraft, die Konzentration des komplexen Buketts ist schön und lebendig, und die Empfindung des vielschichtigen Geschmacks auf der Zunge ist erstaunlich. Der Ausone braucht länger zur Entwicklung als andere St-Emilions, und seiner Langlebigkeit kommt diesseits des Flusses kein anderer gleich. Seit dem massiven 75er gab es einen feinen 76er, einen großen 78er, einen nicht ganz so monumentalen, aber doch herrlichen 79er, einen feinen 80er, einen eleganten und festen 81er, einen großartigen 82er mit Fülle und Konzentration, einen milderen und dennoch exotischen 83er, einen erstklassigen 85er und einen komplexen, substanzreichen 86er; der 89er und der 90er sind faszinierende Weine, die noch viel Geduld verlangen.

Alle Anzeichen deuten darauf hin, daß Ausone mit außergewöhnlichen Weinen in nur kleinen Mengen zu einem zweiten Château Pétrus wird. Wir wollen nur hoffen, daß nicht nur die Sammler, sondern auch die Weinliebhaber etwas davon zu sehen bekommen.

Château Balestard-La-Tonnelle
Grand Cru Classé. Besitzer: GFA Capdemourlin. Leiter: Jacques Capdemourlin. 10,6 ha. 5.000 Kisten. Mer 65%, CF 20%, CS 10%, Mal 5%. Zweitetikett: Les Tonnelles de Balestard.
Das Gut liegt am Rand des *Plateau calcaire* östlich von St-Emilion und gegenüber von Soutard. Seine Weine reifen zum Teil in neuen und zum Teil in 1- bis 2jährigen Fässern, der Rest in Cuves. Sie sind gleichmäßig in der Qualität, sehr ansprechend, typische St-Emilions, wuchtig, üppig und körperreich, dabei süffig und doch langlebiger, als man meint. Der 78er ist mild, reif und voll und trinkt sich jetzt sehr gut; der 79er hatte 1983 bereits komplexe Nuancen und war sehr üppig und attraktiv; der 80er ist mild und voll im Geschmack und war ebenfalls schon 1983 genußreif, und der 81er ist gehaltreich und kräftig, aber schon weit entfaltet. Der 82er zeichnet sich durch hohe Konzentration mit reichhaltigem, vollmundigem Gefüge und durch frühe Trinkreife aus. Der 83er ist extrakt- und tanninreich, der 85er opulent und früh entwickelt, und der 86er zeigt echte Konzentration mit reifem, elegantem Tannin. Der 1989er und der 90er sind opulente Schönheiten – ein wundervolles Paar.

Château Les Baziliques
Besitzer: SC du Château Le Couvent. 6 ha. 3.500 Kisten.
Mer 39%, CF 36%, CS 25%.
Die Weine des Guts haben sich beträchtlich gebessert, seit es von den gegenwärtigen Besitzern übernommen worden ist. Es wurden kräftige Investitionen getätigt, und das hat sich in vorzüglichem Wein niedergeschlagen; 1985 war hier ein besonders guter Jahrgang. Ein beachtenswertes Gewächs.

Château Beau-Séjour Bécot
Grand Cru Classé. Besitzer: Michel, Gérard und Dominique Bécot. 16,5 ha. 6.600 Kisten. Mer 70%, CS 15%, CF 15%.
Zweitetikett: Tournelles des Moines.
Das Gut wurde 1955 als Premier Grand Cru Classé eingestuft und 1985 unter heftigen Kontroversen wieder degradiert. Zur Zeit legt Michel Bécot gegen diese Entscheidung Berufung ein. Im wesentlichen scheint die Degradierung darauf zu beruhen, daß Bécot die Weinberge von La Carte und Trois Moulins den ursprünglichen 10 ha von Beau-Séjour, das er 1970 gekauft hatte, hinzufügte, wobei der Zusammenschluß eigentlich erst 1979 durchgeführt wurde. Die Weinberge befinden sich auf dem *Plateau calcaire*; die Gärung findet in Edelstahltanks statt und die Flaschenlagerung in schönen unterirdischen Kellern. Zu 90% werden neue Fässer eingesetzt.

Der Stil der Weine hier ist ganz anders als in dem anderen Beauséjour, vollmundiger und reichhaltiger, aber nicht so gerbstoffherb und stilvoll. Es sind sehr ansprechende, angenehm zu trinkende Weine, doch es fehlt ihnen an Distinktion. Man darf darauf gespannt sein, was am Ende herauskommt.

Château Beauséjour (Duffau-Lagarrosse)
1er Grand Cru Classé B. Besitzer: Duffau-Lagarrosse.
Leiter: Jean-Michel Fernandez, 7 ha. 3.000 Kisten. Mer 50%, CF 25%, CS 25%. Zweitetikett: La Croix de Mazerat.
Das Gut ist heute das am wenigsten bekannte von allen Premiers Grands Crus, zum Teil weil etwa die Hälfte der sowieso kleinen Erzeugung direkt an Privatkunden und nicht über den Handel verkauft wird. Beauséjour war bis 1869 ein einziges großes Gut. Damals wurde es unter zwei Töchtern aufgeteilt; eine heiratete einen Arzt aus St-Emilion, und ihr Teil gehört heute den Erben.

Lange Maischung verleiht den Weinen Rasse und stilvolle Frucht, vielleicht aber auch für den leichten Körper zuviel Tannin. Sie verdanken eindeutig der Weinbergklassifizierung und einer langen Tradition achtbarer Weine sehr viel, denn sie sind zwar gut, waren aber bis vor kurzem nicht brillant. Nach einem sehr gehaltreichen 82er mit echter Rasse zeigte der 85er wiederum schöne Konzentration, und der 86er war sogar noch eindrucksvoller, denn er vereinte in sich elegante Frucht mit reicher, konzentrierter Fülle und kräftigem Tannin. Der 88er, der 89er und der 90er setzen die Verbesserungstendenz fort. Damit hat dieser Wein nunmehr echte Distinktion erlangt.

Château Belair
1er Grand Cru Classé B. Besitzerin: Mme Dubois-Challon. 13 ha. 4.600 Kisten. Mer 60%, CF 40%.
Belair liegt direkt neben Château Ausone und gehört Mme Dubois-Challon, Miteigentümerin von Ausone. Die beiden Châteaux teilen sich auch in den hervorragenden *Régisseur* Pascal Delbeck. Der Hauptunterschied zwischen Belair und Ausone besteht darin, daß Ausone ganz auf den *Côtes* liegt, während die Weinberge von Belair nur zum Teil auf den *Côtes*, zum anderen

Teil aber auf dem Plateau darüber liegen. Nachdem er lange Zeit in den Kellern von Ausone bereitet und gelagert wurde, kehrte der Wein von Belair 1976 wieder in die eigenen Keller zurück. Nach dem Jahrgang 1980 wurden die alten Holz-Cuves durch Edelstahltanks ersetzt.

Heute gehört Belair fast stets zu den besten in der Gruppe B der Premiers Grands Crus. Der Wein ist meist etwas reichhaltiger und vollmundiger als der Ausone, hat zwar nicht dieselbe Intensität, wohl aber echte Finesse und große Kraft. Der 75er zeigt sich fest und noch verschlossen; der 76er dagegen charmant, leicht und voll genußreif, und der 78er ist noch in der Entfaltung. Der 79er ist hervorragend und der 80er gut, der 81er fein und typisch, und der 82er, 83er, 85er und 86er sind außergewöhnlich gut. Der 89er und der 90er wetteifern miteinander in dichter Konzentration und unergründlicher Kraft.

Château Bellefont-Belcier

Grand Cru. Besitzer: Héritiers J.-L. Faure. Leiter: Jean Labusquière. 13 ha. 7.000 Kisten. Mer 70%, CF 20%, CS 10%.

Ein gutes *Cru* in St-Laurent-des-Combes auf den *Côtes* und den unteren Hängen. Den Weinen geht der Ruf der Robustheit und Geschmeidigkeit voraus.

Château Bellevue

Grand Cru Classé. Besitzer: Société Civile M. L. Horeau. Leiter: René de Coninck. 6 ha. 2.500 Kisten. Mer 70%, CF 15%, CS 15%.

Die Weinberge liegen auf dem Kalksteinplateau und den *Côtes* westlich von Beauséjour. Das Gut dürfte heute zu den am wenigsten bekannten Grands Crus gehören. Es hat das Pech, einen der verbreitetsten Namen in Bordeaux zu führen, denn zur Zeit gibt es 23 Güter, die so heißen, und davon allein einige in der Gegend von St-Emilion. Es ist ein sehr altes Gut, das sich seit dem 17. Jahrhundert im Besitz einer weitverzweigten Familie befindet. Sein Wein hat einen guten alten Ruf, denn er gehörte zu den 39 *Crus* aus St-Emilion, die ihre Region auf der Weltausstellung 1867 in Paris vertraten. Für den Jahrgang 1988 wurde erstmals ein gewisser Anteil neuer Eichenfässer verwendet, und plötzlich begann man, in diesem bisher gefälligen, aber anonymen Wein jene Rasse und Eigenart zu erkennen, die man bei so guter Lage der Weinberge auch erwarten darf.

Château Bergat

Grand Cru Classé. Besitzerin: Mme Claude Bertin. Leiter: Emile Castéja. 4 ha. 1.100 Kisten. Mer 50%, CF 25%, CS 25%.

Eines der kleinsten und unbekanntesten der Grands Crus Classés; es liegt östlich von St-Emilion am Rand des Plateaus und der *Côtes* über dem Tal von Fougabaud. Das Gut wird von Emile Castéja vom nahegelegenen Trottevieille aus bewirtschaftet, und der Vertrieb der Weine geschieht über sein Handelshaus Borie-Manoux.

Als ich 1984 die Weine probierte, war der 79er kräftig und voll im Bukett und zeigte auf der Zunge einen sehr markanten, würzigen Charakter, bei aller Vollmundigkeit war er noch ziemlich hart, versprach aber für 1986/87 viel Gutes. Bei solchen Vorzeichen dürfte jede Flasche Bergat, die einem über den Weg läuft, des genaueren Hinsehens wert sein.

Château Berliquet
Grand Cru Classé. Besitzer: Vicomte und Vicomtesse Patrick de Lesqueu. 8,7 ha. 4.500 Kisten. Mer 69%, CF und CS 31%.
Ein sehr altes Gut in superber Lage auf dem *Plateau calcaire* von St-Emilion und den *Côtes* neben Magdelaine, Canon und Tertre Daugay. Dieses *Cru* galt schon im 18. Jahrhundert als eines der besten, aber erst 1985 wurde ihm der Rang eines Grand Cru Classé zuerkannt – es war in diesem Jahr übrigens das einzige, das aufgewertet wurde. Der Grund für diese Vernachlässigung liegt darin, daß es als Mitglied der Winzergenossenschaft seine Weine bis zum Jahrgang 1978 in deren Kellereien bereiten und ausbauen ließ. Dann aber wurden Edelstahlgärtanks installiert. Der *Chai* wurde restauriert, und die unterirdischen *Cuves* wurden instandgesetzt. Seit 1978 werden nun alle Weine hier bereitet und ausgebaut, und dabei werden zu einem Drittel neue Eichenfässer verwendet. Die Aufsicht und die Arbeit selbst liegt noch immer in der Hand der Union de Producteurs.

Beurteilt man es nach den Weinen, die es nun hervorbringt, dann hat Berlique seine Aufwertung durchaus verdient. Der 83er hat in seinem intensiven Bukett Nuancen von Rosen und frischen Tabakblättern und ist im Geschmack voll, komplex, kräftig und einfach wunderbar. Der 82er ist höchst konzentriert und reichhaltig, er ist schwer und braucht noch Entwicklungszeit. Der 81er ist sehr duftig mit viel Schwung und Finesse; er dürfte 88/89 genußreif sein. Der 80er ist stilvoll und angenehm und seit 1985 trinkreif. Der 78er ist reich und kräftig im Gefüge, aber noch immer streng, seine Entwicklung ist also noch nicht abgeschlossen. Insgesamt kann man bei diesem *Cru* mit wachsendem Ansehen und Potential rechnen.

Château Cadet-Bon
Grand Cru. Besitzer: Société Loriène. Leitung: Marceline und Bernard Gans. 6 ha. 2.500 Kisten. Mer 67%, CF 33%.
Das kleine Gut liegt nördlich der Stadt auf dem *Plateau calcaire* und den *Côtes*. Seinen Status als Cru Classé verlor es bei der Revision 1985, nachdem es einige Jahre lang mindere Weine produziert hatte. 1986 erwarben dann die gegenwärtigen Besitzer das Gut; sie waren entschlossen, hier wieder Wein mit der Qualität hervorzubringen, wie die Lage sie hergibt. Das attraktive La-Fontaine-Etikett mit dem flötespielenden Dionysos und den in Delphine verwandelten Seeräubern stimmt auf das neue Regime ein.

Der 88er ist würzig und aromatisch, ein großer, konzentrierter Wein, der viel Zeit braucht; der 89er zeigt sich als klassischer St-Emilion mit schöner Fülle, geschmeidiger Kraft und Tanninherbheit, während der 90er eher mild ist, doch herrlich konzentrierte Frucht besitzt. Es überrascht keineswegs, daß sich diese Weine schnell einen guten Namen machen und bereits auf manchen der besten Weinkarten in Frankreich erscheinen.

Château Cadet-Piola
Grand Cru Classé. Besitzer: Alain Jabiol. 6,8 ha. 3.500 Kisten. Mer 51%. CS 28%, CF 18%, Mal 3%. Zweitetikett: Chevaliers de Malta.
Cadet-Piola liegt nördlich von St-Emilion auf dem *Plateau calcaire* und den *Côtes* an ihrem höchsten nördlichen Punkt. Die heutigen Besitzer kauften es 1952 und betreiben es zusammen mit einem weiteren Grand Cru Classé, Faurie-de-Souchard. Die Weinbereitung findet in mit Glas ausgekleideten Tanks unter sorgfältiger Regelung statt. Ausgebaut werden die Weine in Kellern, die aus den Felsen unter den Weinbergen herausgehauen wurden, und dabei werden zu 50% neue Fässer verwendet.

Die Weine zeigen den typischen Charakter der in sie eingegangenen Rebsorten. Im Gegensatz zu vielen anderen St-Emilions muß man mit ihnen Geduld haben, denn anfänglich sind sie verschlossen und streng, doch weisen sie das Gefüge und den Stil auf, der zu beträchtlicher Distinktion gehört. Der 86er ist tanninreich, gehaltvoll, aber herb, der 85er hat mehr Fülle als gewöhnlich, der 83er ist bukettreich, dabei ziemlich fest und gerbstoffhaltig, und der 82er zeigt viel Tiefe und Konzentration. Der 81er war nach einem Jahr in der Flasche noch immer sehr verschlossen und streng, doch hatte er schöne Geschmackstiefe. Der 80er war nach drei Jahren ansprechend und vollmundig, der 79er nach vier Jahren fest und herb und noch unentwickelt, der 78er schwer, mit Körper und Frucht und für seine fünf Jahre vielversprechend. Der 76er ist für diesen Jahrgang ausnehmend gut. Alles in allem dürfte sich das geduldige Warten schon lohnen.

Château Canon
1er Grand Cru Classé. Besitzer: Eric Fournier. 18 ha. 8.000 Kisten. Mer 55%, CF 40%, CS 5%. Zweitetikett: Clos de J. Kanon.

Ein wunderschön gelegenes Gut mit einem 13 ha großen, von einer Mauer umgebenen *Clos* auf dem Plateau am Rand von St-Emilion und einem sehr eleganten kleinen Château aus dem 18. Jahrhundert. Die restlichen 5 ha Weinberg liegen auf den *Côtes*.

Der Wein reift in zu 40% regelmäßig erneuerten Holzfässern. Er ist klassisch, mit schönem Bukett und großer Nachhaltigkeit im Geschmack und fast seidig in der Konsistenz. Der zunächst verschlossene Gehalt an Tannin und Frucht entfaltet sich nur langsam zu stets prachtvoller Rasse, Eleganz und typischer Art. Dieser Wein gehört beständig zu den Spitzen-St-Emilions, aber man muß auf ihn warten. 1989 und 88 entstanden klassische Weine, und der 86er zeigt jene Ausgewogenheit von Kraft und Finesse, die Eric Fourniers Leistungen hier kennzeichnet. Der 85er ist kompakt und fruchtig – ein wunderbarer Wein. Der 83er und 82er sind beide superb – zur Zeit kann man kaum sagen, welcher einmal der bessere sein wird. Der 81er ist klassisch, der 79er hervorragend, der 78er für den Jahrgang noch unterentwickelt. Der 76er ist charmant und jetzt trinkreif und der 75er ein langlebiger Klassiker.

Château Canon-la-Gaffelière
Grand Cru Classé. Besitzer: Comte de Neipperg. 19 ha. 10.000 Kisten. Mer 55%, CF 40%, CS 5%. Zweitetikett: Côte Mignon-La-Gaffelière.

Das Gut liegt an der Straße von St-Emilion nach Libourne und Bergerac am südlichen Fuß der *Côtes* auf flachem, sandigem Boden. Der heutige Besitzer lebt dort seit 1971. Er baut seinen Wein abwechselnd in jeweils zu 50% neuen Fässern und *Cuves* und in Tanks aus.

Damit erzielte er einen ansprechenden, rasch reifenden, süffigen Wein, bis Veränderungen in der Weinbereitung und *Elevage* im Jahr 1985 einen völligen Wandel brachten.

Davor entstand noch ein guter 82er, der nicht so konzentriert war wie die Spitzenweine dieses Jahrgangs, aber Robustheit und viel Charakter aufwies, sowie ein geschmeidiger, leichter 83er. Heute nun zeigen die Weine deutliche Anzeichen einer starken Eichenholzbehandlung; manche Jahrgänge wie der 86er können das ohne weiteres vertragen, andere freilich erscheinen überzogen. Die Zeit wird es erweisen.

Château Cap-de-Mourlin
Grand Cru Classé. Besitzer: Familie Capdemourlin. Leiter: Jacques Capdemourlin. 14 ha. 6.000 Kisten. Mer 60%, CS 25%, Mal 5%.
Während der 70er Jahre bis nach dem Jahrgang 82 war dieses historische Gut auf zwei verschiedene Zweige der Familie Capdemourlin aufgeteilt, und ihre Weine wurden getrennt bereitet und abgefüllt. Die Etiketten waren jedoch gleich, außer daß das eine den Namen von Mme Jean Capdemourlin und das andere den ihres Neffen Jacques Capdemourlin trug, dem auch Balestard gehört. Ich habe ganz allgemein festgestellt, daß die von Jacques Capdemourlin während dieser Zeit bereiteten Weine besser sind. Heute hat er die Leitung des wiedervereinigten Ganzen. Die Weinberge liegen nördlich von St-Emilion auf den unteren *Côtes*.

Beim Ausbau des Weins werden zu einem Drittel neue Fässer verwendet. Es ist klassischer St-Emilion, duftig und fruchtig im Bukett und voll, fast ölig im Geschmack, und alles bei einem kräftigen Körper. In letzter Zeit sind Jacques Capdemourlin die Jahrgänge 86, 85, 83, 82, 81, 79 und 78 besonders gut gelungen. Die Zukunft des wiedervereinigten Guts sieht vielversprechend aus.

Château Cardinal-Villemaurine
Grand Cru. Besitzer: J. F. und J. M. Carille. 18 ha. 6.000 Kisten. Mer 75%, CF und CS 25%.
Die Domäne auf dem *Plateau calcaire* östlich der Stadt hat weitläufige unterirdische Keller. Ihre Weine sind meist sehr fest, tanninreich und streng und brauchen lange Reifezeit. In den Jahren 82, 81, 79, 76, 75 und 70 entstanden feine Beispiele.

Château Le Castelot
Grand Cru. Besitzer: J. Janoueix. 8,5 ha. 3.000 Kisten. Mer 60%, CS 20%, CF 20%.
Die Weinberge von Castelot liegen auf der sandigen Ebene von St-Sulpice-de-Faleyrens. Sand, Kies und Spuren von Eisen verleihen den Weinen merklichen, anfänglich auffallenden, später aber milder werdenden *Terroir*-Charakter. Sorgsame Weinbereitung und Ausbau in jeweils zu 20% neuen Eichenfässern führt Paul Cazenave durch, der auf allen Janoueix-Gütern und Château Canon als *Maître de chai* fungiert. Die Weine sind nach dem Ausreifen beständig vorzüglich. Ein durchaus zuverlässiges Gut.

Château Chauvin
Grand Cru Classé. Besitzer: Henri Ondet. 13 ha. 4.200 Kisten. Mer 60%, CF 30%, CS 10%. Zweitetikett: Chauvin Variation.
Das Gut liegt in einem Gebiet, das früher in irreführender Weise St-Emilion *Graves* genannt wurde. Es ist das südöstlichste aus einer Gruppe von Weingütern, östlich von Ripeau und südlich von Corbin. Der Boden ist hier sandig. Beim Ausbau des Weins werden zu einem Drittel neue Fässer verwendet. Er ist typisch für diesen Bereich nahe an der Grenze zu Pomerol, voll und dicht in der Konsistenz mit rasch sich entwickelndem mildem und öligem Geschmack, jedoch mit einem Anflug von Rauheit. Wann immer ich ihm begegnet bin, habe ich ihn stets ansprechend gefunden.

Château Cheval-Blanc
1er Grand Cru Classé A. Besitzer: Société Civile du Château Cheval-Blanc. Leiter: Pierre Lurton. 36 ha. 12.000 Kisten. CF 66%, Mer 33%, Mal 1%. Zweitetikett: Petit Cheval.
Die beiden größten Weine von St-Emilion, Ausone und Cheval-Blanc, wachsen an entgegengesetzten Enden der Appellation und auf ganz verschiedenen Böden. Cheval Blanc, das berühmteste

Weingut der Region, ist ein großer Besitz unmittelbar an der Grenze zu Pomerol. Sein heutiges Ansehen geht eigentlich auf den Jahrgang 1921 zurück und wurde von dem legendären 47er weiter gefestigt. Der Boden ist hier vor allem sandig und kieshaltig, er enthält aber auch Lehm und Sandstein sowie Spuren von Eisen. Der hohe Anteil von Cabernet Franc zu Lasten des Merlot ist ungewöhnlich für die Gegend. 1956 litten die Weinberge stark unter dem berüchtigten Februar-Frost und brauchten lange, bis sie sich erholten. Die Weinbereitung geschieht in gekühlten, temperaturgeregelten Großbehältern und der Ausbau des Weins ausschließlich in neuen Eichenfässern. 1989 trat Jacques Hébrard in den Ruhestand, nachdem er das Gut seit 1972 im Auftrag der Familie seiner Frau mit Erfolg geführt hatte. Nach einer Übergangsphase wandte sich die Familie an eine andere Weingutsbesitzerfamilie, die Lurtons von Clos Fourtet, und setzte als Leiter Pierre Lurton ein, der die eindeutigen Verbesserungen im Clos Fourtet zustande gebracht hatte.

Der Wein von Cheval-Blanc ist berühmt für sein stark hervorströmendes reiches, oft würziges Bukett und seinen überaus vollen, milden, fast öligen Geschmack. Eine Besonderheit dieses Spitzengewächses ist, daß der Wein in vollreifen Jahrgängen sehr früh zu trinken ist. So geschah es mit dem berühmten 47er, der schon nach 6 bis 7 Jahren ganz einfach köstlich war. In diesem Stadium kommt der puren animalischen Kraft und erstaunlichen Schönheit dieses Weins nur noch der Pétrus, der ja gerade jenseits der Grenze in Pomerol wächst, gleich. Natürlich halten sich diese Weine gut und entwickeln sich dabei je nach der Eigenart des Jahrgangs weiter, doch man sollte seine Herrlichkeit nicht verpassen, denn er ist nicht so langlebig wie der Ausone und einige andere Weine von den *Côtes*, sondern wird, wenn er älter ist als 40 Jahre, lahm und gebrechlich.

Ganz große Jahrgänge, auf die man besonders achten sollte, sind der 64er, 66er und 70er; auch der 75er, 78er, 79er und 81er dürfen bedeutend genannt werden; sie alle trinken sich jetzt auf das köstlichste. Aus jüngerer Zeit ist wahrscheinlich der 82er der beste seit 1947, und auch der 83er ist sehr fein. Der 85er mit seiner Fülle, die an die Süße der größten Jahrgänge grenzt, stellt einen wahren Volltreffer dar, und der 86er zeigt sich hochkonzentriert und läßt auf einen großen Wein hoffen. Der 88er, 89er und 90er versprechen Großartiges. Einen 91er Cheval Blanc wird es nicht geben, er kommt als Petit Cheval heraus.

Château Clos-des-Jacobins
Grand Cru Classé. Besitzer: Domaine Cordier. 7,5 ha. 4.500 Kisten. Mer 47%, CF 45%, CS 8%.

Die Weine des Guts sind stets gleichmäßig und ansprechend in der Qualität, doch kommt es mir so vor, als seien sie in letzter Zeit konzentrierter und eindrucksvoller geworden. Der 88er, 86er, 83er, 82er und 81er sind sämtlich ausgezeichnet in ihrer Reichhaltigkeit und großen Fülle. Der 85er ist leichter, der 79er höchst erfreulich und der 78er fein und konzentriert. Sicherlich ist es eines der besten Crus in diesem Teil von St-Emilion.

Château La Clotte
Grand Cru Classé. Besitzer: Héritiers Chailleau. 4,2 ha. 1.550 Kisten. Mer 90%, CF 10%.

Das kleine Weingut hat eine wunderschöne Lage am Rand des *Plateau calcaire* und der *Côtes*, unmittelbar vor den Mauern von St-Emilion östlich der Stadt. Es wird von der Firma J.-P. Moueix bewirtschaftet, die als Gegenleistung für die Geschäftsführung und die Weinbereitung drei Viertel des Ertrags erhält. Der Rest verbleibt den Eigentümern, die ihn zum größten Teil in ihrem beliebten Restaurant, Logis de la Cadène, in St-Emilion verkaufen.

Der Wein wird in jeweils zu 10% neuen Fässern ausgebaut und zeichnet sich durch echte Finesse und Delikatesse aus. Er ist frisch und geschmeidig mit einem schönen Bukett im besten Stil der *Côtes*-Weine. In manchen Jahrgängen, zum Beispiel 1970 und 64, kann dieser Wein eine besondere Fülle und Vollmundigkeit erreichen. Da nur sehr kleine Mengen erzeugt werden, liefert die Firma J.-P. Moueix exklusiv nur in die USA und nach England.

Château La Clusière
Grand Cru Classé. Besitzer: Consorts Valette. Leiter: Jean-Paul Valette. 2,8 ha. 1.000 Kisten. Mer 70%, CF 20%, CS 10%.

Das kleine Gut bildet eine Enklave hoch oben in der Côte de Pavie mitten in den Weinbergen von Pavie, übrigens unter denselben Eigentümern und derselben Leitung. Weinbereitung und -ausbau finden im *Chai* und den Kellern von Pavie statt, wobei zu 25% neue Fässer verwendet werden.

Die Weine sind solide, körperreiche, typische St-Emilions. Sie entwickeln sich rascher als die von Pavie-Decesse und sind nicht so gerbstoffhaltig. Der 86er ist recht leicht, der 85er voll bei offener Art, der 83er konzentriert und der 82er ausgezeichnet, voll reifer Frucht und vermutlich bald ausentwickelt. Der 79er und der 78er sind jeweils gute Vertreter dieser so gegensätzlichen Jahrgänge, wobei der 78er stilvoller ausgefallen ist. Man trifft diesen Wein nicht häufig an, er ist es aber wert, daß man nach ihm sucht.

Château Corbin
Grand Cru Classé. Besitzer: Domaines Giraud. 15 ha. 5.000 Kisten. Mer 50%, CF 25%, CS 25%.

Ein gutes Beispiel für die Namensverwirrung in St-Emilion. In der Gegend an der Grenze zu Pomerol gibt es fünf dicht beieinanderliegende Güter mit Corbin im Namen, alle sind Grands Crus Classés, zwei von ihnen gehören der Familie Giraud – ganz zu schweigen von den nicht so hochrangigen Crus in Montagne-St-Emilion und Graves.

Der Wein wird in Holzfässern ausgebaut, die in geringem Umfang regelmäßig erneuert werden, und ist – ganz nach der Art dieser Gegend mit sandigen Böden nahe Pomerol – durchaus voll und geschmeidig.

Château Corbin-Michotte
Grand Cru Classé. Besitzer: Jean-Noël Boidron. 6,7 ha. 3.000 Kisten. Mer 65%, CF 30%, CS 5%. Zweitetikett: Les Abeilles.

Hier ist die Namensverwirrung gleich doppelt. Das Gut ist eines der fünf nebeneinanderliegenden Michottes. Es liegt unmittelbar südlich von Croque-Michotte und östlich von La Dominique. Der Boden besteht hauptsächlich aus Sand mit etwas Lehm und Spuren von Eisen im Unterboden und Kies an der Oberfläche. Seit der Erwerbung des Guts im Jahr 1959 hat Jean-Noël Boidron viele Verbesserungen eingeführt und 1980 den *Chai* ganz neu aufgebaut. 20% des Weins reifen in neuen Holzfässern, immer abwechselnd mit anderen Weinen, die in Edelstahltanks lagern.

Mir hat der Wein dieses Guts jedesmal, wenn ich ihn kosten durfte, großen Eindruck gemacht. Die reichhaltige, an Pflaumen erinnernde Konsistenz, die sich in schöner, milder Vollmundigkeit bemerkbar macht, ist für die besten Weine aus dieser Ecke von St-Emilion nahe Pomerol typisch. Von den neueren Jahrgängen ist der 79er besonders gut.

Château Cormeil-Figeac
Grand Cru. Besitzer: Héritiers R. & L. Moreaud. 10 ha. 3.500 Kisten. Mer 70%, CF 30%.
Ein guter Weinberg auf sandigem Boden südöstlich von Château Figeac. Der Wein wird in zu 15% neuen Eichenholzfässern ausgebaut. Er ist sehr duftig, geschmeidig und voll im Geschmack, früh trinkreif und mit seiner vielfältigen Frucht einfach ein Genuß.

Château Côte-Baleau
Grand Cru. Besitzer: Société des Grandes Murailles. 16 ha. 8.500 Kisten. Mer 70%, CF 15%, CS 15%.
Das *Cru* erhielt 1969 Klassifizierungsrang, verlor ihn aber 1985 wieder. Es liegt auf den unteren Hängen der *Côtes* und auf sandigem Boden nördlich der Stadt neben Château Laniote. Hier werden auch die Weine von Grands-Murailles und von Clos St-Martin bereitet und ausgebaut. Es ist schwer zu sagen, welche Erwägungen hinter der Degradierung dieses *Cru* sowie auch von Grandes-Murailles stehen, während Clos St-Martin seinen Rang behielt. Bei Vergleichsproben, die ich selbst angestellt habe, ist mir Côte-Baleau von den dreien – wenn überhaupt ein Unterschied besteht – noch als das beste vorgekommen.
Die Weine haben ein festes Gefüge und einen vollen Geschmack und brauchen einige Zeit zur Entfaltung. Der 82er, 81er, 79er und 78er sind sämtlich feine, kraft- und stilvolle Weine, der 80er ist seriös und voll in Geschmack und Gefüge, der 85er war dagegen leichter.

Château Coudert
Grand Cru. Besitzer: Jean-Claude Carles. 6 ha. 3.000 Kisten. Mer 50%, CF und CS 50%.
Das *Cru* in der Gemarkung von St-Christophe produziert stilvolle, nachhaltige Weine mit einiger Rasse.

Château Coudert-Pelletan
Grand Cru. Besitzer: Jean Lavau et Fils. 10 ha. 4.000 Kisten. Mer 60%, CF 30%, CS 10%.
Das Château bringt klassischen St-Emilion mit großem Stil und herrlicher Entfaltungsfähigkeit hervor. Der 1970er war im Alter von über 15 Jahren noch immer prachtvoll.

Château La Couspaude
Grand Cru. Besitzer: Vignobles Aubert. 7 ha. 4.000 Kisten. Mer 60%, CF und CS 40%.
Das Gut liegt auf dem *Plateau calcaire*, östlich der Stadt zwischen Villemaurine und Trottevieille. 1985 verlor es seinen Klassifizierungsrang. Die Weine werden außerhalb des Distrikts abgefüllt.

Château Coutet
Grand Cru. Besitzer: J. David Beaulieu. 11 ha. 3.600 Kisten. Mer 45%, CF 45%, CS 5%, Mal 5%.
Das Weingut liegt auf den *Côtes* westlich der Stadt. Es hat 1985 seinen Klassifizierungsrang eingebüßt. Die Weine erscheinen leicht, es fehlt ihnen an Frucht, Charme und Geschmackstiefe.

Château Le Couvent
Grand Cru. Besitzer: Société Civile du Château Le Couvent. 0,4 ha. 100 Kisten. Mer 55%, CF 25%, CS 20%.
Das winzige, noch innerhalb der Stadt gelegene Weingut wechselte kurz vor der Revision der Klassifizierung den Besitzer und stellte keinen Aufnahmeantrag mehr. Der Boden besteht aus Lehm, vermischt mit Kalkstein. Der Wein wird in neuen Fässern ausgebaut und ist geschmeidig, voll und körperreich.

Château Couvent-des-Jacobins

Grand Cru Classé. Besitzerin: Mme Joineau-Borde. 9 ha. 3.500 Kisten. Mer 65%, CF 25%, CS 9%, Mal 1%. Zweitetikett: Beau-Mayne.

Das sehr alte Gut gehörte ursprünglich den Dominikanern. Das Haus und der *Chai* stehen in der Altstadt von St-Emilion, während sich der Weinberg an den alten Wall im Osten der Stadt schmiegt – am Rand des *Plateau calcaire* auf sandigem Boden. Säkularisiert wurde der Besitz im 18. Jahrhundert, und im Eigentum der Familie Joineau-Borde befindet es sich seit 1902. 1969 erhielt es Klassifizierungsstatus. Der Wein wird nach alter Tradition bereitet und in zu 20% neuen Fässern ausgebaut.

In den letzten Jahren habe ich den Wein gleichmäßig in der Qualität mit schönem Geschmack und festem Abgang, recht streng und mit gutem Gefüge gefunden. Der 81er ist aufgeschlossener als der 79er. Das blau-schwarze Etikett wirkt sehr markant. Der Vertrieb erfolgt durch Dourthe-Frères.

Château Croque-Michotte

Grand Cru Classé. Besitzerin: Mme Rigal. 14 ha. 6.700 Kisten. Mer 90%, Cab 10%.

Das Gut liegt im äußersten Nordwesten von St-Emilion an der Grenze zu Pomerol. Seit 1890 ist es im Besitz derselben Familie. Der Wein wird in zu einem Drittel neuen Holzfässern ausgebaut. Seine Qualität scheint gleichmäßig gut zu sein. Der 85er hat ein wundervolles, opulentes Pflaumenaroma, der 83er ist voll und komplex, der 81er herb und robust mit feinem anhaltendem Geschmack; der 79er ist massiv und konzentriert mit Kraft und Tannin, ein Wein mit langer Zukunft, der 78er ist reif und ansprechend und bereits genußvoll zu trinken. Alles in allem ist dieser Wein gewiß in Qualität und Beständigkeit überdurchschnittlich.

Château Curé-Bon-La-Madeleine

Grand Cru Classé. Besitzer: Maurice Landé. 5 ha. 2.500 Kisten. Mer 95%, Mal 5%.

Das Weingut hat eine sehr gute Lage auf dem *Plateau calcaire*, zum Teil über einem alten Steinbruch. Es liegt unmittelbar neben Ausone, Belair und Canon. Der Wein wird in Holzfässern ausgebaut, die zu einem geringen Teil regelmäßig erneuert werden. Er hat einen guten Ruf und ist oft trotz des hohen Merlot-Anteils ziemlich fest, aber auch vollmundig und reichhaltig mit einem prägnanten Bukett, das Rasse verrät.

Château Dassault

Grand Cru Classé. Besitzer: SARL Château Dassault. Leiter: André Vergriette. 23 ha. 9.000 Kisten. Mer 70%, CF 20%, CS 10%.

Eines von acht *Crus*, die 1969 in die Klassifizierung aufgenommen wurden – früher hieß es Château Couperie und wurde 1955 umbenannt. Die Weinbereitung geschieht in Edelstahltanks, der Ausbau in zu einem Drittel neuen Eichenfässern.

Der Stil der Weine ist unkompliziert, vollmundig und geschmeidig, mit Charme und Rasse. Sie lassen sorgfältige Bereitung und Pflege erkennen und zeichnen sich durch große Gleichmäßigkeit aus. Der 86er ist sehr fest, weist aber ein köstliches, lebendiges Fruchtaroma auf; der 85er ist konzentriert und wuchtig, der 83er gehaltreich, würzig und voll Frucht, und der 82er ist wundervoll im Geschmack, hat Nachhaltigkeit und konzentrierte Frucht; der 81er ist vollmundig und aufgeschlossen. Der 80er ist ein gefälliger, leichter und süffiger Wein, der 79er leichter und ausgereifter als die meisten St-Emilions seines Jahrgangs, und der 78er ist gut. Alles in allem angenehme Weine der Mittelklasse.

Château La Dominique

Grand Cru Classé. Besitzer: Clément Fayat. 18,5 ha. 6.500 Kisten. Mer 76%, CF 8%, CS 8%, Mal 8%. Zweitetikett: Saint-Paul de la Dominique.

Das Weingut hat schon immer seine Fähigkeit bewiesen, außergewöhnliche Weine hervorzubringen, es wurde aber erst gleichmäßig und zuverlässig, nachdem der heutige Besitzer es 1969 übernommen hatte. Jetzt bilden seine Weine ein eindrucksvolles Ganzes aus Frucht, Reife und Tannin, durch deren Zusammenwirken bemerkenswerte Opulenz bei kraftvollem Geschmack zustande kommt, so daß sie unter den Grands Crus Classés mit an der Spitze stehen. Der 78er ist aufgeschlossen und entgegenkommend, der 79er tanninreich und kraftvoll mit dichter Frucht und Nachhaltigkeit bei langsamer Entwicklung, der 80er für seinen Jahrgang sehr gut, duftig, blumig und charaktervoll, der 81er opulent bei milderer Frucht und vermutlich rascherer Entfaltung; der 82er, 83er, 85er, 86er, 89er und 90er sind ausnehmend gut.

Château Faurie-de-Souchard

Grand Cru Classé. Besitzer: Familie Jabiol. 11 ha. 4.000 Kisten. Mer 65%, CF 26%, CS 9%.

Man darf den Namen nicht mit dem des Nachbarn Petit-Faurie-de-Soutard verwechseln. Früher trug auch dieses Weingut das «Petit» vor seinem Namen, doch inzwischen wurde es fallengelassen. Die Weinberge liegen auf dem Plateau und den *Côtes* östlich der Stadt. Die Gärung geht in Betontanks vor sich, der Ausbau des Weins geschieht abwechselnd in (zu einem Drittel neuen) Fässern und Tanks.

Obwohl hier mehr Merlot verwendet wird als in Cadet-Piola, zeigen sich doch Ähnlichkeiten im Stil, insbesondere eine leichtere Konsistenz und eine Strenge im Geschmack. Bei Proben habe ich gefunden, daß der 79er der eindrucksvollste Jahrgang ist, denn er hat Rasse und schöne Art. Obwohl er noch nicht weit entwickelt war, zeigte er einen harmonischen Geschmack. Der 81er war nach einem Jahr in der Flasche verschlossen und in der Konsistenz zu dünn. Diesen Weinen scheint es zur Zeit sowohl an Charme als auch an Gleichmäßigkeit in der Qualität zu mangeln.

Château de Ferrand

Grand Cru. Besitzer: Baron Marcel Bich. Leiter: Jean-Pierre Palatin. 30 ha. 13.500 Kisten. Mer 65%, CF 20%, CS 15%.

Das bedeutendste Gut in St-Hippolyte auf dem *Plateau calcaire*. Beim Ausbau des Weins werden in großem Umfang neue Fässer verwendet, mindestens zu 50, manchmal bis zu 100%. Das Bestreben geht auf volle, tanninreiche Weine mit langer Lebensdauer. Der 85er ist ein seriöser Wein mit echtem Charakter, dabei trotz einer starken Dosis frischer Eiche sehr harmonisch.

Château Figeac

1er Grand Cru Classé B. Besitzer: Thierry de Manoncourt. 40 ha. 12.500 Kisten. CS 35%, CF 35%, Mer 30%. Zweitetikett: Grangeneuve.

Das schöne alte Gut ist der Überrest eines viel größeren Besitzes, zu dem im 18. Jahrhundert Cheval-Blanc und noch einige andere Güter gehörten, die heute alle das Wort Figeac im Namen tragen. Wie bei Cheval-Blanc stehen zwei Drittel der Weinberge auf Kiesboden, das übrige Drittel auf Sandboden. Als neueste Verbesserung wurde ein schöner neuer *Chai* mit unterirdischem Keller gebaut. Unter der Leitung von Thierry Manoncourt (seit 1947) haben Gleichmäßigkeit in der Qualität und solide Weinbereitung hohen Stellenwert.

Die Ähnlichkeiten und Unterschiede zwischen Figeac und Cheval Blanc sind stets faszinierend. Die Größe der Weinberge und die Zusammensetzung des Bodens sind sehr ähnlich, doch ist das Verhältnis der Rebsorten zueinander auffallend verschieden. Hier wird dem Cabernet Sauvignon eine wichtige Rolle eingeräumt, während in Cheval-Blanc der Cabernet Franc dominiert. Der Figeac kommt bei aller Ähnlichkeit dem Cheval-Blanc in reiner Wucht und Opulenz des Geschmacks nicht gleich, gelegentlich aber doch nahe, und manchmal (so etwa 1953 und 55) gelangt er sogar an die Spitze. Superbe Weine entstanden 1975, 78, 79, 81, 82, 83, 85, 86, 88, 89 und 90. Der 80er hat viel Charme und ist genußreif, der 76er ist opulent und mild und jetzt auf dem Höhepunkt.

Château La Fleur
Grand Cru. Besitzerin: Lily Lacoste. 6,5 ha. 2.500 Kisten. Mer 75%, CF 25%.
Ein guter Weinberg nordwestlich von Soutard auf Sandboden. Die Besitzerin ist besser bekannt als Miteigentümerin von Pétrus und als Eigentümerin von Latour-à-Pomerol. Die Weine sind vollmundig und reichhaltig – mit schöner Frucht und viel Charme.

Château Fleur-Cardinale
Besitzer: Claude Asséo. 9 ha. 4.500 Kisten. Mer 70%, CF 15%, CS 15%.
Das auf den Lehm- und Kalkböden der *Côte* gelegene Gut bringt Weine hervor, die in traditioneller Weise bereitet und im Eichenfaß ausgebaut werden, aber einige Zeit brauchen, bis sie sich mildern und volle Genußreife erlangen.

Château La Fleur-Pourret
Grand Cru. Besitzer: La Compagnie AXA. Leiter: Jean-Michel Cazes und Gilbert Xans. 6,5 ha. 2.500 Kisten. Mer 50%, CS 50%.
Der Großvater von Bruno Prats schuf im 19. Jh. dieses Weingut, indem er zwei Crus miteinander verband: Clos Haut-Pourret und Château La Fleur. Heute befindet es sich im Besitz von AXA und produziert Weine mit einem ungewöhnlich hohen Anteil an Cabernet Sauvignon.

Château Fombrauge
Grand Cru. Besitzer: Bordeaux Château Invest. 50 ha. 25.000 Kisten. Mer 60%, CF 30%, CS 10%.
Ein bedeutendes Gut in St-Christophe-des-Bardes mit guten Lagen auf dem *Plateau calcaire* und auf den nordwärts gerichteten *Côtes* und deren unteren Hängen. 1987 wurde das Gut an die gegenwärtigen Besitzer, ein dänisches Konsortium, verkauft. Der Ausbau des Weines geschieht in Eichenholzfässern, die zu 25% erneuert werden. Er hat in England seit langem einen guten Ruf für Gleichmäßigkeit und Zuverlässigkeit.

Château Fonplégade
Grand Cru Classé. Besitzer: Armand Moueix. 18 ha. 7.500 Kisten. Mer 60%, CF 35%, CS 5%. Zweitetikett: Château Côtes Trois Moulins.
Die Weine sind eher fest als tanninreich und brauchen Zeit zur Entfaltung ihres Stils und ihrer Finesse. Der 86er ist ansprechend duftig und fruchtig, wenn auch charakteristisch fest, der 85er ist für den Jahrgang erstaunlich gerbstoffreich und der 83er üppig und früh genußreif. Der 82er verspricht mit kraftvollem Geschmack und gerbstoffherben Untertönen große Langlebigkeit.

Der 79er zeigt bereits Reife und Charme, der 78er war nach neun Jahren auf dem Höhepunkt. Insgesamt sind die Weine gleichmäßig und zuverlässig, zwar besitzen sie nicht soviel Fülle und Charme wie andere, doch sie gleichen den Mangel an Flair durch Langlebigkeit und Verläßlichkeit aus.

Château Fonroque

Grand Cru Classé. Besitzer: GFA Château Fonroque. Leitung: Ets. Jean-Pierre Moueix. 20 ha. 8.000 Kisten. Mer 85%, CF 15%.

Der Stil des Hauses neigt mehr zum Robusten; die Weine sind recht fest und brauchen längere Reifezeit, bis sie ihr Bestes hergeben – nicht die brillante früh trinkbare Art. Der 86er ist – wie zu erwarten – gerbstoffreich und fruchtig und der 85er sehr bukettreich, gehaltvoll, aber für den Jahrgang streng. Der 83er nimmt sich schon hervorragend aus, er hat die nötige Fülle und Geschmackskonzentration, die zum Ausgleich für den Tanningehalt nötig ist – vielleicht besser als der 82er (?), der eher herb und hart ausgefallen ist. Auf ihn muß man lange warten. Im Kontrast hierzu hat der 81er Vollmundigkeit in Geschmack und Körper, dafür aber nicht die gewohnte Festigkeit. Der 79er ist konzentriert und kraftvoll, hat aber auch Nachhaltigkeit und Komplexität vorzuweisen – auf ihn zu warten lohnt sich. Der 78er ist feinduftig, voller Persönlichkeit und kräftig gebaut. Frucht und Tannin sind schön ausgeglichen.

Clos Fourtet

1er Grand Cru Classé B. Besitzer: Gebrüder Lurton (André Dominique, Lucien, Simon). 17 ha. 5.500 Kisten. Mer 60%, CS 20%, CF 20%. Zweitetikett: Domaine de Martialis.

Das Ansehen dieses Châteaus war bis 1973 im Niedergang; dann aber wurden umfangreiche Verbesserungen eingeführt, und der Merlot-Anteil wurde erhöht.

Es gibt deutliche Ähnlichkeiten im Stil zwischen Clos Fourtet und seinem Nachbarn Canon. Die Weine sind meist sehr verschlossen und entwickeln sich langsam, neuerdings aber fallen sie voller und aufgeschlossener aus als früher. Der 75er ist gut, wenn auch nicht hervorragend und der 76er zu überladen, als daß er lange leben könnte. Der 78er und 79er versprechen viel Gutes, und der 81er, 82er und 83er sind alle besonders gut geraten, wobei der 81er gewichtiger ist als die meisten seines Jahrgangs. Der 85er hat überaus große Konzentration und Fülle, vereint mit einem schönen Bukett. Auch der 86er, 88er, 89er und 90er sind größter Beachtung wert. Das Château ist im Aufstieg und hat noch viel Potential für Verbesserungen.

Château Franc-Grâce-Dieu

Grand Cru. Besitzer: Germain Siloret. Leiter: Eric Fournier. 8 ha. 3.000 Kisten. Mer 52%, CF 41%, CS 7%.

Bis Eric Fournier vom Premier-Grand-Cru-Château Canon 1981 hier die Bewirtschaftung und Leitung übernahm, hieß das Gut Guadet-Franc-Grâce-Dieu. Der Name schien zu lang, deshalb ließ man das Guadet einfach weg. Die Weinbereitung erfolgt heute in Edelstahltanks, der Ausbau in Holzfässern. Ich meine, der erste Jahrgang von Eric Fournier, der 81er, zeichnet sich durch Finesse und Stil mit brillanter junger Frucht aus – er ist, offen gesagt, besser als manche Crus Classés.

Château Franc-Mayne

Grand Cru Classé. Besitzer: AXA Millésimes. Leiter J. M. Cazes. 7 ha. 3.000 Kisten. Mer 72%, CF 14%, CS 14%.

Das Gut liegt nordwestlich von St-Emilion an der Straße nach Pomerol auf den *Côtes*. In den letzten Jahren ist der Cabernet-Franc-Anteil zu Lasten des Cabernet Sauvignon erhöht worden, um weniger gerbstoffherbe und elegantere Weine hervorzubringen. Der Ruf dieses *Cru* ist bescheiden, seit jedoch AXA es 1987 übernahm, sind einige interessante Weine entstanden.

Château La Gaffelière

1er Grand Cru Classé B. Besitzer: Comte Léo de Malet-Roquefort. 22 ha. 10.000 Kisten. Mer 62%, CF 25%, CS 10%, Mal 3%. Zweitetikett: Clos La Gaffelière.

Der Ruf von La Gaffelière ist unterschiedlich. Es kann wundervoll duftige, milde und vollmundige Weine von großer Vielfalt hervorbringen. Doch es hat früher Ungleichmäßigkeiten gegeben, und dem Wein hat es oft an Rasse und am Rückgrat der besseren *Crus* von den Côtes und vom Plateau gefehlt. Inzwischen deuten alle Anzeichen auf gleichmäßigere Qualität und ein besseres Niveau der Weinbereitung hin.

Hier entstand ein exzellenter 71er, und auch der 75er ist ansprechend und gut gelungen. Der 78er zeigt sich recht leicht, aber feiner als der 79er, dem es bei zwar ansprechender Art doch an Konzentration mangelt. Der 81er ist gut, und der 82er erinnert mit seiner dichten, fast übervollen Konzentration an den 47er. Der 83er ist ganz besonders gut ausgefallen, wunderbar voll und komplex bei echter Rasse und Fülle. Verschärfte Auslese, Ausdünnen des Fruchtbehangs im Sommer und längere Maischung haben beim 85er und 86er zu einem Zuwachs an Konzentration und Struktur geführt. Die erfreuliche Entwicklung setzt sich mit dem 88er, 89er und 90er fort. Alles in allem ein Wein mit großem Charme, der nur eine gewisse Fülle braucht, um sein Bestes hergeben zu können, auf jeden Fall lohnt es sich, auf ihn zu warten.

Château La Grâce-Dieu-Les Menuts

Grand Cru. Besitzer: Max Pilotte. 13 ha. 5.800 Kisten. Mer 65%, CF 30%, CS 5%.

Der Name Grâce-Dieu leitet sich von einem im 17. Jahrhundert säkularisierten Zisterzienserbesitz her, der dann später aufgeteilt wurde. In letzter Zeit sind für den Ausbau des Weins zum Teil neue Fässer eingeführt worden, und das Ansehen dieses *Cru* steigt immer mehr. Es liegt nordwestlich von St-Emilion an der Straße nach Libourne auf sandigem Boden. Seine Weine haben ein recht leichtes Gefüge, deshalb sind sie früh trinkreif.

Château Grand-Barrail-Lamarzelle-Figeac und Château la Marzelle

Grand Cru Classé. Besitzer: Association E. Carrère. 32 ha. 10.900 Kisten. Mer 78%, CS 15%, CF 7%.

Die beiden Güter sind jeweils ein Grand Cru Classé für sich, werden aber gemeinsam betrieben. Sie bilden einen großen Weinbergbestand unmittelbar südlich von Figeac auf zumeist sandigem Boden, zum Teil aber auch auf Kies. Die Weine werden nicht in Holzfässern ausgebaut. Die Familie Carrère kaufte den Besitz im Katastrophenjahr 1956. Den Weinen geht der Ruf großer Geschmeidigkeit, schöner Frucht und früher Reife voraus. Bedenkt man die Lage der Weinberge, so fragt man sich allerdings, ob ihr Potential bisher schon ausgeschöpft wird. Der Château La Marzelle wird von Dourthe-Frères vertrieben.

Château Grand Corbin
Grand Cru Classé. Besitzer: Alain Giraud. 13 ha. 6.000 Kisten. Mer 50%, CS 25%, CF 25%.

Die Geschichte dieses Guts entspricht, was die Besitzverhältnisse anbelangt, der von Château Corbin. Es liegt auf sandigem Boden zwischen Corbin und Grand-Corbin-Despagne. Der Ausbau des Weins erfolgt in Fässern, die zu 20% regelmäßig erneuert werden. Seinem Ruf nach ist er weicher als der Corbin und erreicht auf jeden Fall nicht das Niveau des Grand-Corbin-Despagne.

Château Grand-Corbin-Despagne
Grand Cru Classé. Besitzer: Familie Despagne. 31 ha. 15.000 Kisten. Mer 75%, CF 20%, CS 5%.

Das Ansehen der Weine dieses Guts ist hoch, und neuerliche Weinproben bestätigen, daß es wohlverdient ist. Den 81er finde ich besonders gut, er hat ein volles, fruchtiges Bukett, einen köstlich reifen und opulenten Geschmack und mehr Körper als manche anderen 81er – alles in allem ein sehr ansprechender Wein mit schönen, festen Untertönen.

Demgegenüber nahm sich der 79er etwas rustikal aus, er ist ein opulenter Wein, kraftvoll und ausgeprägt, mit Eisen-Nuancen.

Château Grandes Murailles
Grand Cru. Besitzer: Société Civile. 2 ha. Mer 80%, CF 20%.

Das kleine Gut liegt neben Clos Fourtet – dort wo das *Plateau calcaire* zu den *Côtes* hin abfällt. Die Situation hier ist kurios: Der Wein wird in Baleau, d. h. also in dem größten der drei im Besitz dieser Firma befindlichen Güter, ausgebaut. Baleau und Murailles haben aber bei der Revision 1985 ihren Klassifizierungsstatus eingebüßt.

Ich fand den Wein reichhaltig und opulent in der Art und früh ausreifend. Sehr gute Jahrgänge entstanden 82, 81, 79 und 78.

Château Grand-Mayne
Grand Cru Classé. Besitzer: Jean-Pierre Nony. 17 ha. 11.000 Kisten. Mer 50%. CF 40%, CS 10%. Zweitetiketten: Château Beau Mazerat, Château Cassevert, Les Plantes du Mayne.

Die alte Domäne liegt auf den östlichen Côtes und ihren unteren Hängen. 1975 wurden die traditionellen Holz-*Cuves* durch Edelstahltanks ersetzt. Der Ausbau erfolgt in jeweils zu 20% neuen Fässern.

Die Weine hier werden anscheinend immer besser. Es begann mit einem feinen, stilvollen, ansprechenden und komplexen 81er, und die Jahrgänge 88, 89 und 90 schließlich sind außergewöhnlich reichhaltig ausgefallen. Alles in allem hat sich die Qualität um eine ganze Stufe gebessert.

Château Grand-Pontet
Grand Cru Classé. Besitzer: Familien Bécot und Pourquet. 14 ha. 6.500 Kisten. Mer 70%, CF 15%, CS 15%.

Das Château am Fuß der *Côtes* liegt unmittelbar außerhalb von St-Emilion an der Straße nach Libourne. Von 1965 bis 1980 gehörte es Barton & Guestier, damals wurde das Gut völlig modernisiert. Einer der beiden jetzigen Partner ist zugleich Besitzer des nahegelegenen Beau-Séjour-Bécot. Unter der Regie von Barton & Guestier entstanden hier anständige, aber nicht übermäßig anspruchsvolle Weine. Inzwischen heißt es, daß sich die Qualität unter der neuen Leitung gebessert habe, also sollte man auf diese Weine achten.

Château Guadet-St-Julien
Grand Cru Classé. Besitzer: Robert Lignac. 5,5 ha. 2.000 Kisten. Mer 75%, CS und CF 25%.
Allgemein ist dieser Wein ansprechend und geschmeidig, er zeigt unverkennbare Klasse und reift früh. Sowohl der 81er (1986 trinkreif) als auch der 80er fallen in diese Kategorie. Der 79er dagegen war nach zwei Jahren in der Flasche noch streng und herb. Der 78er ist jetzt sehr ansprechend, sein fester Geschmack und seine schöne Frucht sind auf den guten Körper wohl abgestimmt. Er ist jetzt genußreif, läßt sich aber auch noch aufbewahren.

Château Haut-Badette
Besitzer: J.-F. Janoueix. 4,5 ha. 2.500 Kisten. Mer 90%, CS 10%.
Die Weine von Haut-Badette sind in der Qualität besser als manche mit Grand-Cru-Status. Sie haben charmantes Bukett bei reichlicher Frucht und kräftigem Körper. In ihnen verbinden sich die Qualitäten früher Genußreife mit langer Haltbarkeit und Entfaltungsfähigkeit. Der 78er und 83er waren besonders gute Jahrgänge.

Château Haut-Corbin
Grand Cru Classé. Besitzer: AM du Bâtiment et Travaux Publics. Leitung: Domaines Cordier. 7 ha. 2.500 Kisten. Mer 67%, CS 33%.
Das kleine Gut nahe der Grenze zu Montagne-St-Emilion liegt nördlich und östlich von den übrigen Corbins auf sandigem Boden. Es wurde 1969 als einziges *Cru* in diesem Teil der Appellation aufgestuft. Sein Wein wird in Fässern ausgebaut.

Ich habe den 81er frisch, klar, einfach, schlicht und schön ausgewogen gefunden, der 79er dagegen war hart und schroff – enttäuschend für diesen Jahrgang und für ein Grand Cru Classé. Seit der Übernahme durch das neue Management 1986 trat jedoch eine erhebliche Verbesserung ein, mit gehaltvollen, körperreichen Weinen 1986, 88 und 89.

Château Haut-Gueyrot
Besitzer: Jean-Marcel Gombreau. 7 ha. 3.500 Kisten. Mer 85%, CF 15%.
Das kleine Weingut auf den untersten Hängen und der Ebene von St-Laurent-de-Combes bringt beständig ansprechende, nuancenreiche, fruchtige, recht üppige und sehr typische Weine hervor, die sich meist nach drei Jahren mit großem Genuß trinken lassen.

Château Haut-Pontet
Grand Cru. Besitzer: Limouzin Frères. 5,2 ha. 2.500 Kisten. Mer 75%, CF und CS 25%.
Das kleine *Cru* liegt auf den unteren Hängen der *Côtes* nördlich von St-Emilion. Der Wein ist gut bereitet, markant, reich und voll im Geschmack mit gutem Rückgrat. Die Qualität ist sehr gleichmäßig.

Château Haut-Sarpe
Grand Cru Classé. Besitzer: Jean-Francois Janoueix. 12,5 ha. 6.000 Kisten. Mer 70%, CF 30%.
Proben mehrerer neuer Jahrgänge haben über mehrere Jahre hinweg gezeigt, daß dieser Wein Charakter und Rasse hat. Der 78er ist recht karg und trocken, der 79er dagegen hat Üppigkeit und Vollmundigkeit – ein typischer St-Emilion. Der stilvolle 81er entwickelt sich langsam, und der 82er verspricht etwas Besonderes

zu werden; der 83er ist voll und gerbstoffreich, und der 85er zeichnet sich durch Konzentration und für den Jahrgang relativ hohe Festigkeit aus. Der 86er ist hervorragend bei schönem Bukett und großer Fülle; der 89er und 90er schließlich sind beide sehr kraftvoll und überaus vollmundig.

Château Jean-Faure

Grand Cru. Besitzer: Michel Amart. 17 ha. 5.600 Kisten. CF 60%, Mer 30%, Mal 10%.

Lange Zeit gehörte dieses Gut auf Sandboden (zwischen Cheval-Blanc und Ripeau) zu Ripeau, und die beiden Besitzungen wurden gemeinsam bewirtschaftet, bis der jetzige Besitzer es 1976 kaufte. Der Vertrieb erfolgt durch Dourthe Frères. In der Revision 1985 verlor das Cru seinen Klassifizierungsrang. Das Bestreben ist auf körperreichen und zugleich eleganten Wein gerichtet. So oft ich ihm begegnet bin, fand ich ihn entweder streng und schwer oder aber mild und mit mangelndem Charakter und Stil.

Château Lagrange-de-Lescure

Grand Cru. Besitzer: SC du Château Le Couvent. 17 ha. 8.500 Kisten. CS 37,5%, CF 37,5%, Mer 25%.

Das Gut liegt in der Gemarkung St-Sulpice-de-Faleyrens auf bestem Land – jüngere Ablagerungen in Form von Kies- und Sandterrassen – und bringt sehr ansprechende Weine hervor. Sie sind geschmeidig und fruchtig und haben schöne Geschmackstiefe; in den kommenden Jahrgängen sind weitere Verbesserungen wahrscheinlich.

Château Laniote

Grand Cru Classé. Besitzer: Familie Freymond-Rouja. 5 ha. 3.000 Kisten. Mer 70%, CS 20%, CF 10%.

Kein schwerer, dicker St-Emilion, sondern ein Wein von großer Finesse – sehr duftig und intensiv, mit anhaltendem, wunderschönem und ausgefeiltem Geschmack und echter Rasse. Ein höchst bezauberndes Gefüge von üppiger Seidigkeit gibt ihm ein anspruchsvolles Gepräge. Die Jahrgänge 83, 82, 81 und 79 sind sämtlich superb.

Château Larcis-Ducasse

Grand Cru Classé. Besitzerin: Mme Hélène Gratiot Alphandéry. 11 ha. 4.160 Kisten. Mer 65%, CF 25%, CS 10%.

Die Weine des Guts sind für Rassigkeit und Charme bekannt, nur sind sie manchmal etwas leicht. In den letzten Jahrgängen zeigen sich deutliche Verbesserungen in Gleichmäßigkeit und Qualität. Der 78er hat Konzentration, Persönlichkeit und Charme; der 79er ist noch voll unaufgeschlossener Strenge, hat aber dennoch Eleganz und Finesse. Der 80er ist attraktiv, der 81er schön ausgewogen, mit Tiefe und anhaltendem Geschmack. Der 82er zeigt außergewöhnlichen Nuancenreichtum bei echter Komplexität, Fülle und Nachhaltigkeit; der 83er ist konzentriert, tanninreich und besitzt deutlich durchscheinende Rasse. Der 85er und 86er haben gute Konzentration mit reifem Tannin und schöner Frucht.

Château Larmande

Grand Cru Classé. Besitzer: Le Groupe Mondiale. Leiter: Marc Dworkin. 22 ha. 10.000 Kisten. Mer 60%, CF 35%, CS 5%. Zweitetikett: Château des Templiers.

Das schöne Gut liegt nördlich von St-Emilion mit Blick auf St-Georges. Hier enden die *Côtes*, und der Sandboden beginnt. In den letzten 10 Jahren hat es viele Fortschritte gegeben. Die Weinberge wurden vergrößert, der Anteil an Merlot wurde zu Lasten des

Cabernet Franc und vor allem des Cabernet Sauvignon erhöht. Ein neuer *Cuvier* mit Edelstahl-Gärtanks wurde 1975 gebaut.

Der Wein hat viele Freunde gewonnen und hält sich in Vergleichsweinproben außerordentlich gut. Das Bukett ist meist duftig, voll und brillant, der Geschmack nuancenreich und kraftvoll, mit Würze, Tiefe, Harmonie und Stil. Der 81er und 79er sind ausgezeichnet, kraftvoll und charmant, und auch der 80er ist gut; der 82er ist fein und jahrgangstypisch und der 83er für das Jahr besonders gut. Der 85er zeigt sich voll und festgefügt, und der 86er ist ein echter *Vin de garde*. Sehr feine Weine entstanden dann auch 88, 89 und – besonders ansprechend – 1990.

Château Laroque
Grand Cru. Besitzer: SCA Château Laroque. Vertrieb: Alexis Lichine & Cie. 53 ha. 25.000 Kisten. Mer 77%, CF 13%, CS 10%.
Das große Gut liegt in der Gemeinde St-Christophe-des-Bardes in bevorzugter Lage auf dem *Plâteau calcaire* und den *Côtes*. 1969 wurden neue *Cuves* für die Gärung installiert. Der Wein wird während der Reifezeit abwechselnd in Tanks und Fässer gefüllt. Sein Ruf ist gut.

Château Laroze
Grand Cru Classé. Besitzer: Georges Meslin. 30 ha. 11.000 Kisten. Mer 50%, CF 47%, CS 3%.
Die Weine des Guts zeichnen sich durch sehr frische, saubere, klar hervortretende Frucht, Bukettreichtum, Geschmeidigkeit und äußerst angenehme Art aus. Sie sind sehr früh genußreif (meist nach 3 bis 5 Jahren) und erreichen ihren Höhepunkt nach etwa 5 bis 8 Jahren. Es sind köstliche, einschmeichelnde, fruchtige Weine zu sehr vernünftigen Preisen. Der 86er, 85er, 83er, 82er, 81er, 80er, 79er und 78er sind sämtlich gute Vertreter ihrer Jahrgänge und außer dem 86er jetzt trinkreif.

Clos La Madeleine
Grand Cru Classé. Besitzer: Hubert Pistouley. 2 ha. 1.000 Kisten. Mer 50%, CF 50%.
Ein winziges Gut in schöner Lage auf dem Plateau von La Madeleine und den anschließenden *Côtes*. Der Wein wird mit Sorgfalt bereitet und weist alle die Feinheit und Rasse auf, die man bei solcher Lage erwarten darf. Das Bukett ist fein, die Frucht voll Charme, der Geschmack leicht und angenehm. Der 81er und 79er waren 1984 genußreif und sind sehr jahrgangstypisch.

Château Magdelaine
1er Grand Cru Classé B. Besitzer: Ets. Jean-Pierre Moueix. 11 ha. 4.000 Kisten. Mer 90%, CF 10%.
Das Wahrzeichen von Magdelaine ist große Delikatesse und Rasse und die Feinheit des Geschmacks. Besonders gute Weine entstanden 1988, 86, 85, 83, 82, 81, 79, 78 und – überaus fein und ansprechend – 1975. Die Eigenart dieses *Cru* ist besonders interessant, weil es mehr Charme hat als die Plateau-Weine wie Canon und weniger «fleischig», dafür aber eleganter als die Weine von den unteren *Côtes*, wie zum Beispiel Gaffelière, ist. Für mein Gefühl gehört dieser Wein zu den erfreulichsten von St-Emilion.

Château Matras
Grand Cru Classé. Besitzer: Jean Bernard Lefèbre. 18 ha. 6.000 Kisten. Mer 33%, CF 33%, CS 33%, Mal 1%.
Steht man auf den Vorbergen bei Tertre Daugay und schaut die *Côtes* entlang nach Norden, dann sieht man eine Batterie von

Tanks neben ein paar bescheidenen Gebäuden. Das ist Matras. Es liegt südwestlich der Stadt in einer Kuhle auf den *Côtes* und ihren unteren Hängen. Der Besitzer, ein Önologe, läßt seinen Wein in bis zu 25% neuen Fässern reifen.

Leider ist dieser Wein nicht so interessant wie die Geschichte des Guts. Ich habe sowohl im 79er als auch im 81er einen unerfreulich auffallenden Eisengeschmack vorgefunden, und außerdem waren sie hart und ohne Charme. Mein Eindruck ist, daß es um die Weinbereitung nicht zum Besten steht, denn die Lage ist gut. Also ist auch Önologen gegenüber Vorsicht geboten!

Château Mauvezin
Grand Cru Classé. Besitzer: Pierre Cassat. 4 ha. 4.500 Kisten.
CF 50%, Mer 40%, CS 10%.

Das kleine Weingut liegt östlich von St-Emilion an der Grenze des *Plateau calcaire* zwischen Haut Sarpe und Balestard-La-Tonnelle. Seitdem es der jetzige Besitzer 1969 übernahm, sind die alten Weinberge weitgehend neu angelegt worden, und die Erträge sind entsprechend gestiegen. Beim Ausbau des Weins werden viele neue Fässer verwendet. Die vielen Goldmedaillen, die das Cru inzwischen gewonnen hat, legen Zeugnis von seiner Qualität ab.

Château Monbousquet
Grand Cru. Besitzer: Gérard Perse. 30 ha. 12.000 Kisten.
Mer 50%, CF 40%, CS 10%.

Der Wein ist ansprechend, voll und geschmeidig mit ausgeprägtem Charakter, manchmal einer Spur Tabak im Duft und einem kräftigen, etwas erdigen Geschmack. Es fehlt ihm vielleicht eine Nuance an der Finesse eines Spitzen-St-Emilion, aber nichtsdestoweniger ist er äußerst erfreulich. Die Familie Querre verkaufte das Gut 1993 an Gérard Perse, den Besitzer der Champion-Supermarktgruppe, doch Alain Querre bleibt als Berater.

Château Montlabert
Grand Cru. Besitzer: Société Civile. Leiter: Jacques Barrière.
11 ha. 6.000 Kisten. Mer 50%, CF 40%, CS 10%.

Das Gut liegt auf Sandboden nordwestlich von St-Emilion nahe Figeac. Seit 1967 gehört es einer Firma, deren Teilhaber, Jacques Barrière, das Gut leitet. Der Vertrieb erfolgt durch das Handelshaus A & R Barrière. Die Weine genießen einen guten Ruf und werden in viele Länder exportiert.

Château Moulin du Cadet
Grand Cru Classé. Besitzer: Ets. Jean-Pierre Moueix. 5 ha.
1.800 Kisten. Mer 90%. CF 10%.

Ein sehr kleines Gut am Rand des *Plateau calcaire* nördlich von St-Emilion neben dem Moueix-Besitz Fonroque. Die Weine tragen den Stempel der großen Sorgfalt, die das Haus Moueix allen Gütern angedeihen läßt, die ihm gehören oder von ihm bewirtschaftet werden. Seit einiger Zeit werden im Ausbau des Weins in kleinerem Umfang neue Fässer verwendet. Der sehr kleinen Erzeugung wegen sind die Weine nicht so bekannt, doch ihr Bukett, ihre Rasse und Eleganz haben mir einen großen Eindruck gemacht. Sie sind oft feiner als die vom Nachbargut Fonroque, dafür aber nicht so kräftig.

Château Moulin-St-Georges
Grand Cru. Besitzer: Alain Vauthier. 6,5 ha. 2.500 Kisten.
Mer 60%, CF 40%.

Das Gut bringt stilvolle Weine hervor; frühere Jahrgänge haben bereits Entfaltungsfähigkeit zu erkennen gegeben, aber auch in der Jugend trinken sie sich schon angenehm. Die Familie von Alain Vauthier besitzt eine Beteiligung an Château Ausone.

Clos L'Oratoire

Grand Cru Classé. Besitzer: Société Civile Peyreau. Leiter: Michel Boutet. 10 ha. 5.000 Kisten. Mer 75 %, CF 25 %.

Das Gut liegt nordöstlich der Stadt, nahe der Grenze zu St-Christophe-des-Bardes, wo die unteren Hänge der *Côtes* in Sandboden übergehen. Es wird zusammen mit dem größeren Château Peyreau, einem Grand Cru ohne Klassifizierungsstatus, betrieben. Der Wein wird in zu 25 % neuen Fässern ausgebaut. Er ist voll und konzentriert, stark vom Merlot geprägt und hat gute Geschmackstiefe, genau das, was man sich unter einem typischen St-Emilion vorstellt. Genußreife erreicht er recht früh; der 82er entwickelte sich rasch. Der 81er ist ausgezeichnet, der 79er und 78er sind beide vollmundig und sehr süffig, der 80er ist schon weit entwickelt und sehr ansprechend.

Château Palais-Cardinal-La-Fuie

Grand Cru. Besitzer: Gérard Frétier. 16 ha. 7.500 Kisten. Mer 50 %, CF 35 %, CS 15 %.

Das in der Gemarkung von St-Sulpice-de-Faleyrens gelegene Gut produziert Weine, die schon jung angenehm zu trinken sind und in ertragreichen Jahrgängen rasch heranreifen.

Château Patris

Grand Cru. Besitzer: Michel Querre. 13 ha. 7.000 Kisten. Mer 92 %, CS 8 %.

Das Gut liegt auf Sandboden in dem kleinen Tal von Mazerat, am südwestlichen Fuß der *Côtes* von St-Emilion. Der Besitz wird mit derselben Sorgfalt geführt, die der Eigentümer auch seinem Château Mazeyres in Pomerol angedeihen läßt. Zwei Drittel des Weins werden in Fässern (zu 1/3 neuen), der Rest in Tanks ausgebaut. Er ist duftig und geschmeidig und genießt einen guten Ruf.

Château Pavie

1er Grand Cru Classé B. Besitzer: Consorts Valette. Leiter: Jean-Paul Valette. 37,5 ha. 12.000 Kisten. Mer 55 %, CF 25 %, CS 20 %.

Das größte Gut auf den *Côtes* hat Weinberge in herrlicher Lage auf einem langen, nach Süden geneigten Hang südöstlich der Stadt St-Emilion. In den beiden Jahren hat das hier zuständige Familienmitglied Jean-Paul Valette viel für die Qualitätsverbesserung getan. Wahrscheinlich beeinträchtigt das Land am Fuß der *Côtes* mit seinem Sandboden die Gesamtqualität der Weine, die zwar voller Charme sind, in der Konzentration aber einiges zu wünschen übriglassen.

Von den neueren Jahrgängen ist der 75er weniger konzentriert, dafür aber ansprechender als die meisten seines Jahrgangs, der 76er ziemlich leicht und der 78er etwas unakzentuiert, aber fein. Der 79er zeigt sich mild und angenehm und der 81er sehr schön. Auf den herrlich opulenten 82er folgten ein hervorragend gelungener 83er und ein klassischer, charmanter 85er mit Fülle und Stil. Der 86er, einer der Großen seines Jahrgangs, vereint opulente Frucht mit viel Tannin und fester Struktur. Der 87er ist ein ansprechender, früh trinkreifer Wein; der 88er hat herrlich tiefen, fülligen Geschmack und konzentrierte Frucht, der 89er wundervolle Süße und Nachhaltigkeit – ein massiver, komplexer Wein –, und der 90er nimmt ähnliche Gestalt an. Der 91er, ganz aus Trauben der ersten Generation gewonnen, ist einer der wenigen überhaupt erwähnenswerten St-Emilions aus diesem Jahrgang. Unter den Premiers hat dieses *Cru* die meisten Fortschritte gemacht.

Château Pavie-Decesse
Grand Cru Classé. Besitzer: Familie Valette, Leiter: Jean-Paul Valette. 9 ha. 4.500 Kisten. Mer 65 %, CF 20 %, CS 15 %.
Feiner, klassischer Wein von den Côtes mit Kraft und Rasse. Manchmal kommt das Tannin stärker zum Vorschein als beim Pavie, weil es etwas an Opulenz fehlt. Ein andermal aber – zum Beispiel 1982 – kann er sogar alkoholstärker ausfallen.

Hier ist der 78er außergewöhnlich insofern, als er besser ausgefallen ist als der 79er, und der 80er zeigt sich stilvoll und köstlich. Wie in Pavie sind der 81er, 82er, 83er, 85er, 86er, 88er, 89er und 90er allesamt gut gelungen.

Château Pavie-Macquin
Grand Cru Classé. Besitzer: Familie Corre. Leitung: Maryse Barre. 14 ha. 4.000 Kisten. Mer 70 %, CF 25 %, CS 5 %.
Der Name stammt von Albert Macquin, der in der Technik des Aufpfropfens europäischer Reben auf amerikanische Unterlagen im Kampf gegen die Reblaus Pionierleistungen vollbrachte. Das Gut liegt auf dem Plateau zwischen Pavie, Troplong-Mondot und der Stadt. Seine Weine sind elegant und gefällig – gute Durchschnittsqualität zu mäßigen Preisen.

Château Pavillon-Cadet
Grand Cru Classé. Besitzerin: Anne Llammas. 3,5 ha. 1.500 Kisten. Mer 70 %, CF 30 %.
Das sehr kleine Gut liegt auf dem Hügel von Cadet nördlich der Stadt. Es ist eines der am wenigsten bekannten unter den Grands Crus Classés. Der Wein wird in Fässern ausgebaut, ich habe ihn aber noch nicht zu probieren bekommen, und es ist auch nur wenig über ihn in Erfahrung zu bringen.

Château Petit-Faurie-de-Soutard
Grand Cru Classé. Besitzerin: Mme Francoise Capdemourlin. Leiter: Jacques Capdemourlin. 8 ha. 3.500 Kisten. Mer 60 %, CF 30 %, CS 10 %.
Bis 1850 gehörte das Gut zu Soutard. Es hat eine schöne Lage auf dem *Plateau calcaire* und den *Côtes*.

Der Wein ist stilvoll, hat echte Rasse und Finesse. Der Boden, der hier einen hohen Kalksteingehalt aufweist, bringt nicht so üppige Weine hervor, sie haben dafür ein kräftigeres Gefüge und sind vielleicht auch feiner als die von Balestard. Der 82er hat einen ausgeprägten Charakter und einen schönen, bereits recht ausentwickelten Geschmack und viel Fülle. Rasse hat er auch, aber schwer ist er nicht. Der 81er ist kräftiger gebaut, noch verschlossener, aber mit Finesse und Rasse gut ausgestattet. Der 80er ist köstlich, stilvoll und bereits genußreif. Der 79er ist reichhaltig und vollmundig, ansprechend, mit echter Klasse, doch der 78er ist überraschend weit gediehen und leicht, er wird sich nicht lange aufheben lassen.

Château Pipeau
Grand Cru. Besitzer: Pierre Mestreguilhem. 30 ha. 13.000 Kisten. Mer 75 %, CF 20 %, CS 5 %.
Pierre Mestreguilhem strebt Weine mit kräftigem Körper und geschmeidiger Art an, die über längere Zeit schön heranreifen. Das Resultat ist oft manchen Crus Classés überlegen.

Château Pontet-Clauzure
Grand Cru. Besitzer: SC du Château Le Couvent. 9 ha. 5.000 Kisten. CF 48%, Mer 46%, CS 6%.
Seit die gegenwärtigen Besitzer das Château im Jahr 1981 kauften, haben sie beträchtliche Verbesserungen daran vorgenommen. Die Unterschiede zeigen sich auch recht merklich in den Weinen: der 83er ist erheblich besser als der 81er. Eine schöne Zukunft steht dem Gut bevor.

Château de Pressac
Grand Cru. Besitzer: Jacques Pouey. 35 ha. 14.000 Kisten. Mer 50%, CF 30%, CS 20%.
Ein schönes, herrschaftliches Château überragt das Gut auf dem Plateau von St-Etienne-de-Lisse mit seinem Kreideboden. Hier wurde gegen Ende der 1730er Jahre eine Rebsorte namens Auxerrois oder «Noir de Pressac» eingeführt, die heute in Bordeaux als Malbec besser bekannt ist und seither einen bedeutenden Beitrag zu den Weinen der Region leistet. Das Château Pressac bringt mit traditionellen Bereitungsmethoden hochrenommierte Weine hervor.

Château Le Prieuré
Grand Cru Classé. Besitzer: SCE Baronne Guichard. 5 ha. 1.500 Kisten. Mer 70%, CF 30%. Zweitetikett: Château l'Olivier.
Das Gut auf dem *Plateau calcaire* liegt auf einer erhöhten Stelle etwas abseits zwischen Trottevieille und Troplong-Mondot. Den Eigentümern gehören auch noch größere Besitzungen in Lalande-de-Pomerol, Château Siaurac, und in Pomerol, Château Vrai-Croix-de-Gay. Früher gehörte es den Franziskanern in St-Emilion. Der Wein wird in Fässern (zu 25% neuen) ausgebaut. Ich habe ihn ansprechend, elegant, etwas leicht, mit guter Rasse, aber nicht überdurchschnittlich gefunden. Der 79er ist sehr gut, der 81er recht nett, doch fehlt es ihm an Geschmackstiefe.

Château Ripeau
Grand Cru Classé. Besitzer: Michel Janoueix de Wilde. 16 ha. 6.000 Kisten. Mer 60%, CF und CS 40%.
Ein bedeutendes *Cru* auf Sandboden an der Grenze zu Pomerol, südöstlich von Cheval-Blanc und La Dominique. Seit der Übernahme durch die jetzigen Besitzer im Jahr 1976 wurden *Cuvier* und *Chai* stark erweitert.

Ein sicheres Anzeichen für Fortschritte in der Wiederbelebung des guten Rufs ist, daß der 81er schon besser geraten ist als der 79er. Mir hat vor allem sein duftiges, würziges Bukett, die schöne Ausgewogenheit und die feine Art mit Nuancenreichtum und festen Untertönen gefallen.

Château Rozier
Grand Cru. Besitzer: Jean Saby. 17 ha. 10.000 Kisten. Mer 65%, CF und CS 35%.
Das *Cru* in der Gemarkung von St-Laurent-des-Combes zeichnet sich durch angenehme, fruchtige Weine aus, die über längere Zeit schön heranreifen und viel Charakter zeigen.

Château St-Georges-Côte-Pavie
Grand Cru Classé. Besitzer: Jacques Masson. 5,5 ha. 2.500 Kisten. Mer 80%, CF 20%.
Ein kleines *Cru* in sehr guter Lage am westlichen Ende der Côte de Pavie und auf ihren unteren Hängen. La Gaffelière liegt auf der anderen Seite, und man hat einen schönen Blick auf Ausone. Die

Gärung findet in Edelstahltanks statt, der Ausbau des Weins in Fässern. Bemerkenswert sind die gefällige Frucht sowie der ausgeprägte Charakter. Kräftige Geschmacksnuancen machen den Wein in 4 bis 7 Jahren zu einem Hochgenuß. Der 79er ist duftig und opulent, der 81er würziger, üppiger und stilvoller. Ein durch und durch erfreulicher und unwiderstehlicher St-Emilion.

Clos St-Martin

Grand Cru Classé. Besitzer: Société Civile des Grandes Murailles. 3,5 ha. 1.600 Kisten. Mer 66%, CF 17%, CS 17%.

Drei *Crus* – nämlich St-Martin, Grandes Murailles und Côte Baleau – wurden bis vor einiger Zeit gemeinsam betrieben, und der Wein aus allen dreien wurde in Baleau bereitet und ausgebaut. Allerdings verloren 1985 die beiden anderen Grands Crus bei einer Revision des Klassifizierungssystems ihren Classé-Status. Seither bemühen sich die Besitzer sehr um Verbesserungen. Clos St-Martin besitzt inzwischen eigene Ausrüstungen, und infolgedessen zeigt der 86er mit seinem Bukett voll lebendig duftiger Frucht, seiner Rasse, Eleganz und Ausgewogenheit des Tannins einen bedeutenden Qualitätsfortschritt. Die Verbesserung setzt sich 1988, 89 und 90 fort.

Vorher waren die Weine recht ungleichmäßig. Am besten fielen die Jahrgänge 82 und 79 aus. Jedes Jahr werden die Fässer zu 25% erneuert.

Château Sansonnet

Grand Cru Classé. Besitzer: Francis Robin. 8 ha. 3.300 Kisten. Mer 60%, CF 20%, CS 20%.

Das *Cru* liegt auf dem *Plateau calcaire* östlich von St-Emilion, an der höchsten Stelle im Osten, gerade nördlich von Trottevieille. Der Boden besteht hier aus Lehm und Kalkgestein über Fels.

Der Wein wird in Fässern ausgebaut. Er ist fest, nicht übermäßig voll oder gar üppig und braucht lange zur Entfaltung. Den 79er fand ich im Alter von 5 Jahren noch fest, mit einem Eisengeschmack, vor, aber er wies zum Ausgleich einen kräftigen Körper auf – er braucht noch Zeit. Der 81er war leichter, nicht so konzentriert, er hatte schöne Frucht, die sich im Glas noch entfaltete, was auf eine noch nicht abgeschlossene Entwicklung hinwies.

Château La Serre

Grand Cru Classé. Besitzer: Bernard d'Arfeuille. Leiter: Luc d'Arfeuille. 6 ha. 3.000 Kisten. Mer 80%, CF 20%. Zweitetikett: Menuts de la Serre.

Der Wein hat kräftigen Körper und Geschmackstiefe mit einem feinduftigen Bukett und einer für das Plateau um St-Emilion typischen Individualität. Ein solides, zuverlässiges Grand Cru Classé der Mittelklasse – nichts Hochfliegendes, aber durch und durch ehrenwert. Der 83er und 85er fielen sehr gut, der 82er und 86er sogar hervorragend aus.

Château Soutard

Grand Cru Classé. Besitzer: Comte François und Comtesse Isabelle des Ligneris. 28 ha. 8.000 Kisten. Mer 60%, CF 35%, CS 5%. Zweitetikett: Clos de la Tonnelle.

Soutard strebt traditionellen, langlebigen Wein an; das Ergebnis heißt Kompromißlosigkeit, und so ist viel Geduld erforderlich. Für mein Gefühl wird die Frucht und der natürliche Charme von St-Emilion gelegentlich ohne Not geopfert, oft würden frühere Abfüllung und eine leichtere Hand dem Wein nur guttun – aber das ist halt Geschmackssache. Der schöne Stil setzt sich zwar durch, doch kommen mir die Weine oft mager und ohne Anmut vor. Zumindest traf das auf den 79er nach 6 Jahren zu. Der 81er dagegen war ausgeglichener, etwas leicht, aber mit ansprechender, nicht von zuviel Holz erdrückter Frucht.

Château Tertre-Daugay
Grand Cru Classé. Besitzer: Comte Léo de Malet-Roquefort. 16 ha. 6.000 Kisten. Mer 60%, CF 30%, CS 10%. Zweitetikett: Château de Roquefort.
Das Gut befand sich 1978, als Comte Léo de Malet-Roquefort es kaufte, in einem romantischen Zustand der Vernachlässigung. Bis zum Wiederaufbau von *Cuvier* und *Chai* im Jahr 1984 mußten die Weine in La Gaffelière bereitet und ausgebaut werden. Heute wird das Gut mit derselben Sorgfalt betreut wie das Premier Grand Cru, jedoch werden hier beim Ausbau des Weins zu einem Drittel neue Fässer verwendet.

Es kann gar kein Zweifel daran bestehen, daß hier ein Potential liegt, das zur Spitze der Grands Crus Classés zählt. Die Weine sind herrlich duftig und würzig im Bukett, Herbheit und volle, reife Fruchtigkeit halten sich schön die Waage und ergeben einen kräftigen, vollen Geschmack, durch den stilvolle Rasse zum Vorschein kommt. Der 81er, 80er und 78er sind sämtlich ausgezeichnete Vertreter ihrer Jahrgänge mit guter Langlebigkeit. Der 78er, der erste Jahrgang aus dem neuen Regime, ist köstlich, aber vordergründiger und leichter. Für die Zukunft eröffnen sich hier vielversprechende Aussichten.

Château Tertre-Rôtebœuf
Besitzer: François Mitjavile. 4,5 ha. 2.000 Kisten. Mer 80%, CF 20%.
Das Château hat seinen Namen von den Ochsen, die auf den zum Gut gehörenden Steilhängen früher den Pflug zogen und bei der Arbeit angeblich von der heißen Sonne «geröstet» wurden. Seit 1978 ist François Mitjavile Eigentümer des Guts und strebt durch späte Lese und lange Maischung seriöse, lang haltbare Weine an; der 85er und 86er reagierten schön auf den Ausbau in neuen Eichenfässern: Frucht und Struktur blieben reichlich erhalten.

Château Toinet-Fombrauge
Besitzer: Bernard Sierra. 8 ha. 2.900 Kisten. Mer 85%, CF und CS 15%.
Das Gut liegt in St-Christophe-des-Bardes, unterhalb der nördlichen *Côtes* auf vorwiegend sandigem Boden. Es bringt volle, geschmacksintensive, recht milde Weine mit ausgeprägtem Charakter hervor, die meist nach drei bis vier Jahren genußreif sind.

Château La Tonnelle
Besitzer: Guy Arnaud et fils. 15 ha. Mer 65%, CS 30%, CF 5%.
Das Gut in der Gemeinde Vignonet liegt auf Terrassen mit kieshaltigem Sandboden in der Dordogne-Ebene. Der Wein wird in der Genossenschaftskellerei bereitet und abgefüllt; er ist kompakt und fest und entwickelt mit der Zeit schönen Stil.

Château La Tour-Figeac
Grand Cru Classé. Besitzer: Société Civile. Leiter: Michel Boutet. 13,5 ha. 6.000 Kisten. Mer 60%, CF 40%.
Das Gut an der Grenze zu Pomerol gehörte bis 1879 zu Figeac. Drei Jahre danach wurden auch die beiden Châteaux namens La Tour-du-Pin-Figeac abgespalten.

Der Wein ist stilvoll und kräftig, hat ein volles, duftiges Bukett, einen anhaltenden Geschmack und markante Rasse. Die neueren Jahrgänge haben sich in Vergleichsproben stets neben La Tour-du-

Pin-Figeac (Moueix) und La Dominique an der Spitze der Grands Crus Classés gut behauptet. Ausgezeichnete Weine entstanden 82, 81, 80, 79 und 78.

Château La Tour-du-Pin-Figeac
Grand Cru Classé. Besitzer: Héritiers Marcel Moueix. Leiter: A. Moueix. 9 ha. 4.000 Kisten. Mer 60%, CF 30%, Mal und CS 10%.
Hier entstehen kräftige, robuste Weine mit schönem Stil, die in Vergleichsproben in den letzten Jahren stets gleichmäßig gut bestanden haben. Das Gut gehört zusammen mit den Nachbarn La Tour-Figeac und La Dominique zu den besten Crus an der Grenze zu Pomerol und auch zur Spitzengruppe aller Grands Crus Classés. Der 86er ist solid und wuchtig, der 85er eindrucksvoll reichhaltig mit schönem Pflaumengeschmack, der 83er würzig, doch ziemlich gerbstoffherb, und der 82er schließlich besonders fein; der 81er, 80er, 79er und 78er sind sämtlich hervorragend.

Château La Tour-du-Pin-Figeac (Giraud-Bélivier)
Grand Cru Classé. Besitzer: GFA Giraud-Bélivier. 10,5 ha. 4.000 Kisten. Mer 75%, CF 25%.
Dieses Gut ist bei weitem nicht so bekannt und angesehen wie der gleichnamige Nachbarbesitz der Firma Moueix von Château Taillefer, obgleich sie bis 1882 eine gemeinsame Geschichte hatten. 1972 kaufte die Familie Giraud das Gut von den Béliviers, aber es gibt keine Anzeichen, daß dieser Wechsel nun auch Weine zur Folge hätte, die der ausgezeichneten Lage würdig wären.

Château Trimoulet
Grand Cru Classé. Besitzer: Michel Jean. 17 ha. 8.000 Kisten. Mer 60%, CF 30%, CS 10%.
Das Gut liegt nordöstlich von St-Emilion an der Grenze zu St-Georges. Seit mehreren Generationen ist es im Besitz derselben Familie. Der Boden besteht aus Sand mit Lehm und Spuren von Eisen. Der Wein wird nur in neuen Fässern ausgebaut.

Wann immer ich in Frankreich eine Flasche davon zu trinken bekam, habe ich feststellen können, daß dies ein ansprechender St-Emilion ist. Jung nimmt er sich etwas rustikal aus. Von den neueren Jahrgängen hat der 81er einen guten, fruchtigen Geschmack bei kräftigem Körper, aber der 79er ist enttäuschend – kurz im Abgang und etwas rauh und nach Stielen schmeckend.

Château Troplong-Mondot
Grand Cru Classé. Besitzer: Claude Valette. Leiterin: Christine Fabre. 30 ha. 13.500 Kisten. Mer 65%, CF 15%, CS 15%, Mal 5%. Zweitetikett: Mondot.
Eines der bedeutendsten Güter von St-Emilion auf dem Plateau und den *Côtes*. Es könnte eines der besten *Crus* der Gegend sein, und wenn die Lage überhaupt eine Rolle spielt, müßte es eigentlich ein Bewerber für den Status eines Premier Grand Cru sein. Bis vor kurzem wurde jedoch das vorhandene Potential in Beständigkeit und Qualität nicht ausgeschöpft. Der großartige 86er erwies sich dann allerdings als Wendepunkt, denn für ihn wurden zu 50% neue Eichenfässer benutzt, und die Gärung verlief nur noch im Faß, anstatt abwechselnd in Faß und Tank. 1988, 89 und 90 kamen ebenfalls Weine zustande, die immer mehr auf einer Ebene mit den Premiers Crus Classés liegen. Alles das ist der hingebungsvollen Arbeit von Christine Fabre, der Tochter des Besitzers, zu verdanken. Unter den früheren Jahrgängen fielen der 83er, 82er, 79er, 78er und 70er am besten aus.

Château Trottevieille

1er Grand Cru Classé B. Besitzer: Familie Castéja. Leiter: Philippe Castéja. 10 ha. 4.500 Kisten. Mer 60%, CF 25%, CS 15%.

Dies hier ist das einzige Premier Grand Cru im Besitz eines Handelshauses aus Bordeaux. Der Weinberg liegt weit ab von den anderen Premiers Grands Crus auf dem Plateau östlich von St-Emilion, etwas unterhalb von Troplong-Mondot. Der Boden besteht aus einem Gemisch von Kalkstein und Lehm. In den letzten Jahren hat Trottevieille enttäuscht, es hat die vollen, konzentrierten Weine, an die ich mich aus der Zeit vor dem Frost 1956 erinnere, nicht hervorgebracht. Nur zu oft waren sie entweder rauh und stumpf oder enttäuschend dünn. Schließlich aber führte Philippe Castéja zum Jahrgang 1985 100% neue Fässer ein und begann sehr viel konzentriertere Weine zu erzeugen. Der Unterschied zwischen dem 82er und 83er einerseits und dem 85er, 86er und 88er andererseits ist sehr ausgeprägt. Die neueren Weine weisen Rasse und Konzentration auf und knüpfen wieder als würdige Premiers Crus an die glorreiche Vergangenheit an. Von den vorherigen Jahrgängen waren der 79er und 75er am besten.

Union de Producteurs de St-Emilion

Mitglieder: 330. Direktor: Jacques Baugier. 1.150 ha. 550.000 Kisten.

Keine andere Winzergenossenschaft in Bordeaux bringt soviel hochwertigen Wein hervor wie diese. Sie liegt am südlichen Fuß der Côtes zwischen St-Emilion und der Straße Libourne-Bergerac. 1985 wurde eines ihrer 330 Mitglieder, das Château Berliquet (s. dort) in den Rang eines Grand Cru Classé erhoben.

Sie hat noch vier weitere bedeutende Markenweine mit Grand-Cru-Status aufzuweisen:

Royal St-Emilion. Er stammt von Weingütern aus der Ebene, ist voll, robust und aufgeschlossen, mit einer gewissen, für seine Herkunft typischen, aber ansprechenden Deftigkeit.

Côtes Rocheuses. Aus dem Namen kann man schon entnehmen, daß er von Weingütern auf den *Côtes* stammt. Er braucht länger, bis sich seine Fülle entfaltet, und hat auch mehr Kraft. Von ihm werden jährlich rund 120.000 Kisten erzeugt.

Haut Quercus. Quercus ist lateinisch und heißt Eiche. Diese Marke entstand 1978 und bezeichnet Weine, die in neuen Eichenfässern ausgebaut werden. Zur Zeit werden jährlich 2.500 Kisten mit numerierten Flaschen erzeugt. Dieser Wein hat große Intensität bei kräftigem Gerbstoffgehalt und klassischer Geschmacksnote. Er braucht lange Reifezeit.

Cuvée Galius. Eine Spezialauswahl faßgereifter Weine. Der erste Jahrgang war der 82er, und er wurde bei einer Vergleichsweinprobe 1984 für die Trophée des Honneurs als eines der 12 Besten ermittelt.

Die Qualität dieser Markenweine ist oft besser als die mancher *Crus* aus kleinen Weingütern, und gewiß verkaufen sie sich leichter. Eine unschätzbare Quelle für guten, typischen St-Emilion.

Darüber hinaus wird in der Kellerei auch eine Reihe von Château-Weinen unter deren eigenen Etiketten bereitet. Auf ihnen steht der Vermerk «*mis à la propriété*».

Vieux Château Mazerat

Besitzer: François und Christian Gouteyron. 11 ha. 6.000 Kisten. Mer 60%, CF 30%, CS 10%.

Das Gut ist das einzige nicht in die Klassifizierung aufgenommene Cru in dieser Gruppe von Lagen westlich von St-Emilion, aber zweifellos steckt in ihm genug Potential, um das zu ändern. Die

Weine sind höchst ansprechend, und 1979, 82, 83, 85 und 86 bewiesen gute Jahrgänge eine beständig hohe Qualität.

Château Vieux Sarpe
Grand Cru. Besitzer: J.-F. Janoueix. 6,5 ha. 4.000 Kisten.
Mer 70%, CF 20%, CS 10%.
Das Gut wird gemeinsam mit Château Haut-Sarpe – ebenfalls einem Besitz der Familie Janoueix – geführt und bringt Weine von schöner Eigenart hervor. Ausgezeichnete Fruchtsubstanz und gutes Gleichgewicht verleihen ihnen große Entfaltungsfähigkeit. Der 82er, 85er, 86er und 90er sind allesamt gute Jahrgänge.

Château Villemaurine
Grand Cru Classé. Besitzer: Robert Giraud. 7 ha. 3.800 Kisten.
Mer 70%, CS 30%.
Der Name kommt von Ville Maure – Maurenstadt – für die Stelle, an der im 8. Jahrhundert die Sarazenen ihr Lager aufgeschlagen hatten.

Es werden hier große Anstrengung für die Qualitätsverbesserung unternommen, und das Potential ist zweifellos gut, aber es muß doch die Frage erlaubt sein, ob ein so hoher Cabernet Sauvignon-Anteil wirklich das Richtige ist. Der 79er war nach fünf Jahren noch fest und sehr jung, hatte aber schon einen wunderbaren Geschmack entwickelt. Der 82er ist sehr duftig und voll und hat einen höchst ansprechenden Geschmack, sehr anhaltend, würzig und nuancenreich mit einer feinen Zimtnote. Der 83er ist außerordentlich gerbstoffreich, aber gehaltvoll, dagegen sind der 86er und der 89er massiv und undurchdringlich. Derzeit arbeitet Villemaurine offenbar mit hoher Extraktion und massiertem frischem Eichenholz, wodurch recht eindimensionale Weine zustande kommen.

Château-Yon-Figeac
Grand Cru Classé. Besitzer: Vins René Germain. 24 ha.
7.500 Kisten. Mer 33 1/3 %, CF 33 1/3 %, CS 33 1/3 %.
Das große Gut liegt auf Sandboden nordwestlich von St-Emilion an der Straße nach Pomerol zwischen Laroze und Grand-Barail-Lamarzelle-Figeac. Seit vier Generationen war es im Besitz der Familie Lussiez, bis diese an das Handelshaus, das den Vertrieb innehatte, verkaufte.

Die Weine bleiben nur etwa 6 Monate lang im Faß, die übrige Zeit verbringen sie im Tank. Sie sind schon seit langem durch Gleichmäßigkeit und typischen, ansprechenden Charakter bekannt. Oft sind sie stark duftig, mild und vollmundig mit einer schönen Festigkeit als Grundlage. Der 81er ist ein gutes, klares Beispiel, der 79er ist schwerer und typischer.

DIE SATELLITEN VON ST-ÉMILION

Außerhalb der Appellation St-Emilion liegen im Norden und Nordosten die sogenannten «Satelliten». Sie sind zwar von der eigentlichen AC St-Emilion ausgeschlossen, dürfen aber den Namen St-Emilion dem der eigenen Gemeinde hinzufügen. Manche dieser Weine sind sogar besser als St-Emilions aus der Dordogne-Ebene, auch gibt es hier mehr größere Weingüter als in St-Emilion und Pomerol. Viele kleine Weingutbesitzer sind Mitglieder der Winzergenossenschaften Montagne und Lussac-Puisseguin. Die Namen der Satellitengemeinden lauten wie folgt:

Montagne-St-Emilion. Die kleinen Orte St-Georges und Parsac wurden 1972 mit Montagne zusammengeschlossen, doch üben noch viele Weingutsbesitzer das ihnen wahlweise zustehende Recht aus, die Appellation St-Georges-St-Emilion zu benutzen. Die AC erstreckt sich auf rund 1.500 ha Weinbergfläche. Der Boden entspricht dem *Plateau calcaire* und den *Côtes*, enthält aber mehr Lehm als in St-Emilion.

Lussac-St-Emilion. Die Rebfläche beträgt hier rund 1.100 ha. Der *Plateau-calcaire*-Boden entspricht der in St-Emilion und St-Christophe vorzufindenden Art. Es schließen sich aber *Côtes* mit «Sables du Périgord»-Boden an, der für den Weinbau nicht so günstig ist. Lussac ist die nördlichste dieser Appellations.

Puisseguin-St-Emilion. Die Weinbergfläche von rund 650 ha liegt nordöstlich von St-Emilion. Auf dem *Plateau calcaire* und den *Côtes* findet der Weinbau gute Voraussetzungen vor.

Château Belair-Montaiguillon
Besitzer: Nadine Pocci und Yannick le Menn. 10 ha. 4.700 Kisten. Mer 75%, CF und CS 20%, Mal 5%.

Das ausgezeichnete Gut liegt auf Kalkstein- und Lehmboden an einem der höchsten Punkte der Gemeinde St-Georges mit Blick nach Süden in Richtung St-Emilion. Hier entstehen ganz köstliche Weine voll schöner, geschmeidiger Frucht und markantem Charakter. Sie halten den Vergleich mit den besten Grands Crus von St-Emilion aus. Hier entstehen seit dem Jahrgang 88 zwei völlig verschiedene Weine. Der Belair St-Georges ist eine Auslese von den ältesten Reben; er wird im Faß ausgebaut, wobei in gewissem Umfang neue Eichenfässer Verwendung finden. Er entwickelt sich langsamer und braucht deshalb eine längere Reifezeit als der Belair-Montaiguillon, der nicht mit Holz in Berührung kommt, dafür aber viel Frucht vorweisen kann.

Château Bel-Air
Besitzer: Robert Adove. 12 ha. 6.000 Kisten. Mer 80%, CF 20%.
Das *Cru* liegt im nördlichen Teil der Region in der Gemarkung Puisseguin. Hier entstehen ansprechende Weine mit schöner Frucht und Substanz.

Château Calon
Besitzer: Jean-Noël Boidron. Rebfläche in Montagne: 35 ha. 15.000 Kisten. Mer 70%, CF 15%, CS 13%, Mal 2%.
St-Georges: 5 ha. 2.600 Kisten. Mer 80%, CF 10%, CS 10%.
Hier kann es Verwirrung geben! Im Grunde handelt es sich um ein einziges Gut mit Weinbergen in Montagne und in St-Georges. Das Etikett ist dasselbe, doch werden beide Appellationen benutzt, obwohl die gesamte Produktion jetzt als Montagne gelten könnte. Dem Besitzer gehört auch Château Corbin-Michotte. Der Wein ist gut bereitet und gepflegt und genießt ein hohes Ansehen.

Château Guibeau
Besitzer: Familie Bourbin. Leitung: Henri-François Bourbin. 41 ha. 25.000 Kisten. Mer 66%, CF 17%, CS 17%.
Zweitetiketten: Château Guibeau-la-Fourvieille, Le Vieux Château Guibeau, Château La Fourvieille, Château Les Barrails.
Auf dem Kalksteinplateau bei Puisseguin liegt das große Gut, dessen Weine sich durch feine Qualität auszeichnen – sie sind den Grands Crus von St-Emilion durchaus ebenbürtig. Die Familie Bourbin zeigt viel Liebe zum Detail und hat in die Modernisierung des Guts stark investiert.

Château Laroze-Bayard
Besitzer: Familie Laporte. 30 ha. 15.000 Kisten. Mer 70%, CF 15%, CS 15%. Zweitetikett: Château Les Tuileries-de-Bayard.
Das alte Gut in dem Dörfchen Bayard ist schon seit 1700 im Besitz der Familie Laporte. Hier entstehen durch Ausbau in *Cuves* Weine mit voller Farbe und Frucht, die sich durch gute Substanz und Struktur auszeichnen.

Château des Laurets
Besitzer: GFA du Domaine des Laurets et de Malengin. 60 ha. 30.000 Kisten. Mer 70%, CF 15%, CS 15%. Zweitetiketten: Château La Rochette, Château Maison-Rose.
Das bedeutendste Gut in Puisseguin und eines der größten in den St-Emilion-Satelliten. Die Weinberge liegen auf dem *Plateau calcaire* und den *Côtes* südlich von Puisseguin. Die Weine sind hoch angesehen, robust und ansprechend.

Château du Lyonnat
Besitzer: GFA des Vignobles Jean Milhade. 50 ha. 25.000 Kisten. Mer 50%, CF 50%. Zweitetikett: Château La Rose-Peruchon.
Eine der größten und bekanntesten Domänen in den St-Emilion-Satelliten. Sie liegt östlich von Lussac auf dem *Plateau calcaire*. Der Wein ist sehr zuverlässig und stilvoll mit recht leichtem Körper, hält sich aber trotzdem sehr gut. Der Qualitätsstand läßt sich mit einem guten Grand Cru von St-Emilion vergleichen.

Château Macquin St-Georges
Besitzer: François Corre. Leiter: Denis Corre. 30 ha. 15.000 Kisten. Mer 70%, CF und CS 30%. Zweitetikett: Château Bellonne St-Georges.
Das bekannte Gut hat Hügellagen bei St-Georges inne. Seine Weine werden von der Firma J.-P. Moueix abgefüllt und vertrieben (siehe auch Château Pavie-Macquin). Hier wird feiner, üppiger, ansprechender Wein in beständiger Güte erzeugt. Er steht auf einem Niveau mit guten Grands-Crus in St-Emilion.

Château Maison-Blanche
Besitzer: Gérard und Françoise Despagne. 30 ha. 15.000 Kisten. Mer 40%, CF 30%, CS 30%.
Das bedeutende Weingut liegt auf den *Côtes* westlich von Montagne. Seine Weine sind bukettreich, ansprechend, früh trinkreif.

Les Productions Réunies de Puisseguin et Lussac-St-Emilion.
150 Mitglieder. 600 ha. 300.000 Kisten. Mer 70%, CF und CS 30%.
Die Weine dieser Genossenschaftskellerei werden größtenteils unter zwei getrennten Etiketten mit den Namen der beiden Gemeinden vertrieben. Auf Lussac entfallen 75% der Produktion, auf Puisseguin 25%. Ferner werden hier 21 *Crus* getrennt verarbeitet und unter den Namen der jeweiligen Châteaux angeboten.

Château de Roques
Besitzer: Michel Sublett. 25 ha. 12.000 Kisten. Mer 60%, CF und CS 40%. Zweitetiketten: Château Vieux-Moulin, Château des Aubarèdes, Château Roc du Creuzelat.
Der Name leitet sich von einem ehemaligen Eigentümer her: Jean de Roques, einem Vertrauten des Königs Henri IV. Das Gut verfügt über ein ansehnliches Château und bringt vorzügliche Weine hervor. Der 75er war besonders fein, aber auch alle übrigen Jahrgänge halten den Vergleich mit Grands Crus von St-Emilion ohne weiteres aus.

Château Roudier
Besitzer: Jacques Capdemourlin. 30 ha. 15.000 Kisten. Mer 60%, CF 25%, CS 15%.
Das schöne und bedeutende Gut liegt auf den *Côtes* (Kalkstein und Lehm) mit Blick nach Süden in Richtung St-Emilion. Dem Besitzer gehört auch Balestard-la-Tonnelle, und er leitet Cap-de-Mourlin. Seine Weine stehen auf hohem Niveau. Der Geschmack ist herrlich voll und urwüchsig. Der 79er war nach 6 Jahren in idealem Reifezustand. Alles in allem reicht die Qualität ohne weiteres an die besten Grands-Crus von St-Emilion heran.

Château St-André-Corbin
Besitzer: Robert Carré. 25 ha. 12.000 Kisten. Mer 75%. CF 20%, CS 5%.
Das Gut, das sich in der Qualität neben den Grands Crus von St-Emilion sehen lassen kann, produziert charmante Weine mit Würze, Frucht und ausgewogener Struktur. Sie werden seit Jahren von J.-P. Moueix vertrieben.

Château St-Georges
Besitzer: M. Desbois-Pétrus. 45 ha. 25.000 Kisten. Mer 60%, CS 20%, CF 20%. Zweitetikett: Puy-St-Georges.
Gewiß eines der spektakulärsten Güter in der ganzen Region mit einem wahrhaft palastartigen Château, das Victor Louis, der Architekt des Grand Théatre, 1774 in reinstem klassischem Stil erbaute. Die Weinberge bedecken südwärts geneigte Hanglagen in Richtung auf St-Emilion. Die Weine sind elegant und wohlgebaut und zeichnen sich durch beträchtliche Lebensdauer aus. Beim Ausbau werden zu 50% neue Fässer verwendet. Läge das Gut in St-Emilion, dann könnte man sich kaum vorstellen, daß es kein Grand Cru Classé sein sollte. Die Weine haben jedenfalls auch so einen guten Ruf, vor allem in Frankreich, wo viel durch Direktversand abgesetzt wird.

Château Tour-du-Pas-St-Georges
Besitzerin: Mme Dubois-Challon. 15 ha. 8.000 Kisten. Mer 54%, CF 33%, CS 13%.
Das Gut liegt auf südwärts geneigten Hängen mit Kalkstein und Lehmboden in St-Georges. Es wird heute von Mme Dubois-Challon bewirtschaftet, und das bedeutet, daß der Wein von dem begabten Pascal Delbeck, *Régisseur* in Ausone und Belair, bereitet wird. Was dabei herauskommt, nimmt sich vielversprechend aus. Ich habe den 1984 abgefüllten 81er nach einem Jahr in der Flasche herrlich fruchtig, angenehm und ausgereift gefunden.

La Tour Mont d'Or
60 Mitglieder. 160 ha. 90.000 Kisten. Mer 80%, CF 10%, CS 10%.
Die Genossenschaftskellerei in Montagne-St-Emilion produziert renommierte Weine im klassischen Stil der St-Emilion-Satelliten. Auch zwei Gutsweine, Château La Picherie und Château Baudron, werden hier bereitet.

Château Tour-Musset
Besitzer: Henri Guiter. Leiter: Maurice Guiter. 25 ha. 12.000 Kisten. Mer 50%, CS 50%.
Ungewöhnliche Weine bringt dieses Gut bei Parsac zustande. Sie sind gerbstoffreich und stark fruchtig im Geschmack, wahrscheinlich infolge des hohen Cabernet-Sauvignon-Anteils. Auch über gute Lagerfähigkeit verfügen sie.

Château des Tours
Besitzer: Marne et Champagne. 72 ha. 45.000 Kisten.
Mer 33 1/3 %, CF und CS 33 1/3 %, Mal 33 1/3 %. Zweitetikett: Château La Croix-Blanche.

Das größte Weingut in Montagne hat auch ein höchst imposantes Château aus dem 14. Jahrhundert vorzuweisen. Die Weinberge liegen auf den Hängen östlich von Montagne gegenüber St-Emilion. Der *Chai* ist hochmodern und zur Verarbeitung der großen Produktion gut ausgestattet. Die Lagerkapazität reicht für über 80.000 Kisten. Die gegenwärtigen Besitzer kauften das Gut 1983 als Flaggschiff für ihre Bordeaux-Gruppe (siehe Pontet-Clauzure, Le Couvent, Lagrange-de-Lescure, Les Baziliques). Auch der Firmensitz befindet sich hier. Es sind beträchtliche Investitionen vorgenommen worden, und heute werden die Weine im Faß ausgebaut; sie erscheinen ganz verändert, mit fester Struktur, Fülle und lebendiger Frucht; ab dem Jahrgang 1985 auf jeden Fall beobachtenswert.

POMEROL

Pomerol ist der kleinste unter den Rotweinanbaubereichen von Bordeaux. Seine Ausdehnung beträgt nur 4 km auf 3 km, und seine Rebfläche von 730 ha bringt jährlich knapp 30.000 hl hervor, also etwa ebensoviel wie St-Julien im Médoc. Doch die Komplexität des Bodens verleiht seinen Weinen eine Individualität und Originalität, die ihnen eine Sonderstellung sichert und sie mit unter die bemerkenswertesten Weine von Bordeaux einreiht.

Die besten Pomerols sind voller, extraktreicher, intensiver und gerbstoffhaltiger als die meisten St-Emilions. Obwohl hier wegen der meist kalten Böden (infolge des hohen Lehmgehalts) mehr Merlot angebaut wird als in St-Emilion, durchlaufen viele Weine zu Beginn der Reifezeit ein Stadium, in dem sie sich ganz ähnlich ausnehmen wie Médocs – ein Anzeichen dafür, wie sehr das Erscheinungsbild einer Rebsorte durch den Boden verändert werden kann. Die meisten Pomerols sind nach vier bis sieben Jahren genußreif, aber einige Spitzengewächse brauchen länger. Die besten Jahrgänge halten sich außerordentlich gut. Die 70er, 64er und 55er sind noch immer ausgezeichnet.

In Pomerol gibt es keine Klassifizierung, und es wird auch künftig keine geben, denn es besteht hier kein Wunsch in dieser Hinsicht. Hinter Pétrus – das ganz allgemein als absoluter Spitzenreiter anerkannt wird – gelten die folgenden neun Weine (in alphabetischer Reihenfolge) als führend: La Conseillante, Certan-de-May, L'Evangile, La Fleur-Pétrus, Gazin, Lafleur, Latour-à-Pomerol, Petit-Village, Trotanoy, Vieux Château Certan.

Château Beauregard
Besitzer: Crédit Foncier de France. 13 ha. 4.500 Kisten.
Mer 48 %, CF 44 %, CS 6 %, Mal 2 %. Zweitetikett: Benjamin de Beauregard.

Dieses Gut darf nach Pomerol-Maßstäben als groß gelten. Es hat ein schönes Château aus dem 17. und 18. Jahrhundert. Die Guggenheims ließen sich in den 20er Jahren auf Long Island bei New York eine Nachbildung bauen – ein ungewöhnliches Kompliment für ein Château von Bordeaux – und nannten sie Mille-Fleurs. 1991 verkauften die Clauzels ihr Gut an den Crédit Foncier de France (siehe Bastor-Lamontagne Seite 158).

Seine Weinberge liegen auf dem Plateau von Pomerol auf sandigem, mit Kies untermischtem Boden. Das *Cru* ist gut geführt und genießt hohes Ansehen. Beim Ausbau des Weins werden jeweils zu 25% neue Fässer verwendet. Obwohl das *Cru* nicht zu dem runden Dutzend Spitzengüter von Pomerol gehört, steht sein Wein in der zweiten Reihe an guter Stelle, er ist nuancenreich und vollmundig, entwickelt sich ziemlich rasch und verfügt über viel Rasse und Charme.

Château Le Bon-Pasteur
Besitzer: Dupuy-Rolland. Leiter: Michel Rolland. 7 ha. 3.500 Kisten. Mer 75%, CF 25%.
Das Gut liegt auf der Grenze zu St-Emilion im Nordwesten von Pomerol zwischen Gazin und Croque-Michotte. Seit es von den heutigen Besitzern übernommen wurde, hat es sich in den USA rasch einen guten Namen gemacht. Die Weine waren jedoch auch schon vorher voll und verlockend – ich kann mich an einen herrlichen 70er erinnern. Heute werden beim Ausbau zu 35% neue Fässer verwendet. Die Weine sind sehr ansprechend, geschmeidig und voll. Den größten Ruf genießen unter den neueren Jahrgängen der 78er, 81er, 82er, 83er, 85er, 86er, 88er, 89er und 90er.

Château Bonalgue
Besitzer: Pierre Bourotte. 6,5 ha. 2.500 Kisten. Mer 75%, CF und Mal 20%, CS 5%. Zweitetikett: Château Burgrave.
Das 1815 von Antoine Rabioun erbaute Château liegt auf dem Sand- und Kiesboden des Plateaus im Süden der Appellation. Seit 1926 gehört es der Familie Bourotte, die hier recht ansprechenden Wein erzeugt. Die Gärung geschieht in modernen Edelstahltanks, und für den Ausbau werden zum großen Teil neue Eichenfässer verwendet. Die Weine verfügen über reichlich Frucht und Wucht als Gegengewicht zum Eichenholzaroma; sie brauchen aber 5 bis 7 Jahre, bis sie auf den Höhepunkt ihrer Genußreife gelangen.

Château Bourgneuf-Vayron
Besitzer: Charles und Xavier Vayron. 9 ha. 5.000 Kisten. Mer 89%, CF 11%.
Ein Gut auf der Westseite des Plateaus von Pomerol, wo es in diese Richtung abfällt. Hier ist der kieshaltige Boden mit Sand untermischt. Alexis Lichine stellt dieses *Cru* in die dritte Reihe der Pomerols. Die Weine sind ziemlich früh mild und genußreif; es fehlt ihnen an der Konzentration der Spitzenweine, doch zeigen sie eindeutig Rasse.

Château La Cabanne
Besitzer: Jean-Pierre Estager. 10 ha. 5.000 Kisten. Mer 90%, CF 10%. Zweitetikett: Domaine de Compostelle.
Das Gut liegt auf der Hochfläche von Pomerol auf Kies- und Lehmboden über einer eisenhaltigen Schicht (*crasse de fer*). Jean Pierre Estager hat es 1966 erworben und inzwischen *Cuvier* und *Chai* mit Betongärbehältern und Edelstahltanks modernisiert. Mit Sorgfalt wird darauf geachtet, daß die Trauben voll ausgereift sind und möglichst viel Tannin aus ihnen gewonnen wird, um ein Gegengewicht gegen den hier verwendeten hohen Anteil an neuen Eichenfässern zu schaffen. Auf diese Weise entstehen zuverlässige Weine mit konzentriertem Fruchtcharakter. Sie sind noch nicht weithin bekannt, doch ihre Reputation wächst stetig.

Château Certan-de-May
Besitzerin: Mme Odette Barreau-Badar. 5 ha. 1.750 Kisten. Mer 70%, CF 25%, CS und Mal 5%.
Das kleine Weingut ist typisch für viele Besitzungen im Herzen des Plateaus von Pomerol. Durch den Fleiß und Eifer seiner Besitzer

entsteht hier etwas höchst Individuelles und Persönliches. Ursprünglich bildete das Gut einen Teil von Vieux Château Certan. Sein Boden ist lehmhaltig und stark mit Kies vermischt. Es liegt in einem Gebiet nahe bei Cheval-Blanc, wo fast alle Spitzenweine von Pomerol zu finden sind. In den letzten Jahren ist das *Cru* wieder aus dem Schatten hervorgetreten und hat sich rasch seinen Platz unter den führenden Weinen im Distrikt zurückerobert. Neue Fässer werden jeweils zu 25% verwendet. Die Weine verfügen über eine Opulenz, Reichhaltigkeit und Kraft, die eher an Trotanoy als an den kompakteren Vieux Château Certan erinnern. Prachtvolle Jahrgänge entstanden 1976, 78, 79, 81, 82, 83, 85, 86, 88, 89 und 90 – übrigens trinkt sich der 76er von allen am angenehmsten. Diese Weine sollte man sich sichern, wo man sie zu fassen bekommen kann.

Château Certan-Giraud

Besitzer: Domaines Giraud. 6 ha. 2.000 Kisten. Mer 70%, CF 30%. Zum Teil unter der Marke Certain-Marzelle. Zweitetikett: Clos du Roy.

Mit Nachbarn wie Pétrus und Vieux Château Certan und bei so hervorragender Lage auf bestem Lehm- und Kiesboden im Herzen des Plateaus von Pomerol müßte dieses kleine Gut mit zu den Spitzenerzeugern der Region gehören. Doch sind seine Weine zwar gut, sie müssen sich aber erst noch zu den Höhen aufschwingen, die ihre illustren Nachbarn schon erreicht haben. Neue Fässer werden nur zu 10% verwendet. Den Besitzern gehört auch Château Corbin jenseits der Grenze zu St-Emilion. Die generösen, milden Weine reifen meist früh aus. Der 82er und 83er zeichnen sich beide durch tiefe Frucht und ein feines, rassiges Bukett aus. Man sollte diesen Wein also im Auge behalten.

Château Clinet

Besitzer: Georges Audy. 7 ha. 3.000 Kisten. Mer 75%, CS 15%, CF 10%.

Das Gut, das dem Handelshaus Audy in Libourne gehört, liegt in der Nähe der Kirche von Pomerol auf dem Plateau mit seinem Sand- und Kiesboden. Jahrelang war der Anteil an Cabernet Sauvignon in den Rebbeständen sehr hoch, so daß die Weine hart und uncharmant ausfielen. Als Jean-Michel Arcaute in der Mitte der 70er Jahre die Leitung aller Audy-Güter übernahm, ging er zunächst diesem Mißstand dadurch zuleibe, daß er die Merlot-Bestände erweiterte und den Cabernet-Anteil verringerte. Dann änderte er 1985 auf Anraten des Önologen Michel Rolland sein Arbeitsverfahren und führte späte Lese bei höchstmöglicher Reife, strenge Auslese der Trauben vor der Verarbeitung, lange Maischzeit und die Verwendung von reichlich neuen Eichenfässern ein. Der Unterschied ist geradezu dramatisch: Der 86er ist eindeutig der beste Bordeaux, den ich je gekostet habe. Ihm folgten 1987 ein weiteres feines Beispiel sowie 1988, 89 und 90 echte Klassiker. Das Gut gehört heute zu den aufsteigenden Sternen in Pomerol.

Clos du Clocher

Besitzer: Ets. J.-B. Audy. 6 ha. 3.000 Kisten. Mer 80%, CF 20%.

Das Weingut wurde 1931 von Jean-Baptiste Audy gegründet. Inzwischen ist es ein bekanntes und zuverlässiges *Cru*, dessen Weine mit viel Sorgfalt und Liebe zum Detail bereitet werden. Die *Assemblage* führt Michel Rolland von Château Le Bon Pasteur durch. Der 61er, 80er und 87er zählen zu den besseren Jahrgängen aus diesem Gut.

Château La Conseillante
Besitzer: Héritiers Louis Nicolas. Leiter: Bernard Nicolas. 13 ha. 5.000 Kisten. Mer 45%, CF 45%, Mal 10%.
Dieser Wein gehört Jahr für Jahr stets zu den besten zwei oder drei in Pomerol nach dem Pétrus. Neben seiner Gleichmäßigkeit hat er auch eine starke Persönlichkeit aufzuweisen. Er vereint Fülle und Rasse im Bukett mit einem superben Geschmack voll echter Originalität, ölig und doch fest im Kern, und hinzu kommt größte Nachhaltigkeit. Der Nachbar L'Evangile stammt eindeutig aus demselben Stall, ist aber in letzter Zeit weniger gleichmäßig, eher massiv und nicht so fein. Andererseits bestehen Ähnlichkeiten und Petit-Village, dessen Wein sich stetig bessert.

Gute Jahrgänge entstanden 1970, 75, 76, 79, 81, 82, 83, 85, 86, 88, 89 und 90. In nicht so guten Jahren wie zum Beispiel 73, 77 und 80 ist aber immerhin auch Erfreuliches zustande gekommen.

Château La Croix
Besitzer: Société Civile J. Janoueix. 14 ha. 6.100 Kisten. Mer 60%, CS 20%, CF 20%. Zweitetikett: Le Gabachot.
Diese Weine sind sehr schön ausgewogen und ansprechend; sie sind bereits nach 4 oder 5 Jahren genußreif, halten sich aber auch gut und entfalten mit der Zeit Delikatesse und würzige Komplexität. Ich finde zum Beispiel den 79er reich an Frucht und Geschmack, er war nach 6 Jahren schon aufgeschlossen und weit entwickelt. Der 71er hielt sich dagegen gut, hatte sich schön abgeklärt und entwickelte nach 14 Jahren einen wundervollen, milden und reifen Geschmack bei kräftigem Rückgrat. Inzwischen sind auch 1986, 85, 83, 82 und 81 ausgezeichnete Weine entstanden. Bei ihnen sollte man stets zugreifen; allerdings muß man aufpassen, daß man bei all den Pomerols mit «Croix» im Namen auch den richtigen erwischt.

Château La Croix-de-Gay
Besitzer: Noel Raynaud. 12 ha. 6.500 Kisten. Mer 90%, CS und CF 10%. Zweitetikett: La Fleur de Gay.
Das Gut liegt an der Nordgrenze des Plateaus von Pomerol, wo der vorwiegend kieshaltige Boden stärker mit Sand vermischt ist. Neue Fässer werden zu 30% verwendet. Der Wein ist stilvoll und ansprechend, es fehlt ihm zwar die Konzentration des Nachbarn Le Gay, aber er ist auch für frühe Trinkreife gedacht. Nichtsdestoweniger ist er ein fruchtiger, milder Wein der Art, die viel Anklang findet.

Château La Croix-du-Casse
Besitzer: Ets. G. A. M. Audy. 9 ha. 4.500 Kisten. Mer 60%, CF 40%.
La Croix-du-Casse steht unter derselben Leitung wie Château Clinet, bringt aber Wein in ganz anderem Stil hervor. Der Kiesboden mit der darunterliegenden eisenhaltigen Schicht verleiht ihnen attraktives Bukett und vollen Geschmack, dazu kommt ein köstlicher Fruchtcharakter.

Château La Croix-St-Georges
Besitzer: SC J. Janoueix. 4 ha. 2.500 Kisten. Mer 60%, CF 20%, CS 20%.
Das Gut wird gemeinsam mit Château La Croix geführt; die große Verschiedenheit der Weine stammt aus den unterschiedlichen Bodenverhältnissen in den Weinbergen. La Croix-St-Georges liegt auf dem Plateau und daher vorwiegend auf Kiesboden. Die ansprechendsten hier in neuerer Zeit entstandenen Jahrgänge sind

der 79er, 81er, 85er und 89er; sie zeichnen sich durch Geschmeidigkeit und Finesse aus.

Château La Croix-Toulifaut
Besitzer: SC J. Janoueix. 1,5 ha. 1.000 Kisten. Mer 100%.
Das Gut liegt in der Gemarkung von Beauregard, auf *sables anciens*, einer ähnlichen Bodenart wie in St-Emilion. Es bringt Weine mit kräftigem Eichenholzaroma, tiefdunkler Farbe und ansprechender, konzentrierter Fruchtigkeit hervor, die aber üblicherweise 5 bis 6 Jahre brauchen, bis sie optimal genußreif sind.

Domaine de L'Eglise
Besitzer: Philippe Castéja und Mme Peter Preben Hansen. 7 ha. 3.500 Kisten. Mer 85%, CF 10%, CS 5%.
Der Weinberg liegt, wie könnte es anders sein, bei der Kirche auf dem Plateau; der Boden besteht aus tiefem Kies mit stärkerem Eisengehalt. Er verleiht dem Wein eine gewisse Brillanz und tiefe Farbe. Die Castéjas kauften 1972 den Besitz, dessen Weine sie schon seit Jahren vertrieben hatten. Beim Ausbau werden zu einem Drittel neue Fässer verwendet. Der Wein ist meist leicht, aber fein, duftig und elegant; seit dem Jahrgang 86 bringt Philippe Castéja durch Ausbau in neuen Eichenfässern größere Konzentration zuwege. Ein guter Pomerol aus dem zweiten Glied.

Clos L'Eglise
Besitzer: Familie Moreau. Leiter: Michel und Francis Moreau. 6 ha. 2.800 Kisten. Mer 50%, CS 36%, CF 14%.
Der kleine Weinberg liegt bei der Kirche auf dem Plateau mit seinem stark kieshaltigen Sandboden. Seit 1983 werden Edelstahlgärtanks verwendet. Der Wein wird in Eichenfässern ausgebaut, die zu einem geringen Teil regelmäßig erneuert werden. Er ist fein und viel zarter als andere Pomerols und hat ein besonders liebliches Bukett. Mit seinem feinen Körperbau und seinem nachhaltigen Geschmack bildet er einen ansprechenden Kontrast zu so manchen gewichtigeren Weinen. Obschon er so leicht ist, hält er sich gut und lange. Von den neueren Jahrgängen ist der 79er besonders ausgezeichnet. Ein sehr beachtenswerter Wein.

Château L'Eglise-Clinet
Besitzerin: Mme Durantou. 4,5 ha. 1.850 Kisten. Mer 60%, CF 30%, Mal 10%. Zweitetikett: La Petite Eglise.
Das kleine Gut wird schon seit langem von der Familie Lasseire von Clos René bewirtschaftet. Es liegt bei der Kirche auf dem Plateau. Dort ist der Boden stark kieshaltiger Sand. Von besonderer Bedeutung ist hier, daß die Reben älter sind als in den anderen Pomerol-Weingütern, weil sie nach dem Frost 1956 nicht gerodet worden waren, und die meisten haben sich inzwischen erholt. Die Weinbereitung geschieht mit großer Sorgfalt, beim Ausbau werden in geringem Umfang neue Fässer verwendet. Der Wein genießt schon seit langem bei seinen Anhängern hohes Ansehen. Er ist ein klassischer Pomerol, voll, mild und fruchtig. Der 83er, 82er und 81er werden als sehr fein bezeichnet; der 78er ist jetzt genußreif. Leider ist dieser Wein nicht leicht zu finden.

Château L'Enclos
Besitzer: CS Château L'Enclos. Leiter: Hugues Weydert. 10,5 ha. 4.600 Kisten. Mer 91%, CF 8,5%, Mal 0,5%.
Das gute *Cru* liegt von den größeren Weinbergen auf dem Plateau aus gesehen auf der anderen Seite der Nationalstraße 89 von Libourne nach Périgueux. Hier besteht der Boden vorwiegend aus Sand, aber auch Kies steht in größerer Menge an, und zwar hier,

beim benachbarten Clos René und noch ein Stück weiter bei Moulinet.

Die Weine sind gut bereitet und stehen ihrer Qualität nach im zweiten Glied. Ich kann mich an einen wundervollen 29er erinnern. Heute ist der Wein im Stil ähnlich dem Clos René – dicht in der Konsistenz, saftig und fruchtig, schon jung trinkreif und trotzdem lange und gut haltbar. Ein feiner, klassischer Pomerol und ein überaus zuverlässiger Hochgenuß.

Château L'Evangile
Besitzer: Domaines Rothschild. Leiterin: Madame Louis Ducasse. 14 ha. 5.000 Kisten. Mer 66%, CF 34%.
Eines der führenden *Crus* von Pomerol – es liegt am Rand des Plateaus neben La Conseillante und Vieux Château Certan. Der stark kieshaltige Boden ist hier mit Lehm und Sand vermischt. Dieser Bodentyp ist auch für die einzigartige Qualität des Pétrus verantwortlich (dort besteht er fast ganz aus Lehm und Kies). Der Stil des Weins ähnelt am meisten dem von La Conseillante, nur sitzt der Akzent anders, weil der Merlot-Anteil so hoch ist, der Boden Lehm enthält und beim Ausbau nur zu 20% neue Eichenfässer verwendet werden. Bei der Gärung wird die Methode mit dem «getauchten Hut» angewandt, und so erhält der Wein besonders tiefe Farbe.

Die Weine sind meist massiver und vollmundiger im Körper, es fehlt ihnen aber an der Festigkeit des La Conseillante. 1990 verkauften alle Anteilseigner außer Madame Ducasse an die Domaines Rothschild. Nunmehr liegt der Vertrieb bei Rothschild, aber Madame Ducasse leitet das Gut mit Michel Rolland als Weinbauberater weiter. Früher hat es einige Ungleichmäßigkeiten gegeben, die neueren Jahrgänge aber sind eindrucksvoll. Der 90er und 89er sind außergewöhnlich gut, der 88er ist sehr fein, der 87er für den Jahrgang gut, der 86er etwas dünn, der 85er voll und fein, der 83er kräftig und fest, der 82er üppig und reif, und der 81er darf als schönes Beispiel seines Jahrgangs gelten. Die Zukunftsaussichten sind wahrhaft glänzend.

Château Feytit-Clinet
Besitzer: Successeurs Tane-Domergue. Leitung: Ets. J.-P. Moueix. 7 ha. 3.000 Kisten. Mer 85%, CF 15%.
Ein Gut am Nordwestrand des Plateaus, wo der Boden aus stark kieshaltigem Sand besteht. Es wird von der tüchtigen Moueix-Organisation betrieben, der Christian Moueix und sein Önologe Jean-Claude Berrouet vorstehen. Der Wein hat ein volles, pflaumenduftiges Bukett, der Geschmack ist eleganter, als man vermutet, mit schöner Nachhaltigkeit und festem Abgang, ein vorzüglicher Pomerol aus dem zweiten Glied. Ein Wein aus einem so guten Stall ist selbstverständlich empfehlenswert und gleichmäßig.

Château La Fleur-de-Gay
Besitzer: Familie Raynaud. 1,75 ha. 1.000 Kisten. Mer 100%.
Die Familie Raynaud hat diesen Weinberg eigens für die Merlot-Traube reserviert. Auf dem tiefen Kiesboden bringt sie hier Weine mit vollem Geschmack und konzentrierter Frucht hervor. Die Weinbereitung wird von Michel Rolland und Pascal Ribéreau-Gayon überwacht und geschieht ungewöhnlicherweise bei relativ hohen Gärtemperaturen. So entstehen Weine ganz besonderer Art mit großartigen Zukunftserwartungen.

Château La Fleur-Pétrus

Besitzer: SC du Château. Leiter: Jean-Pierre Moueix. 7 ha. 3.200 Kisten. Mer 85 %, CF 15 %.

Eines der Spitzen-*Crus* von Pomerol – es liegt gerade gegenüber Pétrus auf der anderen Straßenseite, aber auf ganz anderem Boden. Er ist hier sehr steinig, mit dicken Kieseln durchsetzt, aber kein Lehm oder Sand. In letzter Zeit wächst der Ruf dieses Weins stetig, und heute gehört das *Cru* zu den Flaggschiffen des Moueix-Imperiums. Es ist gewiß das feinste in Pomerol auf kargem Kiesboden, denn alle anderen außer Latour-à-Pomerol haben doch wenigstens etwas Lehm oder Sand. Der Ausbau des Weins geschieht in zu einem Drittel neuen Fässern. Die Weine sind von üppigem, kräftigem und elegantem Duft, großem, nuancenreichem und wuchtigem Geschmack – ganz unbezweifelbar Spitzenqualität in höchster Gleichmäßigkeit. Wunderbare Beispiele entstanden 1978, 79, 81, 82, 83, 85 (ganz außergewöhnlich), 86, 88, 89 und 90. Der herrliche 71er ist nicht mehr ganz das, was er einmal war, er hat an Glanz eingebüßt; inzwischen ist der 70er eindrucksvoller. Das *Cru* ist nicht so massiv wie andere Spitzenreiter, aber an der Rasse und Schönheit dieses Weins gibt es keinen Zweifel.

Château Le Gay

Besitzerin: Marie Robin. 8 ha. 2.000 Kisten. Mer 50 %, CS und CF 50 %.

Das Gut liegt auf der Nordseite des Plateaus auf kieshaltigem Boden nahe dem anderen Gut seiner Besitzerin (Lafleur). Seit langem wird der Wein exklusiv von der Firma J.-P. Moueix vertrieben, die Güter aber bewirtschafteten die Schwestern Robin selbst. Seit dem Tod von Thérèse Robin hat das Moueix-Team die Leitung beider Besitzungen übernommen. Le Gay bringt seit eh und je schwere, volle, feste Weine hervor, die sich sehr gut halten, wie etliche Flaschen 64er und 66er beweisen. Es kann jetzt eigentlich nur besser werden, vielleicht erhalten die Weine etwas mehr Schliff und Gleichmäßigkeit. Gute neuere Jahrgänge entstanden 1979, 82, 83, 85, 86, 88, 89 und 90.

Château Gazin

Besitzer: Etienne de Bailliencourt. 20 ha. 8.300 Kisten. Mer 80 %, CF 15 %, CS 5 %.

Das größte der Spitzengüter von Pomerol liegt an der Nordoststrecke des Plateaus auf kieshaltigem Boden. Ende der 60er Jahre wurde ein Teil der Weinberge, der an Pétrus angrenzt und denselben Lehmboden aufweist wie Pétrus, dorthin verkauft. Neue Eichenfässer werden im Ausbau des Weins nur in geringem Umfang verwendet. Ich finde, der Gazin ist schwierig zu beurteilen. Er ist unbezweifelbar voll und opulent und hat, solange er jung ist, einen außerordentlich lebendigen und kraftvollen Charakter. Auch eine Spur Rauheit ist vorhanden, aber sie ist Teil der höchst aufgeschlossenen, Aufmerksamkeit gebietenden Persönlichkeit. Wegen Erbschaftsschwierigkeiten hat es finanzielle Engpässe gegeben, seit 1985 aber sind größere Konzentration und mehr Stil erreicht worden. Die besten vorherigen Jahrgänge waren 1978, 81, 82 und 83. Der 85er ist hochkonzentriert und fest, der 86er dagegen eher karg und tanninherb, der sehr stilvolle 88er hat schönen, vollen Nachgeschmack, und der 89er und 90er sind wahrhaft eindrucksvoll. Es ist schön, dieses vornehme *Cru* wieder in Form kommen zu sehen.

Château La Grave-Trigant-de-Boisset

Besitzer: Christian Moueix. 8 ha. 3.300 Kisten. Mer 90%, CF 10%.

Das kleine Gut ist seit 1971 persönliches Eigentum von Christian Moueix von der Firma J.-P. Moueix. Dieser Firma gehören viele Güter, und sie bewirtschaftet und leitet noch viele andere – Christian Moueix führt das Team. Sein Besitz hier liegt auf kieshaltigem Boden auf dem mittleren Plateau im Nordwesten von Pomerol, kurz vor der Straße Libourne–Périgueux. Der Name ist auf dem Etikett so aufgeteilt, daß «Château la Grave» in großen Buchstaben und «Trigant de Boisset» in kleineren darunter erscheint. Der Wein wird in zu 25% neuen Eichenfässern ausgebaut. Er ist voll, herb und fein, aber nicht so spektakulär wie die Spitzen-*Crus*, ein guter Pomerol aus dem zweiten Glied. Allerdings ist er stets gut bereitet und gleichmäßig in der Qualität. Der 86, 85er, 83er, 82er, 81er, 79er und 78er sind alle sehr gut geraten.

Château Lafleur

Besitzerin: Marie Robin. Leitung: Sylvie und Jacques Guinaudeau. 4 ha. 1.500 Kisten. Mer 50%, CF 50%. Zweitetikett: Les Pensées de Lafleur.

Das sehr kleine, aber superbe Gut liegt auf dem Plateau auf kieshaltigem, mit etwas Lehm vermischtem Boden, wie er den besten *Crus* zugrunde liegt. Es ist der nächste Nachbar zu Lafleur-Pétrus, und das veranschaulicht wieder einmal, wie rasch in Pomerol die Bodenverhältnisse wechseln, denn Lafleur-Pétrus hat keinen Lehm. 1985 übernahmen die Guinaudeaus die Leitung des Guts für Mlle Robin und haben inzwischen die damals schon große Reputation dieses *Crus* auf ein noch höheres Niveau gehoben. Die Produktion ist allerdings sehr gering, und deshalb muß man nicht nur Glück haben, sondern auch reich sein, wenn man eine Flasche davon bekommen will. Der Wein ist durch und durch opulenter Charme und große Finesse. Der 79er, 82er, 83er, 85er, 86er, 88er, 89er und 90er werden alle sehr gerühmt.

Château Lafleur-Gazin

Besitzer: Maurice Borderie. Leitung: Ets. J.-P. Moueix. 7,8 ha. 3.500 Kisten. Mer 70%, CF 30%.

Ein Weingut an der nordöstlichen Grenze des Plateaus unmittelbar neben Gazin. Hier ist der Kiesboden mit Sand vermischt. Das *Cru* ist, seitdem die Firma Moueix 1976 hier die Dinge in die Hand genommen hat, zu großer Prominenz gelangt. Alles wird mit der peinlichen Sorgfalt betrieben, die man vom Moueix-Team mit Christian Moueix und seinem Önologen Jean-Claude Berrouet an der Spitze gewohnt ist. Der Wein ist voll und kräftig auf fester Grundlage. Im 79er entdeckte ich eine gewisse Rauheit, die ihn von Spitzen-*Crus* abhob, aber in dem milden und reifen 83er ist davon nichts zu spüren – sei dies nun dem Jahrgang oder dem Fortschritt zu verdanken. Auf jeden Fall ein seriöser und beachtenswerter Wein.

Château Lagrange

Besitzer: Ets. Jean-Pierre Moueix. 8 ha. 2.600 Kisten. Mer 90%, CF 10%.

Ebenfalls eine Moueix-Besitzung auf dem Hochplateau mit seinem Kiesboden. Der Wein wird in Fässern ausgebaut, die in gewissem Umfang regelmäßig erneuert werden. Er scheint eine schöne Originalität im Geschmack aufzuweisen, eine besondere Rasse im Verein mit Charme und Körper, die ihn als einen sehr feinen Wein auszeichnet. Der 86er, 85er, 83er und 82er sind höchst eindrucksvoll. Ein guter Pomerol aus dem zweiten Glied.

Château Latour-à-Pomerol
Besitzer: Mme Lily Lacoste. Leitung: Ets. J.-P. Moueix. 8 ha. 2.400 Kisten. Mer 80%, CF 20%.

Das schöne Weingut liegt auf dem Plateau mit seinem Kiesboden, gleich nordwestlich der Kirche. Seine Besitzerin ist zugleich Miteigentümerin von Pétrus. Leitung und Vertrieb liegen in der Hand der Firma Moueix. Der Wein wird in zu 25% neuen Eichenholzfässern ausgebaut. Das *Cru* hat sich im Lauf der 70er Jahre stetig verbessert. Früher gab es Ungleichmäßigkeiten, heute zeichnen sich die Weine durch wunderbaren Duft und köstliche Schönheit im Geschmack, Kraft und Finesse aus. Die Ähnlichkeit mit dem Stil von La Fleur-Pétrus ist nicht zu verkennen, aber beim 83er schien mir der Latour-à-Pomerol sogar besser zu sein. Der 78er, 79er, 81er und 82er sind allesamt großartig und der 85er, 86er, 88er, 89er und 90er konzentriert und eindrucksvoll. Das *Cru* gehört nunmehr unbestreitbar zur Spitze von Pomerol.

Clos des Litanies
Besitzer: J. Janoueix. 0,81 ha. 400 Kisten. Mer 100%.

Der Name geht auf Bruder Mathieu Bossuet, einen höchst gewissenhaften Mönch aus dem 16 Jh., zurück, der in diesem Weinberg sein Brevier zu studieren pflegte. In dieser ausschließlich mit Merlot bepflanzten Lage wachsen schöne Weine.

Château Mazeyres
Besitzer: Société Civile (Familie Querre). 9 ha. 5.000 Kisten. Mer 70%, CF 30%.

Das Gut liegt auf dem unteren Plateau mit Kies- und Sandboden, nördlich von Libourne, am westlichen Ende der Appellation. Der Wein wird zu zwei Dritteln in (zu 25% jährlich erneuerten) Fässern und zu einem Drittel in Tanks ausgebaut. Er ist gleichmäßig in der Qualität, hat gute Farbe, einen leichten Körper, aber einen vollen Geschmack mit lieblicher, gefälliger Frucht. Der 80er ist ganz köstlich. Insgesamt ein einfacheres, aber sehr gutes *Cru.*

Château Moulinet
Besitzer: Société Civile. Leiter: Armand Moueix. 17,5 ha. 8.000 Kisten. Mer 60%, CS 30%, CF 10%.

Das relativ große Gut liegt jenseits der Straße Libourne–Périgueux auf dem Mittelteil des Plateaus auf Kies- und Sandboden. Es ist eine der gutgeführten Besitzungen von Armand Moueix. Der Wein wird in zu einem Drittel neuen Fässern ausgebaut. Er ist sehr duftig und anmutig. Der 85er und 87er zum Beispiel sind jetzt ein Hochgenuß. Insgesamt angenehmer Wein mit großer Verbreitung.

Château Nenin
Besitzer: François Despujol. 27 ha. 10.000 Kisten. Mer 50%, CF 30%, CS 20%.

Eines der größten und bekanntesten Weingüter in Pomerol. Es liegt an einer etwas tieferen Stelle nordwestlich des Plateaus auf sandig-kieshaltigem Boden. Leider hat es sich bei Weinproben und bei einem Besuch herausgestellt, daß hier nicht alles zum besten steht. Ich befürchte, das Hauptproblem liegt in der Verwendung alter, nicht mehr einwandfreier Fässer, die dem Wein eine gewisse Rauhheit verleihen und einen stickigen Holzgeschmack verursachen. Das ist schade, denn der Jungwein ist im Faß noch voll und kräftig. Der 79er ist eine große Enttäuschung, und der 81er schmeckte vor der Abfüllung flach und wenig ansprechend. Der 82er ist noch suspekt, aber die Jahrgänge 85 und 86 lassen trotz Ungleichmäßigkeit Verbesserungen erkennen. 1982 wurde hier erstmals eine Vollerntemaschine eingesetzt.

Château Petit-Village
Besitzer: AXA Millésimes. Leiter: J.-M. Cazes. 11 ha. 3.900 Kisten. Mer 82%, CF 9%, CS 9%.
Ein Weingut in schöner Lage auf dem Plateau mit lehmdurchsetztem Kiesboden, nahe bei La Conseillante und St-Emilion. Die Familie Prats (siehe Cos d'Estournel) verkaufte 1989 an AXA (siehe Pichon-Baron). Eine Schwierigkeit hat sich dadurch ergeben, daß bei der Neuanlage der Weinberge nach dem Frost von 1956 zuviel Cabernet Sauvignon gepflanzt wurde. Dieser Fehler ist inzwischen behoben worden, und nun werden die Weine besser und immer besser. Je nach dem Jahrgang werden die Fässer mindestens zu 50% erneuert. Der Stil liegt, vor allem seit 1978, ganz nahe bei dem von La Conseillante. Die Weine haben ein wundervolles Aroma und sind sehr voll und tief, mit festem Kern und herrlichem Geschmack und großer Rasse. Großartige Jahrgänge entstanden 1979, 81, 82, 83, 87, 88, 89 und 90. Seit Petit-Village seine Form wiedergefunden hat, nimmt es auch den ihm zustehenden Platz unter den Spitzen-*Crus* von Pomerol wieder ein.

Château Pétrus
Besitzer: Mme L.-P. Lacoste und Jean-Pierre Moueix. Leiter: Christian Moueix. 11,4 ha. 3.700 Kisten. Mer 95%, CF 5%.
Noch vor vierzig Jahren war der Pétrus außer in einem kleinen Kreis von Kennern in Bordeaux unbekannt; heute ist er in aller Munde, nur gilt das bei den meisten von uns nicht im wörtlichen Sinne. Das liegt am Preis und daran, daß es so wenig von ihm gibt.

Der Pétrus ist der große Merlot-Wein der Welt, und er beweist, was mit dieser großartigen Rebsorte zuwege gebracht werden kann, wenn alles richtig zusammenstimmt. In seiner Fülle und Wucht ist er fast ölig und so vollmundig, daß man ihn wahrhaftig kauen kann. Es besteht eine gewisse Ähnlichkeit mit dem Cheval Blanc, doch ist der Pétrus meist konzentrierter, fester und langsamer in der Entwicklung. Dabei entfaltet sich im Laufe der Zeit eine erstaunliche Komplexität, ein herrlicher Nuancenreichtum im Geschmack. Manche Jahrgänge, so zum Beispiel der 71er und 67er, waren bereits nach 7 bis 10 Jahren ein Hochgenuß, überraschen aber dann immer noch durch weitere Entfaltung, während andere große Jahrgänge, wie zum Beispiel der 64er, noch mit ihren Muskeln spielen. Von den derzeit voll genußreifen Jahrgängen ist der 71er zwar umstritten, doch bemerkenswert, und auch der 73er und 76er sind gut. 1975, 78, 79 und 81 entstanden große Weine, und der 82er erreicht bereits einen legendären Ruf und ebensolche Preise. Der 83er steht ihm nicht viel nach, und der 85er hat schönen, leichten, geschmeidigen Charakter, jedoch ohne die große Konzentration des 82ers und 83ers. Der 86er zeichnet sich durch enorme Konzentration und Tanninhaltigkeit aus – ein großer *Vin de garde*. Der 88er, 89er und 90er sind allesamt massive Weine mit langsamer Entfaltung. Der Pétrus ist ein Erlebnis, zu dem jeder Weinliebhaber auf irgendeinem Wege zu gelangen sucht.

Le Pin
Besitzer: Familie Thienpont. 1,2 ha. 1.500 Kisten. Mer 88%, CF 12%.
Die Weine des sehr kleinen Guts haben sich ein großes Prestige geschaffen, seit die Familie Thienpont es 1979 übernahm. Es sind ansprechende Gewächse in fast kalifornischem Stil, die überaus hohe Preise erzielen.

Château Plince

Besitzer: Familie Moreau. 8,3 ha. 4.600 Kisten. Mer 68 %, CF 24 %, CS 8 %.

Ein gutes einfacheres *Cru* auf Sandboden im Südwesten von Pomerol hinter Nénin. Der Familie Moreau gehört auch der ausgezeichnete Clos L'Eglise. Der Wein wird in Fässern ausgebaut, die in geringem Umfang regelmäßig erneuert werden. Das Gut hatte seit langem einen großen Ruf für köstliche fruchtige, milde Weine. Der wunderbare 47er hielt sich länger als 30 Jahre frisch und opulent. Nach einigem Auf und Ab entstehen hier heute gute Weine, für ein Gewächs auf Sandboden sogar sehr hochwertige; man kann sagen, daß das Potential voll genutzt wird.

Château La Pointe

Besitzer: Bernard d'Arfeuille. 25 ha. 9.000 Kisten. Mer 80 %, CF 15 %, Mal 5 %. Zweitetikett: La Pointe Riffat.

Das große Gut liegt auf Kies- und Sandboden auf dem mittleren Plateau gegenüber Nénin, allerdings etwas tiefer. Der weithin bekannte Wein wird durch das Haus d'Arfeuille in Libourne vertrieben. Die Fässer werden zu 35 % regelmäßig erneuert. Eine Weinprobe älterer Jahrgänge 1983 bestätigte meinen Verdacht, daß der Wein nicht mehr so gut ist wie früher. Der prachtvolle 70er stellt alle übrigen Jahrgänge des Jahrzehnts in den Schatten. Der 75er erscheint daneben zu gerbstoffhaltig und zu wenig fruchtig, der 78er und der 79er sind nur mäßige, freilich anmutige Leichtgewichte.

Diese Leichtigkeit ist im Verein mit Finesse und Stil lange das Kennzeichen von La Pointe gewesen, doch war früher eine schöne Ausgewogenheit und ein Flair mit dabei, und beides vermißt man heute, selbst beim 82er. Der 86er und 89er dagegen zeigten deutliche Verbesserungen.

Château Prieurs de la Commanderie

Besitzer: Clément Fayat. 3,5 ha. 1.200 Kisten. Mer 80 %, CF und CS 20 %.

Das auf der mittleren Fläche von Pomerol gelegene Gut besteht aus mehreren kleinen Lagen, die 1984 von Clément Fayat zusammengefaßt wurden. Er ließ einen neuen *Cuvier* und *Chai* mit hochmodernen Weinbereitungsanlagen, u. a. mit temperaturgeregelten *Cuves* bauen. Noch ist es zu früh für ein Urteil über seine Weine, doch sie scheinen sich von Jahrgang zu Jahrgang zu verbessern.

Clos René

Besitzer: Pierre Lasserre. 11 ha. 5.500 Kisten. Mer 60 %, CF 30 %, Mal 10 %. Alternativetikett: Château Moulinet-Lasserre.

Ein wundervoll duftiger, voller Pomerol mit Pflaumenaroma, der selten enttäuscht. Der 86er ist außergewöhnlich mit seiner intensiven Frucht und seinem pflaumensüßen Bukett, dabei aber doch tanninreich; der 85er hat die Fülle und den Charme dieses Jahrgangs. Der superbe 83er ist tannin- und alkoholreicher als der 82er, der sich durch herrlichen Pflaumenduft und einen unglaublich konzentrierten, vollen und milden Geschmack auszeichnet. Auch der 81er ist außerordentlich fein, sehr voll im Geschmack mit einem Hauch höchst reifer Frucht.

Der 78er ist besser als der 79er, dem es etwas an der Konzentration fehlt, der 76er ist jetzt ein Hochgenuß, und der 75er ein voller, wuchtiger, gerbstoffherber, sehr harmonischer und angenehm zu trinkender Wein. Alles in allem ein sehr guter Pomerol aus dem zweiten Glied. Aus steuerlichen und familiären Gründen wird ein Teil des Weins als Moulinet-Lasserre verkauft. Es ist dies kein Zweitetikett, eher ein Alternativetikett, denn im Wein besteht kein Unterschied.

Château Rouget

Besitzer: François-Jean Brochet. 16 ha. 6.250 Kisten. Mer 88%, CF 12%.

Ein interessantes Gut auf Sand- und Kiesboden (mit etwas Lehm) am Nordrand des Plateaus. Die Weinbereitung geht ganz nach alter Tradition vor sich, und es werden zu einem Drittel neue Fässer verwendet. Ungewöhnlich ist, daß der Besitzer wie auch sein Onkel vor ihm große Vorräte an alten Weinen hält, so daß man sie auf den Weinkarten von Restaurants in Bordeaux gelegentlich finden kann. Und wahrhaftig brauchen diese Weine auch Zeit zur Entwicklung. Selbst in einem vollreifen Jahrgang wie 1979 hat der Rouget ein konzentriertes, strenges Bukett und ist sehr gerbstoffherb, kraftvoll und extraktreich. Der 85er zeigt einen opulenten, schmeichlerischen Stil und entwickelt sich rascher. Ein echter *Vin de garde* in allen Jahren.

Château de Sales

Besitzer: GFA du Château de Sales – les Héritiers de Laage. Leiter: Henri und Bruno de Lambert. 47,5 ha. 22.500 Kisten. Mer 66%, CF 17%, CS 17%. Zweitetikett: Château Chantalouette.

Das bei weitem größte Gut in Pomerol liegt auf Sandboden mit etwas Kiesbeimischung in der Nordwestecke der Appellation nahe der Straße Libourne–Pouis. Sein eindrucksvolles Château aus dem 17. und 18. Jahrhundert steht in einem Park. Es ist seit 400 Jahren im Besitz der Familie. Henri de Lamberts Frau ist eine geborene de Laage, ihr Sohn Bruno hat Önologie studiert.

Der Wein wird abwechselnd in Tanks und gebrauchten Fässern ausgebaut. Seit 1970 hat sich die Qualität merklich gebessert. Die heutigen Weine sind starkduftig, voll Pflaumenaroma und kräftig mit gefälligem Stil. Sie entwickeln sich ziemlich rasch. Guter, zuverlässiger Pomerol zu einem vernünftigen Preis.

Château du Tailhas

Besitzer: GFA du Tailhas. Leiter: Daniel Nébout. 10,5 ha. 4.000 Kisten. Mer 76%, CF 12%, CS 12%.

Das Gut liegt auf Sandboden in der äußersten Nordwestecke der Appellation, nahe bei Figeac auf der anderen Seite des Flüßchens Tailhas. Der Wein wird in zu 50% neuen Fässern ausgebaut. Er ist gut bereitet und hoch geachtet – ein Pomerol aus dem zweiten Glied. Seine Farbe ist voll, sein Bukett nuancenreich und sehr ansprechend, der Geschmack weist eine Fülle junger Frucht und eine gewisse Erdigkeit auf, wie sie in Pomerols vorkommt, die auf Böden mit Spuren von Eisen gewachsen sind. Die Gleichmäßigkeit der Qualität ist erfreulich – der 80er ist besonders gut geraten, und der 82er ist ein kompakter, solider Wein, der nur langsam heranreift.

Château Taillefer

Besitzer: Héritiers Marcel Moueix. Leiter: Bernard und Jean-Michel Moueix. 18 ha. 7.500 Kisten. Mer 50%, CF 30%, CS 15%, Mal 5%.

Ein attraktives, in einem Park gelegenes Château aus dem 19. Jh. beherrscht dieses *Cru*, eines der größten in Pomerol. Moueix et Fils haben hier ihren Sitz und produzieren in ihrer modernen Kellerei leichte, fruchtige Weine. Besonders elegant sind die Jahrgänge 1982, 86 und 87 ausgefallen.

Château Trotanoy

Besitzer: Ets. Jean-Pierre Moueix. 7,5 ha. 3.000 Kisten. Mer 80%, CF 20%.

Das zur Spitze zählende Gut liegt am Westrand des Plateaus auf Kies- und Lehmboden. Es ist nicht nur einer der schönsten Juwelen im Schatz des Moueix-Imperiums, sondern auch Wohnsitz von Jean-Jacques Moueix, dem Neffen des legendären Jean-Pierre Moueix. Selbstverständlich hat die Pflege dieses *Cru* bei Christian Moueix und seinem Önologen Jean-Claude Berrouet einen hohen Stellenwert. Der Wein wird in bis zu 50% neuen Fässern ausgebaut.

Das Renommée von Trotanoy steht heute höher denn je, wie man an den Preisen erkennen kann, die von Sammlern auf Auktionen für reife Jahrgänge gezahlt werden. Der Stil dieses Weins erinnert mich mehr an Pétrus als andere Pomerols. Er zeichnet sich aus durch tiefdunkle Farbe, volles, würziges, stark hervorströmendes Bukett und einen opulenten, gehaltvollen Körper und bezaubernden Geschmack von ungewöhnlicher Nachhaltigkeit. Der 70er und 71er bilden zwar Kontraste, sind aber beide wundervoll. Der 79er ist im Kern mild und daher unter den neueren Jahrgängen als einziger bereits genußreif. Große und außerordentliche Weine entstanden 1975, 78, 79, 81, 82, 83, 85, 86, 88, 89 und 90.

Vieux Château Certan

Besitzer: Héritiers Georges Thienpont. 13,6 ha. 5.500 Kisten. Mer 50%, CF 25%, CS 20%, Mal 5%. Zweitetikett: Clos de la Gravette.

Bis zum Aufstieg von Château Pétrus galt dieses schöne Gut als der Spitzenreiter in Pomerol. Seine Lage auf dem Plateau mit kieshaltigem Sand- und Lehmboden ist ganz ausgezeichnet. Pétrus, La Conseillante und l'Evangile sind die Nachbarn, und Cheval Blanc liegt nicht weit entfernt. Das kleine, aber vornehme Château aus dem 17. Jahrhundert gehört zu den bemerkenswertesten in ganz Pomerol. Bis zum Ende des 18. Jahrhunderts war das Weingut größer. Seit 1924 ist es im Besitz der belgischen Familie Thienpont; Léon Thienpont hatte von 1943 bis zu seinem Tod 1985 die Leitung inne. Sein Nachfolger ist sein Sohn Alexandre, der in La Gaffelière von 1982 bis zu diesem Zeitpunkt bereits wertvolle Erfahrungen sammeln konnte. *Chai* und *Cuvier* wurden zu Anfang der 70er Jahre modernisiert, doch hielt Léon Thienpont den Gärfässern aus Holz die Treue. Beim Ausbau des Weins werden zu einem Drittel neue Fässer verwendet.

Der Wein zeichnet sich durch ausgeprägte Individualität aus. Er hat schönen Duft, seine Farbe ist nicht so dunkel wie bei anderen Spitzen-Pomerols, der Geschmack ist kompakt und fest, aber so voll Nuancenreichtum, Finesse und Aroma, daß die Besonderheit dieses Weins unverkennbar zum Vorschein kommt. Die Opulenz des Trotanoy hat er nicht aufzuweisen, im Gefüge ähnelt er mehr dem La Conseillante, dafür aber fehlt ihm dessen Öligkeit. Die eigentlichen Kennzeichen heißen hier Harmonie, Rasse und Finesse. Der 78er, 80er und 81er sind klassische Beispiele; der 82er mit seiner großen Fülle und der 83er mit seiner ungewöhnlichen Wucht bilden dagegen eher Ausnahmen; der 85er zeigt all den verführerischen Charme, den man von diesem Cru in diesem Jahrgang erhofft; der 86er hat große Kraft und Konzentration, ein außergewöhnlicher Wein. Der 88er ist ein Klassiker, der 89er hat erstaunliche, hochreife Opulenz und der 90er einen wundervoll seidigen Abgang. In der Entwicklung ist der Vieux Certan meist langsam, der 71er ist noch immer auf dem Höhepunkt; der 80er wird länger lagern müssen als die meisten anderen Weine aus diesem Jahrgang. In der Rasse und in der Individualität ist dieses *Cru* auf jeden Fall eines der allerbesten in Pomerol.

Château Vraye-Croix-de-Gay
Besitzerin: Baronne Guichard. 3,7 ha. 1.200 Kisten. Mer 35%, CF 40%, CS 5%.
Das kleine Gut liegt in der Nähe von Le Gaye und der Domaine l'Eglise auf kieshaltigem Boden am Rande des Hochplateaus. Der Besitzerin gehört auch das ausgezeichnete Château Siaurac in Lalande-de-Pomerol. In der Art kommen die Weine denen von Le Gay am nächsten; sie sind sehr wuchtig und verschlossen und brauchen Zeit, um ihr Bestes zur Geltung zu bringen. In der Vergangenheit gab es manche Ungleichmäßigkeiten, aber in neuerer Zeit hat sich das gebessert. Der 86er ist sehr vielversprechend.

LALANDE-DE-POMEROL

Die Bedeutung dieser Appellation wächst stetig. Sie gilt für rund 950 ha Rebfläche, davon rund 60% in der Gemeinde Lalande und 40% in Néac. In Lalande wachsen die Reben auf jüngeren und ziemlich tiefgelegenen Kies- und Sandterrassen. In Néac dagegen gibt es ein Plateau, und diejenigen Güter, die nach Süden und zu Pomerol hin liegen, haben sehr guten Kiesboden zur Verfügung. Die besten Weine kommen den einfacheren Pomerols nahe, jedoch haben sie meistens nicht so viel Wucht und Gerbstoff, entwickeln sich daher rascher, sind aber durch Finesse und Stil sehr ansprechend.

Château des Annereaux
Besitzer: M. Hessel-Milhade. 22 ha. 11.000 Kisten.
Ein gutes *Cru* auf dem Kies- und Sandboden des unteren Plateaus. Die Weine sind sehr ansprechend und elegant. Der 79er ist köstlich, aber der 82er scheint schon zu weit entwickelt zu sein, und es fehlt ihm an Körper.

Château de Bel-Air
Besitzer: L. & Jean-Pierre Musset. 12 ha. 5.000 Kisten.
Mer 60%, CF 15%, Mal 15%, CS 10%.
Das hochangesehene Gut liegt auf Kies- und Sandboden auf dem mittleren Plateau gegenüber Moulinet (Pomerol). Es liegt schon seit langem als eines der führenden *Crus* dieser Appellation.

Château Haut-Chaigneau
Besitzer: André Chatonnet. 20 ha. 10.000 Kisten. Mer 60%, CF 20%, CS 20%.
Ein schönes Gut in der Gemeinde Néac. Der Wein ist voll, ansprechend, mit schönem Pflaumenaroma. Der 85er, 83er, 82er und 81er entsprechen sämtlich hohen Maßstäben.

Château Les Hauts-Conseillants und Les Hauts-Tuileries.
Besitzer: Leopold Figeac. 8 ha. 3.000 Kisten. Mer 60%, CS 25%, CF 15%.
Das sehr schöne Gut liegt in Néac. Der Name Les Hauts-Conseillants wird im Direktverkauf in Frankreich benutzt, Les Hauts-Tuileries für den Export. Der Ausbau des Weins geschieht zu einem Drittel in neuen Fässern. Das Bukett ist herrlich duftig und opulent, das Gefüge ist verführerisch seidig und eines guten Pomerol würdig. Sehr gute Weine entstanden 1986, 83, 82, 81 und 79.

Château Moncets
Besitzerin: Baronne de Jerphanion. 16 ha. 7.000 Kisten.
Zweitetikett: Gardour.
Ein ausgezeichnetes Gut auf Kies- und Sandboden am Rand des Plateaus im besten südlichen Teil von Néac. Die Weine werden in Libourne von der Firma J.-P. Moueix abgefüllt. Sie sind voll und samtig, haben Stil und Rasse und stehen damit auf einer Stufe mit guten einfacheren Pomerols.

Château Siaurac
Besitzerin: Baronne Guichard. 25 ha. 10.000 Kisten, Mer 50%, CF 40%, CS 10%.
Das bedeutende Gut in Néac liegt auf Kies- und Sandboden im Süden der Gemeinde, am Rand des Plateaus. Es gehört zu den bekanntesten *Crus* dieser Appellation und bringt mit schöner Gleichmäßigkeit feste, fruchtige Weine höchst ansprechbarer Art hervor.

KLEINERE APPELLATIONEN

Hier wird auf einige Appellationen eingegangen, die nicht zu den großen Namen von Bordeaux zählen, aber dennoch manchen aufsuchenswerten Wein hervorbringen. Meist entwickeln sich die Gewächse aus diesen Gegenden früher als die Grands Crus aus den bekannteren Appellationen. Sie sind einfach gut und erfreulich in jeder Hinsicht. Es finden sich unter ihnen Weine mit großem Charme und schöner Persönlichkeit, um die es schade wäre, wenn sie übersehen würden.

CÔTES DE BOURG

Die freundliche, hügelige und mit schönen Wäldern bedeckte Landschaft der Côtes de Bourg hat in den letzten Jahren so etwas wie eine Renaissance erlebt. Die Rebfläche beträgt nunmehr über 3.000 ha, das bedeutet einen Zuwachs von 14% zwischen 1981 und 1988. Die Böden bestehen meist aus Kalkstein und Lehm sowie aus Kies und Lehm über Kalkgestein. Die traditionelle Zusammensetzung der Rebsorten wird zu je einem Drittel von Cabernet Sauvignon, Merlot und Malbec gebildet. So ist sie in Château Guerry noch zu finden, auf den meisten anderen Gütern aber ist der Malbec zurückgedrängt und dafür der Anteil an Merlot erweitert worden.

Das hat zusammen mit der Tatsache, daß sich die meisten Weingüter Fässer für den Ausbau des Weins nicht leisten können, unvermeidlich zum Verlust eines gewissen Teils der markanten Fruchtigkeit des Bourg geführt. Trotzdem entstehen hier immer mehr gute, ansprechende Weine, und da die Nachfrage nach anständigem rotem Bordeaux zu erschwinglichen Preisen wächst, dürften die Côtes de Bourg Zeiten des Wohlstands vor sich haben.

Château de Barbé
Besitzer: Familie de Beauregard. Leiter: Louis Savary de Beauregard. 56 ha. 32.000 Kisten. Mer 70%, CF und CS 25%, Mal 5%.
Eines der größten, schönsten und angesehensten Güter der Region. Es findet kein Ausbau im Faß statt, die Weine sind leicht, fruchtig und anmutig, haben aber doch auch Rasse. Sie sind meist früh (schon nach 2 bis 4 Jahren) trinkreif.

Château Guerry
Besitzer: Société Civile. Leiter: Bertrand de Rivoyre. 22 ha. 12.000 Kisten. CS 36%, Mer 36%, Mal 28%.
Hier zeigt sich, was Bourg zuwege bringen kann. Zwei Besonderheiten sind zu erwähnen: Einmal ist dem Malbec sein traditioneller Anteil am Wein erhalten geblieben, und außerdem ist dies eines der letzten Güter in Bourg, die ihren Wein ganz in Fässern ausbauen. Er gewinnt dadurch große Fülle und Geschmeidigkeit, Kraft und Finesse. Der Vertrieb erfolgt exklusiv über GVG.

Château Guionne
Besitzer: Richard Porcher. 12 ha. 6.250 Kisten. CF und CS 50%, Mer 45%, Mal 5%.
Der Wein wird ausschließlich im Château abgefüllt – er ist fruchtig, ansprechend und recht elegant.

Château Mendoce
Besitzer: Philippe Darricarrère. 14 ha. 6.600 Kisten. CS 57%, Mer 43%.
Eines der bekanntesten und angesehensten Weingüter der Region. Das schöne Château stammt zum Teil aus dem 15. Jahrhundert. Seine Besitzer sind zugleich Eigentümer von Château Moulin-à-Vent in Moulis. Die Weine sind geschmeidig, haben recht schöne Fülle und reifen früh.

Château Peychaud
Besitzer: Jacques und Bernard Germain. 34 ha. 16.600 Kisten. CF und CS 50%, Mer 40%, Mal 10%.
Das große, bekannte Gut haben die heutigen Besitzer 1971 erworben. Es hat einen guten Ruf für milde, gefällige Weine.

Château Rousset
Besitzer: M. & Mme Teisseire. Leiter: Gérard Teisseire. 23 ha. 12.000 Kisten. Mer 46%, CS 37%, Mal 13%, CF 4%.
Das Gut in der Gemeinde Samonac gehört gewiß zu den besten an den Côtes de Bourg. Die Weine zeichnen sich durch Fülle und Nachhaltigkeit im Geschmack aus und erheben sich damit über das allgemeine Niveau der Region.

Château Tour-de-Tourteau
Besitzer: GAEC Chagnaud Père & Fils. 16 ha. 8.000 Kisten. Mer 60%, CF und CS 35%, Mal 5%.
Das ausgezeichnete Gut gehörte früher zu Rousset. Heute werden alle Weine im Château abgefüllt und durch Calvet und die Firma de Rivoyre & Diprovin-Louis Dubroca vertrieben. Sie sind ungewöhnlich voll und kräftig, manchmal sogar pikant und trinken sich nach drei bis vier Jahren ganz vorzüglich.

PREMIÈRES CÔTES DE BLAYE

Diese Appellation bildet die nördliche Verlängerung der Côtes de Bourg. Die Region ist zwar größer als die um Bourg, aber die für den Weinbau geeigneten Teile sind im Verhältnis kleiner. Dennoch hat sich die Rebfläche in den letzten 20 Jahren mehr als verdoppelt und beträgt nunmehr über 3.000 ha. Die Erzeugung besteht fast nur aus Rotwein, die Weißweinproduktion ist nur unbedeutend. Der Boden ist Lehm oder Kalkstein und Lehm, deshalb spielt hier der Merlot eine größere Rolle als in Bourg.

Die Preise, die sich mit einem Wein der Appellation Premières Côtes de Blaye erzielen lassen, sind oft nicht höher als die für einen Bordeaux Supérieur, deshalb nutzen die Winzer häufig die unter dieser Bezeichnung zugelassenen größeren Erträge. Unter beiden Bezeichnungen entstehen hier jedenfalls gute, fruchtige und angenehm zu trinkende Bordeaux-Rotweine.

Château Bourdieu
Besitzer: Jean Kléber Michaud. 33 ha. Rot: 15.000 Kisten. Mer 50%, CS 40%, CF 10%. Weiß: 5.000 Kisten; Sém 80%, Sauv und Col 20%.

Ein bekanntes, hochangesehenes Gut – ungewöhnlich ist der hohe Anteil an Cabernet Sauvignon und der Ausbau in Fässern. So entsteht ein in Charakter und Qualität überdurchschnittlicher Wein.

Château Charron
Besitzer: Marc Doudet-Beaudry. 25 ha. Rot: 11.250 Kisten; Mer 80%, CF und CS 20%. Weiß: 1.250 Kisten; Sém 65%, Sauv 35%.

Ein hochangesehenes Gut – der Ausbau des Weins geschieht in Eichenholzfässern, die zum Teil erneuert werden. Dadurch erlangt der Wein eine dunklere Farbe und größere Fülle.

Château L'Escadre
Besitzer: GFA L'Escadre. Leiter: Jean-Marie Carreau. 32 ha. Rot: 15.800 Kisten; Mer 70%, CS 20%, Mal 10%. Weiß: 400 Kisten; Sauv Blanc 40%, Sém 30%, Col 20%, Ugni Blanc 10%.

Das sehr schöne Gut in der Gemeinde Cars hat sich in den letzten 20 Jahren durch seine Gleichmäßigkeit einen guten Namen gemacht. Der Wein wird zum Teil in Holzfässern ausgebaut und ist charmant, fruchtig und stilvoll.

Château Segonzac
Besitzerin: Mme Pierre Dupuy. Leiter: Nicolas Leclair. 32 ha. Rot und weiß: 12.250 Kisten. Rot: Mer 60%, CS 25%, CF 10%, Mal 5%.

Das Gut in der Gemeinde St-Genès-de-Blaye bringt sehr fruchtigen, leichten und milden, früh trinkreifen Wein hervor.

FRONSAC

Im 18. und zu Anfang des 19. Jahrhunderts war der Fronsac der angesehenste aller Libournais-Weine und erzielte höhere Preise als der St-Emilion. Nachdem die Region lange in Vergessenheit versunken war, tritt sie jetzt allmählich wieder ans Licht. Insgesamt gibt es hier eine Rebfläche von 1.100 ha, die sich auf die Appellationen Canon-Fronsac (27% der Fläche) und Fronsac (73%) verteilt. Wie in St-Emilion liegen die Weinberge auf einem Plateau und auf den *Côtes*, in Canon-Fronsac auf einem *Plateau calcaire* und Hängen aus Sandstein, in der AC Fronsac dagegen vorwiegend auf einem *Plateau calcaire*, das ähnlich wie in St-Christophe mit roter Erde bedeckt ist.

Die einzelnen Besitzungen sind hier im Durchschnitt eher klein, es gibt einige schöne Gutshäuser wie zum Beispiel La Rivière und

La Dauphine. Der Merlot herrscht vor, doch hat in manchen Weinbergen auch der Cabernet Sauvignon seinen festen Platz. Bisher wurden meist zuviel alte Holzfässer verwendet, und viele Château-Abfüllungen nahmen sich rustikal aus. Inzwischen aber scheint sich vieles zu bessern. Das Handelshaus J.-P. Moueix wird zunehmend in dieser Region tätig, und das dürfte sich auf die Qualität und die Preise günstig auswirken und für breiteres Interesse sorgen. Die Zukunft dürfte für Fronsac also freundlicher aussehen.

Château Cardeneau
Besitzer: Jean-Noël Hervé. 14 ha. 6.000 Kisten. Mer 65%, CF 20%, CS 10%, Mal 5%.

Ein vielversprechendes *Cru*. Die Weinberge wurden zu Anfang der 80er Jahre neu bestockt und erbringen ausgesprochen gerbstoffreiche, jedoch mit fruchtigem Bukett und Geschmack versehene Weine. Bei so jungen Reben sind das Qualitäten, die auf eine hervorragende Zukunft hindeuten.

Château de Carles
Besitzer: Antoine Chastenet de Castaing. 18 ha. 8.000 Kisten. Mer 65%, CF und CS 35%.

Karl der Große soll hier auf dem Weg nach Spanien sein Lager aufgeschlagen haben, und dieser historischen Begebenheit verdankt das Weingut seinen Namen. Sein Château aus dem 15. Jh. ist durchaus ansehnlich. Die Weine, die hier wachsen, waren bisher nicht besonders eindrucksvoll, da nun aber das J.-P.-Moueix-Imperium Interesse an diesem Gut bekundet, sollte man es für die Zukunft im Auge behalten.

Château Dalem
Besitzer: Michel Rullier. 13 ha. 6.500 Kisten. Mer 70%, CF 20%, CS 10%.

Ein bedeutender Besitz auf den *Côtes* außerhalb und südöstlich von Saillans. Hier entstehen sehr duftige Weine mit echtem Charme, die schon in ihrer Jugend einen milden, reifen, fruchtigen Geschmack entwickeln und sich dennoch gut halten. Der 86er, 85er, 83er, 82er sind allesamt eindrucksvoll. Mit Interesse habe ich mir vermerkt, daß der 78er nach vier Jahren bereits sehr angenehm war und zugleich der 70er, 67er und 64er noch schönste Frucht zeigten und durchaus nicht flacher wurden. Alle Weine werden im Château abgefüllt.

Château de la Dauphine
Besitzer: Ets. J.-P. Moueix. 10 ha. 4.500 Kisten. Mer 60%, CF 40%.

Eines der bekanntesten Güter in dieser Gegend liegt auf den unteren Hängen westlich der Stadt Fronsac. Seine Weine werden gut bereitet, beim Ausbau werden jeweils zu 20% neue Fässer eingesetzt, und die Abfüllung erfolgt zur rechten Zeit. Auf diese Weise entstehen feine, fruchtige Weine mit schönem Charakter und früher Trinkreife.

Château Fontenil
Besitzer: Michel Rolland. 7 ha. 3.500 Kisten. Mer 86%, CS 14%.

Fontenil liegt in der Gemarkung Saillans; es besteht aus Besitzungen mehrerer Winzer, die von Michel Rolland 1986 zu diesem *Cru* zusammengefaßt wurden. Rolland hat seinem ausgezeichneten Ruf als Kellermeister schon mit den ersten Jahrgängen alle Ehre gemacht. Die stetige Verbesserung der Weine eröffnet dem Gut schöne Zukunftsaussichten.

Château Gagnard
Besitzerin: Mme Bouyge-Barthe. 18 ha. 8.000 Kisten. Mer 50%, CS 25%, CF 25%.
Das Gut liegt auf der Sandsteinterrasse nördlich von Fronsac. Seine Weine sind Klassiker im Fronsac-Stil und zeigen ansprechende, duftige Frucht, saubere Struktur und gute Rasse. Sie werden auch unter dem Etikett La Croix-Bertrand vertrieben.

Château Jeandeman
Besitzer: M. Roy-Trocard. 30 ha. 15.000 Kisten. Mer 80%, CS und CF 20%.
Das größte Weingut in Fronsac liegt auf dem *Plateau calcaire* mit roter Erde in der Gemarkung St-Aignan. Die Weine sind ausgeprägt duftig und zeigen eine köstliche Fruchtigkeit im Geschmack, die sie schon nach drei bis vier Jahren zu einem wahren Genuß macht.

Château Mayne-Vieil
Besitzer: Familie Sèze. 24 ha. 12.500 Kisten. Mer 79%, CF 21%.
Ein bedeutendes Gut mit großer Verbreitung seiner Weine. Es liegt auf Sand- und Lehmboden und bringt sehr ansprechenden Wein mit vollem Geschmack und festem Gefüge und Charakter hervor, der sich meist nach 3 bis 4 Jahren sehr angenehm trinkt.

Château Moulin Haut-Laroque
Besitzer: Jean-Noël Hervé. 14 ha. 6.000 Kisten. Mer 65%, CF 20%, CS 10%, Mal 5%.
Das bedeutende Gut in Fronsac liegt auf dem *Plateau calcaire* und den *Côtes* südwestlich von Saillans. Die Weine sind duftiger und haben mehr Kraft und Saft als die meisten Fronsacs. Gerbstoffgehalt und Frucht sind gut aufeinander abgestimmt, daher dauert die Reifezeit auch länger (4 bis 5 Jahre).

Château Moulin-Haut-Villars
Besitzerin: Madame Brigitte Gaudrie. 4 ha. 2.000 Kisten. Mer 70%, CF 30%.
Seit vor einiger Zeit neue Eichenfässer für den Ausbau dieser Weine eingeführt wurden, hat sich ihr Charakter völlig verändert. Früher waren sie leicht im Körper und schon jung angenehm zu trinken, jetzt aber sind sie mit Tannin etwas überfrachtet. Der 86er und 87er sind besonders typische Beispiele hierfür; es kann aber sein, daß sie sich mit der Zeit noch weiterentwikkeln.

Château Plain-Point
Besitzer: Denis Ardon. 32 ha. 8.000 Kisten. Mer 75%, CF und CS 25%.
Das alte Château, einst eine bedeutende Burg, überragt das Gut und einen großen Teil der Landschaft von Fronsac. Die Weinberge liegen auf dem kalkreichen Boden des *Plateau calcaire* und wurden inzwischen beträchtlich erweitert. Die Jahrgänge 1982 und 83 sind hier gut ausgefallen, während andere enttäuschend waren. Zweifellos verfügen die Weine jedoch über gutes Potential.

Château Puyguilhem
Besitzerin: Janine Mothes. 10 ha. 4.000 Kisten. Mer 60%, CF 20%, Mal 20%.
Das Gut in Saillans verfügt über Weinberge an der *Côte* und auf dem Kalkstein-Plateau. Die hier hervorgebrachten Weine neigen zu starkem Gerbstoffgehalt, doch der hohe Merlot-Anteil im Ver-

schnitt kann in guten Jahren wie beispielsweise 1985 diese Strenge mildern.

Château La Rivière
Besitzer: Jacques Borie. 47 ha. 20.000 Kisten. Mer 60%, CS 30%, CF 5%, Mal 5%.
Ein ganz superbes Château in herrlicher Lage mit großen unterirdischen Kellern. Die Weinberge liegen auf dem *Plateau calcaire* und den *Côtes*. Durch Ausbau in zu 30 bis 40% neuen Fässern wird ein gerbstoffreicher, kraftvoller Wein mit guter Langlebigkeit hervorgebracht. Der 85er, 83er und 78er sind die eindrucksvollsten neueren Jahrgänge. Es sind langlebige, stilvolle Weine – der 62er und 66er waren 1986 noch ausgezeichnet.

Château Rouet
Besitzer: Patrick Danglade. 10 ha. 5.000 Kisten. Mer 65%, CF 35%.
Von dem am Rand des Plateaus in St-Germain-la-Rivière gelegenen Gut hat man einen herrlichen Blick über die umgebende Landschaft. Patrick Danglade bemüht sich sehr um die Förderung des Weinbaus in der Region und um den eigenen Wein. Leider haben die Proben, die mir bisher zu Gesicht gekommen sind, den allgemeinen guten Ruf nicht gerade bestätigt, obschon der 85er recht fein gewesen sein soll.

Château La Valade
Besitzer: Bernard Roux. 15 ha. 7.500 Kisten. Mer 70%, CF und CS 30%.
Das Gut liegt auf dem *Plateau calcaire* und den *Côtes* in der Gemeinde Fronsac. Seine Weine sind duftig und kräftig, gut ausgewogen und recht fein und haben viel Charakter.

Château La Vieille Cure
Besitzer: The Old Parsonage (C. Ferenbach, P. Sachs, B. Soulan). 20 ha. 8.000 Kisten. Mer 80%, CF 15%, CS 5%. Zweitetikett: Château Coutreau.
Ein Weingut mit einer glänzenden Zukunft. La Vieille Cure befindet sich in guter Lage auf dem Kalkstein-Plateau und an der *Côte* und bringt üppige Weine auf Merlot-Basis voller Sortencharakter hervor. 1986 wurde es von einem amerikanischen Syndikat übernommen, und seither ist die Kellerei gründlich modernisiert worden. Die Weinbereitung findet unter der Aufsicht von Michel Rolland vom Château Le Bon Pasteur statt; für den Ausbau werden neue Eichenfässer benutzt. 1983 und 85 waren gute Jahre für das Château.

Château Villars
Besitzer: Jean-Claude Gaudrie. 25 ha. 11.500 Kisten. Mer 60%, CF 30%, CS 10%.
Das Gut liegt in der Gemeinde Saillans auf dem *Plateau calcaire* und den *Côtes*. Beim Ausbau des Weins werden zu einem Drittel neue Fässer verwendet. Das Ergebnis ist sehr fruchtiger, aber milder und frühreifer Wein (nach etwa drei Jahren).

CANON-FRONSAC

Die Appellation Canon-Fronsac oder Côtes de Canon-Fronsac ist eine kleine Enklave von rund 300 ha in der Appellation Fronsac, die aus Teilen der Gemarkungen von Fransac und St-Michel-de-Fronsac besteht. Obwohl sich die besseren Crus eher in Canon-Fronsac als in Fronsac befinden, kann man die beiden Bereiche doch praktisch als ein Ganzes behandeln.

Château Barrabaque
Besitzer: Achille Noël-Vincent. 9 ha. 4.500 Kisten. Mer 60%, CF 30%, CS 10%.
Das Gut an der mittleren *Côte* von Fronsac bringt Weine hervor, die sich in den letzten Jahrgängen immer weiter verbessert haben. Der 83er hatte eine gewisse Erdigkeit, der als Gegengewicht schöne Frucht und kräftiges Tannin gegenüberstanden; der 86er und 87er zeigten vollere, pflaumigere Frucht. Originalität und stetige Verbesserung zeichnen diese Weine aus.

Château Canon
Besitzer: Christian Moueix. Leiter: J.-P. Moueix. 1,1 ha. 500 Kisten. Mer 80%, CF 20%.
Der 82er und 85er waren auffallend schöne Jahrgänge aus diesem Gut und wiesen die Rasse und Eigenart auf, wie man sie von einem *Cru* wie diesem in einer der besten Lagen von Fronsac wohl auch erwarten kann. Es war das erste Château der Familie Moueix in dieser Appellation; die sauber bereiteten Weine bringen nach und nach ihr gutes Potential voll zur Geltung.

Château Canon
Besitzerin: Mlle Henriette Horeau. 10 ha. 44.000 Kisten. Mer 95%, CF 5%.
Château Canon ist eines der führenden Güter in dieser Gegend; seine Geschichte geht bis auf etwa 1700 zurück. Es gehörte früher der Familie Fontémoing. Alle Weine werden von dem Handelshaus Horeau-Beylot in Libourne vertrieben.

Château Canon-de-Brem
Besitzer: Ets. J.-P. Moueix. 20 ha. 8.000 Kisten. Mer 67%, CF 33%.
Eines der bekanntesten und angesehensten Fronsac-Weingüter. Seine Weine weisen eine beachtenswerte Konzentration von Frucht und Geschmack auf, sie sind voll und mild und haben großen Stil und Charakter. Hier erkennt man sehr wohl, was diese Appellation hervorbringen kann. Diese Weine geben erst nach vier oder fünf Jahren ihr Bestes her und halten sich dann noch gut. 1985 wurde der Besitz von der Firma J.-P. Moueix übernommen.

Château Canon-Moueix (früher Pichelèbre)
Besitzer: J.-P. Moueix. 12 ha. 5.500 Kisten.
Das Gut gehörte der Familie de Brem, bekannt von Canon-de-Brem, bis sie es 1985 an J.-P. Moueix verkaufte. Die Weine der Ära de Brem waren charaktervoll, wuchtig und langlebig. Der erste Moueix-Jahrgang, 1985, zeigte sich dagegen voll, mit tiefem Bukett, milder und schon früher genußreif. Die Weinberge an der *Côte* dürfen heute zu den besten Lagen der Appellation gerechnet werden.

Château Cassagne-Haut-Canon
Besitzer: Jean-Jacques Dubris. 10,5 ha. 4.250 Kisten. Mer 70%, CF 25%, CS 5%.
Hier werden auch Weine unter dem Etikett La Truffière produziert, dessen Name von den Trüffeleichen auf dem Gutsgelände stammt. Zu Anfang der 80er Jahre waren die Weine noch recht dürftig, ziemlich derb und roh im Geschmack. Der 86er und 87er sind jedoch mit ihrer Würze und ihrem üppigen Fruchtcharakter schon viel ansprechender.

Château Copet-Bégaud
Besitzer: Alain Roux. 4 ha. Mer 80%, CS und CF 20%.
Der Jahrgang 82 aus diesem Château war mit seiner vollen, reifen Frucht vor einem Hintergrund aus kräftigem Tannin ganz besonders gut. Der 85er war ähnlich in der Art, jedoch etwas milder.

Château Coustolle
Besitzer: Alain Roux. 16 ha. 6.600 Kisten. Mer 60%, CF 30%, CS und Mal 10%.
Ein schönes Gut auf den *Côtes* nördlich von Fronsac. Der Wein wird in zu 20% neuen Fässern ausgebaut; so entsteht ein konzentrierter und voller Wein, der sich gut hält und Charakter und Distinktion entwickelt. Der 71er war nach 11 Jahren noch ausgezeichnet.

Château La Fleur-Cailleau
Besitzer: Paul Barre. 3 ha. 1.500 Kisten. Mer 90%, CF 10%.
Höchst individuelle und dabei durchaus erfreuliche Weine kennzeichnen dieses kleine Gut. Ein ausgeprägtes Bukett von Wildkirschen sowie kräftiges Tannin und elegante Frucht sind in guten Jahrgängen deutlich zu erkennen. Besonders ansprechend sind der 83er, 86er und 87er. Ein durchaus beachtenswerter Wein.

Château La Fleur-Canon
Besitzer: A. de Coninck. 7 ha. 3.500 Kisten. Mer 90%, CF und CS 10%.
Das kleine Gut in der Gemarkung von St-Michel bringt angenehm fruchtige Weine hervor, die in hier ungewöhnlicher Weise rasch heranreifen und viel jünger zu trinken sind als die Nachbargewächse.

Château du Gaby
Besitzer: Yves und Henri de Kermoal. 9 ha. 5.000 Kisten.
Ein schöner Besitz auf den *Côtes* und dem *Plateau calcaire* nordwestlich von Fronsac. Die Weine sind voll und kräftig mit gutem Extraktgehalt. Sie brauchen Zeit zur Entwicklung und halten sich sehr gut. Der 62er war nach 20 Jahren noch vorzüglich.

Château du Gazin
Besitzer: Henri Robert. 30 ha. 15.000 Kisten. Mer 50%, CF 50%.
Das größte Weingut der Appellation liegt auf dem Kalkstein-Plateau von St-Michel. Seine Weine scheinen höchst vielversprechende Zukunftsaussichten zu bieten; sie haben schönen Duft, große Festigkeit, dabei aber viel Rasse und Eleganz. Der Jahrgang 1985 war besonders gut.

Château Grand-Renouil
Besitzer: J.-F. und M. Ponty. 5 ha. 2.500 Kisten. Mer 70%, CF 30%.
Das Gut in der Gemarkung St-Michel liegt an der *Côte* und bringt ansprechende Weine hervor, nach denen sich die Suche lohnt. Der 82er war besonders reichhaltig, der 86er wuchtig und gerbstoffherb.

Château Haut-Mazeris
Besitzerin: Mme Bleynie. 20 ha. 4.000 Kisten. Mer 70%, CF und CS 30%.
Haut-Mazeris liegt auf dem Kalkstein-Plateau in der Gemarkung St-Michel. Die Weine sind ausdrucksstark bei schönem Gleichgewicht und beständiger Qualität.

Château Jumayne
Besitzer: Héritiers de Coninck. Leitung: René de Coninck. 18 ha. 8.500 Kisten. Mer 80%, CF 14%, CS 6%.
Das bekannte Weingut liegt auf den *Côtes* von Canon. Seine Weine sind nicht so kraftvoll wie die Spitzen-*Crus* von Fronsac, haben aber dennoch viele Anhänger.

Château Mausse
Besitzer: Guy Janoueix. 10 ha. 4.500 Kisten. Mer 50%, CS und CF 50%.
Ein gutes *Cru* auf dem *Plateau calcaire* nordöstlich von St-Michel. Es bringt schön duftige Weine mit großer Fülle und Konzentration hervor, die nach vier bis fünf Jahren eine angenehme Milde entwickeln.

Château Mazeris
Besitzer: Christian de Cournuaud. 14 ha. 5.000 Kisten. Mer 80%, CF 10%, CS 10%.
Dieses *Cru* ist eines der besten in der Appellation. Seine Weine haben ausgeprägte Individualität, Fülle und große Geschmackskonzentration, was das Handelshaus J.-P. Moueix dazu veranlaßte, die gesamte Ernte von 1985 aufzukaufen. Die Besitzer planen eine Erweiterung der Rebfläche auf 20 ha. Einer der aufsteigenden Sterne dieser Gegend.

Château Mazeris-Bellevue
Besitzer: Jacques Bussier. 11,5 ha. 5.000 Kisten. Mer 45%, CS 40%, CF 15%.
Ein schönes Gut auf dem *Plateau calcaire* und den *Côtes*. Ungewöhnlich ist hier, daß der Cabernet Sauvignon immer mehr an Bedeutung zunimmt, und dadurch erhält der Wein einen distinguierten, feinen Geschmack mit viel Charakter und Stil.

Château Toumalin
Besitzer: Bernard d'Arfeuille. 8 ha. 4.000 Kisten. Mer 75%, CF 25%.
Das Gut liegt auf den *Côtes* über dem Tal des Flüßchens Isle nördlich von Fronsac. Es gehört dem bekannten Handelshaus aus Libourne, das auch La Pointe (Pomerol) und La Serre (St-Emilion) in Besitz hat. Die Weine sind wunderbar lebendig und fruchtig und so schön ausgewogen, daß sie jung schon ein Genuß sind.

Château Vray-Canon-Boyer
Besitzer: Familie Coninck. 10 ha. 3.500 Kisten. Mer 90%, CS 5%, CF 5%.
Das zum Besitz des ältesten Handelshauses in Libourne, Horeau-Beylot, gehörende Gut befindet sich in bester Lage und bringt Wein mit Eleganz und Finesse hervor, die über längere Zeit schön heranreifen. Die Jahrgänge 82 und 83 sind besonders gut.

ENTRE-DEUX-MERS

Der große Bereich ist heute die reichlichste Quelle für trockenen weißen Bordeaux. Inzwischen fallen 2.590 ha unter die AC (einschließlich der kleinen AC Haut-Benauge), das ist beträchtlich mehr als vor 15 Jahren. Es gibt hier viele große Weingüter, die in großem Umfang Erntemaschinen einsetzen und in der Regel mit kühler Gärung arbeiten. Auch guten Rotwein gibt es sehr viel, doch darf er nur unter der Bezeichnung Bordeaux oder Bordeaux Supérieur verkauft werden.

Château Bonnet
Besitzer: André Lurton. Rot: 80 ha; 45.000 Kisten; CF und CS 60%, Mer 40%. Weiß: 40 ha; 40.000 Kisten; Sém 60%, Sauv 20%, Musc 20%. Rosé: 1.000 Kisten. Zweitetiketten: Château Tour-de-Bonnet, Château Gourmin, Château Peyraud.
Eines der eindrucksvollsten Weingüter in Entre-Deux-Mers mit einem eleganten Château aus dem 18. Jahrhundert und einer enormen Weinbergfläche. Es liegt in Grézillac südlich von St-Emilion. *Chai* und *Cuvier* sind hier ebenso gut ausgestattet, wie es auf den Besitzungen André Lurtons in Graves üblich ist. Der Weißwein wird kühl (16 bis 18 °C) vergoren, und der Rotwein wird zum Teil im Faß ausgebaut und in numerierten Flaschen verkauft. Die interessante Rebsortenzusammensetzung bringt dem Weißwein ein duftiges Bukett und sehr eleganten, fruchtigen Geschmack ein. Die Rotweintrauben werden maschinell geerntet. Die Rotweine sind überaus ansprechend und haben schönen Charakter.

Château Fondarzac
Besitzer: J.-C. Barthe. 56 ha. Weiß 50% (Sauv, Sém, Musc). Rot 50%.
Das Gut gehört seit dem 17. Jh. der Familie Barthe, deren Können in der Weinbereitung sich in den jüngeren Generationen besonders Geltung verschafft; Jean-Claude Barthe ist ein ausgesprochen begabter Önologe. Die Weine zeichnen sich durch delikates Bukett und volle Frucht aus.

Château Fongrave
Besitzer: Pierre Perromat. Zweitetikett (für Rotweine): Château de La Sablière-Fongrave.
Das Gut in Gornac wird von Pierre Perromat geleitet, dem auch Château d'Arche gehört. Er war jahrelang INAO-Präsident. Das Château ist seit etwa 1600 im Besitz seiner Familie und bringt heute ansprechend duftige Rot- und Weißweine hervor.

Château Jonqueyres
Besitzer: George Audy. Leitung: Jean-Michel Arcaute. 30 ha (nur Rotwein).
Das Gut in Saint-German-du-Puch im nördlichen Entre-Deux-Mers profitiert von den Kellermeisterkünsten Jean-Michel Arcautes, die im Ch. Clinet (siehe Seite 204) so spektakulär in Erscheinung treten. Vor allem die Auslese Vieilles Vignes ist beachtenswert.

Château Launay
Besitzer: Rémy Greffier. 105 ha. Rot: 17.000 Kisten. CS 50%, Mer 50%. Weiß: 40.500 Kisten. Sém 33 1/3 %, Sauv 33 1/3 %, Musc 33 1/3 %. Zweitetikett: Weiß – Château Dubory, Château Braidoire, Château La Vaillante. Rot – Château Haut-Casternet, Château Haut-Courgeaux.
Der sehr große Besitz liegt in Soussac an der Straße zwischen Pellegrue und Sauveterre im östlichen Entre-Deux-Mers. Alle Weine werden im Château abgefüllt und genießen einen guten Ruf.

Château Moulin-de-Launay
Besitzer: Claude und Bernard Greffier. 75 ha. 45.000 Kisten. Sém 40%, Sauv 30%, Musc 20%, Ugni Blanc 10%. Zweitetiketten: Château Tertre-de-Launay, Château Plessis, Château La Vigerie, Château de Tuilerie.
Das Gut in Soussac im östlichen Entre-Deux-Mers zwischen Pel-

legrue und Sauveterre widmet sich ganz der Erzeugung von Weißwein, der sehr fruchtig, mit Eleganz und Nachhaltigkeit ausfällt.

Château de la Rose
Besitzer: Jean Faure.
Das im Norden von Entre-Deux-Mers gelegene Gut ist klein im Vergleich mit dem, was sonst in der Region üblich ist. Seine Weine sind höchst ansprechend, haben ein charmantes Bukett und sind blumig und fruchtig im Geschmack.

Château de Sours
Besitzer: Esme Johnstone. Rot: 18 ha; Mer 80%, CS 15%, CF 5%. Weiß: 7 ha; Sém 75%, Muscadelle, Sauvignon und Merlot Blanc 25%. Zweitetikett: (Rotwein) Domaine de Sours.
Der Besitzer ist ein Engländer, der nach einer Karriere, die vom Bankier in Hongkong bis zum Weineinzelhändler in England und Kalifornien reichte, nach Bordeaux gekommen ist. Das Gut liegt in St-Quentin-de-Baron zwischen Branne und Créon. Der Boden besteht aus Lehm über Kalkgestein, und das Gut besitzt Kalksteinhöhlen, in denen der Wein gelagert wird.

Der Rotwein wird mit Unterstützung von Michel Rolland (siehe Le Bon Pasteur, Seite 203) bereitet und 15 Monate lang in neuen und zweijährigen Fässern ausgebaut; so entsteht ein ansprechender Wein, der im Alter von drei Jahren bereits trinkreif ist, sich aber auch noch länger entfaltet.

Der als AC Bordeaux und nicht als Entre-Deux-Mers verkaufte Weißwein entsteht mit Hilfe von Hugh Ryman und David Lowe (früher bei Rothbury im Hunter Valley in Australien) und zeigt angenehme mäßige Fülle mit Frucht und Eleganz. Der ebenfalls köstliche Rosé wird nach dem *Saignée*-Verfahren von Vorlaufmost nach 12–18 Stunden Schalenmaischung gewonnen.

Es überrascht nicht, daß sich diese Weine bald einen Namen gemacht haben.

Château Thieuley
Besitzer: Francis Courselle. Rot: 8.300 Kisten; Mer 68%, CF 18%, CS 14%. Weiß: 12.500 Kisten; Sauv 64%, Sém 36%.
Der Besitzer ist Weinbau-Professor. Das Gut liegt in La Sauve bei Créon im westlichen Entre-Deux-Mers. Die Weißweine, ganz aus Sauvignon Blanc, zeichnen sich durch ansprechende Frucht, ohne übertriebene Säure, aus und sind leicht und frisch.

Château de Toutigeac
Besitzer: René Mazeau. Rot: 100 ha; 45.000 Kisten; CF 70%, CS 25%, Mer 5%. Weiß: 50 ha.; 25.000 Kisten; Sém 100%.
Eines der bekanntesten Weingüter aus der Sub-Appellation Entre-Deux-Mers-Haut-Benauge. Sie gilt nur für Weißwein. Sowohl die roten als auch die weißen Weine des Guts haben einen guten Ruf und werden ausschließlich im Château abgefüllt.

PREMIÈRES CÔTES DE BORDEAUX

Dieser interessante Bereich erstreckt sich von den Außenbezirken von Bordeaux südwärts entlang dem rechten Garonne-Ufer bis zu den Süßweinbereichen Loupiac und Ste-Croix-du-Mont. Er bringt liebliche Weißweine und fruchtige, lebendige Rotweine für den baldigen Verbrauch hervor. Noch vor 15 Jahren war die Weißweinanbaufläche etwas größer als die für Rotwein, inzwischen aber haben sich die Verhältnisse umgekehrt, und die Rotweinanbaufläche hat sich in den letzten acht Jahren um 44% auf 2130 ha ausgedehnt, während die Weißweinanbaufläche um 9%

auf 725 ha zurückgegangen ist. Die besten Weißweine aus dem Süden des Bereichs dürfen die höherwertige AC Cadillac benutzen, doch hat sich diese noch nicht recht durchgesetzt. Die wahre Zukunft der Region scheint aber bei ihren sehr angenehmen Rotweinen zu liegen.

Château Birot
Besitzer: Jacques Boireau. 34,5 ha. Rot: 5.000 Kisten.
Weiß: 15.000 Kisten.
Das Gut in der Gemeinde Béguey ist durch seine frischen, fruchtigen Weißweine mit schön aufeinander abgestimmter Süße und Säure und einer gewissen Eleganz am bekanntesten geworden.

Château Brethous
Besitzer: Denise Verdier. 13 ha. Mer 45%, CF 25%, CS 20%, Mal 10%.
Das Gut in Camblanes produziert köstlich fruchtige und duftige Weine, die sich im Alter von 2 bis 3 Jahren bereits schön trinken, aber auch nach 8 Jahren noch frisch und lebendig sein können.

Château Cayla
Besitzer: Patrick Doche. Rot: 24 ha. CS 34%, CF 33%, Mer 33%. Weiß: 12 ha. Sém 75%, Sauv 25%.
Seit 1985 hat der gegenwärtige Besitzer das Gut in Rions völlig verwandelt. Die Rotweine mit vielschichtiger Frucht sind bereits nach 3 Jahren köstlich. Die Weißweine werden nach Schalenmaischung und kühler Gärung zeitweilig in bis zu 10% neuen Fässern ausgebaut.

Domaine de Chastelet
Besitzer: Jean Estausau. 7 ha. Mer 50%, CS 45%, CF 5%.
Das Gut in Quinsac produziert Wein mit solider Frucht und viel Charme, der 3 bis 5 Jahre zur harmonischen Entfaltung braucht.

Château Fayau
Besitzer: Jean Médeville & fils. 36 ha. Rot: 27 ha; 13.500 Kisten; CS 60%, Mer 30%, CF 10%. Weiß: 9 ha; 3.400 Kisten; Sém 48%, Sauv 32%, Musc 20%.
Das ausgezeichnete Gut in Cadillac wird von der Familie Médeville mit großer Sorgfalt betrieben. Hier entsteht ein besonders guter süßer weißer Cadillac mit Frucht und Stil, der sich gut und lange hält.

Château le Gardera, Château Laurétan, Château Tanesse.
Besitzer: Domaines Cordier.
Seit langen Jahren werden die einander benachbarten Güter in den Permières Côtes von den Domaines Cordier als eine Einheit betrieben, und dabei werden mehrere verschiedene Appellationen benutzt. Seit 1983 ist die Erzeugung von Château Laurétan eingestellt und wurde auf die Markenweine Laurétan Rouge und Laurétan Blanc umgelegt, die unter der einfachen AC Bordeaux laufen. Wichtige Einzelheiten über die beiden anderen Châteaux lauten:

Château le Gardera. 25 ha. Rot (AC Bordeaux Supérieur): 11.500 Kisten; Mer 60%, CS 40%.

Château Tanesse. Rot (AC Premières Côtes de Bordeaux): 35 ha; 12.000 Kisten; CS 55%, Mer 35%, CF 10%. Weiß (AC Bordeaux Blanc); 20 ha; 12.000 Kisten; Sauv 85%, Sém 15%.

Le Gardera bringt jetzt einen ansprechenden, leichten, vorwiegend aus Merlot gekelterten Rotwein, Tanesse einen stärker durch Cabernet bestimmten Rotwein hervor, daneben aber auch einen blumigen, frischen Sauvignon-Weißwein.

Château de Haux

Besitzer: Gebrüder Jorgensen. Rot: 20 ha. Mer 30%, CS 30%, CF 30%, Mal 10%. Weiß: 5 ha. Sém und Sauv.

1985 kauften zwei Brüder aus Dänemark, beide Weinhändler, dieses Gut in Haux und schufen hier raschen Wandel. Heute ist der Rotwein reichhaltig und solide bei ansprechender Frucht und ausgeprägtem Charakter; der Weißwein ist mit seiner nachhaltigen, frischen Frucht besonders attraktiv.

Château Lagarosse

Besitzer: H. Ottari. Leitung: G. Laurenciu. 32 ha. Rot: Mer 80%, CS und CF 20%. Weiß: Sém 80%, Sauv 20%.

1987 erwarb ein japanischer Landmaschinen-Importeur das Gut in Tabanac. Die Rotweine zeigen intensive Frucht und vollen, soliden Geschmack mit einem Hauch Lakritze. Die Weißweine zeichnen sich durch kräftigen, breiten Geschmack mit viel Frucht und Charakter aus.

Château Laroche-Bel-Air

Besitzerin: Martine Palau. 25 ha. Rot: Mer 55%, CS und CF 40%, Mal 5%. Weiß: Sém 80%, Sauv 20%.

Das Gut in Baurech produziert stilvolle, fruchtige, aber ziemlich tanninherbe Rotweine, die bis zur Genußreife 4–5 Jahre Ausbau im Faß brauchen. Der unter dem Etikett Château Laroche angebotene, im Tank ausgebaute Rotwein dagegen ist milder, robuster und früher trinkreif. Mit denselben Etikettierungsunterschieden werden auch die im Tank und die im Faß ausgebauten Weißweine auseinandergehalten.

Château de la Meulière

Besitzer: Jacques Fourès. 34,5 ha. Mer 38%, CS 33%, CF 27%, Mal 2%.

Jacques Fourès, der Erfinder des berühmten, in Bars und Restaurants zum Aufbewahren von Wein viel benutzten «Cruover», hat das Familiengut, seitdem er es 1987 übernahm, in die Höhe gebracht. Die Weinberge liegen an drei verschiedenen Stellen: in Canac (15 ha), Bouliac (7 ha) und Camblanes (12,5 ha). Die konzentrierten, kraftvollen Weine zeichnen sich durch ausgeprägtes, reifes Tannin aus. Der 85er besaß im Alter von 4 Jahren köstliche reife Frucht und markanten Charakter.

Château Nenin

Besitzer: Francis Fouquet. 8 ha. CF 45%, Mer 35%, CS 20%.

Das Weingut in Baurech ist Ruhestands-Heim und -Hobby eines Mannes, der eine Karriere als *négociant* bei Borie-Manoux und Gilbey de Loudenne hinter sich hat. Er glaubt, der Cabernet Franc sei für das *terroir* seines Weinbergs besonders geeignet. Jedenfalls bringt er charmant fruchtige, duftige, früh genußreife Weine hervor.

Château de Pic

Besitzer: F. und A.-C. Masson Regnault. 28 ha. 12.500 Kisten (nur Rotwein). Mer 55%, CS 45%.

Das Gut liegt in Le Tourne bei Langoiran. Seit der Übernahme durch die gegenwärtigen Besitzer im Jahr 1975 sind umfangreiche Verbesserungen geschehen. Der einfache, im Tank ausgebaute Wein ist schon bald nach der Abfüllung köstlich genußreif; dagegen hat die im Faß ausgebaute «Cuvée Tradition» festere Struktur und tiefere Frucht.

Château de Plaisance
Besitzer: Patrick Bayle. 25 ha. Mer 50 %, CS 30 %, CF 20 %.
Patrick Bayle gab 1985 seine Karriere als Geschäftsmann auf und übernahm dieses Weingut. Seine Weine zeichnen sich durch reichhaltige Beerenfrucht aus, die 3 bis 4 Jahre zur Reife braucht. Außerdem entsteht hier ein faßvergorener Weißwein.

Château de Plassan
Besitzer: Jean Brianceau. 35 ha. Rot: CS und CF 50 %, Mer 45 %, Mal 5 %. Weiß: Sém 50 %, Sauv 40 %, Musc 10 %. Zweitetikett: Château Lamothe.
Das schöne Weingut in Tabanac besitzt eine der seltenen palladianischen Bauten dieser Gegend, bei denen Château und *chai* ein harmonisches Ganzes bilden. Hier entstehen konzentrierte, solide und seriöse Rotweine mit guter Frucht, die mit Ausnahme des köstlichen 87ers viel Zeit brauchen. Der süffige Weißwein wird im Tank bereitet und im Frühjahr abgefüllt; in besonders guten Jahren wird eine faßvergorene «Cuvée Special» produziert.

Château Puy Bardens
Besitzer: Yves Lamiable. 15 ha. CS 50 %, Mer 40 %, CF 10 %.
Von dem schönen Weingut in den Hügeln bei Cambes hat man eine weite Aussicht über die Garonne und die Weinberge von Graves. Hier wird Wein in zwei Qualitäten produziert: Die tankgereifte Version ist duftig, hat festes Gefüge und schöne Persönlichkeit, während die im Faß ausgebaute «Cuvée Prestige» durch reichliche Frucht und Substanz gekennzeichnet ist – ein ausgesprochen feiner Wein.

Château Reynon
Besitzer: Dénis und Florence Dubourdieu-David. Rot: 18 ha. 9.000 Kisten. Mer 60 %, CS 35 %, CF 5 %; Weiß: 22 ha. 12.500 Kisten. Sém 50 %, Sauv 40 %, Musc 10 %. Zweitetikett: Le Second de Reynon (Rot- und Weißwein).
Das bekannte Weingut mit seinen weitverbreiteten Erzeugnissen ist der bedeutendste Besitz in Béguey bei Cadillac. Es liegt auf Kies und kalkhaltigem Lehmboden. Hier entsteht ein ausgezeichneter Rotwein mit der für die Gegend charakteristischen erstaunlichen Fruchtigkeit. Er wird nach langer Maischung einem Faßausbau unterzogen. Die köstlich blumigen, fruchtigen Weißweine haben sich zu Recht einen guten Namen gemacht. Sie werden im Faß vergoren und ausgebaut.

STE-CROIX-DU-MONT

Die beiden Appellationen Ste-Croix-du-Mont und Loupiac liegen auf ansehnlichen Berghängen und dem Plateau, auf der anderen Seite der Garonne gegenüber Sauternes und Barsac. Von dort aus hat man einen herrlichen Panoramablick über die gesamte Region Graves und Sauternes. Hier wachsen die besten Süßweine außerhalb von Sauternes. Die Spitzenweingüter sind durchaus imstande, Weine hervorzubringen, die besser sind als die einfacheren Sauternes, wenn sich die nötige Edelfäule eingestellt hat. Sie sind zwar leichter und nicht so voll wie ein guter Sauternes, dafür aber sehr fruchtig und langlebig. Die Winzergenossenschaft in Ste-Croix-du-Mont hat einen hohen Qualitätsstand. Die Rebfläche beträgt 417 ha.

Château Loubens
Besitzer: Arnaud de Sèze. Rot: 6 ha. 4.500 Kisten; CS 50%, Mer 42%, CF 8%. Weiß: 15,5 ha. Sém 97%, Sauv 3%. Zweitetiketten: Château Terfort, Fleuron Blanc de Château Loubens.
Seit langem schon gehört Loubens zu den Spitzengütern der Region. Die süßen Weine zeichnen sich durch elegante Frucht und Frische aus und haben eine fein abgewogene Süße. Der Weinberg befindet sich in guter Lage oben am Hang. Auch ein ansprechender trockener Weißwein wird erzeugt und unter dem Namen Fleuron Blanc verkauft; ein weiterer Süßwein unter dem Etikett Château Terfort besitzt einen hohen Qualitätsstandard.

Château de Tastes
Besitzer: Domaines Prats. Weiß: 1 ha. 400 Kisten. Sauv 100%.
Das historische Weingut mit seinem herrlich gelegenen Château und dem Weinberg oben auf dem Hang bietet einen schönen Blick über die Garonne und die Region Sauternes und Graves. Leider wird hier nur noch schrecklich wenig von dem so feinen Wein bereitet.

LOUPIAC

Abgesehen davon, daß sie für verschiedene Gemarkungen gelten, ist kaum ein besonderer Unterschied zwischen den Appellationen Loupiac und St-Croix-du-Mont festzustellen. Loupiac verfügt über eine Rebfläche von 336 ha.

Château Loupiac-Gaudiet
Besitzer: Marc Ducau. 45 ha. Rot: 15 ha; 900 Kisten.
Weiß: 30 ha; 10.000 Kisten; Sém 85%, Sauv 15%.
Hier entsteht schon seit langem einer der besten und in der Qualität gleichmäßigsten Weine von Loupiac. Er wird meist im Tank ausgebaut und zeichnet sich durch Delikatesse und Finesse mit fruchtiger Süße aus und hält sich sehr gut.

Château de Ricaud
Besitzer: Société Civile Garreau-Ricard. Leiter: Alain Thienot. 45 ha. Rot: 5.750 Kisten. Weiß: 10.000 Kisten.
Das berühmteste Gut in Loupiac – viele seiner historischen Jahrgänge (zum Beispiel der 1929er und 47er) sind noch immer superb. Leider wurde das Gut von den früheren Besitzern zum Schluß stark vernachlässigt, seit aber die neuen Eigentümer aus der Champagne es übernommen haben, gibt es stetigen Fortschritt. Der Wein ist feinduftig mit schöner Finesse, echter Eleganz und Fülle. Nunmehr werden bei seinem Ausbau in gewissem Umfang neue Fässer verwendet. Feine Jahrgänge entstanden 81, 82 und 83, der eigentliche Durchbruch aber kam mit einem herrlich von Edelfäule geprägten 86er, der ohne weiteres für einen guten Barsac gelten durfte.

Ferner wird noch ein recht traditioneller, vorwiegend aus Sémillon gekelterter trockener Weißwein unter der AC Bordeaux und ein sehr fruchtiger, ansprechender Rotwein erzeugt, der in sehr guten Jahren unter der AC Premières Côtes de Bordeaux (81 und 82), in weniger guten dagegen als AC Bordeaux Supérieur verkauft wird. Auch diese Weine reifen im Faß. Das Gut hat seine frühere Reputation rasch wiedergewonnen.

BORDEAUX CÔTES DE CASTILLON

Dieser Bereich liegt zwischen der Appellation St-Emilion und der Grenze der Départements Gironde und Dordogne und wurde früher, bevor die Appellationsbestimmungen in Kraft traten, zu St-Emilion hinzugerechnet. Hier wächst zum Teil ganz ausgezeichneter Bordeaux Supérieur mit kräftigem Körper und einigem Charakter – eine sehr gute Genossenschaftskellerei hat hieran großen Anteil. Mit 2.637 ha hat sich die Rebfläche seit 1974 mehr als verdoppelt.

Es lohnt sich, u. a. nach den folgenden Châteaux Ausschau zu halten: de Belcier, Castegens (auch unter dem Namen Fontenay), Chantegrive, de Clotte, L'Estang, Haut-Truquet, Lardit, Moulin-Rouge, Pitray, Puycarpin, Rocher-Bellevue, Roquevieille, Ste-Colombe, Thibaud-Bellevue, La Treille-des-Girondiers.

REGISTER

Die im alphabetischen Verzeichnis auf den Seiten 52 bis 66 enthaltenen Châteaux sind hier nicht aufgeführt.

Die Weinbibliothek aus dem Hallwag Verlag

Die Handbücher

Hugh Johnson: DER GROSSE JOHNSON
Die neue Enzyklopädie der Weine, Weinbaugebiete und Weinerzeuger der Welt

Hugh Johnson/James Halliday:
WIE WEIN ENTSTEHT
Von den Göttern geschenkt - von den Menschen gemacht

Hugh Johnson: HUGH JOHNSONS WEINGESCHICHTE
Von Dionysos bis Rothschild

Hugh Johnson: WEIN GENIESSEN MIT HUGH JOHNSON

Hugh Johnson: MEIN WEINKELLER
Ein persönliches Tagebuch

Robert M. Parker, Jr.: BORDEAUX

Michael Broadbent: WEINE PRÜFEN, KENNEN, GENIESSEN

Michael Schuster: DER WEINKENNER
Eine praktische Degustations- und Weinkunde

Jancis Robinson: REBEN, TRAUBEN, WEINE
Ein Führer durch die Rebsorten der Welt

Jean Déthier (Hrsg.): CHÂTEAUX BORDEAUX
Baukunst und Weinbau

Horst Scharfenberg: SEKT
Perlendes Deutschland

GAMBERO ROSSO: VINI D'ITALIA
Deutsche Ausgabe 1993/94
782 Produzenten, 4000 Weine

Die Atlanten

Hugh Johnson: DER GROSSE WEINATLAS
Die Weine und Spirituosen der Welt

Hugh Johnson: ATLAS DER DEUTSCHEN WEINE
Lagen, Produzenten, Weinstraßen

Hugh Johnson/Hubrecht Duijker: ATLAS DER FRANZÖSISCHEN WEINE
Lagen, Produzenten, Weinstraßen

Burton Anderson: ATLAS DER ITALIENISCHEN WEINE
Lagen, Produzenten, Weinstraßen

Hubrecht Duijker: ATLAS DER SPANISCHEN WEINE
Lagen, Produzenten; Weinstraßen

Die gastronomischen Reiseführer

Hubrecht Duijker: WEINSTRASSEN FRANKREICHS
45 Routen - Produzenten, Hotels, Restaurants

Hubrecht Duijker: WEINSTRASSEN SPANIENS
41 Routen - Produzenten, Hotels, Restaurants

Burton Anderson: WEINSTRASSEN ITALIENS
38 Routen - Produzenten, Hotels, Restaurants

Cedric Dumont: SPRACHFÜHRER FÜR GOURMETS
Französisch-Deutsch
Küche - Keller - Menus - Märkte

Cedric Dumont: SPRACHFÜHRER FÜR GOURMETS
Italienisch-Deutsch
Küche - Keller - Menus - Märkte

GAMBERO ROSSO: ITALIEN BITTET ZU TISCH
1081 Restaurants und Trattorien

GAMBERO ROSSO: TOSKANA
Reisen und genießen

GAMBERO ROSSO: SÜDTIROL
Reisen und genießen

GAMBERO ROSSO: TRENTINO/OBERER GARDASEE
Reisen und genießen

Die Taschenführer

Hugh Johnson: DER KLEINE JOHNSON FÜR WEINKENNER
Jedes Jahr neueste Informationen über 6000 Weine, zu Jahrgängen und Trinkreife

Burton Anderson: ITALIENS WEINE
Ausgabe 1994/95
Über 2000 Weine und Produzenten

Horst Scharfenberg: DEUTSCHLANDS WEINE
Ausgabe 1993/94
Über 1000 Weine aus allen Regionen

Jan Read: SPANIENS WEINE
Ausgabe 1993/94
Über 900 Weine aus allen Regionen

David Peppercorn: BORDEAUX
Ausgabe 1994/95
Vorwort von Hugh Johnson

Serena Sutcliffe/Michael Schuster: BURGUND
Ausgabe 1993/94
Vorwort von Hugh Johnson

Roger Voss: FRANKREICHS REGIONALWEINE
Ausgabe 1992/93
Elsaß - Savoyen - Jura - Loire - Provence - Midi - Rhône - Südwesten - Korsika

Bob Thompson: KALIFORNIENS WEINE
Über 700 Produzenten aus 26 Regionen

Jim Ainsworth: ROTWEIN VON A BIS Z

Jim Ainsworth: WEISSWEIN VON A BIS Z

Roger Voss: APERITIF- UND DESSERTWEINE
1500 Weine aus aller Welt

Jane MacQuitty: CHAMPAGNER, SEKTE, SCHAUMWEINE
Über 500 Produzenten aus 22 Ländern

Für Ihre persönlichen Notizen: